Jacoby

rowohlts deutsche enzyklopädie

Herausgegeben von Ernesto Grassi
Universität München

KARL VORLÄNDER

Philosophie der Neuzeit
Die Aufklärung

Geschichte der Philosophie V

Bearbeitet von Hinrich Knittermeyer
Mit Quellentexten und bibliographischen Ergänzungen versehen
von Eckhard Keßler

ROWOHLT

Redaktion: Ursula Schwerin
Eginhard Hora / Ragni M. Gschwend
München
Umschlagentwurf: Werner Rebhuhn
unter Verwendung eines Porträts von Voltaire (Stich eines Unbekannten)
(Foto: Staatsbibliothek Berlin, Bildarchiv Handke)

1.–15. Tausend	Oktober 1967
16.–20. Tausend	Juli 1969
21.–25. Tausend	Juli 1971
26.–28. Tausend	Januar 1974
29.–31. Tausend	Juni 1975
32.–34. Tausend	Dezember 1976

Veröffentlicht im Rowohlt Taschenbuch Verlag GmbH,
Reinbek bei Hamburg, Oktober 1967
© Richard Meiner, Hamburg, 1955
Mit freundlicher Genehmigung des Richard Meiner Verlages, Hamburg,
der auch einen Teil der Quellentexte zur Verfügung stellte
Gekürzte Ausgabe
Alle Rechte vorbehalten
Gesetzt aus der Linotype-Aldus-Buchschrift
und der Palatino (D. Stempel AG)
Gesamtherstellung Clausen & Bosse, Leck/Schleswig
Printed in Germany
880-ISBN 3 499 55281 7

INHALTSVERZEICHNIS

EINLEITUNG

Neben den in Bd. III (rde Bd. 242/43, S. 7) und Bd. IV (rde Bd. 261/62, S. 7) dieser Philosophiegeschichte genannten Werken sind von neueren Arbeiten zu dem Zeitraum dieses Bandes zu nennen:

M. C. BEARDSLEY, The European Philosophers from Descartes to Nietzsche. New York 1960. E. BRÉHIER, Histoire de la philosophie. Bd. II, 2: Le 18e siècle. 6. Aufl., Paris 1962. J. BRONOWSKI/B. MAZLISH, The Western Intellectual Tradition from Leonardo to Hegel. New York 1962. E. CASSIRER, Die Philosophie der Aufklärung. Tübingen 1932. F. C. COPLESTON, A History of Philosophy. Bd. VI: Wolff to Kant. London 1960. R. DINKLER, Das Zeitalter der Aufklärung. Leipzig/Berlin 1918. P. GAY, Age of Enlightenment. New York 1966. P. HAZARD, Die Krise des europäischen Geistes. Dt. v. H. Wegener, Hamburg 1939. DERS., Die Herrschaft der Vernunft. Dt. v. H. Wegener/K. Linnebach, Hamburg 1949. H. HOFFMANN, Die Aufklärung. 1912. E. P. LAMANNA, Storia della filosofia. Bd. IV: La filosofia dell' ottocento. Firenze 1962. J. MARCK, Das Jahrhundert der Aufklärung. Vom englischen Empirismus bis Kant. Leipzig 1923. R. MOUSNIER/E. LABROUSSE, Le 18e siècle. Révolution intellectuelle, technique et politique (1715–1815). Paris 1953. H. NICOLSON, Das Zeitalter der Vernunft. Dt. v. U. v. Zedlitz, Wien/München 1961. G. DE RUGGIERO, Storia della filosofia. Bd. V, 5. Aufl., Bari 1960. M. STEINER, Die Welt der Aufklärung. Berlin 1912. F. VALJAVEC, Geschichte der abendländischen Aufklärung. Wien/München 1961. F. VENTURI, Saggi sull'Europa illuminista. Torinò 1954. A. WOLF, A History of Science, Technology and Philosophy in the 18th Century. 2 Bde., New York 1961.

Einzelprobleme: ADA ANNONI, L'Europa nel pensiero italiano del Settecento. Milano 1959. W. BRÜNING, Das Universalienproblem im Empirismus. Kant-Studien 52, 1960/61. G. CANGUILHEM, La formation du concept de réflexe aux 17e et 18e siècles. Paris 1955. A. R. DESAUTELS S. J., Les ‹Mémoires Trévoux› et le mouvement des idées au 18e siècle (1701–1734). Roma 1956. J. FABRE, Lumières et romantisme. Energie et nostalgie de Rousseau à Mickiewicz. Paris 1963. K. LÖWITH, Der Weltbegriff der neuzeitlichen Philosophie. Heidelberg 1960. M. MANDELBAUM, Philosophy, Science and Sense Perception. Baltimore 1964. A. NOYER-WEIDNER, Die Aufklärung in Oberitalien. München 1957. Zu beachten sind die ‹Studies on Voltaire and the 18th Century›, hrsg. v. Th. Bestermann, Genf.

Das Problem der Erkenntnis und der Wissenschaft: F. BARONE, Logica formale e logica trascendentale. Bd. I: Da Leibniz a Kant. Torino 1957. H. BUTTERFIELD, The Origins of Modern Science (1300–1800). New York 1957. L. G. CROCKER, The problem of truth and falsehood in the age of enlightenment. J. Hist. Ideas 14, 1953. M. DAUMAS, Les instruments scientifiques aux 17e et 18e siècles. Paris 1953. A. R. HALL, The Scientific Revolution (1500–1800): The Formation of the Modern Scientific Attitude. Boston 1956. R. LENOBLE, L'évolution de l'idée de ‹nature› du 16e au 18e siècle. Rev. Méta. Morale 58, 1953. R. F. McRAE, The Problem of the Unity of the Sciences: Bacon to Kant. Toronto 1961. R. TATON (Hrsg.), La science moderne de 1450 à 1800. Paris 1958.

Ästhetik: G. MARTANO, La conoscenza sensibile nel razionalismo moderno (Da Cartesio a Baumgarten). Napoli 1960. A. NIVELLE, Kunst- und Dichtungstheorien zwischen Aufklärung und Klassik. Berlin 1960. FR. SCHÜMMER, Die Entwicklung des Geschmacksbegriffs in der Philosophie des 17. und 18. Jahrhunderts. Archiv f. Begriffsgeschichte. I. L. TATARKIEWICZ, L'esthétique associationniste au 17e siècle. Rev. Esthét. 13, 1960. R. WELLEK, Geschichte der Literaturkritik. Bd. I: 1750–1830. Darmstadt 1959.

Religion: C. L. BECKER, The Heavenly City of the 18th Century Philosophers. New Haven 1959. D. HENRICH, Der ontologische Gottesbeweis. Sein Problem und seine Geschichte in der Neuzeit. Tübingen 1960. E. HIRSCH, Geschichte der neueren evangelischen Theologie im Zusammenhang mit den allgemeinen Bewegungen des europäischen Denkens. Bd. I: 1648–1700; Bd. II: 1700–1740; Bd. III: 1740–1800. Gütersloh 1949–51. BIANCA MAGNINO, Illuminismo e Cristianismo. 3 Bde., Brescia 1960. F. E. MANUEL, The 18th Century Confronts the Gods. Cambridge (Mass.) 1959. A. C. McGIFFERT, Protestant Thought before Kant. New York 1962. W. PHILIPP, Das Werden der Aufklärung in theologischer Sicht. Göttingen 1957. B. SOMMER, Aufklärung, Religion und Wissenschaft in ihrem gegenseitigen Verhältnis. Dresden 1923.

Der Mensch und sein Handeln: A. COBBAN, In Search of Humanity. The Role of the Enlightenment in Modern History. London 1960. L. G. CROCKER, An Age of Crisis: Man and World in the 18th Century French Thought. Baltimore 1959. W. TH. JONES, Machiavelli to Bentham. Masters of Political Thought Bd. III. Boston 1963. A. KLEMPT, Die Säkularisierung der universalhistorischen Auffassung. Zum Wandel des Geschichtsdenkens im 16. und 17. Jahrhundert. Göttingen 1960. M. MACKLEM, The Anatomy of the World. Relations between Natural and Moral Law from Donne to Pope. Minneapolis 1958. R. MERCIER, La réhabilitation de la nature humaine (1700–1750). Paris 1952. N. PETRUZZELLIS, La storia da Vico a Voltaire. Rassegna di Scienze filosofiche 12, 1959. W. PHILIPP, Das Bild der Menschheit im 17. Jahrhundert des Barock. Entstehung, Erscheinung, Verwandlung. Studium generale 14, 1961. M. S. RÖSTVIG, Happy Man: Studies in the Metamorphoses of a Classical Ideal, 1600–1700. New York 1957. B. SUCKODOLSKI, Remarques sur l'histoire de la philosophie de l'homme du 16e au 18e siècle. Rev. Synth. 81, 1960. W. C. SWABEY, Ethical Theory from Hobbes to Kant. New York 1961. N. L. TORREY (Hrsg.), The Philosophers of the Enlightenment and Modern Democracy. New York 1961. P. VERNIÈRE, L'idée d'Humanité au 18e siècle. Studium generale 15, 1962.

Bibliographien, Literaturberichte, Sammelwerke: G. LEGER, Bulletin d'histoire de la philosophie moderne (17e s.), Rev. Sc. philos. théol. 40, 1956. R. KLIBANSKY (Hrsg.), Philosophy in the Mid-Century. A Survey. Firenze 1959. Transactions of the 1st International Congress on the Enlightenment, 4 Bde., Genève 1963. – J. BERLIN (Hrsg.), The Age of Enlightenment: The 18th Century Philosophers. New York 1956. P. FRANCASTEL (Hrsg.), Utopie et institutions au 18e siècle. Paris 1963. G. FUNKE (Hrsg.), Die Aufklärung. Stuttgart 1963. ST. HAMPSHIRE (Hrsg.), The Age of Reason: The 17th Century Philosophers. New York 1956. W. PHILIPP (Hrsg.), Das Zeitalter der Aufklärung. Bremen 1963.

Die Aufklärung hat weniger neue Gegenstandsbereiche schöpferisch bewältigt und die so gewonnenen Erkenntnisse systematisch durchdrungen, als vielmehr eine neue Form gefunden, in der der philosophierende Mensch sich selbst entdeckte und mit seinem Denken die Verantwortung für seine Welt übernahm. In der Aufklärung leitet sich jener Säkularisationsprozeß ein, der den Menschen aus den transzendenten Bindungen löst, die bis dahin auch die freiesten Geister unter den Philosophen zu achten pflegten. Die Aufklärung setzt Gott zwar nicht ab. Gerade die deutsche Aufklärung zählt der frommen Wortführer genug. Aber diese Frömmigkeit ist eher die freie Zuwendung eines in sich gefestigten Menschen zu Gott, als daß sie die Preisgabe alles irdischen Wesens an Gottes Gnade wäre. Gewissen, Geist und Glück sind die Festpunkte des irdischen Lebens auch dann, wenn Gott zu Hilfe gerufen wird als höchster Bürge für diese Position des Menschen in der Welt.

Obzwar es keines besonderen Nachweises dafür bedarf, daß die Aufklärung nicht ohne Behagen ihre Folgerungen aus der modernen Naturwissenschaft gezogen und eine *naturwissenschaftliche Weltanschauung* erst begründet hat, darf doch keinesfalls übersehen werden, daß sie zugleich die ‹Eroberung der *geschichtlichen Welt*› (CASSIRER) erstrebt hat. Überall entstehen die ersten großen geschichtlichen Darstellungen auch der Sonderbereiche der geistigen Welt, und überall leitet der Blick auf die geschichtliche Vergangenheit die Überlegungen der Gegenwart. HUME und VOLTAIRE haben als Historiker ihren zeitgenössischen Ruhm gewonnen, und auch HERDERS Geschichtsphilosophie ist trotz ihrer äußeren Gegnerschaft aus den Voraussetzungen der Aufklärung erwachsen.

Die Aufklärung umfaßt etwa das Jahrhundert zwischen der ‹*glorious revolution*› der Engländer und der Französischen Revolution. Sie nimmt ihren Anfang in *England*, wo der Sturz der Stuarts die Bahn für eine mächtige Entfaltung der geistigen und materiellen Interessen freigab. Sie verpflanzt sich von da nach *Frankreich*, wo sie unter dem politischen, kirchlichen und sozialen Druck des *Ancien régime* eine vorwiegend negativ-oppositionelle Färbung erhält. Sie ergreift zuletzt auch *Deutschland*, wo sie mit den Tendenzen von LEIBNIZ und seiner Schule verschmilzt.

ERSTER ABSCHNITT:
DIE ENGLISCHE AUFKLÄRUNG

C. v. BROCKDORFF, Die englische Aufklärungsphilosophie. München 1924. A. RIVAUD, Histoire de la philosophie. Bd. IV: Philosophie française et philosophie anglaise de 1700 à 1830. Paris 1962. P. SAKMANN, Die Denker und Kämpfer der englischen Aufklärung. 1948. L. STEPHEN, History of the English Thought in the 18th Century. 2 Bde., 1876–80; New York 1963.

Einzelprobleme: L. BORINSKI, Menschheit und Menschlichkeit in der englischen Literatur des 18. Jahrhunderts. Studium generale 15, 1962. J.-J. DENONAIN, Thèmes et formes de la poésie ‹métaphysique›. Etude d'un aspect de la littérature anglaise au 17e siècle. Paris 1956. S. A. GRAVE, The Scottish Philosophy of Common Sense. London 1960. H. J. C. GRIERSON, Metaphysical Lyrics and Poems of the 17th Century. Donne to Butler. Fair Lawn (New Jersey) 1959. W. J. HIPPLE JR., The Beautiful, the Sublime and the Picturesque in 18th Century British Aesthetic Theory. Carbondale 1957. W. P. KROLIKOWSKI, The starting point in Scottish common-sense realism. Mod. Schoolman 33, 1956. C. B. MACPHERSON, The Political Theory of Possessive Individualism, Hobbes to Locke. London 1962. H. PFEIL, Der Psychologismus im englischen Empirismus. 1934. S. E. SPROTT, The English Debate on Suicide. From Donne to Hume. La Salle (Ill.) 1961. R. S. WESTFALL, Science and Religion in 17th Century England. New Haven 1958.

I. JOHN LOCKE (1632–1704)

1. LEBEN UND WERKE

Ausgaben: Epistola de tolerantia (anonym), Gouda 1689; lt./engl. hrsg. v. M. Montuori, The Hague 1963; engl./dt. hrsg. v. J. Ebbinghaus, Hamburg 1957; die weiteren Briefe erschienen engl. London 1690, 1692, 1704 (erste Gesamtausg.: Letters concerning toleration, London 1765). – An Essay concerning human understanding, London 1690; krit. Ausg. hrsg. v. A. C. Fraser, Bd. 1. 2, Oxford 1894; Repr. New York/London 1959; hrsg. v. R. Kirk, Chicago 1956; hrsg. v. J. W. Yolton, New York 1961; 1. Fassung von 1671 bei Lord King, The Life of J. L., Bd 1. 2, London 1830; dazu ferner An Essay concerning the understanding, knowledge, opinion and assent, hrsg. v. B. Rand, London 1931, u. An early Draft of Lockes Essay, with excerpts from his journals, hrsg. v. R. I. Aaron u. J. Gibb, London 1936; dt. Übersetzung v. W. G. Tennemann, Bd. 1–3, Jena 1795–97, u. in der Philos. Bibl.: Versuch über den menschlichen Verstand, hrsg. v. C. Winckler, Bd. 1. 2, Leipzig 1911–13 (Neue Ausg. Berlin-Ost 1962). Some Thoughts concerning education, London 1693; dt. Übersetzung v. H. Wohlers, Bad Heilbrunn/Obb. 1962. Reason and religion. London 1694. The Reasonableness of christianity, London 1695; hrsg. v. J. T. Ramsey, London 1958; dt. hrsg. v. C. Winckler, 1914. – Two Treatises on civil government, London 1690; hrsg. v. W. S. Carpenter, New York/London 1953; krit.

hrsg. v. P. Laslett, Cambridge/London 1960; An Essay concerning the true original extend and end of civil government, hrsg. v. J. W. Gough, Oxford 1956;
hrsg. v. E. Barker. New York 1962; Essays on the law of nature, lt./engl. hrsg.
v. W. v. Leyden, Oxford 1954. – Posthumous Works (darin The Conduct of
the understanding, dt. in der Philos. Bibl. u. d. Titel Über den richtigen Gebrauch des Verstandes, hrsg. v. O. Martin, Leipzig 1920), London 1706. –
Works, Bd. 1–3, London 1714 (1. Ausg.). Beste Ausg.: Bd. 1–9, London 1853.
Bd. 1–10, London 1823; Repr. Aalen 1963. – Lettres inédites, hrsg. v. H. Ollion
u. J. de Boer, Haag 1912. The Correspondence of J. L. and Edward Clarke, hrsg.
v. B. Rand, London 1927.

Literatur: H. R. Fox BOURNE, The Life of J. L. Bd. 1. 2, 1876. A. C. FRASER, L.
1890. S. ALEXANDER, L. 1908. P. HAZARD, J. L. u. s. Zeitalter. 1948. E. FECHTNER,
J. L. 1898. R. J. AARON, J. L. 1937; 2. Aufl. New York/Oxford 1955.
A. KLEMMT, J. L., Theoretische Philosophie. 1952. – M. CRANSTON, J. L.: A Bio-
graphy. New York 1957. C. A. VIANO, J. L.: dal razionalismo all'illuminismo.
Torino 1960. A.-L. LEROY, L., sa vie, son œuvre avec un exposé de sa philo-
sophie. Paris 1964. – G. v. HERTLING, J. L. und die Schule von Cambridge. 1892.
G. BONNO, Les relations intellectuelles de L. avec la France. Berkeley 1955.
C. A. VIANO, I rapporti tra L. e Shaftesbury e le teorie economiche di L. Riv.
Filos. 49, 1958. E. L. TUVESON, Imagination as a Means of Grace: L. and the
Aesthetics of Romanticism. London 1960. G. BUCHDAHL, The Image of Newton
and L. in the Age of Reason. London/New York 1961. L. RICCI GAROTTI, L. e i
suoi problemi. Urbino 1961. K. MACLEAN, J. L. and English Literature of the
18th Century. New York 1962. – J. GIBSON, L.'s Theory of Knowledge. 1917,
2. Aufl. Cambridge/New York 1960. N. ABBAGNANO, L. e l'empirismo. Torino
1952. J. LINUEL, L.'s abstract ideas. Philos. phenomenol. Res. 16, 1955/56.
W. DONEY, L.'s abstract ideas. Ebendort. J. W. YOLTON, L. and the 17th century logic of ideas. J. Hist. Ideas 16, 1955. DERS., J. L. and the Way of Ideas.
New York 1956. E. W. BETH, Über L.s ‹Allgemeines Dreieck›. Kant-Studien 48,
1956–57. MARIA ANTONIETTA GIGANTI, J. L. e i limiti della scienza. Padova 1957.
M. P. FITTS, J. L.'s Theory of Meaning. Washington 1960. W. CARTER, Classi-
fication of ideas in L.'s Essay. Dialogue 1963. J. W. YOLTON, The concept of
experience in L. and Hume. J. Hist. Philos. 1963. – S. P. LAMPRECHT, The Moral
and Political Philosophy of J. L. 1918. J. W. LENZ, L.'s essays on the law of
nature. Philos. phenomenol. Res. 17, 1956/57. G. A. RAUCHE, Die praktischen
Aspekte von L.s Philosophie. Pretoria 1958. L. STRAUSS, L.'s doctrine of natural law. The American Political Science Rev. 52, 1958. J. W. YOLTON, L. on
the law of nature. Philos. Rev. 67, 1958. A. P. BROGAN, J. L. and utilitarism.
Ethics 69, 1959. W. KENDALL, J. L. and the Doctrine of Majority Rule. Urbana
1960. R. POLIN, La politique morale de J. L. Paris 1960. R. H. COX, L. on War
and Peace. New York 1960. ST. P. LAMPRECHT, The Moral and Political Philosophy of J. L. New York 1962. N. BOBBIO, L. e il diritto naturale. Torino 1963.
– E. FECHTNER, J. L.s Gedanken über Erziehung. 2. Aufl. 1908. G. GIULIETTI,
Le dottrine pedagogiche di Comenio, L. e Rousseau. Treviso 1954. – H. O.
CHRISTOPHERSEN, A Bibliographical Introduction to the Study of J. L. 1930.

JOHN LOCKE wurde 1632 (in demselben Jahr wie SPINOZA) in der Nähe
von Bristol geboren. Er studierte seit 1652 hauptsächlich Chemie und

Medizin, während er philosophisch von WILHELM V. OCKHAM und DESCARTES die stärksten Anregungen empfing. Zu seinen Freunden zählten der große Mediziner SYDENHAM, auch ROBERT BOYLE und später NEWTON. 1665 war er einer englischen Gesandtschaft an den Brandenburgischen Hof nach Kleve zugeteilt. Ein Jahr darauf wurde er mit Lord ASHLEY-COOPER (dem späteren Grafen SHAFTESBURY) bekannt, dessen wechselvolle politische Schicksale er teilte und dessen Haus er zwei Generationen hindurch als Freund, Sekretär, Hausarzt und Erzieher seine Dienste geleistet hat. 1675–79 verbrachte er in Frankreich, nachdem er bis zum Sturz SHAFTESBURYS ein hohes Staatsamt bekleidet hatte. Als dieser 1678 Premierminister wurde, berief er 1679 auch LOCKE wieder nach London zurück. Dann abermals in den Sturz des Ministers verwickelt, suchte er 1683 mit ihm in Holland Zuflucht, wo SHAFTESBURY schon im selben Jahr starb. Hier verfaßte LOCKE seine ‹Toleranzbriefe›, die eine Verteidigung des Theismus gegen den Deismus (s. unten S. 17) enthalten, aber erst von 1689 an anonym erschienen. Nach der Revolution von 1688, die den ihm freundlich gesonnenen WILHELM V. ORANIEN zum König von England erhob, kehrt LOCKE in die Heimat zurück und beginnt jetzt eine reiche literarische Tätigkeit. Fast alle seine bedeutenden Schriften fallen in den Zeitraum von 1689 bis 1695. Ein einträgliches Staatsamt, das ihm übertragen wurde, gab er nach einigen Jahren wegen seiner Kränklichkeit auf, wirkte jedoch eifrig und einflußreich weiter im Sinne der neuen liberalen Regierung. Er war unvermählt geblieben und starb 1704 auf dem Landgut einer befreundeten Familie, auf dem er schon seit 1690 die meiste Zeit zugebracht hatte.

Seine theologische Hauptschrift ‹Von der Vernunftmäßigkeit des Christentums› ist eine Apologie der Religion der Liebe. In politischer Beziehung ist LOCKE der Vater des modernen Liberalismus. Seine beiden Abhandlungen ‹Über die Regierung› waren nach BAYLE das Evangelium des Tages. Seine ‹Gedanken über Erziehung› fordern die freie Entfaltung des Individuums. Seine Aufsätze über das Münzwesen sind Vorläufer der englischen Nationalökonomie.

LOCKES philosophisches Hauptwerk ist der im Keim bereits 1670/71 entstandene (und in drei Entwürfen erhaltene), 1675 begonnene, 1687 vollendete, aber erst 1690 vollständig erschienene ‹Versuch über den menschlichen Verstand›. Die Hauptgedanken sind aufgenommen in der kleinen nachgelassenen Schrift ‹Über die Leitung des Verstandes›, die ursprünglich wohl ein Kapitel des größeren Werkes werden und später auch Vorurteile gegen es zerstreuen sollte. Dieses Buch ist übrigens Bruchstück geblieben.

Locke beginnt wie Descartes mit der Frage nach Ursprung, Sicherheit und Ausdehnung des menschlichen Wissens.

Das knappe *erste Buch* über die *angeborenen Begriffe* will zeigen, daß es im zeitlich-natürlichen Sinn ‹angeborene› Ideen nicht geben kann und daß alle Ideen ‹erworben› werden müssen. Auch die unbestrittensten Sätze, wie die der Identität und des Widerspruchs, sind Kindern, Idioten, Wilden, überhaupt allen Nichtunterrichteten völlig unbekannt. Nur die natürlichen Fähigkeiten oder Anlagen sind angeboren, alle Erkenntnisse aber erworben und am spätesten die abstrakten Sätze.

Wie kommt der Mensch zu seinen Ideen? Locke vergleicht den anfänglichen Zustand der Seele mit einem ‹unbeschriebenen weißen Papier› (*tabula rasa*), welches ausgefüllt wird mit den Schriftzügen der Erfahrung. Diese hat ein zwiefaches Gepräge. Es gibt *äußere* (*sensation*) und *innere Erfahrung* (*reflection*). Quell der ersteren sind die Sinnesorgane, die von den naiv als real vorausgesetzten äußeren Gegenständen dasjenige in unsere Seele überführen, was dort die Empfindung, das Gelbe, Heiße, Bittere, Weiche usw., hervorruft. Die andere Quelle der Ideen ist die Selbstbeobachtung, dank welcher der Geist von seinen eigenen Operationen wie Glauben, Zweifeln, Schließen, Wollen usw. Kenntnis nimmt. Mag auch zeitlich die Sensation der Reflexion vorangehen, so ist doch das Verhältnis keinesfalls eindeutig. Aufs Ganze gesehen gewinnt der alte Satz *Nihil est in intellectu, quod non antea fuerit in sensu* (gegen den Leibniz dann wieder polemisierte), bei Locke wieder Geltung. Daneben aber bestimmt die Zweisubstanzenlehre Descartes' die Gliederung der Lockeschen Untersuchung, weil äußere und innere Wahrnehmung die beiden Fenster bleiben, durch welche die Dunkelkammer unseres Innern erhellt wird. Die Empfindungen sind Impressionen der Dinge und die Ideen deren Kopien. Der Verstand ist dem mattgeschliffenen Spiegel der *camera obscura* vergleichbar, der ungefragt die Bilder ‹reflektiert›, sie dabei freilich auch umformt, zu Bündeln zusammenfügt und in Arten sondert. Woher der ‹Geist› kommt, wird nicht gesagt, eine Abgrenzung von Bewußtseinsinhalt und Gegenstand nicht versucht und der Begriff Erfahrung nicht näher bestimmt.

Methodisch bedeutungsvoll wurde die freilich längst vorbereitete, aber von Locke endgültig gesicherte Unterscheidung von *primären* und *sekundären* Qualitäten. Die Eigenschaften (*qualities*), durch welche die Außendinge Ideen in uns hervorrufen, sind doppelter Art: entweder solche, die ‹wirklich› in den Körpern vorhanden, also unzertrennlich mit ihrer Idee verbunden sind, wie Undurchdringlichkeit, Ausdehnung, Gestalt, Zahl, Beweglichkeit, oder solche, die nur in unserer Idee existieren, wie Farben, Töne, Geruchs-, Geschmacks- und Wärmeempfindungen. Jene heißen ursprüngliche, primäre oder auch reale, diese abgeleitete oder sekundäre Qualitäten. Die Empfindungen werden durch den Stoß erzeugt, der sich von den äußeren Gegenständen durch die Nervenbahnen bis zum Gehirn, dem Sitz des Bewußtseins, dem ‹Audienzzimmer des Geistes›, fortpflanzt. Dem Gegenstand eignen also gewisse Kräfte (*powers*), wie z. B. dem Feuer die Schmelzkraft, die auf uns oder auf andere Gegenstände wirken. Der Körper aber, den wir als blau bezeichnen, *ist* nicht blau, sondern hat nur die Eigenschaft, blau gesehen zu werden. Wenn die Augen nicht sehen und die Ohren nicht hören usw., bleiben nur die primären Qualitäten übrig. Was wir als Wärme empfinden, ist im Gegenstand nur Bewegung. Es wird von Locke nicht weiter untersucht, worauf die ‹Realität› dieser primären Qualitäten beruht. Physisches und Psychisches werden völlig getrennt. Das Gefühl ist so verschieden von dem Körper wie der Schmerz von dem Messer.

Locke unterscheidet *einfache* und *komplexe* Ideen. Die einfachen Ideen entstehen a) durch einen einzigen Sinn, wie die der Farbe durch das Auge, die der Dichte durch das Gefühl; b) durch die Kombination mehrerer Sinne, wie die primären Qualitäten, z. B. die Ausdehnung, die gemessen Raum heißt; c) durch Reflexion, wie die des Denkens, des Wollens, der Dauer (die gemessen Zeit heißt); d) durch Sinneswahrnehmung und Reflexion zusammen, wie die von Kraft, Dasein, Einheit, Zeitfolge, Vergnügen, Schmerz usw. Aus diesen einfachen Ideen, die den Grundstoff der Erkenntnis bilden, werden durch Kombination mit Hilfe der Verstandestätigkeit komplexe Ideen, genauso wie aus den Buchstaben Silben und Wörter werden. Unter ihnen werden die drei Klassen der Modi, Substanzen und Relationen unterschieden. Alle komplexen Ideen sind *Abstraktionen* oder Verallgemeinerungen des Verstandes, Kunstgriffe desselben zur Erleichterung der Mitteilung und des geistigen Verkehrs. Sie haben mithin nominalistischen Charakter. Daher wird den *sprachlichen* Untersuchungen, die das *dritte Buch* des Hauptwerkes füllen, eine so große Bedeutung beigelegt. Die Wörter sind ähnlich wie bei Hobbes bloße Zeichen für die Ideen.

Modi (*modes*) heißen Zustände und Beschaffenheiten, die nicht für sich bestehen, sondern nur an einem Ding als ihrem Träger vorkommen. Sind sie gleichartig, wie gewisse Raum-, Zeit- und Zahlbestimmungen, z. B. ein Dutzend, so heißen sie einfach oder rein; wenn ungleichartig ‹gemischt›. Ideen gemischter Modi lassen sich durch Erfahrung und Beobachtung gewinnen (Idee des Ringens), durch Erfindung (Idee der Buchdruckerkunst) oder durch erklärende Namengebung (Idee der Lüge). Dabei erweisen sich die Ideen von Bewegung, Denken und Kraft als am meisten modifikationsfähig. — Gegenüber den Modi bedeutet *Substanz* das für sich bestehende Etwas, dessen Attribute die Modi sind. So entsteht aus den Sensationen durch Gewöhnung schließlich die Idee der *körperlichen*, aus den Reflexionen die der *geistigen* oder denkenden Substanz. Beider Wesen ist uns gänzlich unbekannt, nur ihre

Wirkungen sind erkennbar. Indem wir die Ideen Dasein, Kraft, Macht, Weisheit und Glück mit der Idee der Unendlichkeit verknüpfen, entsteht in uns die Idee *Gottes* als eines schlechthin immateriellen Wesens. – Die *Relationen* oder Verhältnisbegriffe endlich (z. B. Gattung, größer) entstehen durch Entgegensetzung oder Vergleichung. Zu ihnen gehören die Begriffe von Ursache und Wirkung, alle direkten Zeit- und Ortsangaben, Identität und Verschiedenheit, die Maße und Grade, die moralischen Verhältnisse usw.

LOCKE ist Urheber der *empirischen Psychologie* und hat den assoziativen Vorgängen seine besondere Aufmerksamkeit zugewandt. Die Frage nach einer besonderen Seelensubstanz wird als unlösbar beiseite geschoben.

Erst das *vierte Buch*, das vom ‹Wissen und Meinen› handelt, unterscheidet zwischen *Denken* und *Erkennen*. Die Erkenntnis (*knowledge*) wird bestimmt als das Verhältnis der Übereinstimmung oder des Widerstreits zweier Ideen in bezug auf Identität oder Verschiedenheit, Beziehung, Koexistenz und reale Existenz. Wir haben eine *klare* Erkenntnis von den einfachen Ideen, wenn ihre Objekte sich in einer ‹wohl geordneten› sinnlichen Wahrnehmung darstellen; von den komplexen Ideen, wenn die Erkenntnis der sie zusammensetzenden einzelnen Ideen klar ist. In ihrer einfachsten und höchsten Form ist die Erkenntnis unmittelbare Anschauung (Intuition), die keines Beweises bedarf. Solcherart ist die Erkenntnis der eigenen Existenz oder die, daß schwarz nicht weiß, $3 = 1 + 2$, ein Kreis kein Viereck ist, die der identischen Sätze überhaupt. Demonstrative Erkenntnis erwerben wir durch Aneinanderfügen einer Reihe intuitiver Erkenntnisse. Auf diese Weise überzeugen wir uns etwa von der Wahrheit der mathematischen Sätze und vom Dasein Gottes, das aus der Existenz der Welt gefolgert wird. Während mathematische und moralische Erkenntnis völlige Gewißheit bieten, kann es die sinnliche Erkenntnis und daher auch die gesamte Naturwissenschaft nur bis zur Wahrscheinlichkeit bringen.

Am Schluß seines Essays gibt LOCKE eine *Einteilung* der Philosophie, die sich ganz an die nacharistotelische Überlieferung anlehnt. An erster Stelle steht die *Physik*, die die Natur der Körper und Geister behandelt und auf ‹reine spekulative Wahrheit› abzielt. An zweiter Stelle folgt die *praktische Philosophie*, die – fast so wie bei KANT – im Mittelpunkt von LOCKES Denken stand und der außer seinen politischen, religionsphilosophischen und pädagogischen Schriften auch wichtige Teile seines Essays zuzurechnen sind. Sie zielt auf das ‹Rechte und ein demgemäßes Verhalten›. Von einer besonderen Behandlung der Ethik sah LOCKE ab, weil er sie bereits im Evangelium aufs Vollkommenste ausgedrückt fand. Den dritten Platz nimmt die Semiotik oder *Logik* ein, deren Bearbeitung das Hauptwerk galt.

LOCKE überträgt seine Abneigung gegen die angeborenen Ideen auch auf das *sittlich-religiöse Gebiet*. Zwar wird nach ihm kein vernünftiger Mensch das Dasein Gottes leugnen, aber ‹angeboren› ist die Gottesvorstellung dem Menschen nicht. Nicht alle Menschen besitzen sie, und die meisten denken sehr verschieden darüber. Ebenso gibt es in der Moral zwar ein ‹natürliches› Gesetz, aber keine angeborenen Grundsätze. Die Quelle aller Tugend ist die *Willensfreiheit*, d. h. das Vermögen, Handlungen zu beginnen oder zu unterlassen, fortzusetzen oder zu hemmen. Angeregt werden unsere Handlungen durch ein Unbehagen am gegenwärtigen Zustande. Dies führt nacheinander zur Überlegung, zum Vernunfturteil und zum Entschluß. Die tiefste Triebfeder alles Handelns ist der natürliche Glücksdrang des Menschen. Das wahre *Glück* hat Gott unzertrennlich mit der Tugend verbunden. Sicher können auch Juden, Mohammedaner und Heiden tugendhaft sein, aber dem bloßen Moralgesetz der Vernunft, wie die Alten es aufstellten, fehlt die Autorität des göttlichen Gesetzgebers. Zwar hätten wir auch durch das ‹natürliche Licht› der Vernunft zur Erkenntnis des Sittlichen gelangen können, und keine Offenbarung kann das klare Zeugnis der Vernunft beseitigen oder beeinflussen wollen, aber die Offenbarung schenkt uns die Wahrheit mühelos, die wir sonst nur schwer und vielleicht gar nicht gefunden hätten. Religiösen Freidenkern wie Spinoza oder Hobbes geht Locke gern aus dem Wege. Der Kern seines ‹*vernunftgemäßen*› *Christentums* besteht im Glauben an Jesus als den Erlöser, verbunden mit einem den Lehren des Evangeliums gemäßen Leben. Die Belohnungen und Strafen des Jenseits zählen zu den Haupttriebfedern des sittlichen Handelns. Dessen verpflichtende Kraft gründet sich auf den Willen Gottes. Von dem grundlegenden göttlichen werden das bürgerliche und das Gesetz der öffentlichen Meinung unterschieden.

In der *politischen* Philosophie befindet sich Locke in Übereinstimmung mit Miltons *liberaler* Staatsauffassung. Seine beiden politischen Aufsätze verfolgen die ausgesprochene Absicht, die ‹glorreiche Revolution› von 1688 vor aller Welt zu verteidigen und den Thron König Wilhelms, des ‹Wiederherstellers der englischen Freiheit›, zu befestigen. Der *erste* ‹*Treatise*› wendet sich gegen Filmers (1604–53) erst 1680 erschienenen ‹*Patriarcha*›, der das göttliche Recht des patriarchalischen Königtums verteidigt hatte. Nach Locke entspricht die Staatsgewalt nicht der väterlichen Autorität, sondern ist freier gegenseitiger Übereinkunft entsprungen. Der *zweite* entwickelt dann Lockes positive Lehre. Die natürlichen Rechte der persönlichen Freiheit und des Eigentums werden durch den Eintritt in den Staat nicht aufgehoben; dieser hat jene Rechte vielmehr zu sichern und zu schützen. Keiner darf einen anderen verletzen. In jedem Bürger ist das gleiche vernünftige Wesen zu achten. Zur Sicherung dieser Freiheiten verlangt Locke *Trennung der* gesetzgebenden und der ausübenden *Gewalt*. Die Gesetzgebung hat das Vorrecht und liegt in der Hand des gesamten Volks, das seine rechtmäßigen Vertreter in die von ihm gewählte gesetzgebende Versammlung entsendet. Der König steht unter, nicht über dem Gesetz und geht durch Mißbrauch der Gewalt seiner Würde verlustig. LOCKE gibt hier die Rechtfertigung des modernen englischen Staatswesens und begründet den *Konstitutionalismus.*

LOCKE ist einer der ersten Philosophen, die sich ausführlicher mit der *Erziehungsfrage* beschäftigt haben. Freilich hat er keine wissenschaftliche Theorie, sondern nur eine praktische Anleitung gegeben. Die Erziehung soll nichts von außen in den Zögling hineintragen und seine Anlagen naturgemäß entwickeln. Lebendige Anschauung statt gelehrten Formelkrams, Abhärtung und Übung des Körpers, Ausbildung des sittlichen Charakters sollen ein nützliches Mitglied der Gesellschaft heranbilden. Die Privaterziehung ist der öffentlichen vorzuziehen. LOCKES Grundsätze haben vor allem auf ROUSSEAU gewirkt.

LOCKES Ansichten gewannen nach anfänglicher Befehdung bis gegen Ende des 18. Jahrhunderts einen immer wachsenden Einfluß, außerhalb Englands namentlich in Frankreich durch VOLTAIRE. Die Wirkung auf die philosophische Denkweise seiner Landsleute ist noch heute zu spüren.

II. DEISMUS UND MORALPHILOSOPHIE

1. EDWARD HERBERT OF CHERBURY (1583–1648)

Ausgaben: Tractatus de veritate, Paris 1624 (neue Ausg., Bristol 1937). De causis errorum, London 1645. De religione gentilium, Amsterdam 1663. The Life of Edward Lord Herbert of Cherbury, written by himself, hrsg. v. W. Walpole, London 1764. Opera latina, London 1645. Repr. eingel. v. G. Gawlick, Stuttgart 1966 ff.
Literatur: W. DILTHEY, Ges. Schr., Bd. 2, S. 248 ff. C. GÜTTLER, E. LORD H. v. C. 1897. W. STEINBECK, Das Problem der Wahrheit u. die Philosophie H. v. C. In: Bl. f. dt. Philos. Bd. 7, 1934. H. SCHOLZ, Die Religionsphilosophie des H. v. C. 1914. M. M. ROSSI, La vita, le opere, i tempi di E. H. di C. Bd. 1–3, 1947.

LOCKES nüchternes und doch in allen ethisch-religiösen Fragen ehrlich beteiligtes Wesen war dem englischen Charakter angepaßt. Er hat durch sein unkompliziertes Vertrauen auf die Erfahrung die Bresche gelegt in das Dickicht einer Überlieferung von aristotelischen, stoischen und scholastischen Unterscheidungen, das eine unbefangene Sicht der wirklichen Probleme erschwerte. Trotz seines theistischen Glaubens hat sein Eintreten für den Ausgleich von Vernunft und Offenbarung dem *Deismus* der Aufklärung zum Siege verholfen, jener Lehre also, die Gott zwar als Weltenschöpfer respektiert, aber besondere Eingriffe eines Weltregierers für entbehrlich erachtet. Er hat hier in Lord EDWARD HER-

BERT OF CHERBURY einen Vorläufer, dessen *Erkenntnislehre* doch zeigt, wie sehr es eines neuen Einsatzes bedurfte, auch um tiefere Lösungen vorzubereiten, als LOCKE selbst sie geben konnte. Denn wenn HERBERT die Wahrheit der Sache mit der Wahrheit des Verstandes zu vereinbaren sucht und eine Gemäßheit (*conformitas*) der – von der Stoa übernommenen – Gemeinbegriffe zur natürlichen wie moralischen Welt voraussetzt, dann wird diese auf KANT vorausdeutende These mit Hilfe kaum übersehbarer Unterscheidungen verfochten, und er muß zuletzt auf einen ‹natürlichen Instinkt› für das Wahre zurückgreifen, um ein rationales Verstehen der von Gott geschaffenen Ordnung der Welt zu gewährleisten. Es gelingt ihm ebensowenig wie später LOCKE, die Fragen der Erkenntnisgeltung und die ihrer psychologischen Entstehung auseinanderzuhalten, so sorgsame und an sich fruchtbare Ansätze dafür auch in seiner grundlegenden Schrift ‹Über die Wahrheit› enthalten sind.

Um so stärker wirkten die Folgerungen seines Ansatzes sich für die *Religionsphilosophie* aus. Denn die ‹Konformität› zwischen Mensch und Gott war für HERBERT das bestimmende Motiv für seine neue Behandlung des Wahrheitsproblems, und sein Buch ‹Über die Religion› (1645 geschrieben, aber vollständig erst nach seinem Tode gedruckt) macht die Erkenntnisbedingungen zum Maßstab der Offenbarung. HERBERT gewinnt so die Umrisse einer Vernunftreligion, auf Grund deren er die geschichtlichen Religionen beurteilt. Die fünf Glaubensartikel der natürlichen Religion lauten: 1. Es gibt ein höchstes Wesen. 2. Dieses soll angebetet werden. 3. Tugend, verbunden mit Frömmigkeit und gegründet auf das Gewissen, ist der wichtigste Teil dieser Verehrung. 4. Der Mensch muß seine Sünden bereuen und von ihnen lassen. 5. Gutes und Böses werden in diesem und in jenem Leben belohnt und bestraft. Durch diese fünf Sätze, die zugleich das Handeln auf eine allgemeine Glückseligkeit hin ausrichten sollen, wird die wahre und allgemeine Kirche legitimiert. HERBERT benutzt zwar TELESIO, PATRIZZI und PARACELSUS – die Darstellung hat hier ja fast um ein Jahrhundert zurückgreifen müssen –, aber die Grundtendenz seines Philosophierens weist über die Naturphilosophie des 16. Jahrhunderts hinaus in die religiöse Moralität des 18. Jahrhunderts.

2. JOHN TOLAND (1670–1722)

Ausgaben: Christianity not mysterious, London 1696; Repr., eingel. v. G. Gawlick, Stuttgart 1964 (dt. hrsg. v. L. Zscharnack, 1909). Letters to Serena, London 1704; Repr., eingel. v. G. Gawlick, Stuttgart 1964. Nazarenus, or Jewish, gentile and Mahometan christianity, London 1718. Tetradymus, London 1720. Pantheisticon, sive formula celebrandae sodalitatis Socraticae, Cosmopolis (= London) 1720 (dt. hrsg. v. L. Fensch, Leipzig 1897). Briefe an Serena,

Über den Aberglauben, Über Materie und Bewegung, dt. Übers. v. G. Wichmann, hrsg. v. E. Pracht, Berlin 1959.
  Literatur: G. BERTHOLD, J. T. 1876. A. SEEBER, J. T. als politischer Schriftsteller.
1933. F. H. HEINEMANN, J. T. and the age of reason. In: Arch. f. Philos. Bd. 4,
1950. DERS., T. and Leibniz. In: Beitr. zur Leibnizforschung, 1947. A. LANTOINE,
Un précurseur de la francmaçonnerie, J. T. 1927. L. G. CROCKER, J. T. et le matérialisme de Diderot. Revue d'Histoire littéraire de la France 53, 1953.

Durchaus LOCKESCHEN Einfluß verrät das 1696 zuerst erschienene
Grundbuch des englischen Deismus: ‹Das Christentum ohne Geheimnisse› von JOHN TOLAND. Der in Irland (oder Frankreich?) geborene und
katholisch erzogene, aber mit 16 Jahren zum Protestantismus überge-
tretene Verfasser will hier beweisen, daß im ursprünglichen Christentum nichts wider und nichts über die Vernunft geht. Die übervernünfti-
gen ‹Geheimnisse› gelten ihm als heidnische und jüdische Gebräuche,
die erst von den Kirchenvätern zu ‹Sakramenten› erhoben worden sind.
TOLAND wurde, obwohl er Offenbarung und Wunder (die er als göttliche Steigerung der Naturgesetze auffaßte) noch nicht antastete, heftig
angegriffen und verfolgt, so daß er in die politische Schriftstellerei hin-
überwechselte. Dann aber setzt eine *pantheistische* Wendung seines
Denkens ein – auch der Ausdruck ‹Pantheist› geht auf TOLAND zurück –,
die durch die ‹Briefe an Serena› (1704; Serena ist LEIBNIZ' Freundin
SOPHIE CHARLOTTE VON PREUSSEN, die TOLAND freundlich aufnahm und
Gespräche mit Berliner Gelehrten veranlaßte) bezeugt werden. Hier ist
der Glaube an die Offenbarung, an einen persönlichen, außerweltlichen
Gott und an die Unsterblichkeit aufgegeben. Gott ist vielmehr das dem
All einwohnende Leben. Während TOLAND die starre Unbeweglichkeit
der Substanz SPINOZAS tadelt, berührt ihn GIORDANO BRUNO um so tiefer,
in dessen Unendlichkeiten das ‹Pantheisticon› von 1720 ganz zu Hause
ist, das eine Religion der Zukunft und eine Liturgie für deren Bekenner
entwirft, die sich schon vor den Freimaurern zu Sokratischen Mysterien-
feiern zusammenfanden. Die Grundgedanken lassen sich in fünf Sätzen
zusammenfassen: 1. Vernunft ist das wahre und erste Gesetz, das Leben
und der Glanz des Lebens. 2. Alle Dinge in der Welt sind eins, und eins
ist das All in allen Dingen. 3. Das Universum ist wesentlich Intellekt
und Bewegung. 4. Die Veränderung im Universum ist beherrscht durch
die Koinzidenz der Gegensätze. 5. Die Freiheit besteht darin, der Vernunft zu folgen. Das ist das Gesetz der Natur (nach HEINEMANN).

3. DIE ‹FREIDENKER›

Ausgaben: ANTHONY COLLINS: A Discourse of free-thinking, London 1713. Philosophical Inquiry concerning human liberty and necessity, London 1715. A
Discourse of the grounds and reasons of the Christian religion, London 1724.

– Matthews Tindal: Christianity as old as the creation, London 1730 (dt. Frankfurt 1741). – Thomas Morgan: The moral Philosopher, Bd. 1–3, London 1737–40. – Thomas Chubb: The Supremacy of the Father asserted, London 1715. The previous Question with regard to religion, London 1725. A Collection of tracts on various subjects, London 1730. The true Gospel of Jesus Christ asserted, London 1738. – Henry St. John Lord Bolingbroke: Works, hrsg. v. D. Mallet. Bd. 1–5, London 1754. Bd. 1–7, London 1777–98.

Literatur: J. M. Robertson, A History of Freethought. Bd. 1. 2, 1929. W. Sichel, B. and his Times, Bd. 1. 2, 1901–02. J. M. Robertson, B. and Walpole. 1919. W. Ludwig, Lord B. u. die Aufklärung. 1928. G. H. Nadel, New light on B.'s ‹Letters on History›. J. Hist. Ideas 23, 1962.

Die Selbstbezeichnung als ‹Freidenker›, die zuerst 1697 für Toland gebraucht wurde, kommt literarisch wohl zuerst in Anthony Collins' (1676 bis 1729) ‹Abhandlung über das Frei-Denken› (1713) vor. Der Locke befreundete Autor nimmt das freie, sich selbst verantwortliche Denken als unveräußerliches Recht der Vernunft in Anspruch und wendet es auf die Bibel und die Gotteserkenntnis an. Nach ihm sind alle großen und weisen Männer der Geschichte Freidenker gewesen. Er wollte im Gegensatz zu Toland das freie Denken nicht auf die Gebildeten beschränkt wissen und hielt dessen Unterdrückung für die Quelle gesellschaftlicher Unordnung. Als Anhänger des Vernunftglaubens trat auch Matthews Tindal (1657–1733) für die Unterordnung jeder Offenbarung unter das sittliche Naturgesetz ein. Die Bibel ist nach ihm nicht zu verehren, weil sie Offenbarung, sondern weil sie die freilich in ihrer Entwicklung verfälschte Urreligion der sittlichen Vernunft ist. In ähnlicher Weise hat Thomas Morgan (gest. 1743) das in der Bibel verkörperte Moralgesetz des wahren Christentums aus den abergläubischen, vor allem jüdischen Entstellungen herauszulösen gesucht. Am eigenwilligsten hat der schlichte Handwerker Thomas Chubb (1679–1747) die christliche Lehre hinter das christliche Leben zurücktreten lassen. Die Religion ist entweder auf die moralische Bestimmung der Natur oder auf das willkürliche Herrenrecht eines Gottes gegründet. Der Inbegriff der christlichen Verkündigung ist die Proklamation des vernünftigen Sittengesetzes, der Aufruf zur Buße und die Verheißung gerechter Vergeltung.

Für das gesamte Freidenkertum ist das positive Christentum fast ein Hemmnis des moralischen Gottesglaubens. In seinen Kreisen war – ebenso wie bei den 1715 neu begründeten *Freimaurern* – kaum ein Verständnis für die abgründigen Spannungen in dem Verhältnis von Gott und Mensch zu finden. Gleichwohl hat diese Bewegung mit ehrlichem Bemühen den Boden bereitet für das undogmatische Christentum der bürgerlichen Humanitätsepoche, die immerhin die moralische Verantwortung im öffentlichen Dasein aufrechtzuerhalten vermocht hat.

Eine zweideutig schillernde Erscheinung in diesem Kreis ist der den

Tories zugehörende Lord BOLINGBROKE (1678–1751), der glänzende Parlamentsredner, gewiegte Politiker und vollendete Gesellschaftsmensch, der ob der sich ihm versagenden politischen Situation zum Schriftsteller wurde. Er hat sich gleich dem von ihm beeindruckten und ihm geistesverwandten VOLTAIRE für das Studium und den Nutzen der Historie eingesetzt und war von LOCKE für den Deismus gewonnen. Er gewahrt den Zusammenhang zwischen dem göttlichen Schöpfer und der Harmonie der Weltordnung, wehrt aber alles ab, was in metaphysische oder gar theologische Hintergründe weist, und bekennt sich zu den sittlichen Grundsätzen der Bergpredigt. Derselbe BOLINGBROKE tritt indessen als Politiker für die das Volk in Zucht haltende englische Hochkirche ein. Das Freidenkertum der Salons darf nicht den Gehorsam der Menge gegen die kirchlichen Vorstellungen erschüttern. Man soll nicht ein Gebiß aus dem Maul derer herausnehmen, die besser noch eines zweiten bedürften.

4. ANTHONY SHAFTESBURY (1671–1713)

Ausgaben: Inquiry concerning virtue and merit, London 1699; dt. hrsg. v. P. Ziertmann, Leipzig 1905 (Philos. Bibl.). Characteristics of men, manners, opinions, times, Bd. 1–3, London 1711 (neue Ausg. hrsg. v. Hatch, London 1869; dt. unter d. Titel: Philos. Werke, Bd. 1–3, Leipzig 1776–79; daraus in der Philos. Bibl.: Ein Brief über den Enthusiasmus, Die Moralisten, hrsg. v. M. Frischeisen-Köhler, Leipzig 1909). Several Letters, written by a noble Lord, London 1716. Vgl. ferner: B. Rand, The Life, unpublished letters and philosophical regimen of S., London 1900.

Literatur: G. SPICKER, Die Philosophie des Grafen von S. 1872. G. v. GIZYCKI, Die Philosophie S.s. 1876. T. FOWLER, S. and Hutcheson. 1882. E. HODDER, The 7th Earl of S. Bd. 1–3, 1886. A. STERNBECK, S. über Natur, Gott u. Religion. 1904. I. OSSKE, Ganzheit, Unendlichkeit u. Form, Studien zu S.s Naturbegriff. 1939. I. KERN, S.s Bild vom Menschen. 1945. F. H. HEINEMANN, The philosopher of enthusiasm. Rev. int. Philos. 6, 1952. G. MORPURGO-TAGLIABUE, La nozione di ‹gusto› nel secolo 18: S. e Addison. Riv. Estet. 7, 1962. L. ZANI, Una definizione dell'etica di S. Riv. Filos. neoscol. 46, 1954. DERS., L'etica di Lord S. Milano 1954. R. B. VOITLE, S.'s moral sense. Studies in Philology 52, 1955. B. PEACH, S.'s moral ‹arithmetics›. Personalist 39, 1958. E. CASSIRER, Platonische Renaissance in England. 1932, Kap. VI. C. F. WEISER, S. u. das dt. Geistesleben. 1916 (vgl. auch den gleichnamigen Aufsatz von O. F. WALZEL in Germ.-rom. Monatshefte 1909). F. MEINECKE, S. u. die Wurzeln des Historismus. 1934. S. v. LEMPICKI, S. u. der Irrationalismus. In: Studia philosophica, Bd. 2, 1937. D. B. SCHLEGEL, S. and the French Deists. Chapel Hill 1956. J. STOLNITZ, On the significance of Lord S. in modern aesthetic theory. Philos. Quart. 11, 1961.

ANTHONY ASHLEY COOPER, später GRAF VON SHAFTESBURY, in London 1671 geboren, war der Enkel des mit LOCKE befreundeten Ministers und wurde von dem Philosophen in dessen Grundsätzen unterrichtet. Schon als Knabe mit Griechisch und Latein wie mit seiner Muttersprache vertraut, gewann er ein lebendiges Verhältnis zur Antike, besonders zu PLATON, ARISTOTELES und der Stoa, und kommt so auch den Denkern der Cambridger Schule nahe, deren Naturanschauung ihn bestimmt. Die mannigfachen Richtungen seines Geistes einen sich ihm zu einer *poetischen Harmonie*. So ist er gleich LEIBNIZ für die harmonistische Grundhaltung des zweiten deutschen Humanismus bestimmend geworden. HERDER, SCHILLER, GOETHE und die Romantiker sind nachhaltig durch ihn beeinflußt worden. Wie seinen Freund TOLAND, der SHAFTESBURYS ersten Essay ‹Über die Tugend› 1699 fast gegen dessen Willen veröffentlichte, haben auch ihn GIORDANO BRUNOS universalistische Phantasien beschwingt. Als eifriges Mitglied der Whigs und Freund des liberalen Königs gehört er zunächst dem Unterhaus und dann dem Oberhaus an. Aber im neuen Jahrhundert zog er sich immer mehr aus seinen politischen Verpflichtungen zurück und lebte seinen geistigen Neigungen. 1711 konnte er noch seine ‹Charakteristiken von Männern, Sitten, Meinungen und Zeiten› veröffentlichen. Dann zwang ihn ein körperliches Leiden, in den Süden, nach Neapel, zu gehen, wo er schon 1713 starb. Er erneuerte die dialogische Form PLATONS mit dramatischer Lebendigkeit und versuchte sich auch im Briefstil: nichts Systematisches oder Lehrhaftes, sondern ins Poetische und Rhetorische hinüberspielende Reflexionen.

SHAFTESBURY ist, wie sein Freund BAYLE, ein ‹lachender Wahrheitssucher›, der der falschen Ehrfurcht vor Überlebtem mit sokratischer Ironie und mit dem Humor des natürlich empfindenden Menschen entgegentritt. Das *Gefühl* ist mächtiger in ihm als der bloße Intellekt, obwohl seine geistig-sittliche Autonomie allen Wunderglauben, Fanatismus und pedantischen Eigensinn verwirft. Die auf die tiefsten Kräfte des Gemüts sich gründende innere Erfahrung ist ihm die echte Quelle gültiger Maßstäbe. Das erklärt seinen Gegensatz zu HOBBES, dessen mechanische Naturerklärung er ebenso ablehnt wie seine von der menschlichen Selbstliebe aus konstruierende Psychologie.

Die Ethik wird daher aufgebaut auf eine Lehre von den *Affekten*. SHAFTESBURY unterscheidet drei Gruppen, die natürlichen, die unnatürlichen und die selbstsüchtigen Leidenschaften. Es ist der Natur des Menschen gemäß, das ‹Wohl der Gattung› und die Geselligkeit zu erstreben, während es unnatürlich ist, durch Neid, Bosheit und Trotz auf die Zerstörung der geselligen Ordnung auszugehen. Die selbstsüchtigen Leidenschaften dagegen brauchen der Natur nicht geradezu entgegengesetzt zu sein, da das eigene Wohlbefinden auf die Dauer um so größer sein wird, je glücklicher es sich in die Geselligkeit fügt. Die Tugend ist bedroht bei Schwäche der natürlichen, Heftigkeit der selbstsüchtigen und bei Einbruch der unnatürlichen Neigungen, und sie wird aufblühen, wo ein wohltätiges Gleichgewicht zwischen dem Geselligkeits- und dem Selbstbehauptungstrieb sich herstellt. In einer solchen Harmonie aller Lebensäußerungen gründet die Glückseligkeit. Es liegt SHAFTESBURY völlig fern, mit einem möglichen Zwiespalt zwischen Pflicht und Neigung zu rechnen.

Um so enger knüpft sich ihm das Band zwischen dem Guten und dem *Schönen*. Tugend ist sittliche und als solche die vollkommenste Schönheit. Es ist die Kalokagathie der Griechen, die in SHAFTESBURY ihren unübertroffenen Lobredner findet, und das stufenweise sich steigernde Trachten nach dem Schönen erinnert zuweilen fast wörtlich an Diotimas Enthüllungen im PLATONischen ‹Gastmahl›, nur daß die Schau sich nicht ins Übersinnliche versteigt, sondern in der ‹Glückseligkeit des Ganzen› sich erfüllt.

Diese *ästhetische Grundstimmung* hat SHAFTESBURY auch für die besonderen Probleme der Kunst aufgeschlossen. Er hat bedeutende Bemerkungen über Malerei und Dichtung niedergeschrieben, die die Selbständigkeit des Geschmacksvermögens gegenüber den sinnlichen Reizen betonen. Eben in diesen kritischen Erörterungen erweist sich der Geistesgenosse der Aufklärung, der alles Begegnende mit seinem freien Urteil bedachte.

5. FRANCIS HUTCHESON (1694–1747)

Ausgaben: Inquiry into the original of our ideas of beauty and virtue, London 1725. An Essay on the nature and conduct of the passions and affections, London 1728. Philosophiae moralis institutio, Glasgow 1742. A System of moral philosophy, London 1755. Alle Werke sind bald auch dt. erschienen, letzteres schon 1756 durch Lessing.

Literatur: W. R. SCOTT, F. H. 1900. N. WESTENDORP BOERMA, De Leer van de zedelijken zin bij H. 1910. E. SPRAGUE, F. H. and the moral sense. J. Philos. 51, 1954. W. FRANKENA, H.'s moral sense theory. J. Hist. Ideas 16, 1955. D. HENRICH, H. und Kant. Kant-Studien 49, 1957/58. L. VIGONE, La ‹Synopsis Metaphysicae› di F. H. Riv. Filos. neoscol. 49, 1957. DERS., Uomo e natura nella prospettività di F. H. Atti XII Congr. intern. Filos. 1961. A. H. JOHNSON, F. H. and the ‹moral sense› theory. Mémoires de la Société royale de Canada 53, 1959.

Es sind in erster Linie die schottischen Philosophen, die hier nacheifern. FRANCIS HUTCHESON stammte trotz seiner irischen Geburt aus Schottland und wirkte in den letzten zwei Jahrzehnten seines Lebens als Professor der Moralphilosophie in Glasgow. Er fühlte sich vor allem in seinen ästhetischen Schriften als Fortsetzer SHAFTESBURYS, weiß aber doch die volle Ursprünglichkeit des künstlerischen Geschmacks nicht zu wahren, wenn er ihn auf einen ‹inneren Sinn› zurückführt und ihn den anderen Sinnen nebenordnet. Überhaupt systematisiert er die Ideen

SHAFTESBURYS mehr, als daß er sie in ihrer eigenwüchsigen Freiheit sich auswirken läßt. Seine Moralphilosophie gründet sich auf eine umfassende Beobachtung der menschlichen Natur, die bei allen Menschen wesentlich die gleiche ist und neben den blinden und unbeständigen Leidenschaften auch die klaren und dauernden Neigungen aufweist, neben der Selbstliebe auch ein ursprüngliches Wohlwollen, das zur allgemeinen Gravitation in Parallele gesetzt wird. So tritt dem ästhetischen ein ‹moralischer Sinn› (moral sense) zur Seite, der der Leitung durch Vernunft und Erfahrung bedarf. Viel stärker als bei SHAFTESBURY macht sich ein Utilitarismus geltend, der das eigne Wohl mit dem Wohl des Ganzen so umfassend wie möglich zu vereinbaren sucht. Die Glückseligkeit besteht in dem möglichst dauernden Genuß des jeweils höchsten Vergnügens. Dabei ist der von der Gottheit verliehene moralische Sinn auch in den Nichtgläubigen wirksam und von keinen theologischen Voraussetzungen abhängig.

6. JOSEPH BUTLER (1692–1752)

Ausgaben: The Analogy of religion natural and revealed to the constitution and course of nature, London 1736. Works, hrsg. v. S. Halifax, Bd 1. 2, Oxford 1836; desgl. hrsg. v. Gladstone, London 1896.

Literatur: W. L. COLLINS, B. 1889. W. J. MORTON, Bishop B. 1940. A. DUNCAN JONES, B.'s Moral Philosophy. 1952. A. R. WHITE, Conscience and self-love in B.'s sermons. Philosophy 27, 1952. J. ROBINSON, Newman's use of B.'s arguments. Downs. Rev. 76, 1958. G. K. RIDDLE, The place of benevolence in B.'s ethics. Philos. Quart. 9, 1959. W. DE SMET, L'influence de B. sur la théorie de la foi chez Newman. Ephem. theol.-lovan. 39, 1963.

Im Gegensatz zu HUTCHESON gab Bischof BUTLER der Lehre SHAFTESBURYS eine mehr theologische Wendung. Er lehnt die eudämonistische Zweckbezogenheit des Handelns ab und bestreitet die Ursprünglichkeit der selbstbezogenen Neigung. Für ihn ist das Nötigende des moralischen Sinns das Gewissen, das die Begierden beherrschen soll. Es kommt bei der sittlichen Beurteilung auf die Absicht und nicht auf die Tat an, deren Erfolg in Gottes Hand steht. Nur der Glaube an Gott und ein künftiges Leben kann über die Stunden mangelnder Begeisterung hinweghelfen. Den Optimismus SHAFTESBURYS teilt BUTLER nicht. Er verweist mit Nachdruck auf die Übel in der Natur und auf das ungerechte Leiden vieler Unschuldiger.

7. Bernard de Mandeville (1670–1733)

Ausgaben: The grumbling Hive or knaves turned honest, 1705 (Flugblatt). Erweitert: The Fable of the bees or private vices public benefits, London 1714 (neu hrsg. v. F. B. Kaye, Bd. 1. 2, Oxford 1924; dt. hrsg. v. O. Bobertag, München 1914; neu hrsg. v. Fr. Bassenge, Berlin 1957).

Literatur: P. Sakmann, B. de M. u. die Bienenfabel-Kontroverse. 1897. R. Stammler, M.s Bienenfabel. 1918. Maria Goretti, B. de M. nella storia del pensiero giuridico-etico inglese. Studi senesi 64, 1952. Dies., Il paradosso M. Saggio sulla Favola delle api col testo inglese a fronte e bibliografia. Firenze 1958. Fidia Arata, ‹Le api› di B. de M. (mit Bibliographie). Torino 1953. Dies., M.: economia e morale. G. Meta. 14, 1959. E. Garin, A proposito di B. de M. G. crit. Filos. ital. 37, 1958. J. D. Young, M.: a popularizer of Hobbes. Mod. Lang. Notes 74, 1959. B. Talluri, Cinquant' anni di critica intorno al pensiero di B. de M. (1900–1950). Studi senesi 53, 1951.

In schärfstem Gegensatz zu Shaftesburys Optimismus steht der Pessimismus, der sich in Mandevilles merkwürdiger ‹Bienenfabel› ausspricht. Bernard de Mandeville, von französischer Herkunft, in Holland geboren, später Arzt in London, ließ 1705 in den Straßen Londons als Flugblatt ein Gedicht von 400 Versen verteilen unter dem Titel: ‹Der summende Korb oder die ehrlich gewordenen Schelme›. Es verteidigt in satirischer Form den paradoxen Satz, daß Macht und Blüte eines Gemeinwesens nicht auf der Tugend, sondern auf den lasterhaften Neigungen der einzelnen (Eitelkeit, Ehrgeiz, Heuchelei, Betrug, Schwelgerei, Wollust) beruhen. Denn als Gott das Gebet eines Bienenquidams erhörte und das ganze Bienenvolk ‹moralisch› werden ließ, da verschwanden Macht, Glanz und Glück. Größe und Rechtschaffenheit verbinden zu wollen, ist ein eitler Traum. Da seit 1711 Shaftesburys Optimismus immer mehr Anhänger gewann, gab Mandeville 1714 sein Flugblatt als besondere Schrift: ‹Die Bienenfabel oder: Private Laster — Wohltaten für das Ganze› mit erläuternden Anmerkungen heraus. Die schwärmerische Schönheitsphilosophie zeichnet nach Mandeville die Welt weit besser, als sie ist, und sie ist überdies eine Philosophie bloß für die bevorzugten Klassen. In Wahrheit treiben egoistische Interessen den Menschen zur Arbeit, zum gesellschaftlichen Leben und damit zur Kultur. Bei allgemeiner Zufriedenheit würde alle Kultur stagnieren. Die ‹Tugenden› sind von ehrgeizigen Politikern erfunden, um die Massen zu beherrschen. Die Gesellschaft kann freilich auch auf solche Fassaden nicht verzichten, weil die Armut und Beschränktheit der niederen Klassen zum Gedeihen der Kultur nötig ist. Mandeville, der sicherlich der hintergründigeren Schau Shaftesburys nicht gerecht wird, wollte gewiß nicht für die Laster eintreten, wenn er auf den Riß zwischen den gesellschaftlichen Mitteln und dem erstrebten Endzweck hinweist. Sein grundsätzlicher Einwand sollte vielmehr zu einer tieferen Besinnung auf die

Bedingungen des gesellschaftlichen Daseins herausfordern, wie sie dann ADAM SMITH in einem großen Stil in Angriff nahm.

8. MORALPHILOSOPHEN UND ÄSTHETIKER

Ausgaben: SAMUEL CLARKE: A Demonstration of the being and attributes of God, London 1705–06 (dt. Braunschweig u. Hildesheim 1756). Remarks upon a book, entitled a philosophical enquiry concerning human liberty, London 1717 (mit Bezug auf COLLINS s. o.). Works, hrsg. v. B. Hoadly, Bd. 1–4, London 1738–42. – WILLIAM WOLLASTON: The Religion of nature delineated, London 1722. – ADAM FERGUSON: An Essay on the history of civil society, Edinburgh 1767. Institutes of moral philosophy, Edinburgh 1769 (dt. hrsg. v. C. Garve, Leipzig 1772). Principles of moral and political science, Edinburgh 1792. Of the Principle of Moral Estimation. A Discourse between D. Hume, R. Clerk and A. Smith. Hrsg. v. E. C. Mossner. J. Hist. Ideas 21, 1960. – WILLIAM PALEY: Principles of moral and political philosophy, London 1785 (dt. hrsg. v. C. Garve, Leipzig 1788). Works, hrsg. v. E. Paley, Bd. 1–5, Edinburgh 1825. – RICHARD PRICE: Letters on materialism, London 1777. – HENRY HOME: Essays on the principles of morality and natural religion, Edinburgh 1751 (dt. Braunschweig 1768). Elements of criticism, Bd. 1–3, Edinburgh 1762–5; Repr. d. Ausg. London 1762 angek. Hildesheim (Olms) (dt. in 2 Bdn., Leipzig 1762–6). – EDMUND BURKE: A philosophical Inquiry into the origin of our ideas of the sublime and the beautiful, Oxford 1756; hrsg. v. J.-T. Boulton, London 1958 (dt. hrsg. v. C. Garve, Riga 1773. Übers. v. F. Bassenge, Berlin 1956). Reflections on the revolution in France and on the proceedings in certain societies in London relative to that event. Hrsg. v. O. Piest, New York 1955; hrsg. v. W. B. Todol, New York 1959. Works, Bd. 1. 2, London 1842. Selected Works, hrsg. v. W. J. Bate, New York 1960; hrsg. v. P. J. Stanlis, Gloucester (Mass.) 1963. The Correspondence, hrsg. v. A. Woods/Th. W. Copeland/H. Guttridge, Chicago, London, Cambridge 1958 ff.

Literatur: R. ZIMMERMANN, C.s Leben u. Lehre. 1870. J. E. LE ROSSIGNOL, The Ethical Philosophy of S. C. 1892. T. KUNZE, Die Metaphysik des S. C. 1929. C. G. THOMPSON, The Ethics of W. 1922. U. KANEKO, Die Moralphilosophie A. F.s. 1904. W. C. LEHMANN, A. F. and the Beginnings of Modern Sociology. 1930. C. B. CONE, Torchbearer of Freedom. The Influence of R. P. on the 18th Century. Lexington 1952. B. PEACH, The indefinability and simplicity of rightness in R. P.'s Review of morals. Philos. phenomenol. Res. 14, 1953–54. S. E. GLUCK, R. P., G. E. Moore and the analysis of moral obligation. Philos. Quart. 31, 1958/59. D. O. THOMAS, R. P. and E. Burke. The duty to participate in government. Philosophy 34, 1959. L. AQUIST, The Moral Philosophy of R. P. Lund 1960. H. WOHLGEMUTH, H.s Ästhetik. 1893. J. NORDEN, Die Ethik H. H.s 1895. M. JOSEPH, Die Psychologie H. H.s 1911. B. NEWMAN, E. B. 1927. F. BRAUNE, E. B. in Deutschland. 1917. A. COBBAN, E. B. 1929. DERS., E. B. and the Revolt against the 18th Century. London 1960. R. KIRK, B. and the philosophy of prescription. J. Hist. Ideas 14, 1953. P. J. CROWLEY, B. and scholasticism. New Scholast. 28, 1954. CH. PARKIN, The Moral Basis of B.'s Political Thought. Cambridge/New York 1956. C. B. CONE, B. and the Nature of Poli-

tics. Lexington 1957. P. J. STANLIS, E. B. and the Natural Law. Ann Arbor 1958.
F. L. LUCAS, Art of Living. Four 18th-Century Minds: Hume, Horace Walpole,
B., Benjamin Franklin. New York 1959. J. DAVIDSON, Natural law and inter-
national law in E. B. Review of Politics 21, 1959. F. P. CANAVAN, The Political
Reason of E. B. Durham 1960. G. MORPURGO-TAGLIABUE, La nozione di gusto
nel XVIII secolo: E. B. Acme 15, 1962. W. D. LOWE, E. B. and an Irish historio-
graphical controversy. History and Theory 2, 1962. R. R. FENNESSY O. F. M.,
B., Paine and the Rights of Man. The Hague 1963.

Eine mehr intellektualistische Begründung der Ethik versuchen CLARKE
und WOLLASTON. SAMUEL CLARKE (1675–1729), mathematisch und philo-
sophisch-theologisch gebildet und seit 1709 Hofprediger in London, in
der Naturphilosophie Anhänger BOYLES und NEWTONS, bekannt vor
allem aus seinem wissenschaftlichen Streit mit LEIBNIZ, sucht unter
Abweis der psychologischen Begründung der Moral ein objektiveres
Prinzip in der Angemessenheit unserer Handlungen. In der göttlichen
Schöpfungsordnung hat alles seinen gemäßen Ort, und das menschliche
Handeln muß diese Ordnung im anorganischen und vor allem im orga-
nischen Bereich beachten. Die Pflanze nicht zu schädigen, das Tier nicht
zu mißbrauchen und den Menschen nie als bloßes Mittel zu vergewal-
tigen, ist sittliche Pflicht, und zwar ohne Rücksicht auf Lohn oder Strafe.
Um nicht ins Subjektive abzugleiten, wird das Sittliche fast wie ein
Naturgesetz behandelt. Ein Verbrechen begehen ist ihm dasselbe, wie
drei rechte Winkel eines Dreiecks annehmen. Die unwandelbare Ver-
pflichtung des Menschen zum Guten beruht auf dem Gewissen, das aber
Furcht und Hoffnung als Antriebe nicht ausschließt. Denn zuletzt ist das
Gute mit Gottes Willen identisch, und die Moral führt auf die Offenbarung hinaus. CLARKE wendet seine streng demonstrative Methode
auch auf die theologischen Probleme an, und zwar auf eine so schlüssige
Weise, daß VOLTAIRE ihn als eine ‹wahre Denkmaschine› rühmte.
    Nach WILLIAM WOLLASTON (1659–1724), einem Lehrer in Birming-
ham, ist der letzte Zweck des Menschen, die Wahrheit nicht bloß zu erkennen, sondern auch im Reden und Handeln zu bewähren: nur dann
wird er auch wahres Vergnügen empfinden. Beide, CLARKE und WOL-
LASTON, rufen: Handle, wie die Natur der Dinge es dir vorschreibt! Sie
fordern daher auch eine genaue Kenntnis der Außenwelt. Beide haben
aber mit ihrem Versuch einer logischen Moralbegründung keine Nachfolge gefunden.
    Spätere Moralphilosophen sind *Eklektiker*, wie ADAM FERGUSON
(1723–1816), der die drei Prinzipien der Selbstliebe, des Wohlwollens
und der Vervollkommnung miteinander verbindet und die Interessen
des Einzelnen mit denen der Gesellschaft zu versöhnen sucht, deren Geschichte er zuerst (1767) beschrieben hat, und deren Klassenunterschiede
er von den Eigentumsunterschieden ableitet. Hierher gehört auch WIL-
LIAM PALEY (1743–1805), ein Cambridger Theologe, der den moralischen

Sinn ablehnt und das Pflichtgebot an den Willen Gottes knüpft, aber zugleich den Lustcharakter einer Gott gemäßen Handlung betont und in der allgemeinen Glückseligkeit den Zweck alles Handelns findet. Wieder andere suchen wie RICHARD PRICE (1723–91) im neuplatonischen Sinn in der Vernunft ein ursprüngliches Wahrnehmungsvermögen für die ewigen sittlichen Gesetze.

Männer wie SHAFTESBURY und HUTCHESON hatten den ersten Anstoß auch zu *ästhetischen* Betrachtungen gegeben. Aber ihnen fiel das Schöne weithin noch mit dem Wahren und Guten zusammen. Bald aber begannen auch eigene Untersuchungen über ästhetische Probleme. HENRY HOME (1696–1782), Pseudonym für LORD KAMES, seit 1763 Oberrichter in Schottland, folgt in seiner Ethik HUTCHESON, sieht aber in dem Schönen und Häßlichen nicht Eigenschaften der Dinge, sondern Verhaltensweisen der Seele. Er unterscheidet eine Anzahl neuer ästhetischer Begriffe, trennt z. B. die unmittelbar empfundene von der reflektierten und d. h. zweckbezogenen Schönheit, bleibt aber ohne tiefere Systematik und ist von ermüdender Breite. Er dringt auf Naturwahrheit und hält den französischen Klassikern und seinem Landsmann POPE gern SHAKESPEARE entgegen. Etwas tiefer geht die Jugendschrift des Staatsmanns EDMUND BURKE (1729–97) ‹Über den Ursprung unserer Ideen des Erhabenen und Schönen›. Er führt diese beiden ästhetischen Gefühle auf die Grundtriebe der Selbsterhaltung und der Geselligkeit zurück. Das Erhabene entspringt aus dem Gegensatz zwischen der eigenen Sicherheit und dem gefahrdrohenden Gegenstand, das Schöne aus dem Verlangen nach Gemeinschaft mit etwas, das uns wohltuend berührt. BURKE hat, obwohl er in das eigentliche Wesen der Kunst nicht eingedrungen ist, sondern an der psychologischen, ja oft physiologischen Außenseite haften blieb, doch auf die Entwicklung der Ästhetik, insbesondere der deutschen (MENDELSSOHN, LESSING, KANT), erheblichen Einfluß ausgeübt, schon weil er das Erhabene als Gegenbegriff des Schönen auszeichnete. Später hat er als einer der grundsätzlichen Gegner der Französischen Revolution die Anfänge der deutschen Romantik beeinflußt.

III. GEORGE BERKELEY (1685–1753)

Ausgaben: Arithmetica absque algebra aut Euclide demonstrata, Dublin 1707. An Essay towards a new theory of vision, Dublin 1709; hrsg. v. A. D. Lindsay, New York/London 1954 (dt. in der Philos. Bibl. hrsg. v. R. Schmidt, Leipzig 1912). A Treatise concerning the principles of human knowledge, Dublin 1710 (neue Ausg. hrsg. v. T. J. MacCormack, Leipzig 1913; hrsg. v. C. M. Turbayne, New York 1957; hrsg. v. G. J. Warnock, New York/London 1962/63; dt. in der Philos. Bibl. hrsg. v. F. Ueberweg, zuletzt Leipzig 1920). Three Dia-

logues between Hylas and Philonous, London 1713 (neue Ausg. v. T. J. Mac-
Cormack, Leipzig 1913; hrsg. v. C. M. Turbayne, New York 1954; hrsg. v.
G. J. Warnock, New York/London 1962/63; dt. in der Philos. Bibl. hrsg. v.
R. Schmidt, zuletzt Leipzig 1925; übers. v. R. Richter, hrsg. v. E. Pracht u. G.
Mende, Berlin 1955). Alciphron or the minute philosopher, London 1732 (dt.
in der Philos. Bibl. hrsg. v. L. u. F. Raab, Leipzig 1915). Siris, a chain of philo-
sophical reflexions and inquiries, Dublin 1744 (dt. in der Philos. Bibl. hrsg. v.
L. u. F. Raab, Leipzig 1913). Miscellany, containing several tracts on various
subjects, London 1752. – Works, hrsg. v. A. C. Fraser, Bd. 1–4, London 1871;
neue Ausg., Oxford 1901 (darin enthalten: Commonplace Book = Philos. Tagebuch 1705–08; dt. in der Philos. Bibl. hrsg. v. A. Hecht, Leipzig 1926). The
Works, hrsg. v. A. A. Luce u. T. E. Jessop, Bd. 1–9, Edinburgh 1947–1957.
Vgl. schließlich den Briefwechsel Berkeleys mit Lord Percival, hrsg. v. B. Rand,
Cambridge 1914.

Literatur: A. A. Luce, The Life of G. B. 1949. A. C. Fraser, B. 1881. R. Metz,
G. B. 1925. G. D. Hicks, G. B. 1933. J. Wild, G. B. 1936. G. J. Warnock, B.
London/Melbourne/Baltimore 1953. A.-L. Leroy, G. B. Paris 1959. J. D. Wild,
G. B. A Study of His Life and Philosophy. New York 1962. – G. A. Johnston,
The Development of B.'s Philosophy. 1923. A. C. Fraser, B. and Spiritual Rea-
lism. 1909. F. Olgiati, L'idealismo di G. B. 1926. B. Erdmann, B.s Philosophie
im Lichte seines wissenschaftl. Tagebuchs. In: Abh. d. Preuß. Ak. d. Wiss.,
1919. G. Stammler, B.s Philosophie der Mathematik. 1922. Ernst Cassirer, B.s
System. 1914. D. Grey, The solipsism of B. Philos. Quart. 2, 1952. J. O. Wis-
dom, The Unconscious Origin of B.'s Philosophy. London 1953. Anita D. Fritz,
B.'s self – its origin in Malebranche. J. Hist. Ideas 15, 1954. C. D. Broad, B.'s
denial of material substance. Philos. Rev. 63, 1954. M. M. Rossi, Saggio su B.
Bari 1955. C. M. Turbayne, The influence of B.'s science on his metaphysics.
Philos. phenomenol. Res. 16, 1955–56. Ders., B.'s two concepts of mind. Philos. phenomenol. Res. 20, 1959/60 u. 22, 1962. M. Gueroult, B., quatre études
sur la perception et sur Dieu. Paris 1956. F. A. Sillem, G. B. and the Proofs of
the Existence of God. London 1957. K. Marc-Wógan, B.'s sensationalism and
the esse est percipi-principle. Theoria 23, 1957. J. W. Davis, B.'s doctrine of the
notion. Rev. Meta. 12, 1958/59. H. M. Bracken, B. on the immortality of the
soul. Mod. Schoolman 37, 1959/60. Ders., B. and mental acts. Theoria 26,
1960. R. Grossmann, Digby and B. on notions. Theoria 26, 1960. Angelita
Myerscough, B. and the proofs for the existence of God. Studies in Philos. and
the Hist. of Philos. 1, 1961. D. M. Armstrong, B.'s Theory of Vision. Mel-
bourne/New York 1961. G. W. R. Ardley, B.'s Philosophy of Nature. Auck-
land (Neuseeland) 1962. F. B. Allaire, B.'s Idealism. Essays in Ontology. The
Hague 1963. – H. J. Oertel, G. B. u. die engl. Literatur. 1934. E. Stäbler, G. B.s
Auffassung und Wirkung in d. dt. Philosophie bis Hegel. 1935. H. M. Bracken,
The Early Reception of B.'s Immaterialism 1710–33. 's-Gravenhage 1959. R.
Grossmann, B., Hume and Maupertuis. French Stud. 14, 1960. – Aufsätze zum
200. Todestag B.s 1953 sind gesammelt in den Zeitschriften: Revue philoso-
phique de la France et de l'Etranger 78, 1953; The British Journal for the Phi-
losophy of Science IV, 1953; Hermathena 82, 1953; Revue internationale de
Philosophie 7, 1953 und im Sammelband Lectures delivered before the philosophical union of the University of California. Berkeley 1957. – T. E. Jessop,
A Bibliography of G. B. 1934. C. Lehec, Trente années d'études berkeleyennes.

Rev. philos. France Etrang. 78, 1953. A.-L. LEROY, Etudes berkeleyennes récentes. Rev. philos. France Etrang. 83, 1958. A. A. LUCE, Berkeleian studies in America and France. Hermathena 94, 1960. C. M. TURBAYNE/R. WARE, A bibliography of G. B., 1933 – 1962. J. Philos. 60, 1963.

Während die Deisten und Moralphilosophen mehr durch die allgemeine geistige Haltung LOCKES bestimmt sind, knüpft BERKELEY an seine erkenntnistheoretische und psychologische Grundlegung an und bildet den Empirismus zu einem eigenartigen Idealismus fort.

1. LEBEN UND SCHRIFTEN

GEORGE BERKELEY ist als Sohn einer vornehmen englischen Familie 1685 in Irland geboren. Er blieb von 1700 bis 1713, zuerst als Student, dann als Dozent der Theologie, an der heimatlichen Universität Dublin, wo damals nicht nur BACON, DESCARTES und MALEBRANCHE, sondern auch BOYLE, NEWTON und LOCKE eifrig gelesen wurden. Das Tagebuch, das von 1705–08 geführt wurde, beweist die frühe Entwicklung BERKELEYS. Schon 1709 schrieb er den ‹Versuch einer neuen Theorie des Sehens› und bereits 1710, mit 25 Jahren, sein philosophisches Hauptwerk, die ‹Abhandlung über die Prinzipien der menschlichen Erkenntnis›. Nachdem er dann in London eine populäre Darstellung seiner Ideen in den ‹Drei Dialogen zwischen Hylas und Philonous› (1713) veröffentlicht und sich in der Bekämpfung der Freidenker versucht hatte, unternahm er zwischen 1713 und 1720 größere Reisen nach Frankreich (wo er MALEBRANCHE seine Gedanken vortrug) und Italien. Später beschäftigte ihn der Plan, auf den Bermuda-Inseln eine Lehranstalt zur Ausbildung amerikanischer Missionare zu gründen und ganz Amerika zu christianisieren und für die Kultur zu gewinnen. Aber der Plan schlug fehl, und er musste 1731 nach London zurückkehren. In dem Dialog ‹Alciphron› (1732) nahm er die Polemik gegen die Freidenker wieder auf. 1714 wurde er Bischof von Cloyne in Südirland und waltete dort als ein duldsamer Mann seines Amtes, das ihm für weitgespannte wissenschaftliche Interessen Zeit ließ. Seine letzte Schrift ‹Siris› (1744) beginnt – unter dem Symbol der goldenen Kette HOMERS – mit den heilsamen Wirkungen des Teerwassers und führt in loser Gedankenverknüpfung zu den letzten metaphysischen Fragen, in denen er sich der Naturphilosophie PLATONS und der Cambridger Schule nähert. Er starb in Oxford 1753. BERKELEY schreibt in schöner, anschaulicher Sprache, ohne die beschwerliche Breite LOCKES. Mit kindlich-frommem Glauben vereinigt er die Fähigkeit scharfer Kritik, unbestechliche Wahrheitsliebe und große Folgerichtigkeit.

Schon die erste, durch das Studium von MALEBRANCHE und LOCKE be-
einflußte Schrift ist hochbedeutend. Sie enthält, indem sie das Subjektive
und Spezifische unserer *sinnlichen Wahrnehmungen* hervorhebt, bereits
die Elemente der modernen Sinnesphysiologie. Wir sehen nur Licht und
Farbe. Erst durch die Verbindung von Gesichtssinn und Tastsinn nehmen wir Körper wahr, ermessen die Distanz und sehen in die Ferne.
Aber der Raum und die räumlichen Beziehungen werden genauso in
die Wahrnehmungen hineingedeutet wie die sekundären Qualitäten der
Farbe und des Geruchs. Gewohnheit und Übung ‹suggerieren› dem
Wahrnehmenden die räumlichen und körperlichen Vorstellungen. Regelmäßig sich wiederholende Assoziationen täuschen uns mit dem Schein
äußerer Dinge.

Es bestehen daher alle sogenannten äußeren Dinge, ‹der ganze himmlische Chor und die Fülle der irdischen Gegenstände›, nur in unserer Vorstellung. ‹*Sein ist = Wahrgenommenwerden*› (*esse = percipi*). Ein Unterschied zwischen Wahrnehmen und Erkennen wird nicht gemacht und
daher auch kein Versuch, durch Voraussetzungen des Denkens die Wahrnehmungen zu befestigen. Ob ich ‹Ding› oder ‹Idee› (d. h. Vorstellung)
sage, ist einerlei. Es muß auch die Trennung zwischen ‹primären› und
‹sekundären› Qualitäten fallen, wenn doch jene vor diesen keinen ‹realen›
Vorzug haben. Eine ohne sekundäre Qualitäten vorgestellte Materie ist
nach BERKELEY eine gewaltsame Abstraktion. Ein bloßer ‹Träger› (Substrat) von Gestalt, Bewegung und allen möglichen sinnlichen Qualitäten ist ein Gedanke ohne Sinn. Real ist nur, was wahrgenommen wird.
Keiner kann sich Ton, Bewegung, Farbe usw. ohne einen sie wahrnehmenden Geist vorstellen. Warum werfen wir uns also zu Verteidi-
gern von einem geheimnisvollen ‹weiß nicht was› auf?

3. METAPHYSIK

Was ist das eigentliche Existierende? Es muß ein Einfaches, Unteilbares,
Tätiges geben, *was* vorstellt, das *Ich*, die *Seele* oder den *Geist*, der,
sofern er Ideen perzipiert, *Verstand*, sofern er sie hervorbringt, *Wille*
heißt. Dieser Geist kann nicht Vorstellung sein, weil er sie selbst erst
möglich macht. Zwar aufgefaßt werden können immer nur die Ideen
und nicht das sie Tragende; denn das Ich ist nicht perzeptibel. Insoweit
würde BERKELEY sich kaum zur Annahme einer geistigen Substanz entschlossen haben. Aber das ‹eigentliche Urphänomen› (CASSIRER) ist der
Wille, der mit dem Stoff der Perzeptionen frei zu schalten vermag. So ist
das Wesen des Geistes nicht ‹aufgefaßt werden›, sondern ‹auffassen›
(*esse = percipere*). Zwischen Geistern und Ideen gibt es nichts Gemein-

sames. Ideen sind nur Ideen, Geister nur Geistern verwandt. Auch die Existenz des *Du* muß daher anerkannt werden, weil das verwandte Verfügen mit den Vorstellungen ein Ich in ihm vorauszusetzen nötigt. Die Natur des Geistes aber kann ebensowenig erkannt werden, wie man einen Ton sehen kann. Daher soll man nicht sinnliche Ausdrücke auf die Seele übertragen und also den Willen als Bewegung der Seele erklären oder umgekehrt das Gehirn Vorstellungen erzeugen lassen.

Freilich gibt es einen Unterschied zwischen willkürlich hervorgerufenen und aufgefaßten Ideen. Jene, die Erinnerungs- und Phantasievorstellungen, sind matter, schwächer und unbeständiger als die realeren, stärkeren und geordneteren Sinnesvorstellungen. Der Grund dafür ist, daß diese von einem stärkeren als dem menschlichen Geist, von *Gott*, nach gewissen Naturgesetzen hervorgebracht werden. Die wahre Realität der sogenannten Dinge oder Ideen besteht daher in der Festigkeit und Ordnung ihres im göttlichen Verstande gegründeten Zusammenhangs.

4. THEOLOGIE

BERKELEY empfiehlt seine Lehre zwar auch, weil sie das Naturstudium vereinfacht, vor allem aber, weil sie dem Skeptizismus, dem Materialismus und dem ‹nichtswürdigen› Atheismus entgegenarbeitet; denn sie beraubt die Feinde der Religion, die Fatalisten und Götzendiener, die Epikureer, Hobbisten und Spinozisten der ‹nichtdenkenden› Materie als ihrer Hauptstütze. Daß ‹die Materie aus der Natur ausgetrieben› wird, sollen alle Freunde der Erkenntnis, des Friedens und der Religion begrüßen.

IV. DAVID HUME (1711–1776)

Ausgaben: Treatise on human nature, Bd. 1–3, London 1793–40 (neu hrsg., Garden City 1961; neu hrsg. v. D. G. C. MacNabb, New York 1962; dt. hrsg. v. T. Lipps, Bd. 1. 2, Leipzig 1895–1906 u. ö.). Essays moral and political, Bd. 1. 2, Edinburgh 1741–2. Philosophical Essays concerning human understanding, London 1748 (späterer Titel: An Enquiry concerning usw.; neue Ausg. hrsg. v. T. J. MacCormack u. W. Calkins, Leipzig 1913; hrsg. v. Ch. W. Hendel, New York 1955; hrsg. v. R. Kirk, Chicago 1956; hrsg. v. A. Flew, New York 1957; dt. hrsg. v. T. Masaryk, Wien 1883, u. in der Philos. Bibl. hrsg. v. letzte Aufl. Hamburg 1964; übers. v. R. Eisler, Leipzig 1954; dieses Werk ist Auszug aus Treatise Bd. 1). An Enquiry concerning the principles of morals, London 1751 (neue Ausg. Leipzig 1913; neu hrsg. v. Ch. W. Hendel, New York 1957; dt. hrsg. v. T. Masaryk, Wien 1883, u. in der Philos. Bibl. hrsg. v. C. Winckler, Leipzig 1929; 2. Aufl. Hamburg 1955). Political Discourses, Edinburgh 1752. The natural History of religion, London 1757 (neu hrsg. v. H. F.

Root, London 1957; dt. hrsg. v. W. Bolin, Leipzig 1909). Dialogues concerning natural religion, hrsg. v. A. Smith, London 1779 (neue krit. Ausg. hrsg. v. N. Kemp Smith, Oxford 1935; Repr. Indianapolis 1963). Essays on suicide and the immortality of soul, London 1783 (die beiden posthumen Schr. zusammen in der Philos. Bibl. hrsg. v. F. Paulsen, zuletzt Leipzig 1905). The Life of D. H., written by himself, hrsg. v. A. Smith, London 1777. – Die 1. Sammlung erschien in Deutschland: Vermischte Schriften, Bd. 1–4, Hamburg u. Leipzig 1754–6. Hume selbst gab heraus: Essays and treatises on several subjects, Bd. 1–4, London 1758 (enthält die moralischen Essays, die beiden Enquiries u. die Natural History). Philosophical Works, Bd. 1–4, Edinburgh 1826. Beste Ausg. hrsg. v. Green u. Grosse, Bd. 1–4, London 1874 u. 1898; Repr. Aalen 1964. The Letters, hrsg. v. J. Y. T. Greig, Bd. 1. 2, Oxford 1932. New Letters, hrsg. v. R. Klibansky/F. C. Mossner, Oxford 1954. – Schließlich wird verwiesen auf die anonym erschienene Schrift: An Abstract of a book lately published; entitled A Treatise usw., London 1740 (neu hrsg. unter d. Titel An Abstract of A Treatise on human nature v. J. M. Keynes u. P. Sraffa, Cambridge 1938; hier wird Hume als wahrscheinlicher Verf. erwiesen).

Literatur: F. JODL, Leben u. Philosophie D. H.s. 1872. A. MEINONG, H.-Studien. 1877–82. A. THOMSEN, D. H. 1912 (zuerst dän. 1911). Beste neuere Darstellungen: R. METZ, D. H. 1929, u. N. KEMP SMITH, The Philosophy of D. H. 1941. Vgl. auch G. DELLA VOLPE, La filosofia dell' esperienza di D. H. 1933. F. C. MOSSNER, The Life of D. H. Edinburgh 1955. A. H. BASSON, D. H. Baltimore 1958. F. ZABEEH, H. Precursor of Modern Empiricism. The Hague 1960. J. L. SNETHLAGE, D. H. 's-Gravenhage 1963. A. SCHAEFER, D. H., Philosophie und Politik. Meisenheim/Glan 1963. – T. MASARYK, D. H.s Skepsis u. die Wahrscheinlichkeitsrechnung. 1884. R. HÖNIGSWALD, Die Lehre H.s von der Realität der Außendinge. 1904. H. HASSE, Das Problem der Gültigkeit in der Philosophie H.s 1920. C. MAUND, H.'s Theory of Knowledge. 1937. T. BRUNIUS, D. H. on Criticism. Stockholm 1952. A. USHENKO, H.'s theory of general ideas. Rev. Meta. 9, 1955. J. V. McGLYNN S. J., The two scepticisms in H.'s Treatise. Thomist 30, 1957. J. W. LENZ, H.'s defense of causal inference. J. Hist. Ideas 19, 1958. F. ZABEEH, H.s Skepsis in bezug auf deduktives Denken. Ratio 2, 1959. G. STIEHLER, Das H.sche Induktionsproblem und seine Lösung durch den dialektischen Materialismus. Dtsch. Z. Philos. 7, 1959. R. P. WOLFF, H.'s theory of mental activity. Philos. Rev. 69, 1960. M. O'DONNELL, H.'s approach to causation. Philos. Stud. 10, 1960. A. G. N. FLEW, H.'s Philosophy of Belief. London 1961. F. J. FURLONG, Imagination in H.'s Treatise and Enquiry . . . Philosophy 36, 1961. J. W. YOLTON, The concept of experience in Locke and H. J. Hist. Philos. 1963. – J. HEDENIUS, Studies in H.'s Ethics. 1937. F. C. SHARP, H.'s ethical Theory. In: Mind 1921. R. M. KYDD, Reason and Conduction in H.'s Treatise. 1946. 2. Aufl., New York 1964. K. F. TRANÖY, H. on morals, animals and men. J. Philos. 56, 1959. F. L. LUCAS, Art of Living. Four 18th-Century Minds: H., Horace Walpole, Burke, Benjamin Franklin. New York 1959. S. CASTIGNONE, La dottrina della giustizia in D. H. Riv. int. Filos. Dir. 37, 1960. J. B. STEWART, The Moral and Political Philosophy of D. H. New York 1963. R. D. BROILES, The Moral Philosophy of D. H. The Hague 1964. – T. PENELHUM, H. on personal identity. Philos. Rev. 64, 1955. R. H. HURLBUTT, D. H. and scientific theism. J. Hist. Ideas 17, 1956. T. E. JESSOP, Réflexions sur la philosophie de H. Rev. philos. France Etrang. 85, 1960. K. ASCHENBRENNER, Psychologism in H. Philos.

Quart. 11, 1961. P. KRAUSSER, H.s Problem in kybernetischer Perspektive. Philos. nat. 7, 1961/62. CH. W. HENDEL, Studies in the Philosophy of D. H. Indianapolis 1963. – T. E. JESSOP, A Bibliography of D. H. and of Scottish philosophy. 1938. R. CIULLI CHENTRENS/L. MASSARON, Il fenomenismo in H. (Nota bibliografica). Pensiero 2, 1957.

1. LEBEN UND SCHRIFTEN

DAVID HUME wurde als Sohn eines schottischen Gutsbesizers 1711 zu Edinburgh geboren. Schon früh erwachte seine Leidenschaft für Literatur und Philosophie. Nach Abbruch des Studiums und einer kurzen kaufmännischen Tätigkeit reiste er 1734 auf drei Jahre nach Frankreich und verfaßte dort in ländlicher Zurückgezogenheit sein Erstlingswerk ‹Abhandlung über die menschliche Natur›, das in drei Teilen den Verstand, die Leidenschaften und die Moral behandelt und von ihm selbst als ein ‹Versuch› bezeichnet wird, ‹die experimentelle Methode auch auf dem geistigen Gebiet einzuführen›. Das Buch hatte jedoch nicht den geringsten Erfolg. Es blieb trotz aller Versuche des Verfassers, auf es aufmerksam zu machen, ein ‹totgeborenes Kind›. Dagegen fanden die zunächst anonym erschienenen ‹Moralischen, politischen und literarischen Essays› (1741 f) in England wie in Frankreich viel Beifall und Verbreitung. Bemühungen um eine Berufung HUMES auf einen Lehrstuhl nach Edinburgh oder Glasgow schlugen fehl. Statt dessen erhielt er 1752 eine bescheidene Stellung als Bibliothekar der Juristenfakultät Edinburghs, nachdem er inzwischen sein Erstlingswerk in eine ‹Untersuchung über den menschlichen Verstand› (1748) und eine ‹Untersuchung über die Prinzipien der Moral› (1751) aufgegliedert und umgearbeitet hatte. 1752 erschienen die vielgelesenen ‹Politischen Diskurse›, 1754–62 die sechs Bände seiner ‹Geschichte Englands›, die seinen Ruhm als Historiker begründeten. Dazwischen veröffentlichte er 1757 noch eine schon früher geschriebene ‹Natürliche Geschichte der Religion›, um dann ganz im politischen und gesellschaftlichen Leben aufzugehen. 1757 legte er die Bibliothekarsstelle nieder. 1763 ging er als Gesandtschaftssekretär nach Paris, wo er mit ROUSSEAU und den Enzyklopädisten in Verkehr trat. Nach seiner Rückkehr nach England führte er von 1767–69 als Unterstaatssekretär des Auswärtigen Amtes die gesamte diplomatische Korrespondenz. Die letzten Jahre seines Lebens genoß der mittlerweile berühmt und wohlhabend gewordene Philosoph ein ruhiges und behagliches Dasein im Kreis auserwählter Freunde zu Edinburgh, wo er nach längerem, mit Ruhe und Heiterkeit ertragenem Kranksein im August 1776 starb.

Sein Freund ADAM SMITH gab posthum eine Selbstbiographie und die schon 1751 geschriebenen ‹Dialoge über natürliche Religion› heraus.

HUMES Anschauungen haben mehr in Frankreich als in England gewirkt, während in Deutschland vor allem KANT zu seinem Ruhm bei-
getragen hat.

2. ERKENNTNISTHEORIE

HUME zieht die Folgerungen aus LOCKES und BERKELEYS Sensualismus.
Er will den Ursprung unserer Vorstellungen untersuchen und unterscheidet dabei 1. die starken und lebhaften Empfindungen oder Eindrücke (*impressions*), welche die Sinneswahrnehmungen in uns hervorrufen, wozu aber außer dem Hören, Sehen und Fühlen auch das Hassen,
Wünschen und Wollen gehören, und 2. die matteren und dunkleren Vorstellungen (*ideas*) oder Gedanken (*thoughts*), die in der Erinnerung an
jene Eindrücke sich einstellen und deren ‹Nachbilder› (*copies*) sind. Ohne
vorhergegangenen Eindruck gibt es keine Idee, und auch zu den ab-
straktesten Ideen muß das Original in den Eindrücken aufgesucht werden. Selbst für die geometrischen Gebilde sind letzter Maßstab die Sinne
und die Einbildungskraft. Die schöpferische Kraft der Seele beschränkt
sich darauf, den durch die Sinne gewonnenen Stoff zu verbinden, um-
zustellen, zu erweitern oder zu vermindern. Selbst die Gottesidee ist nur
Steigerung der menschlichen Eigenschaften der Güte und Weisheit
ins Unbegrenzte. Ein Blinder kann sich keine Farben, ein Tauber keine
Töne vorstellen. Die Eindrücke sind die wahren ‹angeborenen Ideen›.

Stärker als LOCKE ist HUME an der *Kritik des Erkennens* interessiert,
namentlich in der ‹Enquiry›, während der ‹Treatise› noch vorzugsweise
Erkenntnisanalyse getrieben hatte. Er fragt nach den Gründen jener
notwendigen Verknüpfung der Ideen oder Gedanken, die sich selbst in
unseren Träumen findet und durch die Erkenntnis erst möglich wird.
HUME zählt dreierlei *Assoziationsgesetze* auf, solche der Ähnlichkeit,
der räumlich-zeitlichen Berührung und des kausalen Zusammenhangs,
wie sie dem Verfahren in Mathematik, Naturwissenschaft und Metaphysik entsprechen. Die Sätze der *Mathematik* betreffen reine Beziehungen von Ideen, die durch Intuition oder Demonstration gesichert werden
und also durch ‹die reine Wirksamkeit des Denkens› bestehen und nicht
abhängen ‹von etwas irgendwo im Weltall Existierendem›. Alle andern
Erkenntnisse dagegen sind solche von *Tatsachen*. Der Satz, daß die Sonne morgen aufgehen wird, läßt auch das Gegenteil zu, ohne daß, wie bei
den mathematischen Sätzen, ein Widerspruch eintritt. Aber während
die *Naturwissenschaft* sich auf die Festlegung raum-zeitlicher Zusammenhänge beschränkt, beansprucht die *Metaphysik,* in solchen Zusam-
menhängen kausale Gesetze von allgemeiner Verbindlichkeit aufweisen
zu können. Die Frage der *Kausalität* steht im Mittelpunkt von HUMES
Nachdenken. Nach ihm stammt die Erkenntnis von Ursache und Wirkung lediglich aus der Erfahrung. Die Vernunft kann die einzelnen Er-

fahrungsregeln nur auf größere Einfachheit, auf wenige ‹allgemeine› Ursachen, wie Elastizität, Schwere, Kohäsion, Stoß usw. zurückführen, welche die letzten Gründe der Dinge nicht enthüllen. Auch die Naturphilosophie schiebt im günstigsten Fall unsere Unwissenheit nur um ein kleines Stück zurück.

Ihm scheinen alle Erfahrungsbeweise nur darauf hinauszulaufen, daß man von ähnlichen Ursachen ähnliche Wirkungen erwarten darf und daß die Macht der *Gewohnheit* einen aus ihr entspringenden *Glauben* bewirkt. Gewohnheit ist ‹die große Führerin im Leben›. Sie allein ‹macht uns unsere Erfahrung nützlich und läßt uns in der Zukunft einen gleichen Lauf der Ereignisse erwarten, wie in der Vergangenheit geschehen›. Sie ist ein ‹Prinzip› und eine wirkende Kraft unserer geistigen Natur.

Der Streit um *Freiheit* und *Notwendigkeit* erscheint HUME nur als ein Streit um Worte. Die Vorstellung einer Notwendigkeit entstammt der Erfahrung. Aus der wiederholten Wahrnehmung gleichförmiger Folgen ist eine gewohnheitsmäßige Verknüpfung in unserm Vorstellen entsprungen. Auf moralischem Gebiet besteht die Notwendigkeit in der regelmäßigen Verbindung der Handlungen mit den Beweggründen, Umständen und Charakteren, die Freiheit in der Macht, je nach seinem Entschluß zu handeln oder nicht zu handeln. Diese Freiheit ist aber mit der eben definierten Notwendigkeit vereinbar. Der Gegensatz zur Freiheit ist nämlich Zwang, und Freiheit ohne Notwendigkeit würde dem Zufall gleich und dann ein negativer Begriff ohne Bedeutung sein. Eine Versöhnung von menschlicher Freiheit und göttlicher Allwissenheit oder eine Verteidigung unbedingter Ratschlüsse (wobei die Gottheit doch nicht als Urheber des Bösen gelten soll) übersteigt nach HUME die Kraft der Philosophie. Deren bescheidene Aufgabe besteht in der Erforschung des ‹gewöhnlichen Lebens›.

3. MORALPHILOSOPHIE

Das Wertvolle und das Verächtliche hängen von dem Organismus der menschlichen Gefühle und Leidenschaften ab. HUME erstrebt daher gleich SPINOZA eine Physik der Gefühle. Diese sind teils ruhiger, teils heftiger Natur. Dem Übergewicht der ruhigen Gefühle, die mit den schwachen nicht eins sind, entspricht die Seelenstärke. Der große Zweck aller menschlichen Tätigkeit ist das Glück, zu dessen Erreichung wir uns am besten von der weisen Natur leiten lassen. Den Maßstab der sittlichen Billigung oder Mißbilligung bildet das Gefühl der *Lust* oder *Unlust*, das die zu beurteilende Eigenschaft oder Handlung in uns auslöst. Ein Gefühl der Billigung stellt sich selbst dann ein, wenn das eigene Wohl nicht betroffen oder gar geschmälert wird. Denn neben den Gefühlen der *Selbstliebe* stehen die der *Sympathie*, die uns fremdes Leid und fremde Freude, wenn auch in abgeschwächter Form, mitempfinden lassen. Das moralische Gefühl ist daher von der Rücksicht auf den unmittelbaren oder mittelbaren Nutzen diktiert, den ich oder ein Nächster von der betreffenden Handlung haben werden. Über das Nützliche aber bestimmt das Gefühl. Die Vernunft lehrt bloß die erforderlichen Mittel finden und die Folgen beobachten.

Die *Tugenden* zerfallen demnach 1. in solche, die für uns selbst angenehm sind (Frohsinn, Mut usw.), 2. für andere angenehm (Bescheidenheit, Höflichkeit usw.), 3. für uns nützlich (Körper- und Willenskraft, Fleiß, Verstand), 4. für andere nützlich (Wohlwollen, Menschenliebe, Gerechtigkeit). Diese sozialen Tugenden sind die höchsten und wichtigsten.

Mit der Lehre von der Gerechtigkeit hängt Humes staatsrechtliche und *politische* Theorie zusammen; denn der Ursprung der Gerechtigkeit gründet in den Interessen der Gesellschaft. Nicht durch einen förmlichen Vertrag, wohl aber durch stillschweigende Übereinkunft (Konvention) ist das *Recht* entstanden, das die Güter, ohne welche die Gesellschaft nicht bestehen könnte (Eigentum, Besitz, Aufrechterhaltung eines Versprechens) schützen soll. Durch die hinzutretende Regierung wird die Gesellschaft zum *Staat*. Ein erblicher König, ein Adel ohne Vasallen und eine geordnete Volksvertretung verbürgen die beste Verfassung. Als *Geschichtsphilosoph* ist Hume von Montesquieu und noch stärker von Voltaire beeinflußt, zeigt jedoch mehr Tatsachensinn als diese. Er glaubt an die Entwicklung der Menschheit zur Freiheit. Er will aus den seelischen Kräften der Menschennatur die gleichbleibenden Formen staatlich-sozialen Lebens ableiten. In seinen politischen und nationalökonomischen Ansichten war er ein Vorläufer seines Freundes Adam Smith.

4. Religionsphilosophie

Zu den Fragen der Religion steht Hume freier als Locke und Berkeley. Zwar dünkt ihm das Dasein Gottes aus dem Kunstwerk der Natur erweisbar, aber er lehnt eine Vermischung religiöser und moralischer Betrachtungen ab und tadelt bei der Beantwortung theoretischer Fragen die Berufung auf ‹gefährliche Folgen für Religion und Moral›.

Das Urteil über wahres Glück, über Tugenden und Laster ist unabhängig von dem Glauben an Vorsehung und Unsterblichkeit, und der Beweis Gottes aus der Natur würde hier wenig entscheiden. Auf den Menschen bezogen würde ein unvollkommenes Bauwerk wie die Welt und das irdische Menschenleben wohl auf einen vollkommeneren Plan schließen lassen, aber die Gottheit können wir nicht stillschweigend nach menschlichen Regeln behandeln. Religiöse ‹Vorurteile› mögen die menschlichen Leidenschaften besänftigen. Und sicher ist kein ‹guter Bürger und Politiker›, wer als ein vielleicht guter ‹Logiker› das Volk von seinem Glauben abhalten wollte. Aber der Staat muß *jede* philosophische Lehre zulassen, da diese Lehren überhaupt weder begeisternd noch für die Menge verlockend sind.

Die von der systematischen unterschiedene Frage nach dem geschichtlichen Ursprung der Religion beantwortet HUME in seiner ‹Naturgeschichte der Religion›. Religionen werden nicht ‹gemacht›. Sie entstehen mit Notwendigkeit aus dem menschlichen Geiste. Zum ersten Male wird hier eine psychologisch-kulturgeschichtliche Herleitung der religiösen Vorstellungen gegeben, vom primitivsten Glauben der Urvölker über den Polytheismus bis zu dessen allmählicher Umwandlung in den Monotheismus, eine für den damaligen Wissensstand bedeutende Leistung.

Der philosophisch wichtigeren Frage nach der ‹Wahrheit› der Religion sind die nachgelassenen, aber auch viel früher entstandenen ‹Dialoge über natürliche Religion› gewidmet.

Auch die nachgelassenen kleinen Abhandlungen ‹Über den Selbstmord› und ‹Die Unsterblichkeit der Seele› verraten den freien Geist. Für eine Fortdauer der Einzelseele über den Tod hinaus konnte kaum jemand eintreten, der in seiner Erkenntnislehre die Seele als ein bloßes Bündel von Ideen bezeichnet und bereits in seinem *Treatise* jede Art von Substanzbegriff bekämpft hatte.

V. FREUNDE, GEGNER UND ZEITGENOSSEN HUMES

1. ADAM SMITH (1723–90)

Ausgaben: The Theory of moral sentiments, London 1759 (dt. mit Bibliographie, hrsg. v. W. Eckstein, Bd. 1. 2, Leipzig 1926). Inquiry into the nature and causes of the wealth of nations, Bd. 1. 2, London 1776 (dt. hrsg. v. E. Grünfeld u. H. Waentig, Bd. 1–3, Jena 1920–3; neue dt. Ausg., 3 Bde., Berlin 1963 ff). Lectures on Rhetoric and Belles Lettres, hrsg. v. J. M. Lothian. London 1963. Essays on philosophical subjects, hrsg. v. D. Stewart, London 1795. Works, hrsg. v. dems., Bd. 1–3, London 1811–2. 5 Bde. London 1811–12; Repr. Aalen 1963.

Literatur: A. ONCKEN, A. S. in der Kulturgeschichte. 1874. DERS., A. S. und Kant. 1877. J. SCHUBERT, A. S.s Moralphilosophie. 1890. G. HOFFMANN, A. S.' Philosophie. 1930. T. PÜTZ, Wirtschaftslehre u. Weltanschauung bei A. S. 1932. W. R. SCOTT, A. S. as Student and Professor. 1937. J. MAYER, A. S.'s concept of man and its effects. Social Science 28, 1953. R. H. POWERS, A. S. practical realist. Southw. social Science Quart. 37, 1956. S. MOSCOVICI, A propos de quelques travaux d'A. S. sur l'histoire et la philosophie des sciences. Rev. Hist. Sc.

Applic. 9, 1956. J. CROPSEY, Policy and Economy. An Interpretation of the Principles of A. S. The Hague 1957. G. PRETI, Alle origini dell'etica contemporanea: A. S. Bari 1957. CH. R. FAY, World of A. S. Cambridge/Toronto 1960. Mother MARIE DE JÉSUS, A. S.'s theory of moral sentiments. Laval théol. philos. 17, 1961. A. GIULIANI, Le ‹Lectures on Rhetoric and Belles Lettres› di A. S. Riv. crit. Stor. Filos. 17, 1962.

HUMES Werk wurde auf ethischem und nationalökonomischem Gebiet fortgesetzt durch seinen jüngeren Freund und Landsmann ADAM SMITH. Dieser Sohn eines Zollbeamten bekleidete seit 1751 eine Professur erst der Logik, dann der Moralphilosophie in Glasgow, wo er über natürliche Theologie, Naturrecht, Ethik und Nationalökonomie las. Nach Veröffentlichung seiner ‹Theorie der moralischen Gefühle› gab er 1759 seine Stelle auf und reiste als Begleiter eines Herzogs nach Frankreich und Italien. In Frankreich wurde er bekannt mit QUESNAY, TURGOT und NECKER. Nach seiner Rückkehr in die Heimat schuf er in zehn Jahren ländlicher Zurückgezogenheit die ‹Untersuchung über die Natur und die Ursachen des Reichtums der Völker› (1776). Später erhielt er eine einträgliche Stellung am Zollamt zu Edinburgh, wo er 1790 starb.

Seine *Ethik* ist tiefer als die HUMES. Das moralische Gefühl entsteht durch unwillkürliche Sympathie. Die Rücksicht auf den Nutzen tritt erst später hinzu. Jeder Mensch trägt einen unparteiischen inneren Zuschauer seiner Handlungen in seiner Brust. Das moralische Urteil spricht trotz seiner erst allmählichen Bildung unwillkürlich. Nur seine Verallgemeinerung setzt eine Mitwirkung der Vernunft voraus. Die 1. Stufe der *Sympathie* ist psychologischer Natur. SMITH schildert die feinsten Abstufungen der Mitfreude und Mittrauer. Die 2. Stufe machen dann die sittlichen Werturteile aus, die Schickliches und Unschickliches unterscheiden lassen. Als 3. Stufe endlich folgt ein moralisches Gebot, das als eine Art Vorstufe zu KANTS kategorischem Imperativ sich darstellt: Betrachte dein Fühlen und Tun in dem Licht, in dem es der ‹unparteiische Zuschauer› sieht. So bilden sich Grundsätze und Lebensregeln, das Pflichtgefühl und die Erkenntnis jener Regeln als göttlicher Gebote. Zur Achtung muß Neigung treten, wenn die Pflicht sich nicht hart und unliebenswürdig ausnehmen soll. Das Gerechtigkeitsgefühl beruht auf dem Grunde der gesellschaftlichen Ausgleichung.

Aber trotz dieser großen Leistung seiner Ethik hat erst die klassische Grundlegung der *Nationalökonomie* SMITH' Ruhm begründet. Für sie ist Ausgangspunkt der natürliche *Erwerbstrieb* des einzelnen, der sich frei und unbeschränkt soll regen dürfen. Arbeit und Sparsamkeit sind die Quellen des Reichtums. Der Staat soll die Wirtschaft frei lassen. Angebot und Nachfrage werden alles regeln und eine angemessene Arbeitsteilung bewirken. Der Staat soll nur den Frieden erhalten, vor äußerer Gewalt schützen und gemeinnützige Anstalten ins Leben rufen. Die

Volkswirtschaft ist eins mit der Summe der Privatwirtschaften. Bei der Gewinnverteilung treten neben den Anteil des Arbeiters auch die des Grundeigentümers und des Kapitalisten. Dieses aus den zeitgenössischen englischen Wirtschaftsbedürfnissen hervorgewachsene Prinzip des *Laissez-faire* bedeutete für SMITHS Epoche einen gewichtigen Fortschritt. SMITH hat auf die klassische Nationalökonomie (RICARDO, MALTHUS u. a.) und durch sie auf die Manchesterschule in England und Frankreich bedeutenden Einfluß geübt. Auch von KANT und seinem Königsberger Kollegen KRAUS ist SMITH sehr hochgeschätzt worden.

2. DIE ASSOZIATIONSPSYCHOLOGIE

Ausgaben: DAVID HARTLEY: Observations on man, his frame, his duty and his expectations, Bd. 1. 2, London 1749; Repr. angek. Hildesheim (Olms). Various Conjectures on the Perception, Motion and Generation of Ideas. Engl. Übers. v. F. A. Palmer, Los Angeles 1959. JOSEPH PRIESTLEY: Hartley's Theory of human mind on the principles of the association of ideas, London 1775. Disquisitions relating to matter and spirit, London 1777. Free Discussions of the doctrines of materialism, London 1778. Works, hrsg. v. J. T. Rutt, Bd. 1–25, London 1817–31. Selections from his Writings. Hrsg. v. Ira V. Brown. University Park (Pennsylvania) 1962. ERASMUS DARWIN: Zoonomia, or the laws of organic life, Bd. 1. 2, Dublin 1794–6 (dt. hrsg. v. J. Brandis, Bd. 1–4, Hannover 1801).

Literatur: G. S. BOWER, H. and James Mill. 1881. B. SCHÖNLANK, H. und P., die Begründer des Assoziationismus in England. 1882. M. HEIDER, Studien über D. H. 1913. R. HAVEN, Coleridge, H. and the mystics. J. Hist. Ideas 20, 1959. R. MARSH, The second part of H.'s system. Ebenda. A. HOLT, A Life of J. P. 1931. S. F. TOULMIN, Crucial experiments: P. and Lavoisier. J. Hist. Ideas 18, 1957. N. GURFINKLE, Science and religion in England 1790–1800: The critical response to the work of E. D. J. Hist. Ideas 16, 1955. A. VANDEL, Lamarck et D. Rev. Hist. Sc. Applic. 13, 1960. P.-P. GRASSÉ, Lamarck, Wallace et D. Ebenda.

DAVID HARTLEY (1705–57), ein Theologe, der dann Arzt wurde, führt in seinen ‹Beobachtungen über den Menschen, seinen Bau, seine Pflicht und seine Aussichten› (1749) alle seelischen Vorgänge auf die Assoziation einfachster Geschehnisse und Vorstellungen zurück. So können aus anfangs automatischen bewußte, aus anfangs sinnlichen und egoistischen ideale, ja religiöse Vorstellungen werden und umgekehrt. Die Assoziationen laufen mit fast maschinenmäßiger Sicherheit ab. Es gilt, LOCKE mit NEWTON zu verbinden und eine ‹Physik der Seele› zu begründen. Der Vorstellungsverbindung entspricht dabei eine physiologische der Gehirnschwingungen.

Während bei HARTLEY diesen beiden Reihen von Vorgängen nur ein Parallelismus zugrunde liegt, zieht JOSEPH PRIESTLEY (1733–1804), der Entdecker des Sauerstoffs und Prediger einer Dissentergemeinde, in seinen ‹Untersuchungen über Materie und Geist› (1777) die materialistischen Konsequenzen. Der Materie kommen sowohl physische wie psychische Kräfte zu. Dabei ist für ihn das Psychische durch das Physische determiniert, so daß auch die von HARTLEY noch offengelassene Willensfreiheit geleugnet wird. Gleichwohl hält er an Auferstehung und Unsterblichkeit fest und bekämpft im Namen der natürlichen Religion alle ‹Verfälschungen des Christentums›. Wegen seines Freisinns von der Hochkirche verfolgt, verließ er England und starb in Philadelphia.

In Deutschland wirkte vor allem die rationalistische Theologie von HARTLEY und PRIESTLEY. In England wurde ihre Assoziationspsychologie zu einer tragenden Voraussetzung des Denkens. Sie wurde weitergebildet schon von ERASMUS DARWIN (1731–1802), dem Großvater von CHARLES DARWIN, dessen ‹Zoonomia› (1794–96) die Entstehung der Instinkte durch Erfahrung und Assoziation – unter dem Einfluß des Selbsterhaltungstriebes und der Anpassung an die Verhältnisse –, ja sogar die Vererbung erworbener Eigenschaften lehrt und so die Assoziationspsychologie zu einer allgemein-biologischen Entwicklungstheorie erweitert.

3. DIE PHILOSOPHIE DES GEMEINEN MENSCHENVERSTANDES (SCHOTTISCHE SCHULE)

Ausgaben: THOMAS REID: Inquiry into the human mind, on the principles of common sense, Edinburgh 1764. Essays on the intellectual powers of man, Edinburgh 1785. Essays on the active powers of man, Edinburgh 1788. Essays on the powers of the human mind, London 1803 (Zusammendruck der drei genannten Werke; neue Ausg. hrsg. v. A. D. Woozley, London 1941). Works, hrsg. v. W. Hamilton, Edinburgh 1846; Repr. Hildesheim 1966. JAMES BEATTIE: Essay on the nature and immutability of truth, London 1770. JAMES OSWALD: An Appeal in common sense in behalf of religion, Edinburgh 1766-72. DUGALD STEWART: Elements of the philosophy of the human mind, Bd. 1–3, Edinburgh 1792–1827. Collected Works, hrsg. v. W. Hamilton, Bd. 1–11, Edinburgh 1854–58. THOMAS BROWN: Observations on the nature and tendency of the doctrine of Mr. Hume concerning the relation of cause and effect, Edinburgh 1804. Lectures on the philosophy of the human mind, Bd. 1–4, Edinburgh 1822.

Literatur: M. KAPPES, Der Common sense als Prinzip der Gewißheit in der Philosophie des Schotten T. R. 1890. A. C. FRASER, T. R. 1898. F. HARRISON, The Philosophy of Common Sense. 1907. P. G. WINCH, The notion of ‹suggestion› in T. R.'s theory of perception. Philos. Quart. 3, 1953. M. CHASTAING, R., la philosophie du sens commun et le problème de la connaissance d'autrui. Rev. philos. France Etrang. 79, 1954. J. H. FAUROT, Common sense in the philosophy of T. R. Mod. Schoolman 33, 1956. B. PEACH, Common sense and practical reason in R. and Kant. Sophia 24, 1956. T. J. DUGGAN, T. R.'s theory of sensation. Philos. rev. 69, 1960. R. L. CALDWELL, Another look at T. R. J. Hist. Ideas 23,

1962. M. F. Sciacca, La filosofia di T. R. Milano 1963. M. Forbes, B. and His Friends. 1904. R. P. Wolff, Kant's debt to Hume via B. J. Hist. Ideas 21, 1960. E. Kučera, Die Erkenntnistheorie von T. B. 1909.

Eine ganz andere Stellung zu Hume nehmen diejenigen seiner Landsleute ein, die man unter dem Namen *Schottische Schule* zusammenfaßt. Ihr Begründer ist Thomas Reid (1710–96), der in seiner ‹Untersuchung über den menschlichen Geist nach den Prinzipien des Common sense› (1764) selbst erzählt, daß er anfangs Locke und Berkeley angehangen habe, aber durch Humes Traktat sich darüber klar geworden sei, daß deren Philosophie mit Wissenschaft, Tugend und Religion auch den *gesunden Menschenverstand (common sense)* bedrohe. Auch für Reid beweist das ästhetische Urteil am einleuchtendsten, daß dem Menschen ein ‹instinktives Vorauswissen› eignet, ein ‹Glaube› *(belief)* an ‹erste Prinzipien›, die einen Teil seiner ‹Konstitution› ausmachen. Es bedarf einer neuen Kritik aller bisherigen Philosophie, die die Rechte des *common sense* wiederherstellt, der uns vor aller Philosophie von Gott verliehen und dessen ‹von selbst› einleuchtenden Wahrheiten zu vertrauen ist. Reid nennt zwölf solcher intuitiv gewissen Urteile. Zu ihnen gehören ebenso die mathematischen und logischen Axiome wie der Kausal-‹Instinkt› und das Dasein der Seele. Die sichtbaren Außendinge sind uns durch die Empfindungen verbürgt, die die Natur ‹mittels einer Art natürlicher Magie› in uns hervorruft. Auf praktischem Gebiet äußert sich der *common sense* als ‹moralischer Sinn›, und im religiösen Bereich überzeugt er uns von dem Dasein Gottes und der Weltschöpfung. Daß für die Scheidung einer ‹subjektiven› und ‹objektiven› Sphäre innerhalb der Wahrnehmungswelt auch das Urteil als Kriterium mitwirken muß, deutet – bei allem Abstand – auf Kants Lehre vom synthetischen Urteil *a priori* voraus.

Von den weiteren Vertretern der Schottischen Schule wandte James Beattie (1735–1803) das Prinzip des *common sense* namentlich auf das ästhetische Gebiet an, während der Theologe James Oswald (gest. 1793) mittels seiner die religiösen Wahrheiten gegen den Skeptizismus verteidigte. Bedeutender ist Dugald Stewart (1753–1828), der der Lehre eine zugleich kritische und systematische Gestalt gab und durch zahlreiche Schüler auf das 19. Jahrhundert fortwirkte. Thomas Brown (1778–1820) stellte wieder eine Verbindung zu Hume und der Assoziationspsychologie her.

Die Schottische Schule verrät zwar eine Ermattung des philosophischen Denkens, aber sie verhalf zugleich Ansprüchen zum Wort, die das Recht der Erkenntniskritik begrenzten. Mag auch der scharfsinnigste Philosoph bezüglich des gesunden Menschenverstandes vor dem gemeinen Manne nichts voraus haben, so wäre es doch sehr bedenklich, diesen aus der Philosophie völlig ausschalten zu wollen. So hat die Schottische

Schule nicht unbedeutend gewirkt: in Deutschland auf JACOBI und die Popularphilosophie, in Frankreich auf JOUFFROY und COUSIN, in England vor allem auf HAMILTON, der auch REIDS und STEWARTS Werke neu herausgegeben hat.

ZWEITER ABSCHNITT:
DIE FRANZÖSISCHE AUFKLÄRUNG

Literatur: J. FABRE, Les pères de la Révolution (de Bayle à Condorcet). 1910. L. RÉAU, L'Europe française au siècle des lumières. 1938. M. LE ROY, Histoires des idées sociales en France. Bd. 1: De Montesquieu à Robespierre. 1946. G. BRERETON (Hrsg.), French Thought in the 18th Century. New York/London 1953. G. R. HAVENS, The Age of Ideas. From Reaction to Revolution in 18th-Century France. New York 1955. B. GROETHUYSEN, Philosophie de la Révolution française. Paris 1956. J. S. SPINK, French Free Thought from Gassendi to Voltaire. London/New York 1960. L. M. MARSAK (Hrsg.), French Philosophers from Descartes to Sartre. Cleveland 1961. A. RIVAUD, Histoire de la philosophie. Bd. 4: Philosophie française et philosophie anglaise de 1700 à 1830. Paris 1962. P. ROSSI (Hrsg.), Gli Illuministi francesi. Torino 1962. E. CALLOT, Six philosophes français du 18e siècle. La vie, l'œuvre et la doctrine de Diderot, Fontenelle, Maupertuis, La Mettrie, d'Holbach, Rivarol. Annecy 1963. – W. KRAUSS (Hrsg.), Grundpositionen der französischen Aufklärung. Berlin 1955. DERS., Studien zur deutschen und französischen Aufklärung. Berlin 1963. DERS., Die französische Aufklärung im Spiegel der deutschen Literatur des 18. Jahrhunderts. Berlin 1963. M. D. ZEBENKO, Der Atheismus der französischen Materialisten des 18. Jahrhunderts. Dt. Übers. v. N. Stscherbina, Berlin 1956. M. W. ROMBOUT, La conception stoicienne du bonheur chez Montesquieu et chez quelques-uns de ses contemporains. Leiden 1958. H. S. VYVERBERG, Historical Pessimism in the French Enlightenment. London 1958. E. HAASE, Einführung in die Literatur des Refuge. Der Beitrag der französischen Protestanten zur Entwicklung analytischer Denkformen am Ende des 17. Jahrhunderts. Berlin–München 1959. M. GHIO, L'idea di progresso nell'illuminismo francese e tedesco. Torino 1962. F. DIAZ, Filosofia e politica nel Settecento francese. Torino 1962. L. G. CROCKER, Nature and Culture. Ethical Thought in the French Enlightenment. Baltimore 1963. P. GAY, The Party of Humanity. Essays in the French Enlightenment. New York 1964. G. POZZO, La storia e il progresso nell' illuminismo francese. Padova 1964. F. SCHALK, Studien zur französischen Aufklärung. München 1964.

I. BAYLE, MONTESQUIEU UND VOLTAIRE

1. DIE FRANZÖSISCHEN MORALISTEN

Ausgaben: Wichtig ist vor allem die gute Sammlung von F. Schalk, Die französischen Moralisten, mit N. F. Leipzig 1938–40, neue Aufl., 2 Bde., Wiesbaden 1952. An neueren Ausgaben sind zu nennen: FRANÇOIS LA ROCHEFOU-CAULD: Maximes, hrsg. v. J.-R. Charbonnel, 15. Aufl. Paris 1954. JEAN DE LA BRUYÈRE: Les Caractères ou les mœurs de ce siècle, hrsg. v. R. Barthes. Paris 1963. MARQUIS DE VAUVENARGUES: Maximes et pensées. Paris 1961. (Dt. Übers. v. Candida Kraus, Wien–Stuttgart 1954) Œuvres choisis. Paris 1954. NICOLAUS CHAMFORT: Maximes et pensées. Hrsg. v. P. Grosclaude. Paris 1953 (mit Bibliographie). Caractères et anecdotes. Hrsg. v. P. Grosclaude. Paris 1954.

Beide Werke, hrsg. v. C. Roy. Paris 1963. Œuvres, hrsg. v. C. Roy. Paris 1960.
  Literatur: F. L. WICKELGREN, La Mothe le Vayer. 1934. R. GRANDSAIGNE D'
HAUTERIVE, Le pessimisme de Larochefoucauld. 1926. G. HESS, Larochefou-
cauld: Die Maximen. In: Dt. Vierteljahrsschr. Bd. 13. W.-G. MOORE, L. R.:
Une nouvelle anthropologie. Rev. Sc. Hum. 72, 1953. C. ROSSO, L. R. e la mo-
rale delle Massime. Filosofia 13, 1962. DERS., L. B. e la morale dei Caratteri.
Filosofia 14, 1963. E. DE SAINT-DENIS, Sénèque et L. B. Et. class. 21, 1953. M.
PALÉOLOGUE, Vauvenargues. 1889. F. VIAL, Une philosophie et une morale du
sentiment (Vauvenargues). 1938. E. BROCK, V. oder von Größe und Grenze
des Menschen. Z. philos. Forschung 7, 1953. P.-H. SIMON, La morale héroique
de V. La Revue de l'Université Laval 8, 1954. P. SOUCHON, V. Paris 1954. C.
ROSSO, V. e la tradizione dei moralisti. Filosofia 15, 1964. G. GABOR, Die Mis-
anthropie Chamforts. 1928. E. DOUSSET, Chamfort et son temps. 1943.

Zwischen Barock und Aufklärung wirkt die lebendige Überlieferung
MONTAIGNES sich in einer moralistischen Literatur aus, die in der klassi-
schen Prägnanz ihrer Formulierungen und in der verstehenden Lebens-
erfahrung sonst kaum ihresgleichen hat. FRANÇOIS LA MOTHE LE VAYER
(1588–1672), der in der antiken Literatur so bewanderte Skeptiker, huldigt in seinen moralischen Reflexionen bei aller Einsicht in die menschlichen Schwächen noch einer freundlicheren, auch von der Stoa beeinflußten Haltung. Das letzte Heil liegt allerdings bei dem Vertrauen auf
die dem Menschen sich zuwendende göttliche Gnade. Ganz herausgelöst
aus der Sphäre des höfischen Lebens sind die ‹*apperçus*› des Herzogs
FRANÇOIS LA ROCHEFOUCAULD (1613–1680), die in der Selbstliebe das
bewegende Prinzip aller menschlichen Handlungen aufdecken. In die
gleiche Richtung weist JEAN DE LA BRUYÈRE (1645–96) mit seinen an
THEOPHRAST geschulten Charakteristiken, die, von tiefem Pessimismus ein-
gegeben, doch nach NIETZSCHES sicherem Urteil noch ein Gefühl für die
eigentliche Größe des Menschen sich bewahren. Auch der Marquis
DE VAUVENARGUES (1715–47), der in einer fast an PASCAL gemahnenden
Weise ‹die großen Gedanken vom Herzen kommen› läßt (in seiner ‹*Introduction à la connaissance de l'esprit humain*›, 1746), bleibt insoweit
Pessimist, als er an eine Lenkung der Leidenschaften durch die Vernunft
nicht glaubt und nur in der Mystik ein Gegengewicht gegen den Egoismus findet. NICOLAUS CHAMFORT (1741–94) endlich, den SCHOPENHAUER
als Zeugen dafür aufruft, daß die Frauen nur gemacht sind, um ‹mit
unseren Schwächen und unserer Torheit› ins Commercium zu treten,
und den NIETZSCHE den ‹witzigsten der Moralisten› nennt, einen Menschen ‹reich an Tiefen und Hintergründen der Seele›, ist gleichfalls ein
heiter-nachsichtiger Verächter des menschlichen Geschlechts, in dem
selbst die ‹Wohltäter› ihre Eigenliebe nicht verhüllen. Man würde das
theoretische Gepräge der französischen Aufklärung verkennen, wenn
man diese Zusammenhänge mit einer viel wissenden und viel entschul-
digenden Menschenkenntnis übersähe.

2. PIERRE BAYLE (1647–1706)

Ausgaben: Dictionnaire historique et critique, Bd. 1. 2, Rotterdam 1695–7. Dazu Œuvres diverses, Bd. 1–4, Haag 1725–31. Repr., eingel. v. Elisabeth Labrousse, Hildesheim 1964/65. Textes choisis, mit Einl. u. Bibliographie hrsg. v. Elisabeth Labrousse. Paris 1965.

Literatur: L. FEUERBACH, P. B. 1833. E. B. SUGG, P. B. 1930. LACOSTE, B., nouvelliste et critique littéraire. 1929. B. MAGNINO, Genesi e significato dello scetticismo di P. B. In: Giorn. crit. della filos. ital. 1941. W. H. BARBER, P. B. Faith and reason. The French Mind, Oxford 1952. P. ANDRÉ, La jeunesse de B., tribun de la tolérance. Genève 1953. A. DEREGIBUS, Motivi religiosi ed aspetti metafisici dello scetticismo di P. B. Il Saggiatore 4,1954. F. SCHALK, Die schriftstellerische Selbstdarstellung B.s und seine Zeit. Forschungen und Fortschritte 30, 1956. ELISABETH LABROUSSE, La méthode critique chez P. B. et l'histoire. Rev. inter. Philos. 11,1957. DIES., Inventaire critique de la correspondance de P. B. Paris 1961. DIES., P. B. Du pays de Foix à la cité d'Erasme. La Haye 1963. L. NEDERGAARD, La genèse du Dictionnaire historique et critique de P. B. Orbis litterarum 13,1958. K. R. SCHOLBERG, P. B. and Spain. Paris 1958. B. TALLURI, P. B. Milano 1963. H. T. MASON, P. B. and Voltaire. London 1963. P. DIBON (Hrsg.), P. B., Le philosophe de Rotterdam. Etudes et documents. Amsterdam 1959. B. RATENI, L'interpretazione critica del B. alla luce degli studi più recenti. Rass. Filos. 1,1952.

Einer der einflußreichsten Wegbereiter der Aufklärung in Frankreich und auch in Deutschland ist der Skeptiker und Polyhistor PIERRE BAYLE gewesen. 1647 als Sohn eines hugenottischen Geistlichen in der Grafschaft Foix geboren, konvertierte er als Jüngling unter jesuitischem Einfluß, kehrte aber bald zur reformierten Kirche zurück. Er studierte in Genf DESCARTES, wurde 1675 Lehrer der Philosophie in Sedan und siedelte 1681 nach Rotterdam über, wo er wegen seiner radikalen Anschauungen jedoch sein Lehramt verlor und von 1693 bis zu seinem Tode 1706 als Privatmann in einem gelehrten Kreis lebte, zu dem auch LEIBNIZ und SHAFTESBURY in Beziehung traten. Sein Hauptwerk war das große ‹historische und kritische *Dictionnaire*›, das wenigstens auf philosophisch-theologisch-philologischem Gebiet den gesamten Wissensstoff seiner Zeit umspannte. Er wählt die Form eines Wörterbuchs, weil er frei von Dogma und System das Recht auch der kleinsten Sache wahren will.

BAYLE zieht aus DESCARTES, dessen Maßstab der ‹klaren und deutlichen› Erkenntnis und des ‹natürlichen Lichtes› er anerkennt, ganz entgegengesetzte Folgerungen. Daß er der mathematisch-naturwissenschaftlichen Gewißheit nicht gerecht geworden ist, liegt weniger an der mangelnden Vertrautheit mit deren Problemen als an der Überzeugung, daß das ‹Faktum CICERO› gesicherter ist als die ‹faktische› Geltung eines mathematischen Satzes. Er erfaßt zuerst die eigentümliche Gewißheit der *historischen Tatsache*, die, im vollen Gegensatz zur theologischen Geschichtskonstruktion etwa Bossuets, ihm höhersteht als die großartigste Rahmenzeichnung. Von hier aus wird ihm klar, daß der Offenbarungsglaube, den er nicht angreift, nicht bloß *über-*, sondern auch *wider*vernünftig ist. So erscheint ihm das Böse in der Welt unvereinbar mit der Güte Gottes, und er findet das manichäische Doppelprinzip (vgl. rde Bd. 193/194, S. 19) gar nicht so ungereimt. Bayles Verzicht auf eine teleologische Relativierung der geschichtlichen Tatsache führt ihn auch zur klaren Scheidung von *Sittlichkeit* und *Religion*. Die Sittlichkeit des Menschen hängt nicht von seiner religiösen Überzeugung ab, Staat und Kirche sind zu trennen, und es ist unbedingte *Toleranz* zu fordern. Auch ein Staat von Atheisten ist möglich, wenn auf strenge Strafen und Ehrbegriffe gehalten wird. Übrigens kommt er, da auch die Christen nur selten nach den Lehren des Evangeliums leben, zu einer pessimistischen Beurteilung der *Geschichte*, die stets ‹eine Sammlung der Verbrechen und des Unglücks des menschlichen Geschlechts› gewesen ist. Die Abwehr jeder geschichtsphilosophischen Vormeinung und die Forderung nach einer weder schmeichelnden noch verleumdenden Geschichtsschreibung hat ihn frei gemacht für die unbestechliche Einschätzung der geschichtlichen Tatsachen und für den Gehorsam gegenüber der *Wahrheit* als ‹einziger Königin›.

Seine profunde Kenntnis der antiken *Skepsis* führt ihn zur Bezweiflung der Wirklichkeit der Körperwelt wie der Gewißheit des Selbstbewußtseins und der Sicherheit der mathematischen Axiome. Er bekämpft Spinoza wegen seines Pantheismus und Determinismus, aber er hält auch die Willensfreiheit für unbeweisbar.

Neben den bleibenden Verdiensten Bayles um eine ‹Kritik der historischen Vernunft› liegt seine zeitgeschichtliche Bedeutung in dem Aussprechen jener allgemeinen *Aufklärungsgedanken*, die sich rasch über Frankreich hinaus verbreiteten. Gottsched hat seinen ‹Dictionnaire› ins Deutsche übersetzt (1741–44). Trotzdem dauerte es fast ein Menschenalter, ehe Bayles Verteidigung der Vernunft gegen die kirchliche Bevormundung Nachfolge fand. Der geistige Druck der glanzvollen Periode Ludwigs XIV. mußte gewichen sein, ehe, unterstützt durch die von England kommenden Einflüsse, zwei der bedeutendsten Denker der Aufklärung den Kampf Bayles fortsetzen konnten: Montesquieu und Voltaire.

3. Montesquieu (1689–1755)

Ausgaben: Lettres persanes, 1721 (dt. hrsg. v. A. Strodtmann, 1855, u. v. R. Habs bei Reclam). Considérations sur les causes de la grandeur des Romains et de leur décadence, Paris 1734 (dt. v. R. Habs bei Reclam). De l'esprit des lois, Genf 1748 (viele weitere Aufl., neueste Ausg., hrsg. v. G. Truc, Paris 1962. Auch dt., neuerdings ‹Über Ehre, Tugend und Furcht› = Esprit des lois, Buch 3,4,19,20, hrsg. v. M. Rassem. Salzburg 1958). Œuvres, z. B. hrsg. v. Destutt de Tracy u. Villemain, Bd. 1–8, Paris 1827. Œuvres complètes, hrsg. v. E. Laboulaye, Bd. 1–7, Paris 1875–9. Neue Gesamtausgabe, hrsg. v. A. Masson u. R. Caillois. Paris 1949 ff. (Band I mit Bibliographie). Œuvres inédites, Bd. 1. 2, Paris 1892–1900. Correspondance, hrsg. v. Gebelin, Bd. 1. 2, Paris 1914. Dix-sept lettres, hrsg. v. J. M. Eyland/P. Vernière. Paris 1965. Auch dt. Gesamtausgaben öfters, zuerst Wien 1799.

Literatur: A. SOREL, M. 1887 (dt. hrsg. v. A. Kressner, 1896). V. KLEMPERER, M. Bd. 1. 2, 1911–14. B. GROETHUYSEN, M. 1946. E. DURKHEIM, M. et Rousseau, precurseurs de la sociologie. Paris 1953. R. B. OAKE, M.'s religious ideas. J. Hist. Ideas, 14,1953. S. COTTA, M. e la scienza della società. Torino 1953. J. BERLIN, M. London 1956. M. ROMBOUT, La conception stoicienne du bonheur chez M. et chez quelques-uns de ses contemporains. Leiden 1958. L. ALTHUSSER, M., La politique et l'histoire. Paris 1959. W. STARK, M., Pioneer of the Sociology of Knowledge. London 1960. R. SHACKLETON, M. A Critical Biography. London 1961. – Aufsatzsammlungen: H. PUGET (Hrsg.), La pensée politique et constitutionnelle de M. Paris 1952. Revue international de Philosophie 9 (H. 3 u. 4), Brüssel 1955 (mit Bibliographie). Actes du Congrès Montesquieu, Bordeaux 1956.

CHARLES DE SECONDAT, BARON DE LA BRÈDE ET DE MONTESQUIEU, wurde 1689 auf dem Schloß La Brède nahe Bordeaux geboren. Als Mitglied der Akademie von Bordeaux hatte er schon eine Reihe naturwissenschaftlicher, historischer und moralphilosophischer Abhandlungen verfaßt, ehe ihn die 1721 (zuerst anonym) erschienenen ‹Persischen Briefe› berühmt machten, die unter der Maske zweier reisender Perser die französischen Zustände im Blick auf die politische und religiöse Freiheit schonungslos geißelten. Nach der Aufnahme in die Französische Akademie (1728) reiste MONTESQUIEU über Wien nach Italien und von da über die Schweiz und Holland nach England, wo er zwei Jahre lang die politischen Einrichtungen studierte. Nach der Heimkehr entstanden die ‹Betrachtungen über die Ursachen der Größe der Römer und ihres Verfalls› (1734), die den Grund ihrer Größe in der politischen Freiheit und den ihres Verfalls in der maßlosen Ausdehnung des Reiches und der Preisgabe ihres staatsgründenden Prinzips erblickten. Hier bereitet sich schon die grundsätzliche Einsicht vor, die MONTESQUIEU in seinem Lebenswerk, dem ‹Geist der Gesetze› (1748), herausarbeitete und die man heute als sozialtypische Betrachtungsweise bezeichnet. Die Natur der Völker und ihre politische Form sind aufeinander bezogen. Das lange vorbereitete Werk wurde ein ungeheurer Erfolg. MONTESQUIEU starb 1755 in Paris an einer plötzlichen Erkrankung.

Er ist gleich BAYLE ein Freund der ‹Tatsachen›, aber seinen Werken gibt der große geistige Grundriß das Gepräge. Der ‹Geist der Gesetze› wird – nicht ohne Anklänge an BODIN – auf den Geist des Volkes zurückgeführt, d. h. auf die Summe seiner *natürlichen* und *geschichtlichen* Bedingungen: Klima, Bodenbeschaffenheit, Sitten, Bildung, Religion usw. Nach englischem Vorgang sah er aber in der gesetzlichen Sicherung der Freiheit den bestimmenden Zweck jeder Staatsform. Dieser Zweck schien ihm am besten verbürgt durch die konstitutionelle Monarchie mit ihrer *Dreiteilung* der Gewalten in die gesetzgebende, richterliche und vollziehende. Montesquieu schließt sich hier an Locke an, der doch die richterliche Gewalt noch übersehen hatte, die jenem besonders dann wichtig dünkte, wenn ein vom Volk gewählter Richterstand die Gewähr für eine feste Rechtsprechung zu bieten versprach.

Er unterschied drei *Staatsformen*, die Despotie, die Monarchie und die Demokratie. Jeder dieser empirisch immer nur unzulänglich verwirklichten Formen legte er ein besonderes Prinzip der Gestaltbildung zugrunde. Die Despotie baut auf die Furcht, die Monarchie auf die Ehre und die Demokratie auf die Tugend (*vertu*) ihrer Bürger, und jede dieser Formen zerfällt, wenn ihr Prinzip preisgegeben wird. Denn das Prinzip bestimmt den Geist des Handelns, und die besten Gesetze werden wirkungslos, wenn sie nicht durch die innere Kraft des Staates belebt werden.

Montesquieu hat aber auch um das Verständnis der *Bewegung* der Geschichte sich bemüht. Er hat sie nicht mit Bayle dem bloßen ‹Zufall› und der Willkür des Bösen überantworten wollen. Er führte sogar den Gewinn oder Verlust einer Schlacht auf tieferliegende Ursachen zurück. So eingehend er hierbei auch den physischen Bedingungen des Wachsens und Welkens der Staaten nachgeht, so wenig unterschätzt er doch die freie Macht des auf diese Bedingungen gegründeten Handelns, und das Rom-Buch war eben in der Absicht geschrieben, durch die Versenkung in den Geist der römischen Politik der eigenen Zeit die Augen zu öffnen. Übrigens will Montesquieu keineswegs die englischen Verhältnisse blindlings auf andere Völker übertragen, da jedes Volk sich selbst den Weg zu seiner Freiheit bahnen muß. Freiheit und Gleichheit, diese allerdings nicht mechanistisch verstanden, sind die Grundworte, die bei Montesquieu auf die Französische Revolution vorausweisen.

4. Voltaire (1694–1778)

Ausgaben: Lettres sur les Anglais, Basel 1734 (Neue Ausg., hrsg. v. L. Flandrin, Paris 1953, ebenso Paris 1962). Traité de métaphysique, 1734 (Neue Ausg., hrsg. v. H. T. Patterson, 2. Aufl., Manchester 1957). Eléments de la philosophie de Newton, Amsterdam 1738. La métaphysique de Newton, Amsterdam 1740. Essai sur les mœurs et l'esprit des nations, Haag 1752 ff. (Neue Ausgabe., hrsg. v. R. Pomeau, mit Bibliographie, Paris 1963). Candide ou l'optimisme, 1759. Dictionnaire philosophique portatif, Genf 1764. (Neue Ausgg., hrsg. v. R. Naves, Paris 1961; hrsg. v. Y. Florenne, Paris 1962. 16 Artikel aus dem Philosophischen Taschenwörterbuch. Frz./dt. hrsg. v. U. F. Müller, Ebenhausen 1966). Le philosophe ignorant, Genf 1766. Réponse au système de la nature, Genf 1777.

– Œuvres, hrsg. v. L. Moland, Bd. 1–52, Paris 1877–85. Œuvres philosophiques
(Teils.), hrsg. v. R. Petit, 26. Aufl. Paris 1955; (dt. Ausg. der Werke, hrsg. v.
Mylius, Bd. 1–29, 1783–97; Auswahl v. P. Sakmann unter d. Titel: Für Wahrheit und Menschlichkeit. Stuttgart 1941). Correspondance, hrsg. v. Th. Bestermann, Bd. 1–107, Genève 1953–65 (mit ausf. Bibliographie u. Index)

Literatur: D. F. STRAUSS, V. 1870. J. MORLEY, V. 1872. G. LANSON, V. 1906. P.
SAKMANN, V.s Geistesart u. Gedankenwelt. 1910. A. BELLESORT, Essai sur V. 1925.
A. MAUROIS, V. 1935. F. VIAL, V., Sa vie et son œuvre. Paris 1953. J. CHARPEN-
TIER, V. Paris 1955. R. POMEAU, V. par lui même. Paris 1955. A. CRESSON, V.,
sa vie, son œuvre avec un exposé de sa philosophie. Paris 1958. Y. BELAVAL,
L'esprit de V. Studies on Voltaire and the 18th Century 24, 1963. W. WEISCHE-
DEL, V. u. das Problem der Geschichte. In: Zs. f. philos. Forschung Bd. 2, 1948.
DERS., V. In: Große Geschichtsdenker, hrsg. v. P. KLUCKHOHN, 1949. C. LUPORINI,
V. e le ‹Lettres philosophiques›. Il concetto della storia e l'illuminismo. Firenze
1955. J. ROSENTHAL, V.'s philosophy of history. J. Hist. Ideas 16, 1955. F. DIAZ, V.
storico. Torino 1958. J. H. BRUMFITT, V. Historian. London 1958. J. O. WADE,
V. and Candide. A Study in the Fusion of History, Art and Philosophy. Princeton
1959. CH. RIHS, V., Recherches sur les origines du matérialisme historique. Ge-
nève/Paris 1962. R. POMEAU, La religion de V. Paris 1956. ROSEMARY Z. LAUER,
The Mind of V. A Study of His Constructive Deism. Westminster 1961. C. ROWE,
V. and the State. New York 1955. H. GUERLAC, Three 18th-century philosophers
(Montesquieu, V., d'Holbach): scientific influences on their thought. Daedalus
1958. R. S. RIDGEWAY, La propagande philosophique dans les tragédies de V. Paris 1961. H. BROWN, Science and the human comedy: V. Daedalus 1958. Ferner:
H. KORFF, V. im lit. Deutschland des 18. Jhs. Bd. 1. 2, 1917–18. CH. DÉDÉYAN,
V. et la pensée anglaise. Paris 1956. H. T. MASON, P. Bayle and V. London 1963.
J. R. LOY, Nature, reason and enlightenment: V., Rousseau and Diderot. Studies
on Voltaire and the 18th Century 26, 1963. R. A. BROOKS, V. and Leibniz. Genève 1964. W. S. LJUBLINSKIJ, V.-Studien, dt. Übers. v. W. Techtmeier. Berlin
1961. Vgl. auch A. MAUROIS (Hrsg.), V. au présent La Table ronde 1958, und die
unregelmäßig erscheinenden Studies on V. and the 18th Century, hrsg. v. Th.
Bestermann. Genève 1956 ff.

VOLTAIRE, ein Anagramm aus dem eigentlichen Namen (FRANÇOIS
MARIE AROUET l[e] j[eune]), wurde 1694 in Paris geboren und in einem
Jesuitenkloster erzogen. Als ein glänzender, den scharfen Witz lieben-
der Gesellschafter muß er eine zweimalige Haft über sich ergehen lassen
und 1726 in die Verbannung nach England gehen. Hier lernt er LOCKES
Empirismus, NEWTONS Naturphilosophie und die natürliche Religion des
Deismus kennen und verpflanzt sie nach Frankreich. Nach Paris zurück-
gekehrt, zwingen ihn seine bewundernden Briefe ‹Über die Engländer›,
Paris abermals zu verlassen und bei seiner gelehrten Freundin, der Marquise DU CHÂTELET, auf deren Landsitz Cirey in Lothringen Zuflucht zu
suchen, wo er die meisten der Werke entworfen hat, die seinen Welt-
ruhm begründeten. Bald nach dem Tode der Marquise folgt VOLTAIRE
der Einladung FRIEDRICHS DES GROSSEN nach Potsdam, wo er von 1750 bis
1753 weilt. Aber auch dort ergeben sich Differenzen, die bis zur Ver-

haftung führen, und VOLTAIRE kommt erst zu endgültiger Ruhe, als er die Herrschaft Ferney bei Genf erwirbt und hier seit 1760 in einem weitgespannten Verkehr mit Freunden und Fremden seinen Lebensabend verbringt. Er starb 1778 in Paris, wo er der Aufführung einer seiner Tragödien beiwohnte und mit ungeheurer Begeisterung begrüßt worden war.

In seinen erkenntnistheoretischen Überzeugungen von LOCKE beeinflußt und der Annahme angeborener Ideen abhold, war er doch viel zu tief von NEWTON berührt worden, um reiner Empirist zu sein. Wie er die Natur von einer allumspannenden Gesetzlichkeit beherrscht fand, wollte er auch in der Vernunft und Sittlichkeit des Menschen ein sich gleichbleibendes Prinzip voraussetzen. Aber VOLTAIRE ist kein Systematiker, sondern eher ein gewandter und begeisterter Verbreiter fremder Ideen, wie es der ‹Dictionnaire› bezeugt, der seine für die ‹Enzyklopädie› (vgl. unten Kap. III) geschriebenen Artikel zusammenfaßt. Anfangs ist er durchaus *Deist* und ein beredter Verkündiger der drei Dogmen der Aufklärung: Gott, Freiheit, Unsterblichkeit. Später tritt hier ein gewisser, wenn auch nicht vollständiger Umschwung ein.

VOLTAIRE hat die Wunder, den kirchlichen Aberglauben und die Intoleranz bekämpft. In diesem Sinne ist das berüchtigte *Ecrasez l'infâme* (nämlich die Kirche!) zu verstehen, mit dem er seine Briefe an vertraute Freunde zu schließen pflegte. Aber am *Dasein Gottes* hat er immer festgehalten und bis zuletzt den Atheismus bekämpft, wie er ihm in HOLBACHS ‹Système de la nature› entgegentrat. ‹Wir verdammen den Atheismus, verabscheuen den Aberglauben, lieben Gott und die Menschheit.› Religion besteht ihm in der Anbetung des höchsten Wesens. Das bekannte Wort: ‹Gäbe es keinen Gott, so müßte man ihn erfinden› ist durchaus ernst gemeint; denn ‹die ganze Natur verkündigt laut, daß er existiert›. Später bevorzugt er den moralischen vor dem physiko-theologischen Gottesbeweis. Damit hängt auch sein Abschwenken von dem anfangs mit LEIBNIZ und SHAFTESBURY geteilten *Optimismus* zusammen, den er in seinem ‹Candide› (1759) beißend verspottet. Das Erdbeben von Lissabon (1755) war nicht ohne Einfluß auf diesen Gesinnungswandel gewesen. Auch in der Frage von *Unsterblichkeit* und *Freiheit* neigt er später mehr dem Skeptizismus und Determinismus zu. Die Unsterblichkeit ist ihm eine schöne Hoffnung und mehr noch sittliches Postulat. Das Praktische gewinnt die Oberhand. Statt spekulative Fragen zu erörtern, ‹laßt uns hingehen und unsern Garten bebauen›. Ein andermal heißt es: ‹Gott gab dir den Verstand, um dich zum Rechten zu leiten, nicht um in das Wesen der erschaffenen Dinge einzudringen›.

Daher ist ihm die *Moral* die wahre und einzige Religion und Philosophie. ‹Ich führe immer so viel als möglich meine Metaphysik auf die Moral zurück›, schreibt er 1737 an FRIEDRICH DEN GROSSEN. In ihr hält er sogar an den angeborenen Ideen fest und beruft sich auf den sonst befehdeten *consensus gentium.* Das Bewußtsein des Rechten bleibt bei allem Wechsel der sittlichen Vorschriften.

Wenn VOLTAIRE in der Moral doch nicht über eine rhetorische Begründung hinauskommt, so zeigt sich auch in der *Politik* die Oberflächlichkeit seines Liberalismus sehr deutlich. Denn er erwartet das Geschenk der Freiheit und Gleichheit vom aufgeklärten Despoten. ‹Das Volk hat zur Selbstbildung weder Zeit noch Fähigkeit.› Seine *Philosophie der Geschichte* – die er im Rahmen seines ‹Versuchs über die Sitten und den Geist der Nationen› (1752 ff) entwickelte und deren Begriff er zuerst gebrauchte – baut zwar auf den von MONTESQUIEU gelegten Grundlagen weiter. Auch er sucht die physischen und vor allem gesellschaftlich-moralischen Ursachen des geschichtlichen Handelns zu erfassen, aber er hat darüber hinaus nicht nur in glänzenden Darstellungen eine künstlerische Formung des geschichtlichen Stoffs versucht, sondern auch das Problem der historischen Kritik erkannt. Seine Quellenkritik will zwar, in den Grenzen der Aufklärung bleibend, die naturwissenschaftliche Möglichkeit und die gesunde Vernunft zum Maßstab der geschichtlichen Wahrheit machen und so die Wunder und theologischen Fabeln beseitigen, aber sie sieht doch die Aufgabe als solche und fordert die ‹äußerste Wahrscheinlichkeit› (anstatt der leider nicht erreichbaren Exaktheit einer mathematischen Demonstration) von dem darstellenden Historiker. Natürlich bleibt VOLTAIRE in der verständlichen Frage nach dem ‹Nutzen› der Historie befangen, aber er hat doch nach der Meinung LESSINGS den *Menschen* mit seinen bleibenden Zügen und Ansprüchen in den Mittelpunkt der Geschichte gerückt. Er hat diesem Menschen zwar das eigene Vernunftideal aufgeprägt, aber hat in der gleichen Frontstellung mit BAYLE den wirklichen Geschichtsverlauf aufdecken wollen, wie er aus den natürlichen und geistigen Voraussetzungen menschlichen Existierens sich ergibt.

5. MAUPERTUIS (1698–1759)

Ausgaben: Essai de philosophie morale, Berlin 1749. Essai de cosmologie, Leiden 1751. Œuvres, nouv. éd., Bd. 1–4, Lyon 1756. Repr. d. Ausg. Lyon 1768, 4 Bde., eingel. v. G. Tonelli, Hildesheim 1965 ff. Œuvres choisis, hrsg. v. E. Callot, Paris 1964.

Literatur: BRUNET, M. Bd. 1.2, 1929. A. C. CROMBIE, P. L. M. de M., précurseur du transformisme. Rev. Synth. 78, 1957. H. BROWN, M. philosopher: Enlightenment and the Berlin academy. Studies on Voltaire and the 18th Century 24, 1963.

Der Baron PIERRE LOUIS MOREAU DE MAUPERTUIS, der 1736 die erste Gradmessung in Lappland leitete und 1746 von FRIEDRICH DEM GROSSEN zum Präsidenten der Berliner Akademie der Wissenschaften ernannt wurde – wo er in einen Streit mit VOLTAIRE geriet, der mit dessen Fortgang aus Berlin endete –, war gleich stark von LEIBNIZ und NEWTON beeinflußt, dessen Ideen er zusammen mit VOLTAIRE gegen den in Frankreich immer noch herrschenden Cartesianismus zum Siege verhalf. Wegen des von ihm formulierten Prinzips der kleinsten Kraftmenge geriet er mit den deutschen Leibnizianern in einen Prioritätsstreit, der mit seiner Übersiedlung nach Basel endete, wo er aber schon ein Jahr später starb.

MAUPERTUIS besaß ein tiefes Verständnis für die Methodenprobleme der Naturwissenschaft und erkannte, daß in der Chemie und vollends in den beschreibenden Naturwissenschaften mit den physikalischen Grundbegriffen nicht auszukommen sei. So glaubte er mit LEIBNIZ der Materie ein Bewußtsein zuerkennen zu müssen, das er doch wieder einer quantitativen Messung unterwerfen wollte. Sein Versuch, auf diese Weise ‹die Summe der *Glückseligkeit* des menschlichen Lebens zu schätzen› (KANT), wurde von KANT zurückgewiesen. Obwohl MAUPERTUIS dabei zu einem pessimistischen Ergebnis kam, wollte er doch – schon der Naturgesetze wegen – an der göttlichen Verfassung des Weltplans festhalten, und er bekämpfte mit teleologischen Gründen den Materialismus.

II. MATERIALISMUS UND SENSUALISMUS

Die Aufklärung entwickelte sich in Frankreich in immer radikalerer Weise. Der größere Druck der kirchlichen, politischen und sozialen Verhältnisse forderte zu einer weit heftigeren Opposition heraus als in England, und der scharfe, verstandesklare Charakter des französischen Geistes neigte zu einer Zuspitzung der Gegensätze. Diese setzte in der Naturphilosophie ein, wo die NEWTONschen Prinzipien dazu verleiten mochten, über ihren Urheber hinauszugehen und die von diesem noch bejahte Frage nach einem außerweltlichen Schöpfer in der Schwebe zu lassen oder gar zu verneinen.

1. BUFFON (1707–88)

Ausgaben: Histoire naturelle, Bd. 1–36, Paris 1749–88 (dazu kamen 1789 7 Suppl. Bde.: eine dt. Ausg. erschien Berlin 1771–1829). Les époques de la nature, hrsg. v. J. Roger, Paris 1962. Œuvres philosophiques, hrsg. v. J. Piveteau/M. Fréchet, Paris 1954.
Literatur: O. MATOUSEK, B. and the philosophy of his natural history. Arch.

int. Hist. Sc. 3, 1950. O. FELLOWS, B.'s place in the Enlightenment. Studies on Voltaire and the 18th Century 25, 1963. R. WOHL, B. and his project for a new science. Isis 51, 1960.

Obwohl Graf BUFFON sich in seinem Riesenwerk der ‹Naturgeschichte› gegen eine einseitig mechanistische Naturerklärung wendet und für das Eigenrecht der beschreibenden Naturforschung eintritt, die nicht aus Definitionen ableiten, sondern in mühsamem Nachspüren den Verwandtschaften und Entwicklungen nachgehen muß, bekennt er sich doch zur Überzeugung von der Unzerstörbarkeit der lebendigen Welt. Die Natur ist ein großer Organismus, dessen Bausteine ‹organische Teilchen oder Moleküle› sind, deren unablässig neue Verbindung ein immer weiter sich differenzierendes Leben hervorbringt. Er gebraucht als Direktor des Königl. botanischen Gartens die Vorsicht, sich des Wortes ‹Schöpfer› zu bedienen, und er hat sich auch nicht unter die Kreise der groben Materialisten gemischt, aber an seiner materialistischen Grundanschauung läßt sich kaum zweifeln, da er die ‹beständige Entsprechung zwischen den natürlichen Veränderungen der Sinne oder Organe und den Veränderungen des Verstandes und der Leidenschaften› unterstreicht.

2. LAMETTRIE (1709–51)

Ausgaben: Histoire naturelle de l'âme, Haag 1745. L'homme machine, Leiden 1748 (neue Ausg. hrsg. v. M. Solovine, Paris 1921. Critical edition with an introductory monograph and notes by A. Vartanian, Princeton 1960; dt. in der Philos. Bibl. hrsg. v. M. Brahn, Leipzig 1919). L'art de jouir ou l'école de la volupté, Potsdam 1751. Vénus métaphysique ou essai sur l'origine de l'âme humaine, Potsdam 1751. Œuvres philosophiques, Bd. 1. 2, London 1751. Textes choisis, hrsg. v. M. Tisserand, Paris 1954
   Literatur: F. A. LANGE, Geschichte des Materialismus. Bd 1. J. E. PORITZKY, L., s. Leben u. s. Werke. 1900. E. BERGMANN, Die Satiren des Herrn Maschine. 1913. R. BOISSIER, L., médecin, pamphlétaire et philosophe. 1931. G. PFLUG, J. O. de L. und die biologischen Theorien des 18. Jahrhunderts. Dt. Vierteljahrsschr. 27, 1953. P. LEMÉE, J. O. de L. Mortain 1954. W. E. STEINKRAUS, Is L. out of date? Personalist 43, 1962. R. DESNÉ, L'humanisme de L. Pensée 1963.

JULIEN OFFRAY DE LAMETTRIE ist (gleich MAUPERTUIS) in St. Malo in der Bretagne geboren. Anfänglich zum Theologen bestimmt, ging er bald zur Medizin über und studierte bei dem Spinozisten BOERHAVE in Leyden. Durch die in seiner ‹Naturgeschichte der Seele› (1745) offen ausgesprochene Überzeugung von der Körperlichkeit der Seele verscherzte er sich seine Stellung als Militärarzt. Er flüchtete nach Holland, aber das neue Ärgernis, welches er durch seine Schrift über die ‹Maschine Mensch› (1747) erregte, nötigte ihn, als das ‹verfolgte Opfer der Pfaffen und

Narren› bei dem freidenkerischen Preußenkönig Zuflucht zu suchen, der ihn zu seinem Vorleser und zum Mitglied der Akademie ernannte. Er verfaßte hier eine Reihe moralphilosophischer Schriften, starb aber schon 1751, wie es heißt, infolge seiner Unmäßigkeit. Obwohl der König ihn mit einer akademischen Rede ehrte, brachte ihn sein konsequenter Materialismus bald in einen üblen Ruf. Erst FRIEDRICH ALBERT LANGE hat ihm Gerechtigkeit widerfahren lassen.

Durch Selbstbeobachtung während eines hitzigen Fiebers kam LAMETTRIE auf den Gedanken, daß unser gesamtes Denken von der körperlichen Organisation abhänge. Die Empfindung haftet am Stoff, der *Mensch* ist eine *Maschine,* und das Denken ist eine Funktion des Gehirns. LAMETTRIE dehnt die Fähigkeit des Empfindens auf alles Lebendige aus, und der Mensch ist nur ausgezeichnet durch die Fülle seiner Bedürfnisse. Die Hoheit des ‹Geistes› beruht nicht auf vermeinter Körperlosigkeit, sondern auf seinem Umfang und seiner Klarheit, die auf die Feinheit der Gehirnwindungen zurückgeht. Der Mensch braucht nicht darüber zu erröten, daß er aus dem Schlamm geboren ist; denn das Lebensprinzip steckt in den kleinsten Fasern des Körpers, nicht in einer rätselhaften ‹Seele›.

Der materialistischen Theorie entspricht eine *sensualistische Ethik,* beide Ausdruck einer von Grund auf erschütterten Sozialordnung. Nicht alle Menschen sind geschaffen, um gelehrt, wohl aber um glücklich zu sein. Das Glück aber liegt in der *Lust,* die grob und fein, flüchtig und dauernd sein kann. Aber auch die ‹geistigen› Genüsse sind nur Abwandlungen der sinnlichen Lust. Immerhin genießt der ein höheres Glück, den Tugend und Ehre reizen und das Gemeinwohl, als jener, bei dem die privaten die öffentlichen Interessen überwiegen. Wohltun und Sympathie erhöhen das Lustgefühl, während Reue und Gewissensbisse verwerflich sind, weil sie die Summe der Unlust in der Welt vermehren. Der Verbrecher ist vielmehr ein Kranker, und die Ärzte sollten an die Stelle der Theologen und Juristen treten.

3. ROBINET (1735–1820)

Ausgaben: De la nature, Amsterdam 1761 (neue Ausg., Bd. 1–5, Amsterdam 1763–8). Considérations philosophiques de la gradation naturelle, Amsterdam 1767.
   Literatur: R. ALBERT, Die Philosophie Robinets. 1903. C. ROSSO, Il ‹paradosso› di R. Filosofia 5, 1954. J. MAYER, R., philosophe de la nature. Rev. Sc. hum. 28, 1954.

Während die meisten französischen Materialisten das Geistige und Organische aus dem Materiellen und Anorganischen ableiten wollten, beschreitet JEAN BAPTISTE ROBINET den umgekehrten Weg. Sein Hauptwerk ‹Von der Natur› (1761) begründete einen *universalen Vitalismus*. Die eine Substanz SPINOZAS ‹zersplitterte sich in die unendliche Masse der Teilchen, von denen jedes die beiden Attribute... Ausdehnung und Bewußtsein... in sich vereinigt›. Zugleich setzt ROBINET mit LEIBNIZ ‹an die Stelle körperlicher Atome vorstellende Kräfte› als ‹Urtatsachen›, die das Problem einer Wechselwirkung zwischen Leib und Seele als gegenstandslos erscheinen lassen. Mit Bezug auf Gott freilich vertrat ROBINET einen ausgesprochenen Agnostizismus.

4. CONDILLAC (1715–80)

Ausgaben: Essai sur l'origine des connaissances humaines, Bd. 1. 2, Amsterdam 1746. Traité des systèmes, Bd. 1. 2, Haag 1749. Traité des sensations, Bd. 1. 2, Paris u. London 1754 (dt. in der Philos. Bibl. hrsg. v. E. Johnson, Leipzig 1870). Traité des animaux, Amsterdam 1755. Die Logik oder die Anfänge der Kunst des Denkens / Die Sprache des Rechnens. Übers v. E. Salewski, hrsg. v. G. Klaus. Berlin 1959. Œuvres complètes, Bd. 1–23, Paris 1798 (im letzten Bd.: La langue du calcul, aus d. Nachlaß). Œuvres philosophiques, hrsg. v. G. Le Roy, Bd. 1–3, Paris 1948–51. Lettres inédites à Gabriel Cramer, hrsg. v. G. Le Roy. Paris 1952.

Literatur: F. RÉTHORÉ, C. 1864. E. HÉLIGON, C. 1908. J. DIDIER, C. 1911. R. LENOIR, C. 1924. P. MEYER, E. B. de C. 1944. R. BIZZARRI, C. 1945. G. LE ROY, La psychologie de C. 1937. C. v. BROCKDORFF, Wahrheit u. Wahrscheinlichkeit bei Hobbes u. C. 1937. E. RYDING, La notion du moi chez C. Theoria 21, 1955. G. SOLINAS, C. e l'illuminismo. Problemi e documenti. Cagliari 1955. SAINTE-BEUVE, Notes inédites sur C. Rev. philos. France Etrang. 81, 1956. M. THOMAS, C. et ‹l'instinct n'est rien›. Scientia 91, 1956. G. FUNKE, Natur und ‹zweite› Natur im konsequenten Sensualismus. C.s Transformationstheorie. Philos. nat. 4, 1957. P. SAVUCCI, Linguaggio e mondo umano in C. Urbino 1957. DERS., C. filosofo della comunità umana. Milano 1961. R. PARENTI, Il pensiero storico di C. Riv. crit. Stor. Filos. 17, 1962 u. 18, 1963.

ETIENNE BONOT DE CONDILLAC, 1715 in Grenoble geboren, widmete sich früh dem geistlichen Stande, leitete von 1758 bis 1768 die Erziehung eines Prinzen von Parma und verlebte die letzten zwölf Jahre in stiller Ruhe auf seinem Landgut Flux in der Nähe von Orléans, wo er 1780 starb. Dieser französische LOCKE ist unter den französischen Aufklärern der eigentliche Philosoph. In seinen beiden ersten Schriften ‹Über den Ursprung der menschlichen Erkenntnisse› und dem gegen DESCARTES, MALEBRANCHE, SPINOZA und LEIBNIZ gerichteten ‹Traktat von den Systemen› wirken LOCKES Theorien sich noch beherrschend aus. In der ‹Abhandlung von den Empfindungen› (1754) dagegen schreitet CONDILLAC über LOCKE hinaus zur Begründung des *reinen Sensualismus*, indem

er die Empfindung oder sinnliche Wahrnehmung als einzige Erkenntnis-
quelle erweisen will.

CONDILLAC weist also die Reflexion als eigenständige Voraussetzung
ab, weil das einfache Selbstbewußtsein als empirischer Befund sich nicht
aufweisen läßt. Die Aufgabe ist vielmehr, alle *Bewußtseinstätigkeit* als
ein *umgeformtes Empfinden* zu verstehen. So ist ihm Aufmerksamkeit
Hingabe an *eine* Empfindung und Erinnerung deren Nachwirken. Vergleichen und Urteilen heißt zwei Empfindungen gleichzeitig beachten.
Deren bloßes Nebeneinandersein stiftet ein Verhältnis oder eine Beziehung. Abstrahieren ist das Heraussondern einer Empfindung aus ihrem
Zusammenhang. Statt sich mit einer bloßen Aufzählung scheinbar ur-
sprünglicher Elemente zu begnügen, gilt es vielmehr, überall auf die
psychischen Operationen zurückzugehen. CONDILLAC macht die allmäh-
liche Entstehung der Sinnesempfindungen an dem fingierten Beispiel
einer menschlichen Statue klar, an der die einzelnen Sinne nacheinander
erwachen; zuerst der niedrigste, der Geruchssinn, und zuletzt der höchste, der Tastsinn, der die Vorstellung einer Außenwelt in uns hervorruft und die übrigen Sinne über sie urteilen lehrt. An dem ebenso hypo-
thetisch angenommenen Beispiel eines isoliert lebenden Menschen klärt
CONDILLAC dann weiter, daß auch die Ethik sich auf einer Empfindung,
dem Gefühl der Lust und Unlust, aufbaut, aus dem nacheinander Bedürfnis, Verlangen, Leidenschaft, Wille entstehen. Gut und schön nennen
wir, was Lust gewährt.

Vor allem die letzte Schrift, die nachgelassene ‹Sprache der Calcüle›,
versucht sich in der Nachfolge der Logistik um die Ausarbeitung eines
Zeichensystems, das für Wissenschaft und Kunst eine der Sprache an
Exaktheit überlegene, vollkommene Ausdrucksmöglichkeit gewährlei-
stet. Während alle Ideen auf Empfindungen zurückgehen, stellen sich
die Wahrheiten als Verhältnisse zwischen den Ideen dar. Da unter diesen Verhältnissen die Gleichheitsbeziehungen hervorragen, läßt sich
alles Denken mittels jener Zeichen als *Rechnen* betreiben. Die Dekom-
position der Erscheinungen und die Kombination der Ideen erfolgen zunächst durch die Sprache, deren Dialekte die Gebärden-, Laut-, Ziffern-
und Buchstabensprache sind, und durch die Infinitesimalrechnung, deren Grammatik die Logik ist. Die Wissenschaft schreitet fort, indem sie
ungenügende Bezeichnungen durch schärfere und feinere ersetzt. Die
französische Klassik erlaubte es CONDILLAC, auch den ästhetischen Bereich analog zu behandeln. Das Drama eines CORNEILLE rechtfertigt sich
als ein vollkommen gelöstes Rechenexempel.

Mit seinem Sensualismus verbindet CONDILLAC aber einen ausgesprochenen *Spiritualismus*. Als guter Katholik nimmt er die Zeit vor dem
Sündenfall und nach dem Tode von seiner Theorie aus und erkennt Gott
als Gesetzgeber ebenso an wie die Geltung des Sittengesetzes. Er hält
auch an der Einfachheit der Seele fest und damit an der grundsätzlichen

Unterschiedenheit der Empfindung von der Ausdehnung. Obwohl das Ich nur aus der Summe der Empfindungen besteht, setzt doch die Einheit des Bewußtseins ein freilich unerkennbares Substrat voraus.

Die klare, verständliche und vielfach anregende Analyse des menschlichen Geistes durch CONDILLAC erwarb sich viele Anhänger. Der philosophische Trieb, von den Systemen der Metaphysik abgestoßen, warf sich mit Eifer auf das Feld der psychologischen Zergliederung, das seit DE-STUTT DE TRACY (siehe unten S. 59 f) als das Feld der Ideologie ausgegeben wurde. In den Zeiten der Revolution und des ersten Kaiserreichs wurde CONDILLACS Lehre die herrschende in Frankreich, und der Philosoph wurde schlechtweg als *Ideologe* bezeichnet.

5. CHARLES BONNET (1720–93)

Ausgaben: Essai de psychologie, Leiden 1754. Essai analytique sur les facultés de l'âme, Kopenhagen 1760. Contemplation de la nature, Bd. 1. 2, Amsterdam 1764 (dt. hrsg. v. J. D. Titius, Leipzig 1766). La palingénésie philosophique, Bd. 1. 2, Genf 1769 (dt. hrsg. v. Lavater, Zürich 1769). Œuvres d'histoire naturelle et de philosophie, Bd. 1–18, Neufchâtel 1779–83.

Literatur: J. SPECK, B.s Einwirkung auf die dt. Psychologie. In: Arch. f. Gesch. d. Philos. Bd. 10 f, 1897 f. E. CLAPARÈDE, La psychologie animale de C. B. 1909. V. WASCHNITIUS, H. Steffens. Bd. 1, 1939, S. 207 ff.

Nach der *spiritualistischen* Seite wurde CONDILLACS Sensualismus durch den Genfer Naturforscher CHARLES BONNET ausgebaut, der zunächst Jurist war, sich dann aber ganz den philosophischen und naturwissenschaftlichen Studien hingab. BONNET leitete zwar das geistige Leben mit CONDILLAC aus den Empfindungen ab und betont mit HARTLEY und PRIESTLEY die physiologische Bedingtheit der psychischen Vorgänge. Die Seele bildet sich erst allmählich zur vernünftigen Persönlichkeit heran. Aber BONNET betont entschiedener als CONDILLAC die Selbständigkeit der Seele und die Einheit des Bewußtseins, für welche die sinnlichen Reize nur die Gelegenheitsursachen ihrer Bestätigung sind. Er hat daneben mit empirischen Belegen den Gedanken der *Wesenskette* seinen Zeitgenossen wieder nahegebracht. Alle Körper vom Menschen bis hin zum Feuer ordnen sich nach dem Maß ihrer Vollkommenheit. Das Feuer als das dünnste Element setzte er an das untere Ende der Kette, während er nach oben über den Menschen hinauszugehen sich scheute, obwohl er grundsätzlich mit ‹himmlischen Geistern› rechnete. ‹Eine dicke Wolke verbirgt uns die schönsten Teile dieser unermeßlichen Kette und läßt uns nur einige übel verbundene, unterbrochene und in sehr verschiedentlicher Ordnung befindliche Glieder zu Gesicht kommen› (nach WASCHNITIUS). Der Mensch ist ein ‹Mischwesen›, dessen ätherischer

Leib sich in seinem irdischen Leben kaum erwecken läßt, der aber in einer neuen Geburt vollkommener sich darstellen wird und den Übergang macht zu höheren Welten, durch deren Annahme diese sensualistische Psychologie sich mit dem Offenbarungsglauben versöhnt. BONNET hat durch TETENS auch auf die deutsche Philosophie Einfluß geübt, und seine Annahme eines ätherischen Seelenleibes, durch die er den Unsterblichkeitsglauben stützen wollte, fand bei seinem phantastischen Landsmann LAVATER lebhaften Widerhall.

6. CABANIS (1757–1808)

Ausgaben: Rapports du physique et du moral de l'homme, Bd. 1. 2, Paris 1802 (dt. hrsg. v. L. H. Jakob, Bd. 1. 2, Halle 1804). Œuvres, Bd. 1–5, Paris 1821–25. Œuvres philosophiques, hrsg. v. C. Lehec/J. Cazeneuve. 2 Bde., Paris 1956. La certezza nella medicina, hrsg. v. G. Cantelli, Torino 1961.
  Literatur: A. JOUSSAIN, Le spiritualisme de C. Arch. Philos. 21, 1958.

Nach der *materialistischen* Seite wurde dagegen die Ideologie CONDILLACS umgebildet von PIERRE JEAN GEORGES DE CABANIS, dem Freunde MIRABEAUS, dem Reorganisator der französischen medizinischen Schulen und Vater der materialistischen Psychologie. Moral, Psychologie (als Zergliederung der Ideen) und Physiologie sind die drei Zweige der Anthropologie. Die Seele ist eine ‹Fähigkeit›, kein Wesen. Ihre und die sogenannten Geistestätigkeiten bestehen in Bewegungen und Empfindungen der Gehirnnerven; die Gedanken sind die Absonderungen des Gehirns. Trotz dieses vorgeschrittenen Materialismus hält CABANIS die Erkenntnis der ‹ersten Ursachen› für unmöglich und huldigt einer Art Pantheismus. Die göttliche Ordnung bekundet sich in dem Gesetz der Materie. Seine ethisch-politischen Anschauungen gipfeln in dem Gedanken, daß das wahre menschliche Glück in der freien, mit Kraft und Leichtigkeit ausgeübten Selbsttätigkeit bestehe.

7. DESTUTT DE TRACY (1754–1836)

Ausgaben: Eléments d'idéologie, Bd. 1–5, Paris 1801–15. Commentaire sur l'esprit des lois de Montesquieu, Paris 1817.
  Literatur: F. J. PICAVET, Les idéologues. 1891. L. BOURJADE, D. de T. et Stendhal. Jugement général sur D. de T. Deucalion 4, 1952. W. WEIDLÉ, Sur le concept d'idéologie. Le Contrat social 3, 1959.

Der freigesinnte Graf DESTUTT DE TRACY widmete CABANIS seine ‹Elemente der Ideologie› (1801–15). Auch nach ihm sind Denken und Wollen Funktionen der Nervenempfindungen. Er hat die ‹Naturwissenschaft des

Geistes› vollständig durchzuführen versucht, aber nur den 1. Teil seines
Systems vollendet. Dieser behandelt die Geschichte unserer Erkenntnis-
mittel, und zwar die Lehre von der Bildung (Ideologie), dem Ausdruck
(Grammatik) und der Verbindung (Logik) unserer Ideen. Den 2. Teil,
die Anwendung auf den Willen (Ökonomie, Moral, Politik) hat er nur
begonnen und den 3., die Anwendung auf die Außenwelt (Physik, Geometrie, Kalkül), nicht mehr ausgeführt. Einen Beweis für die Realität der
Außenwelt sieht schon er in der ‹Empfindung des Widerstandes bei ge-
wollter Bewegung› (Ziegenfuss).

8. Ästhetiker

Ausgaben: Jean Baptiste Dubos: Réflexions critiques sur la poésie et sur la
peinture, Paris 1719. Charles Batteux: Les beaux arts réduits à un même prin-
cipe, Paris 1746.
Literatur: M. Schenker, C. B. u. s. Nachahmungstheorie. 1909.

Auch auf die französische Ästhetik dehnte der Sensualismus seinen Einfluß aus. Längst hatte Dubos (1670–1742) die innere Erfahrung als die
einzig verläßliche Grundlage des ästhetischen Urteils ausgegeben. Nicht
ein Kodex von Regeln, sondern der besondere ästhetische Sinn, der ‹Geschmack›, entscheidet über die künstlerische Qualität eines Werkes. Nach
ihm begriff Batteux (1713–80) das Wesen der Kunst rein empirisch in
der Nachahmung der schönen Natur. Der Künstler erfüllt seinen Auftrag erst, wenn er die Natur so schön und anziehend darstellt, wie sie
zu sein vermag.

III. DIE ENZYKLOPÄDISTEN

1. Die Enzyklopädie

Ausgaben: Encyclopédie ou dictionnaire raisonné des sciences, des arts et des
métiers, Bd. 1–28, Paris 1751–72; Supplément, Bd. 1–5, Amsterdam 1776–7;
Table analytique, Bd. 1. 2, Paris 1780. Selected Articles, hrsg. v. J. Gough,
Cambridge 1954.
Literatur: L. Ducrot, Les encyclopédistes. 1900. A. Soboul, L'Encyclopédie
et le mouvement encyclopédiste. Pensée 39, 1951. M. Prenant, L'Encyclopédie
et les origines de la science moderne. Ebenda. J. Dautry, La révolution bour-
geoise et l'Encyclopédie. Ebenda. R. Metz, Les racines sociales et politiques
d'une idéologie nationale: l'Encyclopédie. Pensée 40, 1952. G. Charlier/R.
Mortier, Une suite de l'Encyclopédie, le ‹Journal encyclopédique› (1756–1793).
Notes, documents et extraits. Paris 1952. E. Weis, Geschichtsschreibung und

Staatsauffassung in der Französischen Enzyklopädie. Wiesbaden 1956. F. Venturi, Le origini dell'Enciclopedia. Torino 1963.

Im Jahre 1750 erschien der Prospekt einer ‹Enzyklopädie der Wissenschaften, Künste und Gewerbe›, zu der sich eine Gesellschaft französischer Gelehrter vereinigt hatte. Fast alle geistigen Autoritäten Frankreichs hatten ihre Mitarbeit zugesagt: Montesquieu und Voltaire, Quesnay und Turgot, Holbach, Grimm und Rousseau. Bereits die 1. Auflage gewann 4250 Subskribenten. Vergeblich verboten, dann wieder freigegeben, aufs neue verboten und doch weiter erschienen, wuchs das Riesenwerk allmählich auf 35 Foliobände an. Es wurde das *Reallexikon* der Aufklärung und verbreitete weit über die Grenzen Frankreichs hinaus neben einer Menge nützlicher Kenntnisse die freigeistige Weltanschauung. Indem die Enzyklopädie in vorsichtiger Form das Kühnste zu sagen wußte, untergrub sie wirksam die alten, vor allem kirchlichen Autoritäten. Sie wurde das Vorbild aller Konversationslexika, die doch niemals zu einer gleich geschlossenen Gesamtwirkung zu gelangen vermochten.

2. Jean Lerond d'Alembert (1717–83)

Ausgaben: Traité de dynamique, Paris 1743. Discours préliminaire de l'Encyclopédie, Paris 1751 (dt. in der Philos. Bibl. hrsg. v. E. Hirschberg, Bd. 1. 2, Leipzig 1911; jetzt frnz./dt. übers. v. Annemarie Heins, hrsg. v. E. Köhler, Hamburg 1955; übers., eingel. u. komm. v. G. Klaus, Berlin 1958). Mélanges de littérature, d'histoire et de philosophie, Bd. 1–5, Paris 1752 ff (darin Bd. 4: Essai sur les éléments de philosophie, 1759). – Œuvres philosophiques, historiques et littéraires, Bd. 1–18, Paris 1805.
Literatur: M. Muller, Essai sur la philosophie de J. d'A. 1926. H. Ley, Zur Bedeutung d'A.s Eine philosophiegeschichtliche Untersuchung. Wissenschaftl. Zeitschr. d. Univers. Leipzig 1951/52. Diskussion dieser Arbeit von G. Klaus und H. Ley, ebenda 1952/53. R. E. Butts, Rationalism in modern science: D'A. and the ‹esprit simpliste›. Bucknell Review 8, 1959. P. Casini, D'A. epistemologo. Riv. crit. Stor. Filos. 19, 1964.

Die wissenschaftliche *Einführung* in die Enzyklopädie hatte der bedeutende Mathematiker Jean Lerond d'Alembert verfaßt, der – 1717 in Paris geboren – auf den Stufen der Kirche St. Jean le Rond ausgesetzt wurde und seine Aufzucht einer armen Frau verdankte, an der er zeitlebens treu gehangen hat. Er war eine liebenswürdige und bescheidene Gelehrtennatur, wurde bald nach der Veröffentlichung des *‹Discours préliminaire›* in die Akademie gewählt und schlug mehrfache Berufungen Friedrichs des Grossen und auch eine sehr glänzende der russischen Kaiserin Katharina aus. Er wollte sich nicht von Paris trennen und starb hier 1783.

Von LOCKE und NEWTON ausgegangen, schrieb er 1759 auf Veranlassung FRIEDRICHS DES GROSSEN einen ‹Essay über die Elemente der Philosophie›, der eine streng sensualistische Logik enthielt. Geometrie, Metaphysik und Moral werden hier auf die sinnlichen Voraussetzungen der Ausdehnung, Wahrnehmung und Neigung zurückgeführt. Wir können ohne die Möglichkeit eines Einblicks in das Wesen der Dinge nur versuchen, das Hervorwachsen unserer Begriffe aus einfacheren Vorstellungen zu erklären. Die Philosophie soll eine Wissenschaft der Tatsachen und nicht der Chimären, eine ‹Experimentalphysik der Seele› sein. Begriffe und Definitionen sind abgekürzte Bezeichnungen für Erfahrungstatsachen. Materialistische oder mechanistische Konsequenzen zieht D'ALEMBERT aber nicht. Er glaubt als ein stolzer Sohn des Aufklärungszeitalters an die Berufung der Vernunft, die Grenzen der Erkenntnis, der Meinung, des Strittigen und Irrtümlichen zu ermitteln. Sein Eifer bei dieser gleichermaßen den Natur- wie Geisteswissenschaften zugewandten Bemühung wird nicht dadurch gelähmt, daß er sich über den geringen Umfang des Wißbaren keine Illusionen macht. Als Ethiker findet er das Glück verbürgt durch die innige Verbindung von Pflicht und Nutzen. Wo der Missionar den religiösen Glauben zu wecken hat, da soll der Philosoph die Menschen an ihren rechten Platz innerhalb der Gesellschaft bringen.

3. DENIS DIDEROT (1713–84)

Ausgaben: Principes de la philosophie morale ou essai sur le mérite et la vertu, Paris 1745. Pensées philosophiques, Haag 1746 (jetzt hrsg. v. R. Niklaus [mit Bibliographie], Genève/Paris 1957; hrsg. v. J. Varloot [mit Lettres sur les aveugles], Paris 1959). Lettres sur les aveugles, London 1749 (jetzt hrsg. v. J. Varloot, Paris 1959). Pensées sur l'interprétation de la nature, London 1754. Le rêve de d'Alembert, hrsg. v. J. Varloot, Paris 1962. Mémoires, correspondances et ouvrages inédits, Paris 1830. – Œuvres complètes, hrsg. v. J. Assézat, Bd. 1–20, Paris 1875–7. Textes inédits, Genève 1951. Œuvres philosophiques, hrsg. v. P. Vernière, 2. Aufl., Paris 1961. Œuvres esthétique, hrsg. v. P. Vernière, Paris 1959. Philosophische Schriften, ausgew., übers. u. hrsg. v. Th. Lücke, 2 Bde. Berlin 1961. – Correspondance, hrsg. v. G. Roth, Bd. 1–12, Paris 1955–65.

Literatur: K. ROSENKRANZ, D.s Leben u. Werke. Bd. 1. 2, 1866. R. KASSNER, D. 1906. H. GILLOT, D. 1937. D. MORNET, D. 1941. P. MESNARD, Le cas D. Paris 1952. A. SAURO, D. Bari 1953. CH. GUYOT, D. par lui même. Paris 1953. L. G. CROCKER, The Embattled Philosopher. A Biography of D. D. East Lansing 1954. A. M. WILSON, D.: the Testing Years 1713–1759. New York 1957. J. MAYER, D., homme de science. Rennes 1959. P. CASINI, D. ‹philosophe›. Bari 1962. B. GROETHUYSEN, La pensée de D. In: La grande Revue, Bd. 82, 1913. J. LE GRAS, D. et l'encyclopédie. 1928. C. ROSSO, ‹Aufklärung› e ‹Encyclopédie›. D. e Lessing. Torino 1955. F. SCHALK, Zur Vorgeschichte der D.schen Enzyklopädie. Roman. Forsch. 70, 1958. J. Proust, D. et l'Encyclopédie. Paris 1963. J. Varloot, Sur D. et l'Encyclopédie. Pensée 1963. Y. Belaval, Le ‹philosophe› D. Critique 8, 1952. A. Vartanian, D. and Descartes. A Study of Scientific Naturalism in the Enlightenment. Princeton 1953. H. Curth, Das instrumentale Weltmodell D.s, zugleich ein Beitrag zur Problematik des modernen Wissenschaftsbegriffs. Philos. nat. 3, 1956. J. Szigeti, D. D., une grande figure du materialisme militant du 18e siècle. Budapest 1962. J. Thomas, L'humanisme de D. 1938. W. Leo, D. als Kunstphilosoph. 1918. P. Casini, D. e Shaftesbury. G. crit. Filos, ital. 39, 1960. D. G. Creighton, Man and mind in D. and Helvétius. Publ. of the Mod. Language Assoc. of America 71, 1956. J. Proust, La bibliothèque de D. Rev. Sc. hum. 1958 u. 1959. R. Niklaus, The mind of D. Filosofia 14, 1963. A. M. Wilson, The development and scope of D.'s political thought. Studies on Voltaire and the 18th Century 27, 1963. R. Mortier, D. en Allemagne (1750–1850). Paris 1955. Alice G. Fredman, D. and Sterne. New York 1955. H. Dieckmann, Stand u. Problem der D.forschung. 1931. Ders., Inventaire du fonds Vandeul et inédits de D. 1951. J. Proust, D. et le 18e siècle français en U.R.S.S. Rev. Hist. litt. France 54, 1954. Th. Lücke, Zur Geschichte der D.-forschung. Dtsch. Z. Philos. 3, 1955. Y. Belaval, Nouvelles recherches sur D. Critique 1956. P. Casini, Studi su D. Rassegna di Filosofia 7, 1958.

Weit entschiedener trat der zweite Herausgeber, die eigentliche Seele der ‹Enzyklopädie›, Denis Diderot aus sich heraus. 1713 in Langres geboren, war er zunächst zum Theologen bestimmt, ging dann aber seinen eigenen Weg und hat das äußere Leben den Erträgnissen seiner Feder anvertraut. Zugleich Dramatiker und Romanschriftsteller, war er ein vielseitiger Kopf und spiegelt in seiner persönlichen Entwicklung zugleich die der Aufklärungsphilosophie. Ausgehend von Locke und namentlich Shaftesbury, tritt er zuerst als Theist hervor, sehr bald aber, von Bayle beeinflußt, als skeptischer Deist, um dann in seinen ‹Gedanken über die Auslegung der Natur› (1754) zu einem pantheistischen oder auch atheistischen Materialismus in der Art Buffons überzugehen. Und doch läßt sich Diderots Philosophie nicht einfach etikettieren. Er glaubt vielmehr das lebendige Wesen des Universums nur durch ein ‹bewegliches Denken› (Cassirer) erfassen zu können. Die Philosophie soll sich nicht auf einen ‹einzelnen Standort› festlegen, sondern in ‹dynamischer› Bemühung den immer neuen Perspektiven des Wirklichen sich nähern. Deutlicher noch als in seinen Abhandlungen tritt diese Auslegung (Groethuysen) in dem durch viele Jahre geführten Briefwechsel mit Sophie Voland hervor, wie in den ‹Unterhaltungen zwischen d'Alembert und Diderot› und dem ‹Traum d'Alemberts›, deren Echtheit heute wohl feststeht. Diderot starb 1784 in Paris, nachdem er noch ein Jahrzehnt zuvor einer Einladung der Kaiserin Katharina nach Rußland gefolgt war.

Diderot, der in der ‹Enzyklopädie› den bewundernden Artikel über Leibniz geschrieben hatte, sieht die Mathematik nicht mehr als den Schlüssel zur Naturwissenschaft an. An Stelle der quantitativen Fixierung gewinnt die qualitative Beschreibung das Übergewicht. Der Reichtum der Gestalten soll nicht länger hinter den abstrakten Beziehungen verdeckt bleiben. Daß ihm so die Biologie wichtiger wird als die Physik, hängt sicherlich mit BUFFONS Naturgeschichte zusammen, entspricht aber doch seiner eigenen Denkweise. Der große Werdeprozeß der Natur trägt über alle beharrenden Formen hinaus und strebt zu immer neuen Entwicklungen hin. So setzt DIDEROT der passiven, unorganischen eine aktive, organische Natur entgegen. Wie der Organismus die Nahrung in Blut und Nerven umsetzt, so hat auch das anscheinend Tote am Lebendigen Anteil, und selbst der Stein ist nicht fühllos.

Auch die *Ethik* DIDEROTs spiegelt die wechselnden Aspekte seiner allgemeinen Entwicklung. Anfangs dem ‹moralischen Sinn› zugetan, setzt er ihn später aus einer unendlichen Menge kleiner Erfahrungen zusammen, deren der Mensch sich nur nicht im einzelnen bewußt wird. Aber die ursprüngliche Tugendbegeisterung wird gegen HELVÉTIUS und LAMETTRIE immer wieder verteidigt. Es gibt eine unwandelbare sittliche Natur des Menschen, die in den verderblichen politisch-sozialen Zuständen seiner Zeit durch herrschsüchtige Schurken vergewaltigt ist und die sogleich den Übeln dieser Welt wehren wird, wenn man dem Menschen die Freiheit zurückgibt. ‹Wollt ihr, daß der Mensch frei und glücklich sei, so mischt euch nicht in seine Geschäfte!›

Der von GOETHE mit Anmerkungen übersetzte ‹Essay über die Malerei› (1765) bindet die *Kunst* an die Darstellung des Wirklichen. Der ästhetische Geschmack gründet in der Erfahrung, wenn auch in einer unmittelbaren Erfahrung des Schönen. Trotz DIDEROTS besonderer Beachtung der Einbildungskraft gelangt er doch nicht zu einer eigentümlichen Beurteilungsgrundlage des Schönen, sondern bleibt haften an der Zweckmäßigkeit und Vollkommenheit der Natur. Der Bucklige erscheint ihm jedoch in seiner Art als ebenso gültig wie die mediceische Venus.

4. DIETRICH V. HOLBACH (1723–89)

Ausgaben: Système de la nature ou des lois du monde physique et du monde moral, London (d. i. Amsterdam oder Leiden) 1770. (Repr. d. Ausg. Paris 1821, hrsg. v. Y. Belaval, angek. Hildesheim; dt. Übers. v. F. G. Voigt, Berlin 1960) La politique naturelle, Bd. 1. 2, London 1773. Système social ou principes naturels de la morale et de la politique, Bd. 1–3, 1773. La morale universelle, Bd. 1–3, Amsterdam 1776. Ausgew. Texte, eingel. u. komm. v. M. Naumann, Berlin 1959. Textes choisis, hrsg. v. Paulette Charbonnel, Bd. 1: Le christianisme dévoilé – La contagion sacrée – Histoire critique de Jésus Christ, Paris 1957.

Literatur: M. P. CUSHING, Baron d'H. 1914. R. HUBERT, D'H. et ses amis. 1928. V. W. TOPAZIO, D'H.'s Moral Philosophy. Its Background and Development. Genève 1956. DERS., D'H., apostle of atheism. Modern Language Quarterly 17, 1956. J. LOUGH, Le Baron d'H. Quelques documents inédits ou peu connus. Rev. Hist. litt. France 57, 1957. G. W. PLECHANOW, Beiträge zur Geschichte des Materialismus. H., Helvétius und Marx. 2. Aufl., Berlin 1957. H. GUERLAC, Three 18th-century social philosophers (Montesquieu, Voltaire, d'H.): scientific influences on their thought. Daedalus 1958. R. MAUBLANC, L'athéisme de d'H. Pensée 77, 1958. F. CAGNETTI, Morale ‹umana› e metafisica materialistica nella filosofia di d'H. G. crit. Filos. ital. 37, 1958. E. C. LADD, Helvétius and d'H.: ‹La moralisation de la politique›. J. Hist. Ideas 23, 1962. H. RÖCK, Kritisches Verzeichnis der philos. Schr. H.s. In: Arch. f. Gesch. d. Philos. Bd. 30, 1917.

Das systematische Hauptwerk des französischen Materialismus im 18. Jahrhundert ist das ‹Système de la nature› (1770), das den Nebentitel ‹Gesetze der natürlichen und der moralischen Welt› trägt und als Verfasser den 1760 gestorbenen MIRABAUD nennt. Erst zwei Jahrzehnte später fand sich, daß als der wahre Verfasser der früh aus der Pfalz nach Frankreich ausgewanderte DIETRICH V. HOLBACH zu gelten habe. Der 1723 in Edesheim geborene HOLBACH hatte zunächst vor allem chemische Studien getrieben und auch diesbezügliche Artikel für die ‹Enzyklopädie› verfaßt. Erst unter DIDEROTS Einfluß wandte er sich der Philosophie zu, und sein Haus wurde nun bald Sammelpunkt eines Kreises von Freigeistern, von denen neben DIDEROT auch GRIMM und LAGRANGE an einigen Abschnitten seines Systems mitgearbeitet zu haben scheinen. HOLBACH wird als eine bescheidene, edle und warmherzige Natur geschildert. Er starb 1789 in Paris, wenige Monate vor dem Ausbruch der Revolution.

Die Bedeutung seines häufig als *Bibel des Materialismus* bezeichneten Buchs liegt in der systematischen Ehrlichkeit und folgerechten Energie, mit der nach deutscher Art ernst und wuchtig, aber auch lehrhaft und trocken jeder Spiritualismus und Dualismus widerlegt wird. Es existiert nichts als die ewige Materie und ihre Bewegung. Übersinnliche Wesen sind bloße Geschöpfe unserer Einbildungskraft, und die Furcht vor ihnen ist gegenstandslos. Die Natur steht unter den Gesetzen einer mechanischen Notwendigkeit, in der es nur Bewegung und keinen Stillstand gibt. Ordnung und Unordnung, Zwecke und Werte trägt erst der Mensch in die Natur hinein. Auch der Mensch steht unter den Naturgesetzen, und seine ‹Seele› ist abhängig von den Gehirnnerven. Es gibt weder Willensfreiheit noch Unsterblichkeit, und der Tod ist nur Übergang in eine andere Daseinsform.

Fast ist es ein Widerspruch, daß HOLBACH überhaupt an einer *Ethik* festgehalten hat (in der ‹Natürlichen Politik› ebenso wie in dem ‹Sozialsystem› und der ‹Allgemeinen Moral›), da doch eigentlich jede Norm der schlichten Hinnahme dessen weichen müßte, was aus der Zwangsläufigkeit blinder Gesetze folgt. Zwar ruht auch die Ethik auf psychologischem Grunde, und was in der Physik Trägheit, Anziehung und Abstoßung ist, heißt in der Moral Selbstliebe, Liebe und Haß. Aber ihr

Zweck ist doch das Glück, und sein Maßstab sind der praktische Nutzen und das ‹wohlverstandene› Interesse. Der wahre Wert menschlicher Handlungen bestimmt sich nach dem Grad ihrer *sozialen* Förderlichkeit. Denn die Liebe der Mitmenschen gehört zum wahren Glück ebenso wie das Bewußtsein, für die anderen gewirkt zu haben. Daher hat auch die Regierung ihre Gewalt nur von der Gesellschaft und ist zu deren Wohl erwählt.

Die *Religion* ist die größte Feindin der natürlichen Moral. Sie entfremdet die Menschen der Natur und trennt sie, statt sie zu einigen. Das Glück der Menschheit hängt am Atheismus. Der unüberwindliche Hang der Menschen zum Geheimnisvollen und Wunderbaren ist die Folge der priesterlichen Beeinflussung. Für das eigentliche Anliegen des Christentums fehlt ihm jedes Verständnis. Es gibt vielmehr nur *eine Wahrheit*, und diese muß *allen* verkündet werden. Der wahrscheinlich von DIDEROT stammende Schluß des ‹Systems› verherrlicht die personifizierte Natur mit ihren drei Töchtern: Tugend, Vernunft und Wahrheit, die für immer unsere einzigen Gottheiten sein sollen.

Mit der Geistlichkeit und dem Parlament stand auch die öffentliche Meinung mit ihrem Wortführer VOLTAIRE gegen das aufrührerische Buch. Selbst so freie Geister wie FRIEDRICH DER GROSSE, D'ALEMBERT und der Italiener GALIANI lehnten es ab, und GOETHE nannte es in ‹Dichtung und Wahrheit› ‹grau, cymmerisch, totenhaft›.

5. MELCHIOR GRIMM (1723–1807)

Ausgabe: Correspondance littéraire, philosophique et critique, Paris 1753–90 (neue Ausg. hrsg. v. Tourneux, Bd. 1–16, Paris 1878–82).
   Literatur: A. CAZES, G. et les encyclopédistes. 1933.

MELCHIOR GRIMM, geboren 1723 in Regensburg, hatte unter GOTTSCHED in Leipzig studiert und war 1748 als junger Mann nach Paris gegangen, wo er seit 1753 seine berühmte ‹Korrespondenz› herausgab, die 14tägig erschien und deutsche und nordische Höfe über die neuesten Ereignisse der französischen Kunst und Literatur unterrichtete. Sie war für das geistige Leben deshalb von nicht geringer Bedeutung, weil sie als Beilagen auch polizeilich verbotene Schriften von VOLTAIRE und DIDEROT bekannt machte. GRIMM, eine kühle und diplomatische Natur, kehrte bei dem Ausbruch der Revolution nach Deutschland zurück und starb 1807 in Gotha.

Ausgaben: De l'esprit, Paris 1758; neue Ausg. v. G. Besse. Paris 1959 (dt. als Diskurs über den Geist des Menschen hrsg. v. J. G. Forkert, Leipzig 1760). Le bonheur, London 1772. De l'homme, de ses facultés intellectuelles et de son éducation, Bd. 1. 2, London 1773 (dt. hrsg. v. C. H. Wichmann, Breslau 1774). Le vrai sens du Système de la nature, London 1774 (dt. hrsg. v. C. H. Wichmann, Frankfurt u. Leipzig 1783). – Œuvres complètes. Bd. 1–5, London 1780–1. Œuvres complètes, Bd. 1–14, Paris 1794. Repr. hrsg. v. Y. Belaval, angek. Hildesheim (Olms). – J. F. DE SAINT LAMBERT: Les principes des mœurs chez toutes les nations, ou Catéchisme universel, Bd. 1–3, Paris 1798. Œuvres philosophiques, Bd. 1–5, Paris 1801. – C. F. DE CHASSEBOEUF, COMTE DE VOLNEY: Les ruines, Paris 1791. La loi naturelle . . . ou catéchisme du citoyen français, Paris 1793. Œuvres complètes, Bd. 1–8, Paris 1820–6.

Literatur: J. R. HOROWITZ, C. H. 1954. I. CUMMING, H. London 1955. EDITH ZENKER, Der Sensualismus und Utilitarismus des H. Dtsch. Z. Philos. 4, 1956. D. G. CREIGHTON, Man und mind in Diderot and H. Publ. of the Mod. Language Assoc, of America 71, 1956. G. W. PLECHANOW, Beiträge zur Geschichte des Materialismus. Holbach, H. und Marx. 2. Aufl., Berlin 1957. CH. N. MOMDZJAN, H., Ein streitbarer Atheist des 18. Jahrhunderts. Dt. Übers. v. O. Finger u. H. Schulze, Berlin 1959. G. BESSE, Un maître du rationalisme français au 18e siècle: H. Cahiers rationalistes 181, 1959. E. C. LADD, H. and d'Holbach: ‹La moralisation de la politique›. J. Hist. Ideas 23, 1962.

Neben JEAN MESLIER (1664–1730), dessen erst 1864 vollständig herausgegebenes, aber schon VOLTAIRE und HOLBACH bekanntes ‹Testament› einen folgerechten und philosophisch tiefer begründeten Materialismus enthielt, vertrat der Pariser CLAUDE ADRIEN HELVÉTIUS eine der wissenschaftlichen Schärfe entbehrende, aber wirksame Spielart der materialistischen Zeitphilosophie. Sein Hauptwerk ‹Über den Geist› (1758) wurde von der Regierung verbrannt, und HELVÉTIUS suchte bei FRIEDRICH DEM GROSSEN Zuflucht. Obwohl das Buch weder DIDEROTS noch ROUSSEAUS Beifall fand, erlebte es viele Auflagen. Posthum erschien neben einer Skizze des HOLBACHSchen Systems noch ein Werk ‹Über den Menschen›, das als Weiterführung der Hauptschrift anzusehen ist.

Die selbständige Bedeutung des HELVÉTIUS beruht auf der Ausbildung einer materialistischen Sittenlehre auf der Grundlage des Prinzips der *Selbstliebe.* Gut und böse sind relative Begriffe, und der Egoismus ist die Norm alles Tuns. Da die Erziehung auf der Gesamtheit der auf den Menschen wirkenden Einflüsse beruht, gewinnt die gesetzliche Regelung der öffentlichen Verhältnisse entscheidende Bedeutung. Da nur Interesse und Leidenschaft die Seele erregen und befruchten können, muß die Gesetzgebung sie auf das öffentliche Wohl zu richten suchen. Neben den natürlichen Gesetzen des Egoismus und dieser staatlich gelenkten Sittlichkeit sind religiöse Gebote überflüssig oder gar schädlich. Die wahre Religion ist mit der wahren Moral identisch.

Zwei Schüler des HELVÉTIUS, SAINT LAMBERT (1716–1803) und der Graf v. VOLNEY (1757–1820), gehören schon zu den Theoretikern der Französischen Revolution. Beide suchen das Prinzip der Selbstliebe weiter auszubauen und kennen nur konventionelle Verhaltensweisen und Reaktionen und keine echten sittlichen Werte. Sie rechtfertigen die Revolution als einen entscheidenden Schritt zur Herrschaft einer sensualistisch verstandenen Vernunft.

IV. JEAN-JACQUES ROUSSEAU (1712–78)

Ausgaben: Discours sur les sciences et les arts, Paris 1750. Discours sur l'origine et les fondements de l'inégalité parmi les hommes, Amsterdam 1755. (Neue Ausg. v. L. Lecercle, Paris 1954; dt. Übers. v. P. Goldammer, Berlin 1955. Beide Discours, frnz./dt. hrsg. v. K. Weigand, Philos. Bibl. Hamburg 1955). Julie ou la nouvelle Héloise, Bd. 1–6, Amsterdam 1761 (dt. zuerst 1761 u. seitdem oft). Emile ou de l'éducation, Bd. 1–4, Amsterdam 1762. Neue Ausg. v. F. und P. Richard, mit Bibliographie, Paris 1961; (viele dt. Ausg., z. B. v. J. H. Campe, Bd. 1–4, Wien 1789–91) neue Übers. v. J. Esterhues, Paderborn 1961; v. Eleonore Sckommodau, Stuttgart 1963. Du contrat social, ou principes du droit politique, Amsterdam 1762. Neue Ausgg. v. J. Traynier, Paris 1953; von B. de Jouvenel, Paris 1955; von J.-L. Lecercle, Paris 1956; von H. Guillemin, Paris 1963. (1. dt. Ausg. Marburg 1763; neue dt. Übers. v. Fr. Roepke, Rudolstadt 1953). Les confessions, suivies des rêveries du promeneur solitaire, Bd. 1. 2, Genf 1782 (Neue Ausgg. v. F. van Tieghem, Paris 1956; v. F. Bouvet, Paris 1962; von J.-L. Lecercle, Paris 1962. Schon 1782 dt. Ausg. in Riga und Berlin; neue dt. Übers. v. E. Hardt, Wiesbaden 1956; v. A. Semerau, Frankfurt 1961). – Œuvres complètes, Bd. 1–30, Genf 1782. Weiter viele Ausgg. bis zur krit. Ausg. Paris 1925 ff. Neue krit. Gesamtausgabe v. B. Gagnebin/M. Raymond, Paris 1959 ff. Unter den Werkauswahlen sei nur verwiesen auf: R.s Kulturideale, hrsg. v. E. Spranger, Jena 1908. Correspondance générale, Bd. 1–20, Paris 1924–34. Vgl. schließlich R.s Beitrag zur Encyclopédie: De l'économie politique (1755).

Literatur: J. MORLEY, R. Bd. 1. 2, 1873. H. HÖFFDING, R. u. s. Philosophie. 1897. P. HENSEL, R. 1907. P. SAKMANN, J. J. R. 1913. B. BOUVIER, J. J. R. 1912. F. KÖHLER, R. 1922. A. SCHINZ, Vie et œuvres de J. J. R. 1921. DERS., La pensée de J. J. R. 1929. C. W. HENDEL, J. J. R. moralist. Bd. 1. 2, 1934. B. BRUNELLO, G. G. R. 1936. R. LABROUSSE, R. y su tiempo. 1945. R. DERATHÉ, Le rationalisme de J. J. R. 1948. A. SALONI, R. 1949. P. BURGELIN, La philosophie de l'existence de J. J. R. 1952. – P. ATENE, R. La vita e le opere. Genova 1954. F. CH. GREEN, J. J. R. A Critical Study of his Life and Writings. London 1955. M. NEMO, L'homme nouveau: J. J. R. Paris 1957. W. RITZEL, J. J. R. Stuttgart 1959. S. BAUD-BOVY, J. J. R. Neuchâtel 1962. A. CRESSON, J. J. R., Sa vie, son œuvre avec un exposé de sa philosophie. Paris 1962. M. RAYMOND, J. J. R. Paris 1962. C. GAD, R. Dt. Übers. v. V. Schmitz, Stuttgart 1963. J. H. BROOME, R., A Study of His Thought. New York 1963. J. FABRE, J. J. R. et son œuvre.

Paris 1964. J. HASHAGEN, Zur Deutung R.s. In: Hist. Zs. Bd. 158. E. CASSIRER, Das Problem J. J. R. In: Arch. f. Gesch. d. Philos., 1932. W. ZIEGENFUSS, J. J. R. Eine soziologische Studie. Erlangen 1952. A. BRUNO, Illuminismo e romanticismo in R. Bari 1953. G. DI NALOLI, Il pensiero di R. Brescia 1953. R. MONDOLFO, R. e la coscienza moderna. Firenze 1954. G. LAPASSADE, L'œuvre de J. J. R. Structure et unité. Rev. Méta. Morale 61, 1956. H. RÖHRS, J. J. R., Vision und Wirklichkeit. Heidelberg 1957. J. STAROBINSKI, J. J. R. La transparence et l'obstacle. Paris 1958. W. RITZEL, R.s Selbstverständnis in den ‹Confessions›. Wilhelmshaven 1958. P. BURGELIN, L'unité de l'œuvre de R. Rev. Méta. Morale 65, 1960. J. STAROBINSKI, J. J. R. et les pouvoirs de l'imaginaire. Rev. int. Philos. 14, 1960. G. A. ROGGERONE, Le idee di J. J. R. Milano 1961. G. GRIMSLEY, J. J. R. A Study in Selfawareness. Cardiff 1961. M. EIGELDINGER, J. J. R. et la réalité de l'imaginaire. Neuchâtel 1962. F. JOST, R. suisse. Etude sur sa personnalité et sa pensée. 2 Bde., Fribourg 1962. ILSE DAHMER, Das Phänomen R. Weinheim 1962. A. TESTA, Meditazioni su R. Bologna 1963. – F. HAYMANN, R.s Sozialphilosophie. 1898. E. REICHE, R. u. das Naturrecht. 1935. F. PAHLMANN, Mensch u. Staat bei R. 1939. K. D. ERDMANN, Das Verhältnis von Staat u. Religion nach der Sozialphilosophie R.s. 1935. P. H. MEYER, The individual and society in R.'s Emile. Modern Lang. Quart. 19, 1958. M. RANG, R.s Lehre vom Menschen. Göttingen 1959. I. FETSCHER, R.s politische Philosophie. Neuwied 1960. B. BRUNELLO, R. filosofo della politica. Bologna 1961. B. WEISSEL, Von wem die Gewalt in den Staaten herrührt. Berlin 1963. S. COTTA, Philosophie et politique dans l'œuvre de R. Arch. Rechts- u. Sozialphilos. 49, 1963. N. PETRUZZELLIS, Il pensiero politico e pedagogico di J. J. R. 2. Aufl. Bari 1958. J. CHÂTEAU, J. J. R., sa philosophie de l'éducation. Paris 1962. W. BOYD, The Educational Theory of J. J. R. New York 1963. – P. M. MASSON, La religion de J. J. R. Bd. 1–3, 1916. D. PARODI, La philosophie religieuse de R. In: Du positivisme à l'idéalisme, 1930. J. F. THOMAS, Le pélagianisme de J. J. R. Paris 1956. F. GLUM, J. J. R.: Religion und Staat. Grundlegung einer demokratischen Staatslehre. Stuttgart 1956. – E. HIRSCH, R.s Geschichtsphilosophie. In: Festgabe f. Binder, 1930. P. MEINHOLD, R.s Geschichtsphilosophie. 1936. R. FESTER, R. u. die dt. Geschichtsphilosophie. 1890. M. HELLWEG, Der Begriff des Gewissens bei R. 1936. J.-J. CHEVALLIER, J. J. R. ou l'absolutisme de la volonté générale. Revue française de science politique 3, 1953. A. DEREGIBUS, Il problema morale in R. e la validità dell'interpretazione kantiana. Torino 1957. G. BRETONNEAU, Valeurs humaines de J. J. R. Paris 1961. – O. VOSSLER, Der Nationalgedanke von R. bis Ranke. 1937. DERS., R.s Freiheitslehre. Göttingen 1963. J. W. CHAPMAN, R. – Totalitarian or Liberal? New York 1956. A. COBBAN, R. and the Modern State. Hamden 1961. M. IMBODEN, R. und die Demokratie. Tübingen 1963. – W. FRÄSSDORF, Die psychologischen Anschauungen J. J. R.s. 1929. E. DURKHEIM, Montesquieu et R., précurseurs de la sociologie. Paris 1953. H. BARTH, Über die Idee der Selbstentfremdung des Menschen bei R. Z. philos. Forsch. 13, 1959. G. POULET, Expansion et concentration chez R. Temps mod. 16, 1961. – R. DERATHÉ, Montesquieu et J. J. R. Rev. intern. Philos. 9, 1955. J. VOISINE, J. J. R. en Angleterre à l'époque romantique. Paris 1956. G. DELLA VOLPE, R. e Marx e altre saggi di critica materialistica. Roma 1957. P. GROSCLAUDE, J. J. R. et Malesherbes. Documents inédits. Paris 1960. G. ENDORE, The Heart and the Mind. The Story of R. and Voltaire. London 1962. – K. REICH, R. u. Kant. 1936. J.

Sénelier, Bibliographie générale des œuvres de J. J. R. 1950. Silvia Rota Ghibaudi, La fortuna di R. in Italia (1750–1815). Torino 1961.

Es könnte fraglich sein, ob Rousseau in die Zusammenhänge der Aufklärungsphilosophie eingereiht werden kann und nicht vielmehr zur Gegenbewegung gegen diese Grundbewegung des neueren Denkens gezählt werden muß. Aber obwohl Rousseaus Gefühlsphilosophie zu dem deutschen Sturm und Drang in einer gewissen Parallele steht und obwohl er gegen die Bildungsgewißheit des 18. Jahrhunderts auf den Naturstand zurückweist, ist er doch als der eigentliche Lehrer der Französischen Revolution aus der französischen Aufklärungsphilosophie nicht wegzudenken, so einzigartig seine Stellung in ihr auch sein mag.

1. PERSÖNLICHKEIT UND SCHRIFTSTELLERISCHE ENTWICKLUNG

Jean-Jacques Rousseau wurde am 28. Juni 1712 in Genf als Sohn eines Uhrmachers geboren. Er geriet ohne rechte Erziehung in mancherlei Abenteuer, trat vom reformierten zum katholischen Glauben über und fand immer wieder eine Zuflucht bei der Baronin von Warens, auf deren Landgut Les Charmettes er die glücklichste Zeit seines Lebens verbrachte. Aber auch dies zugleich mütterliche und schwärmerische Verhältnis fand 1741 ein Ende, und Rousseau siedelte jetzt nach Paris über, wo er dem Kreis der Enzyklopädisten nahetrat und sich an das einfache Schenkmädchen Thérèse Levasseur band, das er nach 20 Jahren auch heiratete. 1750 erscheint als erste Schrift von Rang die ‹Abhandlung über Wissenschaften und Künste›, die Antwort auf eine Preisfrage der Dijoner Akademie nach dem Beitrag der Erneuerung der Wissenschaften und Künste für die Veredlung der Sitten. Er sah plötzlich gegenüber der Welt des Verstandes, der Äußerlichkeit, der Konvention eine andere Welt, in der das *Gefühl*, die Innerlichkeit, die Persönlichkeit, die *Natur* den Vorzug hatten.

Eine zweite von derselben Akademie fünf Jahre später gestellte Preisaufgabe: ‹Welches ist der Ursprung der Ungleichheit unter den Menschen, und ist sie durch das Naturgesetz gerechtfertigt?› reizte Rousseau aufs neue zur Bearbeitung. Hatte er zuvor der falschen Bildung den Krieg erklärt, so stellt er jetzt den bestehenden gesellschaftlichen Verhältnissen, die nur Herren und Knechte kennen, die Idee eines ursprünglich *guten Naturzustandes* gegenüber. Rousseau will diesen zwar nicht als geschichtliches Faktum hinstellen, vielmehr ‹alle Tatsachen beiseite lassen›, aber er will ihn als Richtmaß wählen. ‹Der erste, der ein Stück Land einzäunte, dann zu sagen sich anmaßte: ‚Das gehört mir!' und Leute fand, die einfältig genug waren, es zu glauben, wurde der wahre

Begründer der bürgerlichen Gesellschaft.› Die *Ungleichheit* entspringt der Entstehung des Eigentums, das sich alsbald mit Gesetz und Recht umgibt (Arme und Reiche), mit Obrigkeit (Starke und Schwache) und mit Willkür und Gewaltherrschaft (Herren und Diener). Es gilt jetzt, wieder von vorn anzufangen und eine möglichst natürliche Gestaltung des menschlichen Lebens durch Erziehung und Staatseinrichtungen zu erreichen.

Inzwischen war ROUSSEAU bei einem Besuch in Genf wieder zum Calvinismus zurückgetreten. Er schrieb in dieser Zeit einen Artikel für die Enzyklopädie über die ‹politische Ökonomie›, der ein wichtiges Glied in der Kette seiner staatsphilosophischen Untersuchungen ist. 1756 vertauschte er dann sein etwas mühsames Pariser Dasein mit jener Eremitage im Walde von Montmorency, die durch ihn geweiht wurde. Aber auch da gab es Zerwürfnisse. Der Bruch mit seiner Gastgeberin und den Pariser Freunden ist für ihn der tragische Wendepunkt. Er fand zwar eine Zuflucht auf dem nahen Schloß des Marschalls von Luxemburg und konnte hier die großen Werke dieser Zeit vollenden, die schon in der Eremitage begonnene ‹Julie oder Die neue Heloise› (1761) und dann 1762 die beiden philosophischen Hauptschriften, den ‹Emil oder Über die Erziehung› und den ‹Sozialvertrag›. Während die beiden Preisabhandlungen die bestehenden Zustände kritisch verneinen, stellt der *‹Emile›* die rechte Bildung und Religion und der *‹Contrat social›* das Bild des rechten Staates dar.

Aber nach dem Erscheinen dieser Schriften mußte ROUSSEAU aus Frankreich fliehen. Er wurde auch in England, seiner letzten Station, nicht heimisch, kehrte wieder nach Frankreich zurück und beschloß 1778 sein ruheloses Leben zu Ermenonville, nachdem er seine ‹Konfessionen› noch hatte beenden können.

2. ERZIEHUNGS- UND RELIGIONSLEHRE

Der ‹*Emile*›, in seiner äußeren Form halb Lehrbuch, halb Roman, enthält ROUSSEAUS Erziehungsgrundsätze und seine religiöse Lehre. Der *Mensch* ist von Natur gut. In der Abwehr der Erbsündenlehre findet ROUSSEAU sich mit der gesamten Aufklärung zusammen. Es gilt, der natürlichen Entwicklung freie Bahn zu lassen und den aus der Hand des Schöpfers rein hervorgegangenen Menschen gegen die Degeneration durch Kultur und Geschichte zu schützen. Es gilt, den *homme naturel* gegen den *homme artificiel* zu verteidigen und an die Stelle von Autoritäts- und Aufklärungszwang die natürliche Entfaltung zu setzen.

Gleichwohl ist für ROUSSEAU der Kern echter Bildung echte *Religion*. Daher enthält die pädagogische Hauptschrift zugleich sein religiöses Bekenntnis, das berühmte ‹Glaubensbekenntnis eines savoyischen Vikars›, das das 4. Buch des ‹Emile› füllt. Es ist bezeichnend, daß es auf einem Berge im Angesicht der Alpenwelt verkündet wird. Die Religion gründet sich auf das unverdorbene natürliche Gefühl des Menschen. Die stumme Bewunderung des Alls und die innigste Entfaltung des Lebens- und Hingebungsdranges sind Erfüllung der Religion. Sie ist etwas von der Erkenntnis Grundverschiedenes: ‹Ich sehe Gott in seinen Werken, fühle ihn in mir und über mir, aber ich kann das Geheimnis seines Wesens nicht erkennen.› Und doch will Rousseau die *Vernunftmäßigkeit* der Religion gegen die Materialisten beweisen. Er weist die Zusammenstellung des Menschen mit den Tieren ab, er verteidigt die Freiheit des Willens, die Geistigkeit und die um der Gerechtigkeit willen geforderte Unsterblichkeit der Seele. Bewegung, Zusammenhang, Seelenleben sind Zeugnisse eines schaffenden Willens. Mag auch die Empfindung passiv sein und die Wahrnehmung allein aus den Sinnen entspringen, so kann doch das Vergleichen und Urteilen nur aus uns selbst stammen. Es gibt *zwei* Prinzipien: Materie und Geist (oder auch Gott). Das ist der karge Inbegriff dessen, was sich bei Rousseau an allgemeinphilosophischen und erkenntnistheoretischen Betrachtungen aufzeigen läßt. Der letzte Maßstab bleibt für ihn aber immer das *Gefühl*.

3. Staatslehre und Sozialphilosophie

Auch die Staatslehre wird von Rousseau auf das Gefühl gegründet, das den ‹natürlichen› Menschen beseelt und ihm *Freiheit* und *Gleichheit* zumutet. Schon 1743/44 hatte er ein großes Werk über die ‹politischen Institutionen› geplant, von dem aber nur einzelne Stücke erschienen sind. Deren wichtigstes ist der ‹Contrat social› von 1762. In Ergänzung zum 2. Diskurs und zu dem Enzyklopädieartikel, in dem eine mehr ethische Auffassung vorherrscht, wird hier die Entstehung des Staates aus einem wiederum als ideale Norm gemeinten *Gesellschaftsvertrag* dargelegt. Man muß wissen, was sein *soll*, um richtig beurteilen zu können, was *ist*. Durch diesen Vertrag verzichtet der einzelne freiwillig auf seine Freiheit zugunsten der Gesamtheit, deren Glied er ist. Diese Gesamtheit wird aber jetzt als demokratische Republik interpretiert. Die auch von Rousseau begünstigte Trennung der Gewalten findet sich überboten durch die Lehre von der *Volkssouveränität*. Einziger und unumschränkter Souverän ist das Volksganze, für das es kein anderes Gesetz gibt als den Gemeinwillen (*volonté générale*), den Kernbegriff dieser Sozialphilosophie. Der Gemeinwille fällt nicht zusammen mit der Summe der ihr eigenes Interesse verfolgenden Einzelwillen (*volonté de tous*); denn er ist seiner Natur nach auf das Wohl des Ganzen gerichtet. Freiheit und Gesetz bedingen sich wechselseitig. Nur wenn der einzelne das Gesetz als göttliche Schenkung annimmt, vermag seine Freiheit zu bestehen. Nur die Preisgabe an das Ganze kann das Individuum retten.

In der *Praxis* freilich hält ROUSSEAU die reine Demokratie für ein nur annäherungsweise durchführbares Ideal, für dessen Erprobung am ehesten kleine Staaten wie das heimatliche Genf in Frage kommen. Das größere Land fordert auch eine stärkere Zentralgewalt. Für sehr große Staatsgebilde empfiehlt sich die Konföderation, wie sie bald nachher von den Vereinigten Freistaaten Nordamerikas aufgerichtet wurde. Während es nur eine einzige *Staatsform* (eben die der Volkssouveränität) gibt, können die Formen der *Regierung* wechseln. Die ausübende Gewalt kann nur in den Händen einer Art Wahlaristokratie liegen, aber sie muß als bloß übertragene Gewalt durch den direkt geäußerten Volkswillen kontrolliert werden.

V. NACHWIRKUNGEN ROUSSEAUS

Anfangs schien ROUSSEAU nicht durchzudringen. Von den herrschenden Gewalten in Staat und Kirche wurde er angegriffen und verfolgt, von den Enzyklopädisten dagegen als Abtrünniger betrachtet. VOLTAIRE hat ihn als einen Erznarren bezeichnet, DIDEROT ihn den ‹großen Sophisten› genannt. Aber bald wirkte er unmittelbarer und gewaltiger als seine Gegner. Es war weniger das, *was* er sagte – man hat mit Recht darauf hingewiesen, daß seine Erziehungslehre manches von LOCKE, seine Staatslehre vieles von ALTHAUS, HOBBES, SIDNEY, PUFENDORF entlehnt hat –, als *wie* er es sagte, was die Gemüter hinriß: die Glut seines Gefühls, die leidenschaftliche Beredsamkeit seines Herzens. Sein ungestümes Drängen nach *Natürlichkeit* hat auf den mannigfachsten Gebieten – Erziehung, Religion, Staat, Kunst – die stärksten Bewegungen ausgelöst, auf unklare Gemüter gewiß auch verderblich gewirkt. Der deutsche Sturm und Drang steht unter seinem Einfluß, und selbst KANT vermochte sich ihm nicht zu entziehen. Die Geschichtsphilosophie HERDERS und FICHTES ist ohne ROUSSEAU kaum denkbar. PESTALOZZI und BASEDOW, das ganze neue Erziehungswesen lassen seine Einwirkung spüren. Vor allem aber ist ROUSSEAU, wiewohl er persönlich sich gegen jeden gewaltsamen Umsturz ausgesprochen hatte, zum Philosophen der Französischen Revolution geworden. Ihre Schlagworte *liberté, égalité, fraternité* sind ROUSSEAUschen Gepräges, die Verfassung von 1793, welche die konstitutionellen Ideen von 1791 überwand, ist von ROBESPIERRE und SAINT-JUST nach dem Muster des ‹*Contrat social*› entworfen. – Hier gilt es nur noch einen kurzen Blick auf die unmittelbar von ROUSSEAU beeinflußten französischen Philosophen der zweiten Jahrhunderthälfte zu tun.

1. Die Physiokraten

Ausgaben: François Quesnay: Tableau économique, Versailles 1758. (Frnz./ dt. hrsg. v. M. Kuczynski, Berlin 1965.) La physiocratie, Bd. 1. 2, Leiden u. Paris 1767–8. (F. Q. et la physiocratie. Textes choisis, mit Einl., Biogr. u. Bibliogr. 2 Bde., Paris 1958.) Œuvres économiques et philosophiques, hrsg. v. A. Oncken, Frankfurt u. Paris 1888. (Repr. Aalen 1965.) R. J. Turgot: Réflexions sur la formation et la distribution des richesses, Paris 1784. Œuvres complètes, hrsg. v. G. Schelle, Bd. 1–5, Paris 1913–23.

Literatur: W. Hasbach, Die allg. philos. Grundlagen der von F. Q. u. Adam Smith begründeten polit. Ökonomie. 1890. In: Staats- u. sozialwiss. Forschungen, Bd. 43. L. Say, T. 1887. G. Schelle, T. 1909. C. J. Gignoux, T. 1946. D. Fiorot, Sul pensiero filosofico e politico di R. J. T. Nuova Riv. storica 36, 1952. Vgl. auch W. Dilthey, Ges. Schr. Bd. 3, S. 235 ff.

Weniger von Rousseau angeregt als von einer verwandten Grundstimmung erfüllt waren die sogenannten Physiokraten, die vor allem auf nationalökonomischem Gebiet gegenüber dem ausgelebten und künstlichen Merkantilsystem die ‹Herrschaft der Natur› vertraten. Sie fordern für den Handel volles Gehenlassen (*laissez aller, laissez passer*), dagegen ausgedehnte staatliche Fürsorge für die Landwirtschaft, da die Erzeugnisse des heimischen Bodens die Quellen alles nationalen Reichtums sind. Ihre Häupter, Quesnay und Turgot, versuchten die Lehre auch philosophisch zu begründen. François Quesnay (1694–1774) tritt für das unbeschränkte Recht des einzelnen auf Besitz und Erwerb ein, weil er darin die natürliche Ordnung der Gesellschaft gegründet sieht. Alle positive Ordnung empfängt ihr Maß von der Nähe oder Ferne, in der sie sich zu diesem ursprünglichen gesellschaftlichen Zustand befindet. Robert Jacques Turgot (1727–81), der in seinen späteren Jahren auch eine kurze Zeit Minister war, setzte in einer frühen Abhandlung die Stufen des geschichtlichen Fortschritts (wie sie später Comte von ihm entlehnt hat) in Analogie zu den Ergebnissen einer ‹politischen Geographie›. Dieselben Unterschiede, welche die lebende Menschheit zwischen den Naturvölkern, den Muselmanen und den naturwissenschaftlich gebildeten Kreisen Frankreichs aufweisen kann, stellen zugleich die geschichtlichen Stufen dar, die den Weg der Kulturvölker zu ihrer Reife bezeichnen. Insbesondere muß ein theologisches und metaphysisches Stadium vorangegangen sein, ehe es zu jenem erfahrungswissenschaftlichen Stadium kommen kann, wie es in der französischen Aufklärung klassisch sich ausprägte.

2. CONDORCET (1743–94)

Ausgaben: Esquisse d'un tableau historique des progrès de l'esprit humain, Paris 1794 (dt. hrsg. v. Posselt, 1796. Frnz./dt. hrsg. v. W. Alff, Frankfurt 1963) – Œuvres, hrsg. v. A. Condorcet u. a., Bd. 1–12, Paris 1847–9. Correspondance inédite de C. et de Turgot, hrsg. v. C. Henry, Paris 1883.

Literatur: J. K. NIEDLICH, C.s ‹Esquisse . . .› u. s. Stellung in der Geschichtsphilosophie. 1907. E. MADLUNG, Die kulturphilos. Leistung C.s. 1912. P. NATORP, C.s Ideen zur Nationalerziehung. In: Ges. Abh. z. Sozialpädagogik. 1907. F. BUISSON, C. 1929. J. G. FRAZER, C. on the Progress of the Human Mind. 1933. G.-G. GRANGER, Langue universelle et formalisation des sciences. Un fragment inédit de C. Rev. Hist. Sc. Appl. 7, 1954. DERS., La mathématique sociale du Marquis de C. Paris 1956. M. GHIO, C. Filosofia 6, 1955. A. CENTO, C. e l'idea di progresso. Firenze 1956. JANINE BOUISSOUNOUSE, C., le philosophe dans la révolution. Paris 1962.

MARIE ANTOINE MARQUIS DE CONDORCET war zunächst als Mathematiker hervorgetreten, stand in enger Verbindung mit CONDILLAC und TURGOT, wurde früh Sekretär der Pariser Akademie und schließlich unter ROUSSEAUS Einfluß ein leidenschaftlicher Vorkämpfer der Französischen Revolution, mit der er das Zeitalter der Vernunftherrschaft anbrechen sah. Als Girondist von den Jakobinern verfolgt, schrieb er in seinem Versteck in den letzten neun Monaten vor seinem Tode die glänzende ‹Skizze eines historischen Gemäldes der Fortschritte des menschlichen Geistes› (1794). Der Mensch, von Natur gut, ist unendlicher Vervollkommnung fähig. Die Moral hat die Aufgabe, ihn über seine wahren Interessen aufzuklären, ihm das wahre Glück zu zeigen, das in dem Waltenlassen seiner Vernunft liegt. Das höchste Gut besteht aber in dem sittlichen Fortschritt des ganzen Menschengeschlechts. Die natürlichen Ungleichheiten von Talent und Besitz können durch angemessene Gesetze und Einrichtungen, vor allem durch eine gründliche *Reform der Erziehung* und Beseitigung aller Klassenunterschiede im Bildungswesen, allmählich verringert werden. Die Entwicklung der einzelnen gehorcht denselben Gesetzen wie die Entwicklung der Gesellschaft, innerhalb welcher er neun Perioden unterscheidet, während die zehnte noch in der Zukunft liegt, sich aber eben als die Epoche der zur Herrschaft gelangten Vernunft exakt vorausberechnen läßt.

3. ANFÄNGE DES THEORETISCHEN SOZIALISMUS

Ausgaben: MORELLY: Naufrage des îles flottantes ou la Basiliade, Bd. 1. 2, Amsterdam 1753. Le code de la nature, Bd. 1. 2, Amsterdam 1755–60. (Neue Ausg. v. P. Volguine, Paris 1953. Dt. Übers. v. E. M. Arndt, 1846, neu hrsg. v. W. Krauss, Berlin 1964). – G. B. DE MABLY: Entretiens de Phocion, sur le rapport de la morale avec la politique, Amsterdam 1763 (dt. hrsg. v. H. C. Vögelin, Zürich 1764). Doutes, proposés aux philosophes économistes sur l'ordre naturel et essentiel des sociétés politiques, Amsterdam 1768. De la législation ou principes des lois, Bd. 1. 2, Amsterdam 1776. De la manière d'écrire l'histoire, Paris 1789. Œuvres, Bd. 1–15, Paris 1794–5. (Repr. angek. Aalen, Scientia)

Literatur: A. LICHTENBERGER, Le socialisme au 18. siècle. 1895. H. GIRSBERGER, Der utopische Sozialismus des 18. Jhs. in Frankreich. In: Zürcher volkswirtsch. Forsch. Bd. 1, 1924. A. REVERDY, Morelly. 1909. P. BARBI, M. e il ‹Codice della natura›. Riv. Filos. neoscol. 47, 1955. J. DAUTRY, Réflexions sur M. et le ‹Code de la nature›. Pensée 1956. R. N. C. COE, A la recherche de M. Etude bibliographique et biographique. Rev. Hist. litt. France 57, 1957. G. MÜLLER, Die Gesellschafts- u. Staatslehren des Abbé Mably. 1932. R. GAMBINO, Il garantismo del Mably come prima costituzione teòrica dello Stato parlamentare. Sapienza 14, 1961. J.-L. LECERCLE, Utopie et réalisme. Politique chez Mably. Studies on Voltaire and the 18th Century 26, 1963.

Andere sehen das Heil in einer Umwandlung der gesamten Wirtschaftsordnung. Die politische Gleichheit, die ROUSSEAU fordert, scheint ihnen nicht möglich ohne die *wirtschaftliche*. In die Zeit ROUSSEAUS fallen zugleich die Anfänge des theoretischen Sozialismus in Frankreich. Sie sind zwar nicht unmittelbar von ROUSSEAU beeinflußt, aber aus einer verwandten Geisteshaltung erwachsen.

1755 erschien anonym das ‹Gesetzbuch der Natur› oder – offenbar im Anklang an MONTESQUIEU – ‹Der wahre Geist ihrer Gesetze›. Lange Zeit hielt man DIDEROT für den Verfasser des erregenden Buches, das den *Kommunismus* philosophisch zu begründen wagte. Der wirkliche Autor war ein Abbé MORELLY, der schon zwei Jahre zuvor einen utopischen Staatsroman ‹Die Basiliade› veröffentlicht hatte. Das Diskutieren über die beste Staatsform ist vergeblich, wenn man das Privateigentum und die in ihm begründete Habsucht nicht als die Wurzel aller Laster erkennt. MORELLYS von LOCKE und PLATON beeinflußter Idealstaat will daher keinem mehr als die Dinge des täglichen Bedarfs zu eigen belassen. Jeder Bürger soll je nach Alter, Kräften und Gaben zum gemeinsamen Nutzen beitragen und auf Kosten der Gemeinschaft unterhalten und beschäftigt werden. Der Warenaustausch soll durch Verteilung aus öffentlichen Magazinen geregelt werden. Von der Kindheit abgesehen soll die Erziehung öffentlich und gemeinsam sein. Auch die wissenschaftlichen Berufe sollen vom 20. bis 25. Jahr für die Landwirtschaft eingesetzt werden. Eine staatlich anerkannte Moral und Metaphysik sorgt für die Aufrechterhaltung der von Gott eingesetzten natürlichen Ordnung. Wer gegen diese Ordnung verstößt, soll in eine Höhle gesperrt und aus dem Verzeichnis der Bürger ausgelöscht werden.

Etwas weniger weit geht der von MORELLY angeregte GABRIEL BONNET DE MABLY (1709–85), ein Stiefbruder CONDILLACS, in seiner Abhandlung

‹Von der Gesetzgebung› (1776). Auch er sah unter dem Eindruck Rous-
SEAUS im alten Sparta sein Ideal. Die wahren Tugenden beruhen auf
der von Natur und Vernunft gewollten *Gleichheit* der Menschen. Er
lehnte zwar eine vollkommene Gütergemeinschaft ab, wollte aber durch
Aufhebung des Erbrechts, Gleichstellung der Stände und Verbot des
Aufwands und durch eine streng moralische Erziehung die bestehenden
Übel eindämmen. In einem früheren Werk hatte er übrigens schon die
Nationalisierung von Grund und Boden gefordert.

DRITTER ABSCHNITT:
DIE DEUTSCHE AUFKLÄRUNG

Literatur: M. Wundt, Die deutsche Philosophie im Zeitalter der Aufklärung. In: Zs. f. dt. Kulturphilos. Bd. 2. W. Dilthey, Studien z. Geschichte des deutschen Geistes = Ges. Schr. Bd. 3, 1927. C. v. Brockdorff, Die deutsche Aufklärungsphilosophie. 1926. M. Wundt, Die deutsche Schulphilosophie im Zeitalter der Aufklärung. 1945. H. M. Wolff, Die Weltanschauung der deutschen Aufklärung. 1949. E. Ermatinger, Deutsche Kultur im Zeitalter der Aufklärung. 1935. F. J. Schneider, Die deutsche Dichtung der Aufklärungszeit. 2. A., 1949. E. Fueter, Geschichte der exakten Wissenschaften in der schweizerischen Aufklärung. 1941. H. Schöffler, Deutscher Geist im 18. Jahrhundert. Essays. Göttingen 1956. Ders., Deutsches Geistesleben zwischen Reformation und Aufklärung. Von Martin Opitz zu Christian Wolff. Frankfurt 1956. W. Krauss, Studien zur deutschen und französischen Aufklärung. Berlin 1963. W. A. Mühl, Die Aufklärung an der Universität Fulda. Fulda 1961. Vgl. überhaupt die Geschichten der deutschen Universitäten und Akademien, die reichen Aufschluß geben. Lydia Leiste, Der Humanitätsgedanke in der Popularphilosophie der deutschen Aufklärung. Osterwieck 1932. A. Nivelle, Les théories esthétiques en Allemagne de Baumgarten a Kant. Paris 1955. M. Ghio, L'idea di progresso nell'illuminismo francese e tedesco. Torino 1962. J. Streisand, Geschichtliches Denken von der deutschen Frühaufklärung bis zur Klassik. Berlin 1964. F. Barone, Logica simbolica nell'Illuminismo tedesco. Filosofia 7, 1956. Ders., Logica formale nell'Illuminismo tedesco. Ebenda. H. Schüling, Bibliographie der im 17. Jahrhundert in Deutschland erschienenen logischen Schriften. Gießen 1963. – R. Haass, Die geistige Haltung der katholischen Universitäten Deutschlands im 18. Jahrhundert. Ein Beitr. zur Gesch. d. Aufkl. Freiburg 1952. W. Kühnert, Die Krisis des deutschen Protestantismus um 1700. Zeitschr. f. system. Theol. 23, 1954. O. Finger, Von der Materialität der Seele. Beitrag zur Geschichte des Materialismus und Atheismus im Deutschland der zweiten Hälfte des 18. Jahrh. Berlin 1961.

I. WOLFF UND SEINE VORLÄUFER

An der Spitze der deutschen Aufklärung steht einsam die mächtige Gestalt von Leibniz. Das ist zu bedenken, wenn zunächst seine bedeutendsten Zeitgenossen in Erinnerung gebracht werden, die dann überleiten zu seinem größten Schüler Christian Wolff. Auch diesem gegenüber ist aber zu berücksichtigen, daß ‹Leibniz' philosophisches Erbe alsbald nach seinem Tode verstreut worden war; was von ihm noch übrigblieb, lebt jetzt nur noch in vereinzelten Anregungen fort, die sich nicht mehr um einen gemeinsamen systematischen Mittelpunkt sammeln› (Cassirer).

1. JOACHIM JUNGIUS (1587-1657)

Ausgaben: Logica Hamburgensis, Hamburg 1638 (neue Ausgabe v. W. Meyer, Hamburg 1957). De principiis corporum naturalium, 1. 2, Hamburg 1642 (neu hrsg. v. A. Meyer in der Übersetzung v. E. Wohlwill, Hamburg 1928). Doxoscopiae physicae minores, Hamburg 1662.

Literatur: G. E. GUHRAUER, J. J. u. s. Zeitalter. 1850. E. WOHLWILL, J. J. u. die Erneuerung atomist. Lehren im 17. Jh. 1887. Beiträge zur J.forschung, hrsg. v. A. Meyer, 1929. Die Entfaltung der Wissenschaft. Vorträge zum Gedenken an J. J. gehalten auf der Tagung der J. J.-Gesellschaft der Wissenschaften... aus Anlaß der 300. Wiederkehr des Todestages von J. J. Hamburg 1958.

Der Lübecker JOACHIM JUNGIUS, ein Schüler SENNERTS, hat als Rektor des Hamburger Gymnasiums mehr als durch seine Schriften gewirkt. LEIBNIZ und GOETHE haben sich auf ihn berufen als auf einen frühen Zeugen echter Naturforschung. Er war durch BACON beeinflußt und sah in der ‹Natur, der Induktion und dem Experiment› (PETERSEN) die neuen Waffen, die das deutsche Denken aus der Enge der Schulphilosophie herausführen sollten. Aber JUNGIUS hatte zugleich eine Ahnung von der Bedeutung KEPLERS und GALILEIS und sah den methodischen Wert der Mathematik für die Erreichung ‹demonstrativer Gewißheit›. Auch daß er unter den Alten sich an DEMOKRIT halten wollte, zeugt für sein Bestreben, statt mit der Einbildung mit empirisch gesicherten Analysen zu arbeiten. JUNGIUS ist gewiß nicht unter die großen Vorbereiter einer naturwissenschaftlichen Denkweise einzureihen, aber es wird ihm nicht der Ruhm zu nehmen sein, daß er jenseits der Schulphilosophie den verwandelten Horizont einer neuen Zeit spürte.

2. SAMUEL PUFENDORF (1632-94)

Ausgaben: Elementa juris universalis, Haag 1660 (neu hrsg. v. W. A. Oldfather, Bd. 1. 2, Oxford 1931). Severinus de Monzambano, De statu imperii germanici, Genf 1667 (dt. hrsg. v. G. Breßlau, Berlin 1870, u. in Klassiker d. Politik, Bd. 3, 1922). De jure naturae et gentium, Lund 1672. De officio hominis et civis juxta legem naturalem, Lund 1673 (neu hrsg. v. F. G. Moore. Bd. 1. 2, Oxford 1927).

Literatur: E. WOLF, Grotius, P., Thomasius. 1927. H. WELZEL, Die Naturrechtslehre S. v. P.s. 1930. K. LARENZ, Sittlichkeit u. Recht. In: Reich u. Recht in d. dt. Philos. Bd. 1, 1943. H. WELZEL, Die Naturrechtslehre S. P.s: Ein Beitrag zur Ideengeschichte des 17. u. 18. Jahrhunderts. Berlin 1958. L. KRIEGER, History and law in the 17th century: P. J. Hist. Ideas 21, 1960.

Gleich LEIBNIZ war auch SAMUEL PUFENDORF Sachse, und gleich ihm wurde er durch ERHARD WEIGEL in Jena von ARISTOTELES weg auf die Bahn des freien Forschens gewiesen. PUFENDORF wollte im moralischen Bereich zu der gleichen deduktiven Gewißheit vordringen, wie sie die

Mathematik den Naturwissenschaften verbürgte. Seine ‹Elemente des allgemeinen Rechts› (1660) führten zur Berufung auf den ersten Heidelberger Lehrstuhl für Natur- und Völkerrecht. Hier entstand das Buch ‹Über den Status des Deutschen Reichs› (1667), das eine ‹eigenständige Lehre von der deutschen Staatsräson› (E. WOLF) entwickelte, indem es den Reichsbegriff einer Unterordnung unter die aristotelischen Verfassungsschemen entzog. 1672 folgte PUFENDORF einem Ruf nach Lund in Schweden, wo seine rechtsphilosophischen Hauptwerke erschienen, das ‹Natur- und Völkerrecht› von 1672 und die kleinere Schrift ‹Über die Pflichten des Menschen und Bürgers gemäß dem Naturrecht› von 1673. PUFENDORF wurde danach Staatshistoriograph in Stockholm und Brandenburg und starb 1694 in Berlin.

PUFENDORF folgt HOBBES zwar in der Voraussetzung eines *Naturstandes,* in dem es weder Verträge noch sonstige Gemeinschaftsordnungen gab, aber er hält im Gegensatz zu HOBBES die ‹*Geselligkeit*› *(socialitas)* für die Grundanlage des Menschen und daher den Frieden für naturgemäßer als den Krieg. Gleichwohl ist aus sittlichen Gründen der Übertritt des Menschen in einen bürgerlichen Zustand geboten, weil der natürliche Friede doch nur auf einem glücklichen Zufall beruht. Das positive Recht mit seiner Sicherung des Eigentums und der gesellschaftlichen Ordnung ist daher als Erfüllung des Naturrechts anzusehen. Die gesamte Rechtsverbindlichkeit wird in Form einer *Pflichtenlehre* entwickelt. Die Freiheit des Menschen ist eins mit der Fähigkeit, sich in Pflicht nehmen zu lassen. Es gibt natürliche und positiv-rechtliche Pflichten. Jene betreffen die Selbstachtung des Menschen und die Respektierung ‹der Menschlichkeit und der Liebe›, während bei diesen als ein äußeres Moment die Erzwingbarkeit hinzutritt. Alle Pflichten aber sollen die gesellige Grundnatur des Menschen stützen, die der von Gott gewollten Bestimmung gemäß ist. Natürliches Recht und natürliche Sittlichkeit haben daher ihren Ursprung in Gott, und zwar in dem Gott nicht der Offenbarungstheologie, sondern der *natürlichen Religion.* Das Naturrecht hat für Juden und Türken die nämliche Gültigkeit wie für Christen.

3. WALTER GRAF VON TSCHIRNHAUS (1651-1708)

Ausgaben: Medicina mentis, Amsterdam 1687. Ed. nova, Leipzig 1695. (Repr. Hildesheim 1964. Dt. Übers. u. Komm. v. J. Haussleiter, mit mathematikgeschichtl. Zusätzen v. H. Oettel u. einer biogr. Einf. v. R. Zaunick, Leipzig 1963.)
Literatur: J. VERWEYEN, T. als Philosoph. 1905. R. KLÜGER, Die pädagogischen Ansichten des Philosophen T. 1913. E. WINTER (Hrsg.), E. W. v. T. und die Frühaufklärung in Mittel- und Osteuropa. Berlin 1960.

Der Cartesianer TSCHIRNHAUS, der gemeinsame Freund von HUYGHENS,

SPINOZA und LEIBNIZ, eine vornehme, wissenschaftlich-exklusive Natur, stellt dem Wort- den Sachphilosophen entgegen, wie er auch das *cogito* DESCARTES' nur als eine Tatsache der inneren Erfahrung in Anspruch nahm. Die ‹*Medicina mentis*› (1687) entwickelt daher nach geometrischer Methode eine Theorie des gesamten Erfahrungswissens, wobei sie HOBBES' und SPINOZAS Lehre von der genetischen Definition weiterbildete. Sie fordert die strenge Zuordnung von Analyse und Synthese, von Induktion und Deduktion und nutzt das Experiment als Gegenstück zur begrifflichen Ableitung.

4. CHRISTIAN THOMASIUS (1655-1728)

Ausgaben: Institutiones jurisprudentiae divinae, Frankfurt 1688. Introductio ad philosophiam aulicam, Leipzig 1688. Einleitung zu der Vernunftlehre, Halle 1691. Ausübung der Vernunftlehre, Halle 1691. (Repr. Hildesheim 1966) Einleitung der Sittenlehre, Halle 1692. (Repr. angek. Hildesheim) Ausübung der Sittenlehre, Halle 1696. (Repr. angek. Hildesheim) Versuch vom Wesen des menschlichen Geistes, Halle 1699. Fundamenta juris naturae et gentium (mit philos. Einleitung), Halle 1705. (Repr. d. Ausg. Halle 1718, Aalen 1963)
    Literatur: M. FLEISCHMANN, C. T., 1931. E. WOLF, Grotius, Pufendorf, T. 1927, u. in: Große Rechtsdenker, 1939. W. BIENERT, Der Anbruch der christlichen deutschen Neuzeit, dargest. an Wissenschaft u. Glauben des C. T. 1934. F. BATTAGLIA, C. T. filosofo e giurista. 1935. E. BLOCH, C. T. Ein deutscher Gelehrter ohne Misere. Berlin 1953/Frankfurt 1967. GERTRUD SCHUBART-FIKENTSCHER, Unbekannter T. (Thomasiana I) Weimar 1954. W. SCHNEIDERS, Das Naturrecht und die Philosophie der Liebe. Zur Entwicklung der praktischen Philosophie bei C. T. Hildesheim 1966. – R. LIEBERWIRTH, C. T. Sein wissenschaftliches Lebenswerk. Eine Bibliographie. Weimar 1955.

CHRISTIAN THOMASIUS, 1655 in Leipzig geboren, war in seinem Hauptberuf Jurist und hier entscheidend durch PUFENDORF angeregt, aber er muß zugleich als der führende Vertreter der frühen deutschen Aufklärung angesehen werden. Obwohl er dem Halleschen Pietismus nahestand und auch POIRETS Buch ‹Über die dreifältige Erziehung› herausgab, nahm er doch gegen die theologische Überfremdung der Philosophie Stellung und bekämpfte die scholastische Tradition. Als ein Feind aller Pedanterie und schulgerechten Verzopfung lehrt und schreibt er in deutscher Sprache. Er gerät dadurch in Gegensatz zu den führenden Männern der heimischen Universität, wird aber von dem brandenburgischen Kurfürsten zu Vorlesungen in Halle eingeladen und nimmt hier bestimmenden Anteil an der Begründung der Universität. Von 1694 bis zu seinem Tode 1728 hat er als juristischer Professor weit über die Grenzen seines Faches hinaus gewirkt und eine aufgeklärte *Anthropologie* begründen helfen.
    Die Breitenwirkung kann freilich den Mangel an Tiefe nur schwer

verdecken. Ein oberflächlicher Sensualismus, der weniger auf LOCKE als auf eine einseitige Auslegung des ARISTOTELES zurückgeht, tritt an die Stelle der scholastischen Distinktionen. So wollte die ‹Einleitung in die Hofphilosophie› (1688) im bewußten Anschluß an das ‹Hand-Orakel› des BALTHASAR GRACIAN (1601-58; *Oraculo manual y arte de prudentia*, Madrid 1637, das Hauptwerk dieses verspäteten Humanisten und spanischen Jesuiten, das dann von SCHOPENHAUER übersetzt und aus seinem Nachlaß herausgegeben wurde; vgl. K. BORINSKI, B. Gracian u. die Hofliteratur in Deutschland. 1894) zu weltmännischer Klugheit erziehen. Der ‹Pedantismus›, der mit dem eigenen Wissen großtut, wird hier zurückgewiesen zugunsten der praktischen Anforderungen des Lebens.

In dem ‹Versuch vom Wesen des Geistes› (1699) bekundet sich die persönliche Zuspitzung dieser Lehrweise am deutlichsten. Überall soll die eigene Einsicht sich gegen die Autoritäten durchsetzen. Er erkennt die Verdienste DESCARTES' an, aber er kritisiert die mechanische Physik und ihre Unterschätzung des geistigen Prinzips. Denn er will mit PARACELSUS, BÖHME und WEIGEL auch in der Natur den *Geist* erspüren und im Sinnlichen die Vernunft betreffen, da doch beide auf Gott als ihren gemeinsamen Ursprung zurückweisen.

Das letzte große Werk des THOMASIUS, die ‹Fundamente des Staats- und Völkerrechts› (1705), leugnet im Gegensatz zu PUFENDORF, aber im vermeinten Anschluß an LUTHER die Willensfreiheit. Das individuelle Glücksstreben determiniert den Willen, und der Sinn eines rechtlichen Lebens erschöpft sich in der Abwehr der Gefahren, die dem Wohl des einzelnen drohen. Der ‹innere *Friede*› ist gefährdet durch die eigenen Leidenschaften, zu deren Eindämmung es des *honestum* und *decorum* bedarf, und der ‹äußere Friede› fordert Sicherung gegen fremde Einmischung, der das Gegenseitigkeitsprinzip der Gerechtigkeit (des *justum*) wehren soll. THOMASIUS zieht sich völlig auf einen individualistischen Rechtsbegriff zurück und begünstigt von hier aus auch die Trennung von Recht und Sittlichkeit, die sich in der Folgezeit so verhängnisvoll ausgewirkt hat.

5. FRANZ BUDDE (1667-1729)

Ausgaben: Elementa philosophiae practicae, Halle 1697. Institutiones philosophiae eclecticae, Bd. 1. 2, Halle 1703. Institutiones theologiae moralis, Leipzig 1711.
   Literatur: A. STOLZENBURG, Die Theologie des J. F. B. 1926.

Gleich THOMASIUS stand auch FRANZ BUDDE, der Jenenser Theologe, der zuvor in Halle Moralprofessor war, dem Pietismus nahe. Auch er verteidigt die Meinungsfreiheit des einzelnen gegen die Autoritäten.

Dabei bekundet sich (wie in bescheidenen Ansätzen bereits bei THOMA-
SIUS) ein ausgesprochenes Interesse für die *Geschichte der Philosophie*
(die als Disziplin dann von seinem Schüler JAKOB BRUCKER, 1696–1770,
begründet wurde). Für BUDDE ist die *Eklektik* ein Ruhmestitel. Sie be-
kräftigt das Vorrecht der Sache vor den großen Namen, indem von
überall her das die Sache Erhellende genutzt werden soll.

6. CHRISTIAN WOLFF (1679-1754)

Ausgaben: Philosophia practica universalis, Leipzig 1703. Vernünftige Gedanken von den Kräften des menschlichen Verstandes, Halle 1712. Ratio praelec-
tionum Wolfianarum in mathesin et philosophiam universam, Halle 1718. Vernünftige Gedanken von Gott, der Welt und der Seele des Menschen . . ., Frankfurt u. Leipzig 1720. Vernünftige Gedanken von der Menschen Tun und Lassen,
ebenda 1720. Vern. Ged. von dem gesellschaftlichen Leben der Menschen, ebenda 1721. Allerhand nützliche Versuche, dadurch zu genauer Erkenntnis der Natur und der Kunst der Weg gebahnet wird, Bd. 1–3, Halle 1721–3. Vern. Ged.
von den Wirkungen der Natur, Frankfurt u. Leipzig 1723. Vern. Ged. von den
Absichten der natürlichen Dinge, ebenda 1724. Vern. Ged. von dem Gebrauch
der Teile in Menschen, Tieren und Pflanzen, ebenda 1725. Philosophia rationalis
sive Logica, Frankfurt 1728. Philosophia prima sive Ontologia, ebenda 1729.
Cosmologia generalis, ebenda 1731. Psychologia empirica, ebenda 1732. Psychologia rationalis, ebenda 1734. Theologia naturalis, Bd. 1. 2, ebenda 1736–37.
Philosophia practica universalis, Bd. 1. 2, ebenda 1738–9. Ius naturae, Bd. 1–
8, ebenda 1740–8. Ius gentium, ebenda 1749. Philosophia moralis sive Ethica,
Bd. 1–5, ebenda 1750–3. Oeconomica, Bd. 1. 2, ebenda 1754–5. Nicht ausgeführt ist die noch vorgesehene Politica. Als Ergänzung dieses ungeheuerlichen
systematischen Werkes: Oratio de Sinorum philosophia practica, ebenda 1726.
Ausführliche Nachricht von seinen eigenen Schriften, ebenda 1726. Horae sub-
secivae Marburgenses, ebenda 1729–35. – C. W.s eigene Lebensbeschreibung,
hrsg. v. H. Wuttke, Leipzig 1841. Briefe aus den Jahren 1719–53, St. Petersburg 1860. Briefwechsel zwischen Leibniz u. C. W., hrsg. v. C. J. Gerhardt, Halle 1880. (Repr. Hildesheim 1963) – Werke, hrsg. v. J. Ecole / J. E. Hofmann /
M. Thomann/ H. W. Arndt, Abt. I, Dt. Schriften, Hildesheim 1965 ff.; Abt. II,
Lt. Schriften, Hildesheim 1962 ff.

Literatur: Grundlegend: M. CAMPO, C. W. e il razionalismo precritico. Bd 1.
2, 1939. Dazu M. WUNDT, C. W. u. die dt. Aufklärung. In: Das Deutsche in d. dt.
Philos., 1941. DERS., Die deutsche Schulphilosophie. 1945, S. 122–99. – P. PIUR,
Studien zur sprachl. Würdigung C. W.s 1903. W. ARNSPERGER, C. W.s Verhältnis zu Leibniz. 1897. J. BERGMANN, W.s Lehre vom complementum possibilita-
tis. 1900. H. PICHLER, Über C. W.s Ontologie. 1910. J. ECOLE, La Philosophia prima sive ontologia de C. W. Histoire, doctrine et méthode. G. Meta. 16, 1961. J.
BAUMANN, W.sche Begriffsbestimmungen. 1910 (Philos. Bibl.). E. KOHLMEYER,
Kosmos und Kosmonomie bei C. W. 1912. J. ECOLE, Cosmologie wolffienne et
dynamique leibnizienne. Et. philos. 19, 1964. R. J. BLACKWELL, C. W.'s doctrine
of the soul. J. Hist. Ideas 22, 1961. W. FRAUENDIENST, W. als Staatsdenker. 1927.
C. JOESTEN, C. W.s Grundlegung der praktischen Philosophie. 1931. H. LÜTHJE,

C. W.s Philosophiebegriff. In: Kantstud. Bd. 30, 1925. R. J. BLACKWELL, The structure of Wolffian philosophy. Mod. Schoolman 38, 1961. – H. L. ODHNER, C. W. and Swedenborg. New Philosophy 54, 1951. H. J. DE VLEESCHAUWER, C. W. et le Journal littéraire. Philos. nat. 2, 1953. D. F. LACH, The sinophilism of C. W. J. Hist. Ideas 14, 1953. W. PHILIPP, Die religiösen Triebkräfte der werdenden Aufklärung und der Philosoph C. W. Theol. Lit. Zt. 81, 1956. A. ZEMPLINER, Die chinesische Philosophie und J. C. W. Dtsch. Z. Philos. 10, 1962. F. RUELLO, C. W. et la scolastique. Traditio 19, 1963.

a) Leben und Schriften

An Geschlossenheit der Wirkung und des systematischen Entwurfs läßt sich zwischen LEIBNIZ und KANT niemand mit CHRISTIAN WOLFF vergleichen. In Breslau 1679 als Sohn eines Gerbers geboren, wechselt der von früh auf zum Theologen bestimmte Student doch sehr schnell zu den Naturwissenschaften hinüber, als er in Jena unter der Einwirkung des freilich gerade verstorbenen WEIGEL mit der mathematischen Methode vertraut wurde und die Schriften von DESCARTES, MALEBRANCHE und vor allem TSCHIRNHAUS kennenlernte. Er vertauschte dann Jena mit Leipzig und kam durch eine Arbeit ‹Über den infinitesimalen Algorithmus› (1704) auch mit LEIBNIZ in persönliche Verbindung. Durch ihn kommt er 1706 als Professor der Mathematik nach Halle und steigt hier bald zum gefeiertsten Lehrer und philosophischen Schriftsteller Deutschlands auf, der überdies in deutscher Sprache lehrte. Schon in Leipzig hatte WOLFF ein Buch über die praktische Philosophie erscheinen lassen (1703), das zum wenigsten zeigte, daß für ihn die mathematische Methode auch in der Philosophie den Weg von den schwankenden Vorstellungen der Einbildungskraft zu sicheren Verstandesbegriffen bahnen sollte. In Halle, wo zunächst das mathematische Schrifttum im Vordergrund stand, kamen dann 1712 die ersten ‹Vernünftigen Gedanken› zur Veröffentlichung, die zwar auch noch als ein ‹Lehrbuch des mathematischen Verfahrens› (M. WUNDT) sich ansehen ließen, aber doch thematisch schon die Logik zu ihrem Gegenstand hatten. Die Mathematik ist für WOLFF eine Vorübung aufs Philosophieren. Während die Einzelwissenschaften sich mit empirischen Feststellungen begnügen müssen, zielt die Philosophie auf genetische Definitionen. 1718 erscheint ein Rechenschaftsbericht über die gesamte Vorlesungstätigkeit, der einen ersten Überblick über das System vermittelt, das in den Vorlesungen schon feste Umrisse angenommen hatte.

Dabei wird schon die praktische Philosophie der *Chinesen* zu der eigenen Lehrmeinung in Beziehung gesetzt. Die ausdrückliche Wiederholung einer positiven Beurteilung der Ethik des KONFUZIUS in der Rektoratsrede von 1721 gab dann den Anlaß zu WOLFFS Vertreibung von der Universität Halle, die immer als ein schlimmes Werk der verbündeten Orthodoxen und Pietisten angesehen wurde. Der Kampf zog sich noch einige Zeit hin, aber am 8. November 1723 erließ FRIEDRICH WILHELM I. jenen schmählichen Kabinettsbefehl, auf Grund dessen WOLFF ‹binnen 48 Stunden ... die Stadt Halle und alle Königl. Lande bei Strafe des Stranges ... räumen› sollte. Der Fall löste eine gewaltige Streitschriftenliteratur aus, und WOLFF konnte sich unter den sofort an ihn ergehenden Berufungen die des hessischen Landgrafen nach Marburg auswählen, wo er jetzt in den Zenith seines Ruhmes kam. Das ‹Deutsche System› war freilich in Halle fast noch vollendet worden. In Marburg wurde dann das ‹Lateinische System› begonnen, das sich kaum als eine Verbesserung des ersten Systems ansehen läßt. Denn der Wiederanschluß an die lateinische Terminologie macht die oft sehr ursprünglichen deutschen Begriffsprägungen wieder rückgängig, und das System wächst überdies derartig in die Breite, daß es seine Lesbarkeit – auch durch Wiederholungen und das Referieren scholastischer Lehrmeinungen – weitgehend einbüßt, ganz abgesehen von den Alterserscheinungen, die den letzten Bänden bereits anhaften.

Es war eine der ersten Regierungshandlungen FRIEDRICHS DES GROSSEN, die übrigens schon seit 1735 vorbereitete ehrenvolle Zurückberufung WOLFFS nach Halle zu vollziehen. Aber WOLFF vermochte in den 14 Jahren, die er nun als Professor des Natur- und Völkerrechts und Vizekanzler der Universität mit dem Prädikat eines Geheimen Rats und seit 1745 auch Reichsfreiherrn noch in Halle lehrte, seinen einstigen Ruhm nicht zu erneuern. Als er 1754 starb, hatten bereits jüngere Kräfte sogar in der Verteidigung des eigenen Systems ihn abgelöst.

b) Theoretische Philosophie

Er will die gesamte Philosophie durch deutliche Begriffe und gründliche Beweise zu einer ‹sicheren› und ‹nützlichen› Wissenschaft machen. Ihr Gegenstand ist alles ‹Denkbare› und ‹Mögliche›. Dabei unterscheidet er die philosophische, historische und mathematische Erkenntnis. Die philosophische oder *rationale* untersucht die Möglichkeit der Dinge, die historische oder *empirische* weist sie als wirklich nach, und der *mathematischen* fällt die Größenbestimmung zu. Neben dieser Einteilung steht die andere in *theoretische* und *praktische* Philosophie. Aus dem Zusammenwirken beider Einteilungen ergibt sich ein *System* der Wissenschaften, dessen Gliederung jahrzehntelang die Kompendien beherrscht hat.

Die Einleitung bildet die *Logik*, die aus dem Satz des Widerspruchs in rein begrifflicher Entwicklung alles übrige, selbst den Satz des zureichenden Grundes, ableitet. Die sinnliche Wahrnehmung ist verworren und undeutlich, und nur das reine Denken kann klar und deutlich erkennen. Begriff, Urteil und Schluß gliedern sein Verfahren, das in der Wissenschaft zu demonstrativer Fertigkeit sich ausgestaltet.

Sachgrundlage der theoretischen Philosophie ist die *Ontologie* als die

Wissenschaft ‹von den ersten Gründen unserer Erkenntnis und allen Dingen überhaupt›. An den Gegenständen werden die wesentlichen Bestimmtheiten (*essentialia,* die das Substantielle daran ausmachen) von den wechselnden Eigenschaften (*attributa*) und Zuständen (*modi*) unterschieden. Es folgt die Erörterung von den Arten der Gegenstände und ihrem gegenseitigen Verhältnis. Diese Beziehungen und die ‹Ordnung› überhaupt sind nicht Erzeugnisse des Verstandes, sondern haften an den Gegenständen. Die Ordnung ist zugleich der zusammenfassende Ausdruck für die transzendentalen Prädikate der Einheit, Wahrheit und Vollkommenheit. Die Vernunft ist das Vermögen, den Zusammenhang der Dinge oder allgemeinen Wahrheiten aufzufassen.

Die allgemeine *Kosmologie* ist die Grundlage der *Physik.* Aus den ontologisch ‹nachweisbaren› unkörperlichen Atomen setzen sich die unendlich kleinen, aber doch körperhaft primitiven Korpuskeln zusammen. Die Naturgesetze sind die Gesetze der Bewegung, für deren Eintritt es stets eines zureichenden Grundes bedarf. Die Welt im ganzen ist zufällig, aber das innerweltliche Geschehen zeigt sich notwendig verknüpft.

Die *Psychologie* knüpft unter Verzicht auf LEIBNIZ' Einbeziehung des Unbewußten an das Bewußtseinsphänomen an, so daß der Gedanke als die abwandlungsfähige ‹Grundgestalt› (M. WUNDT) des Seelischen anzusehen ist. In seiner Aufgliederung wird das Erkenntnis- und das Begehrungsvermögen unterschieden. Jenes steigt von der Empfindung über Einbildungskraft und Gedächtnis, und weiter über Aufmerksamkeit und Verstand zur Vernunft auf, der die ‹Einsicht in den Zusammenhang der Wahrheit› (M. WUNDT) zukommt. Das Begehrungsvermögen erhebt sich von den Begierden über die Affekte zum Willen, bleibt aber zuletzt vom Erkenntnisvermögen abhängig, da jede Wahl von der Einsicht in das Gute und Böse bestimmt wird. Die rationale Psychologie behandelt neben der Ausdeutung der Harmonie zwischen Leib und Seele auch die Einheit und Unsterblichkeit der personalen Seele des Menschen.

In der natürlichen *Theologie* erscheint WOLFF völlig abhängig von LEIBNIZ und seiner Theodizee. Er will weder etwas wissen von der ‹Freidenkerei der Engelländer› noch von dem ‹einreißenden Deismus, Materialismus und Skeptizismus der Franzosen›. Immerhin bleibt auch die religiöse Erkenntnis dem Satz des Widerspruchs untergeordnet, so daß die Offenbarung wohl *über-*, aber nicht *wider*vernünftig sein kann.

c) Praktische Philosophie

In der praktischen Philosophie ist WOLFF unabhängiger von LEIBNIZ, aber gerade hier wird der Demonstrationseifer deshalb peinlich, weil auch an sich beherzigenswerte Grundsätze durch die Art ihrer Behandlung abgeschmackt wirken. Dem Glückseligkeitsprinzip der Engländer wird das Prinzip der *Vervollkommnung* entgegengesetzt, das Kriterium für gut und böse ist. Die Vollkommenheit beruht auf der Zusammenstimmung alles Wirklichen und löst die Glückseligkeit aus. Das Gute ist nicht durch Gottes Willen, sondern an sich gut und die Moral daher unabhängig von der Theologie. Unwissenheit ist Grund der Sünde und Aufklärung Pflicht der Philosophen. Das Gewissen wird durch die Vernunft inspiriert, und die breit ausgeführte Pflichtenlehre bringt (wie bei PUFENDORF) auch die Rücksicht auf die Gemeinschaft zu ihrem Recht. Ziel ist für die Gesamtheit wie für den Einzelnen der beständige Fortschritt.

Innerhalb des *Staatsrechts*, das auf den Vertrag von Personen zurückgeht, die in Übereinstimmung mit dem Gesetz der Natur ihr gemeinsames Bestes fördern wollen, herrscht wiederum wie bei PUFENDORF das Gesetz der allgemeinen *Wohlfahrt*. Auf dieser Grundlage wird der enge Zusammenhang zwischen Recht und Sittlichkeit wiederhergestellt und ein umfassendes Bild von deutscher Bürgertugend entworfen. Wenn dabei neben so vorausschauenden Maßnahmen wie Anhalten zur Arbeit, obrigkeitliche Festsetzung von Löhnen und Preisen, Regelung der Arbeitszeit, allgemeine Schulbildung, Sorge für gute Straßen, solide Wohnungen und öffentliche Ordnung auch kleinliche Forderungen gestellt werden, kann das im Zeitalter des aufgeklärten Absolutismus kaum überraschen. ‹Regierende Personen verhalten sich zu Untertanen wie Väter zu Kindern.› Auch die *Kunst* soll zum allgemeinen Besten beitragen. So mögen die ‹Poeten› für die Belustigung der Ohren sorgen, vorausgesetzt, daß der Staat durch seine Aufsicht vor der Verderbnis guter Sitten durch ‹verliebte und unzüchtige Verse› schützt. Der Kirchgang soll gehalten und die Glaubenswahrheit nicht verkürzt werden. Die kasuistische Bevormundung des öffentlichen und privaten Lebens schießt sicher übers Ziel, aber die soziale Grundhaltung eilt der Zeit voraus.

Die Philosophie CHRISTIAN WOLFFS hat so in umfassender Weise das Recht der *Vernunft* gegen die Ansprüche der Glaubensautorität verteidigt und die logische Sauberkeit und das methodische Denken gefördert.

II. ENTWICKLUNG DER DEUTSCHEN AUFKLÄRUNG

1. WOLFFS SCHULE

Ausgaben: L. P. THÜMMIG: Institutiones Wolfianae, Bd. 1. 2, Frankfurt u. Leipzig 1725–6. G. B. BILFINGER: Dilucidationes philosophicae de deo, anima humana, mundo et generalibus rerum affectionibus, Tübingen 1725. J. H. S. FORMEY: La belle Wolffienne, Bd. 1–6, Haag 1741–53. J. C. GOTTSCHED: Erste Gründe der gesamten Weltweisheit, Leipzig 1734. F. C. BAUMEISTER: Institutiones philosophiae rationalis, Wittenberg 1735. Institutiones metaphysicae, Wittenberg

1738. A. G. Baumgarten: Meditationes philosophicae de nonnullis ad poema pertinentibus, Halle 1735. (Lt./engl. hrsg. v. K. Aschenbrenner/W. B. Holther, Berkeley 1954) Metaphysica, Halle 1738 (Repr. d. Ausg. Halle 1779, Hildesheim 1963). Ethica philosophica, Halle 1740. Philosophische Briefe von Aletheophilus, Frankfurt 1741. Aesthetica, Bd. 1. 2, Frankfurt a. O. 1750–8 (Repr. Hildesheim 1961). Acroasis Logica, Halle 1761 (Repr. angek. Hildesheim, Olms). Philosophia Generalis, Halle 1770 (Repr. angek. Hildesheim, Olms). G. F. Meier: Anfangsgründe aller schönen Wissenschaften, Bd. 1. 2, Halle 1748–9. Auszug aus der Vernunftlehre, Halle 1752. Metaphysik, Bd. 1–4, Halle 1755–9. Philosophische Sittenlehre, Bd. 1–5, Halle 1753–61. Versuch einer allgemeinen Auslegekunst, Halle 1756. M. Knutzen: Commentatio philosophica de commercio mentis et corporis per influxum physicum explicando, Königsberg 1735. Elementa philosophiae rationalis seu logicae, Königsberg 1747. Philos. Beweis von der Wahrheit der christlichen Religion, Königsberg 1740.

Literatur: C. G. Ludovici, Ausführlicher Entwurf einer vollständigen Historie der Wolffischen Philosophie. 1737. H. Liebing, Zwischen Orthodoxie und Aufklärung. Das philosophische und theologische Denken G. B. B.s. Tübingen 1961. E. Bergmann, Die Begründung der deutschen Ästhetik durch A. G. B. u. G. F. M. 1911. A. Riemann, Die Ästhetik A. G. B.s. 1928. H. G. Peters, Die Ästhetik A. G. B.s. 1934. R. Rappalardo, L'arte ed il bello nell'estetica di A. G. B. Siculorum Gymnasium 6, Catania 1953. Vgl. auch A. Baeumler, Kants Kritik der Urteilskraft. 1923. J. Schaffrath, Die Philosophie des G. F. M. 1940. B. Erdmann, M. K. u. s. Zeit. 1876.

Wolff war der erste deutsche Philosoph, der eine Schule gründete. Schon 1737 zählte man 107 schreibende Wolffianer, großenteils Lehrstuhlinhaber, darunter Ludwig Philipp Thümmig (1697–1828), Georg Bernhard Bilfinger (1693–1750), dessen ‹Philosophische Erleuchtungen› lange als bestes Lehrbuch der Wolffschen Methode galten, und Samuel Formey (1711–97), der in seiner bändereichen, oberflächlichen ‹schönen Wolffianerin› das System auch dem schwachen Geschlecht zugänglich machen wollte. Nur Alexander Gottlieb Baumgarten (1714–62) gelang eine wirkliche Erweiterung des Systems. Er hatte zwar auch eine Reihe von Lehrbüchern geschrieben, und seine ‹Metaphysik›, die mit ihren 1000 §§ und den unermüdlichen Verweisungen ein Muster an analytischer Sorgfalt war, hat Kant als Grundlage für seine Vorlesungen gedient (wie auch die Metaphysik des Görlitzer Rektors Friedrich Christian Baumeister, 1709–85, dessen Lebensbeschreibung Wolffs dieser als Muster für seine Selbstbiographie benutzte). Aber seine geschichtliche Bedeutung liegt darin, daß er die *Ästhetik* in das System einbezog. Es war ja die Zeit, da Gottsched (1700–66), der 1734 ‹Erste Gründe der gesamten Weltweisheit› im Sinne Wolffs verfaßte, der Diktator des literarischen Geschmacks in Deutschland war. Der von Gottscheds Gegnern, den Schweizern Bodmer und Breitinger, angeregte Baumgarten, ein geborener Berliner, seit 1735 Dozent in Halle und seit 1740 Professor in Frankfurt a. O., veröffentlichte nun 1750–58 seine ‹Ästhetik›, die sich als Gegen-

pol der Logik verstand und sich die Systematik des unteren Erkenntnisvermögens, der Sinnlichkeit, zum Ziel setzte. Er hatte schon in seiner
Erstlingsschrift die Dichtung als ein echtes Problem der Philosophie anerkannt, und er beweist nun in der Ästhetik, daß die Farbe in ihrer
physikalischen Begründung keinerlei ästhetische Bedeutsamkeit gewinnen kann, sondern daß es einer eigentümlichen Erkenntnisweise bedarf,
der *gnoseologia inferior*, um der besonderen Ganzheit des künstlerischen Gegenstandes gerecht zu werden. Ihm ist über der Beschäftigung
mit der Poesie die Unangemessenheit einer logisch-verallgemeinernden
Erklärung aufgegangen; denn der Zauber des Gedichts beruht auf der
bildhaften Vollkommenheit, den jede gedankliche Vereinfachung zerstören müßte.

BAUMGARTENS ältester Schüler, GEORG FRIEDRICH MEIER (1718–77), unterstreicht die belebende Wirkung der ‹schönen Wissenschaften› auf den
ganzen Menschen und hebt entschiedener als BAUMGARTEN die gefühlsbestimmte Seite des Schönen hervor. Aber MEIER, der in Halle wirkte,
hat sich bereits aus der engeren Gefolgschaft WOLFFS herausgelöst und
sich vor allem in der Psychologie dem englischen Empirismus angenähert. Eine höchst aufschlußreiche Leistung war sein ‹Versuch einer allgemeinen Auslegekunst› (1757), der als ein wichtiger Schritt auf dem
Weg zu einer philosophischen *Hermeneutik* zu werten ist.

MARTIN KNUTZEN (1713–51) schließlich hat in Königsberg dem jungen
KANT das Erbe WOLFFS vermittelt. Allerdings bestritt er bereits die Lehre
von der prästabilierten Harmonie und unternahm auch sonst den Versuch einer Vermittlung zwischen WOLFF und dem Pietismus.

2. GEGNER WOLFFS

Ausgaben: J. LANGE: Medicina mentis, Halle 1703. Causa Dei et religionis naturalis adversus atheismum, Halle 1723. Modesta disquisitio novi philosophiae
systematis de Deo etc., Halle 1723. A. RÜDIGER: Disputatio de eo, quod omnes
ideae oriantur a sensione, Leipzig 1704. Philosophia synthetica, Leipzig 1707
(2. Aufl. unter d. Tit.: Institutiones eruditionis, Leipzig 1711). Physica divina, Leipzig 1716. Philosophia pragmatica, Leipzig 1723 (abermals Umarbeitung
der Philosophia synthetica). J. P. DE CROUSAZ: La logique, Amsterdam 1712.
Traité du beau, Amsterdam 1715. Examen du Pyrrhonisme, Haag 1733. Traité
de l'esprit humain, Basel 1741. Observations critiques, Genf 1744. J. G. DAR
JES: Elementa metaphysices, Bd. 1. 2, Jena 1743–4. Introductio in artes inveniendi seu logicam, Jena 1742. Via ad veritatem, Jena 1755. C. A. CRUSIUS: De
usu et limitibus principii rationis determinantis vulgo sufficientis, Leipzig 1743.
Anweisung, vernünftig zu leben, Leipzig 1744. Entwurf der notwendigen
Vernunftwahrheiten, Leipzig 1745. Weg zur Gewißheit und Zuverlässigkeit der
menschlichen Erkenntnis, Leipzig 1747. Opuscula philosophico-theologica, Leipzig 1750. Die philosophischen Hauptwerke, hrsg. v. G. Tonelli, 4 Bde. Hildesheim 1964 ff.

Literatur: H. Schepers, A. R.s Methodologie und ihre Voraussetzungen. Köln 1959. J.–E. de La Harpe, J.–P. de C. et le conflict des idées au siècle des lumières. Genève 1955. H. Heimsoeth, Metaphysik u. Kritik bei C. A. C. 1926.

Die pedantische Strenge der Wolffianer mußte bei selbständigeren Köpfen zu einer Gegnerschaft herausfordern, die sich teils in der Nachfolge des Thomasius als Eklektizismus äußerte, teils aber die theologische Position verteidigte. In dieser Reihe stand der Berliner Rektor und spätere Hallensische Theologe Joachim Lange (1670–1744) an vorderster Stelle. Er hatte schon vor dem Erscheinen der philosophischen Werke Wolffs eine ‹*Medicina mentis*› (1704) herausgegeben, die sehr im Gegensatz zu der gleichnamigen Schrift von Tschirnhaus Krankheit, Heilung und Gebrauch des geheilten Geistes ganz im theologischen Licht sah. Bedeutender noch als Lange, der seine ganze Fakultät gegen Wolff mobil zu machen verstand, war Andreas Rüdiger (1673–1731), der von Thomasius beeinflußt war und als Arzt und Philosoph zwischen Halle und Leipzig hin und her wechselte. Seine von Locke abhängige Lehre vom inneren Sinn läßt zwar alle Erkenntnis aus der Wahrnehmung stammen, erstreckt aber die Wahrnehmung auch auf die unmittelbare Erfassung des Denkens und Wollens im Selbstbewußtsein. Dieser Versuch, Locke und Descartes zu versöhnen, wird ins Ganze gedacht in Rüdigers Hauptwerk, der immer wieder umgedachten ‹*Philosophia synthetica*› (zuerst 1707).

Auch Jean Pierre de Crousaz (1663–1748), ein französischer Schweizer, hatte in Deutschland die Wolffische Philosophie kennengelernt und an ihrer Neigung Anstoß genommen, alles rational erklären zu wollen. In seiner Lehre vom Schönen hat er das ‹*je ne sais quoi*› des ästhetischen Gefallens herausgestellt und überhaupt im Anschluß an Leibniz die in Einheit sich fassende Mannigfaltigkeit des schönen Gegenstandes betont. Wolff viel näher als die bisher Genannten steht der auch von Kant öfter zitierte und nach Jena in Frankfurt a. O. mit bedeutendem Lehrerfolg wirkende Joachim Georg Darjes (1714–92), der vor allem gegen den Determinismus des vernünftigen Systems Stellung nahm, sonst aber mit seiner enzyklopädischen Neigung und seiner Anhänglichkeit an die ältere Scholastik dem Dogmatismus treu blieb. Eigenartig ist seine Lehre von der transzendentalen Kosmologie, die unter Bezugnahme auf Augustin als transzendentale Welt die Zuordnung des Reichs der Natur zum Reich der Sitten bezeichnet.

Alle bisher genannten Gegner Wolffs überragt der lange verkannte Christian August Crusius (1715–75), der in Leipzig Schüler Rüdigers war und dort auch von 1744–50 den philosophischen Lehrstuhl innehatte.

3. Leonhard Euler (1707–83)

Ausgaben: Mechanica sive motus scientia analytice exposita, Bd. 1. 2, Petersburg 1736–42. Réflexions sur l'espace et le temps, Berlin 1748 (in den Mém. d. Ak. d. Wiss.). Theoria motus corporum, Rostock u. Greifswald 1765. Lettres à une princesse d'Allemagne sur quelques sujets de physique et de philosophie, Bd. 1–3, Petersburg 1768–72 (neue Ausg. v. G. Cantelli, Torino 1958). Werke, hrsg. v. d. Schweizer Naturforsch. Ges., Bd. 1–35, Zürich 1911 ff (auf 80 Bde. berechnet!). Die Berliner und die Petersburger Akademie der Wissenschaften im Briefwechsel L. E.s, 2 Bde., hrsg. v. A. P. Juškević/E. Winter, Berlin 1959/61. Briefwechsel mit Chr. Goldbach 1729–1764, hrsg. v. A. P. Juškević/E. Winter, Berlin 1965.

Literatur: R. Fueter, L. E. 1948. E. Hoppe, Die Philosophie E. s. 1904. O. Spiess, L. E. 1929. A. Speiser, L. E. u. die dt. Philosophie. 1934. E. Winter, Die Register der Berliner Akademie d. Wiss. 1746–1766. Dokumente für das Wirken L. E.s in Berlin. Berlin 1957.

Dem großen Mathematiker Leonhard Euler, einem Sohn Basels, der aber schon mit 20 Jahren nach St. Petersburg berufen wurde, dann von 1741 bis 1766 an der Berliner Akademie wirkte und schließlich, von der großen Katharina gerufen, wieder nach St. Petersburg zurückkehrte, gebührt – abgesehen von seinen bahnbrechenden wissenschaftlichen Leistungen – das Verdienst, mit philosophischem Geist die ‹Gewißheit der mechanischen Grundsätze› auch für die ‹dornigen Untersuchungen der Metaphysik über das Wesen und die Eigenschaften der Körper› zum Maßstab erhoben zu haben.

4. Johann Heinrich Lambert (1728–77)

Ausgaben: Cosmologische Briefe über die Einrichtung des Weltbaues, Augsburg 1761. Neues Organon oder Gedanken über die Erforschung und Bezeichnung des Wahren und dessen Unterscheidung von Irrtum und Schein, Bd. 1. 2, Leipzig 1764. Anlage zur Architektonik oder Theorie des Einfachen und Ersten in der philosophischen u. mathematischen Erkenntnis, Bd. 1. 2, Riga 1771. Logische und philosophische Abhandlungen, Bd. 1. 2, Berlin 1782–7. Abhandlung vom Criterium veritatis, hrsg. v. K. Bopp, Berlin 1915. Über die Methode, die Metaphysik, Theologie und Moral richtiger zu beweisen, hrsg. v. K. Bopp, Berlin 1918. Deutscher gelehrter Briefwechsel, hrsg. v. J. Bernoulli, Bd. 1–5, Berlin 1781–7. L. Eulers u. J. H. Lamberts Briefwechsel, hrsg. v. K. Bopp, in: Abh. d. Preuß. Ak. d. Wiss., 1924. Monatsbuch, hrsg. v. K. Bopp, in: Abh. d. Bayr. Ak. d. Wiss., 1924. Gesammelte philosophische Werke, hrsg. v. H. W. Arndt, 10 Bde. Hildesheim 1965 ff.

Literatur: O. Baensch, J. H. L.s Philosophie u. s. Stellung zu Kant. 1902. K. Krienelke, J. K. L.s Philosophie der Mathematik. 1909. W. S. Peters, J. H. L.s Konzeption einer Geometrie auf einer imaginären Kugel. Kant-Studien 53, 1961–62. P. Sterkmann, De Plaats van J. H. L. in de ontw. van het idealisme.

1928. M. E. Eisenring, J. H. L. u. die wiss. Philosophie der Gegenwart. 1942.
M. Steck, Bibliographia L.iana. 1943.

Das erst aus dem Nachlaß herausgegebene ‹Criterium veritatis› (1761)
des Elsässers Lambert knüpft an Wolff und Descartes an und bekennt
sich sowohl zur mathematischen Methode als auch zur Forderung eines
echten Erkenntniskriteriums. Gleichzeitig mit diesen methodischen Überlegungen waren die ‹Kosmologischen Briefe›, die mit der bereits 1755 her-
ausgekommenen Kosmologie Kants sich eng berührten. Drei Jahre später erschien das philosophische Hauptwerk, das ‹Neue Organon› (1764),
das eine ebenso umfassende wie eigenwüchsige Darstellung des Er-
kenntnisproblems brachte. Es kam Lambert darauf an, die Philosophie
mit den Methoden der modernen Naturwissenschaft in Einklang zu
bringen, in deren Kenntnis er nicht nur Wolff, sondern auch Kant überlegen war.

In der Zeichenlehre geht Lambert über Wolff auf den echten Leibniz
zurück und knüpft an dessen ‹Allgemeine Charakteristik› an. Mit der
Forderung, daß über die Geometrie hinaus auch in der Logik jeder begrifflichen Verknüpfung eine exakte Bezeichnung entsprechen muß,
wird er zu einem wichtigen Bindeglied in der Geschichte der Logistik.

Auch in der Phänomenologie ist Lambert zu einer auf Kant vordeu-
tenden Fragestellung gelangt.

Das letzte philosophische Werk, die ‹Architektonik› (1771), führt vor
allem die metaphysischen und ontologischen Ansätze der ‹Organons›
schärfer aus.

5. Johann Nikolaus Tetens (1736–1807)

Ausgaben: Gedanken über einige Ursachen, warum in der Metaphysik nur
wenige ausgemachte Wahrheiten sind, Bützow 1760. Über die allgemeine spe-
kulativische Philosophie, Bützow 1775. Philosophische Versuche über die
menschliche Natur u. ihre Entwicklung, Bd. 1. 2, Leipzig 1777 (Neudr. der bei-
den zuletzt genannten Werke in den Neudr. d. Kantges. Bd. 4. 5, hrsg. v. W.
Uebele, Berlin 1913). Über den Ursprung der Sprachen und der Schrift, hrsg. v.
E. Heintel. Philos. Bibl. in Vorb. – Die philosophischen Werke, hrsg. v. G.
Tonelli. 4 Bde. angek. Hildesheim (Olms).
Literatur: G. Störring, Die Erkenntnistheorie von T. 1901. W. Uebele, J.
N. T. 1912. A. Seidel, T.s Einfluß auf die krit. Philos. Kants. 1932.

Wie Lambert unterscheidet auch der bedeutende Psychologe dieser Zeit,
der Schleswiger Johann Nikolaus Tetens, der zunächst in Bützow lehrte,
dann als Professor der Philosophie nach Kiel übersiedelte und die beiden
letzten Jahrzehnte seines Lebens als dänischer Finanzbeamter in Kopenhagen verbrachte, Form und Inhalt der Erkenntnis. Wolff und Locke

halten sich bei TETENS die Waage, und er hofft durch psychologische Aufhellung zu einer Versöhnung beider Methoden zu gelangen. Aber schon in dem 1775 erschienenen Versuch ‹Über die allgemeine spekulative Philosophie› (der sich bereits auf KANTS Dissertation von 1770 bezieht) hat er sich eindeutig für LOCKE entschieden. Er lobt zwar KANTS Drängen auf eine Unterscheidung der phänomenalen und noumenalen Welt, und er rühmt auch die geniale Leistung der LAMBERTSchen Architektonik, aber in der Sache erwartet er alles von dem Rückgang auf die Empfindung, die allein den Ursprung der allgemeinen Begriffe klären kann.

Diese Grundhaltung wird dann in dem Hauptwerk, den ‹Philosophischen Versuchen über die menschliche Natur› (1777) umfassender begründet. Der Inhalt stammt aus der Empfindung, die Form aus der Denktätigkeit; jene ist rezeptiv, diese spontan. Wir nehmen daher immer nur die Erscheinungen wahr, während das Wesen der Dinge für unseren begrenzten Verstand unerkennbar bleibt. J. N. TETENS vertritt gegenüber JOHANN CHRISTIAN LOSSIUS (1743–1813), der in seinen ‹Physischen Ursachen des Wahren› den Satz des Widerspruchs und damit die Wahrheit auf das ‹angenehme Gefühl aus der Zusammenstimmung der Schwingungen der Fibern im Gehirn› zurückzuführen suchte, die Notwendigkeit einer allgemeingültigen, ‹objektivischen›, anstatt der veränderlichen ‹subjektivischen› Erkenntnis, aber er gelangt über die Forderung nicht hinaus. Das war erst KANTS Kritik vorbehalten, an deren Schwelle TETENS, dem KANT in terminologischer wie sachlicher Beziehung mancherlei verdankt, lediglich heranführt.

6. POPULARPHILOSOPHEN

Ausgaben: J. G. SULZER: Versuch einiger moralischen Betrachtungen über die Werke der Natur, Berlin 1745. Vermischte philosophische Schriften, Leipzig 1773. Allgemeine Theorie der schönen Künste, Bd. 1–4, Leipzig 1773–5. (Repr. d. Ausg. Leipzig 1792–99. Hildesheim 1965 ff) E. PLATNER: Philosophische Aphorismen, Bd. 1. 2, Leipzig 1776–82. G. C. LICHTENBERG: Vermischte Schriften, hrsg. v. L. C. Lichtenberg u. F. Kries, Bd. 1–9, Göttingen 1800–5 (Kröner). Aphorismen, hrsg. v. A. Leitzmann, 5 Bde., Leipzig 1901–04 (Repr. angek. Hildesheim, Olms). Briefe, hrsg. v. A. Leitzmann, 3 Bde. Leipzig 1901 bis 04 (Repr. angek. Hildesheim, Olms). Viele Auswahlausgaben der Werke. J. G. H. FEDER: Untersuchungen über den menschlichen Willen, Bd. 1–4, Leipzig 1779–93. C. MEINERS: Kurzer Abriß der Psychologie, Göttingen 1773. Grundriß der Geschichte der Weltweisheit, Lemgo 1786. D. TIEDEMANN: Untersuchungen über den Menschen, Bd. 1–3, Leipzig 1777–8. Geist der spekulativen Philosophie von Thales bis Berkeley, Bd. 1–6, Marburg 1791–7. C. GARVE: Eigene Betrachtungen über die allgemeinsten Grundsätze der Sittenlehre, Breslau 1798. J. J. ENGEL: Der Philosoph für die Welt, Bd. 1–3, Leipzig 1775–7. F.

NICOLAI: Beschreibung einer Reise durch Deutschland und die Schweiz, Bd. 1 bis 12, Berlin 1783–97. J. B. BASEDOW: Philalethic, Lübeck 1764. Theoretisches System der gesunden Vernunft, Leipzig 1765. Methodischer Unterricht der Jugend in der Religion und Sittenlehre, der Vernunft nach dem in der Philalethic angegebenen Plane, Altona 1764 (Repr. angek. Hildesheim, Olms). Methodischer Unterricht in der überzeugenden Erkenntnis der biblischen Religion zur fortgesetzten Ausführung des in der Philalethic angegebenen Planes, Altona 1764 (Repr. angek. Hildesheim, Olms). Ausgewählte pädagogische Schriften, hrsg. v. A. Reble, Paderborn 1965. Elementarwerk, hrsg. v. Th. Fritzsch, 3 Bde., Leipzig 1909 (Repr. angek. Hildesheim, Olms). J. A. EBERHARD: Allgemeine Theorie des Denkens und Empfindens, Berlin 1776. Sittenlehre der Vernunft, Berlin 1781. K. P. MORITZ: Über die bildende Nachahmung des Schönen, Braunschweig 1788. Schriften zur Aesthetik und Poetik, hrsg. v. H. J. Schrimpf, Tübingen 1962. H. S. REIMARUS: Abhandlungen von den vornehmsten Wahrheiten der natürlichen Religion, Hamburg 1754. Die Vernunftlehre, Hamburg 1756. Betrachtungen über die Kunsttriebe der Tiere, Hamburg 1762. Apologie oder Schutzschrift für die vernünftigen Verehrer Gottes, z. T. hrsg. v. G. E. Lessing als Wolfenbüttler Fragmente in den Beitr. zur Gesch. u. Lit., Berlin 1774–8. J. S. SEMLER: Beantwortung der Fragmente eines Ungenannten, Halle 1779. J. J. SPALDING: Bestimmung des Menschen, Berlin 1748. J. F. W. JERUSALEM: Betrachtungen über die vornehmsten Wahrheiten der Religion, Bd. 1. 2, Braunschweig 1774.

Literatur: E. BERGMANN, Platner u. die dt. Kunstphilosophie des 18. Jhs. 1913. H. SCHÖFFLER, Lichtenberg. 1943. P. REQUADT, L. 1947. A. SCHNEIDER, G. C. L., précurseur du romantisme. L'homme et l'œuvre. Nancy 1954. DERS., G. C. L. Penseur. Paris 1955. K. BRINITZER, G. C. L., Die Geschichte eines gescheiten Mannes. Tübingen 1956. H. SCHÖFFLER, L., Studien zu seinem Wesen und Geist, hrsg. v. G. v. Selle. Göttingen 1956. R. TRACHSLER, L.s Aphorismen. Ursprünge und Größe wirklicher Freiheit. Zürich 1956. J. P. STERN, L.: A Doctrine of Scattered Occasions. Bloomington 1959. W. PROMIES, J. C. L. in Selbstzeugnissen und Bilddokumenten. rowohlts monographien Bd. 90, Reinbek 1964. M. DESSOIR, K. P. Moritz als Ästhetiker. 1889. P. MENZER, Goethe–Moritz–Kant. In: Goethe, Bd. 7, 1942. K. ANER, Theologie der Lessingzeit. 1929. D. F. STRAUSS, H. S. Reimarus. 1862. P. GRAPPIN, La théologie naturelle de R. Etudes germaniques 6, 1951.

Neben den bisher erörterten selbständigen Ansätzen geht der breite Strom der Popularphilosophie einher. Die WOLFFsche Schule hatte sich durch ihre Pedanterie und Rubrizierungswut ‹ungenießbar und endlich entbehrlich› gemacht (GOETHE) und räumte der Philosophie des ‹gesunden Menschenverstandes› den Platz, die durch die gleichzeitigen Strömungen in England (Schottland) und Frankreich Anregung und Unterstützung erhielt. Im vorliegenden Rahmen genügt es, von diesen Richtungen der deutschen Aufklärung einige Vertreter kurz zu charakterisieren. Im ganzen nimmt die äußerlich-teleologische Betrachtung überhand. Gottes Güte und Weisheit erstrecken sich in der Natur auf die kleinsten Dinge. Er läßt die erquickenden Kirschen in der Hitze des

Sommers und nicht im kalten Winter reifen, und es entwickelt sich so etwas wie eine Stein-, Pflanzen-, Fisch- und Insekten-Theologie. Die Orthodoxie schwelgt ebenso in solchen Erwägungen wie der Naturalismus eines KARL FRIEDRICH BAHRDT (1741–92). Neben dem Dasein Gottes ist die persönliche Unsterblichkeit oder besser die endlose Vervollkommnung im Jenseits der wichtigste Glaubensartikel der deutschen Aufklärung.

Der Schweizer JOHANN GEORG SULZER (1720–79), der BODMER und BREITINGER noch zu seinen Lehrern hatte, aber früh nach Berlin kam und dort der Akademie zugehörte, unterscheidet die ästhetischen von den sinnlichen, intellektuellen und moralischen Empfindungen. Trotzdem bleibt seine Ästhetik so verstandesmäßig wie moralisierend, daß BODMER und POPE über HOMER und LUKREZ gestellt werden. Und es ist selbstverständlich, daß auch die Kunst dem höheren Zweck der menschlichen Glückseligkeit zu dienen hat. Als Ästhetiker trat auch der Leipziger ERNST PLATNER (1744–1818) hervor, der an der dortigen Universität Philosophie und Medizin als seine Lehrfächer verband. Seine ‹Philosophischen Aphorismen› waren mit den Bildern von LEIBNIZ und THOMASIUS geschmückt und wollten damit auf die wahren Urheber der Aufklärung zurückgreifen.

Nur an der Grenze der Philosophie läßt sich des Göttinger Physikers GEORG CHRISTOPH LICHTENBERG (1742–99) gedenken, der in aphoristischer Prägung das aufgeklärte Gedankengut weitergegeben hat.

Als es unumgänglich wurde, dem aphilosophischen Göttingen etwas aufzuhelfen, wurde JOHANN GEORG HEINRICH FEDER (1740–1821) dorthin berufen, dem bald als Kollege sein Schüler CHRISTOPH MEINERS (1747 bis 1810) zur Seite trat. Beide waren vermittlungsselige Vielschreiber, die in ‹geschickten Lehrbüchern› (M. WUNDT) den modernisierten Gehalt der überlieferten Fächer in eine neue Form brachten. Beide huldigten der empirischen Psychologie, während MEINERS sich überdies in historischen Untersuchungen hervortat. Ein gemeinsamer Schüler war DIETRICH TIEDEMANN (1748–1803) aus Bremervörde, der als Marburger Professor ebenfalls der Philosophiegeschichte oblag und in seinen anthropologischen Untersuchungen zwar die Erfahrung als Quelle aller unserer Begriffe ansprach, aber sich dem Materialismus widersetzte und in der Seelenfrage zu einem Kompromiß mit LEIBNIZ neigte. Er beschäftigte sich besonders mit den unbewußten Vorstellungen und gilt als Begründer der Kinderpsychologie.

In den Osten weist der durch FEDER etwas schlecht behandelte Rezensent der Vernunftkritik CHRISTIAN GARVE (1742–98), der nach kurzer Lehrtätigkeit in Leipzig – als Nachfolger GELLERTS auf dessen Professur für Moralphilosophie – sich in seine schlesische Heimat zurückzog und dort eine ganze Reihe moralischer Werke verfaßte und übersetzte.

Das Zentrum der eklektischen Popularphilosophie war Berlin, wo ein

Johann Jakob Engel (1741–1802) sich zu den Akademikern rechnen durfte. Sein ‹Philosoph für die Welt› ist beispielgebend für einen Bildungsbegriff, der Empfindsamkeit und bürgerliche Nützlichkeit auf einen Nenner bringen will. In diesem Rahmen fügt sich auch der Berliner Buchhändler Friedrich Nicolai (1733–1811), der zum Muster aufklärerischer Seichtigkeit und Plattheit geworden ist, aber dessen verdienstlicher Kampf gegen Vorurteile aller Art, wie er ihn in seiner ‹Allgemeinen deutschen Bibliothek› (1765–1806) führte, darüber nicht vergessen werden darf.

Etwas eigenwilliger war Johann August Eberhard (1739–1809), der durch eine Gegenschrift Kants eine etwas unrühmliche Berühmtheit erlangt hat. Dagegen verschärft Karl Philipp Moritz (1757–93) die alte objektive Begriffsbestimmung Baumgartens in der berühmten Schrift ‹Über die bildende Nachahmung des Schönen› (1788), an der auch Goethe Anteil hatte.

In der pädagogischen Bewegung war es vor allem der Hamburger Johann Bernhard Basedow (1723–90), der durch die Begründung des Philanthropinums in Dessau und durch seine pädagogischen Schriften einen kräftigen Anstoß zur Ablösung des bloßen Unterrichts durch eine lebendigere Erziehung gegeben hat.

Wolff näher bleibt der *theologische Rationalismus*, wie ihn vor allem der Hamburger Gymnasialprofessor Hermann Samuel Reimarus (1694 bis 1768) vertrat. Er verteidigt gegen den Pantheismus Spinozas und gegen den Materialismus Lamettries die Grundsätze der natürlichen Religion, bekämpft aber um so entschiedener die übernatürlichen Offenbarungen.

Der freigeistige, aber historisch viel tiefer als Reimarus gebildete Hallenser Theologieprofessor Johann Salomo Semler (1725–91) konnte zwar dessen Quellenkritik nicht zustimmen, unterschied aber auch Religion und Theologie und achtete die religiöse Freiheit des einzelnen, obwohl er für seine Person das bestehende Kirchentum verteidigte. So bekannte sich auch der Berliner Prediger Sack (1703–86), ein eifriger Wolffianer, der auch den Gegnern der Religion Beachtung schenkte, zu einer über die Grenzen des Christentums hinausreichenden Humanität. Er verglich die Offenbarung mit einem ‹Fernglas der Vernunft›, das noch etwas weiter als die natürliche Religion zu sehen erlaubt. So hat der noch dem jungen Schleiermacher verbundene Berliner Propst Spalding (1714–1804), der Shaftesbury ebenso zugetan war wie Wolff, über die ‹Bestimmung des Menschen› Gedanken veröffentlicht, die ‹auf die innere moralische Ordnung des Geistes› mehr Gewicht legten als auf die äußerliche Kirchenzugehörigkeit. Und der Braunschweiger Konsistorialpräsident Jerusalem (1709–89) endlich verwarf jede objektive Instanz der Religion und nannte seine Erfahrung seinen Beweis.

7. Moses Mendelssohn (1729–86)

Ausgaben: Philosophische Gespräche, Berlin 1755. Briefe über die Empfindungen, Berlin 1755. Philosophische Schriften Bd. 1. 2, Berlin 1761. Phädon oder über die Unsterblichkeit der Seele, Berlin 1767. Jerusalem oder über die religiöse Macht des Judentums, Berlin 1783. Morgenstunden oder Vorlesungen über das Dasein Gottes, Bd. 1, Berlin 1785. An die Freunde Lessings, ein Anhang zu Herrn Jacobis Briefwechsel über die Lehre des Spinoza, Berlin 1786. – Gesammelte Schriften, hrsg. v. G. B. Mendelssohn, Bd. 1–7, Leipzig 1843–5. Desgl. Jubiläumsausg., hrsg. v. J. Elbogen u. a., Bd. 1 ff, Berlin 1929 ff. (Repr. angek. Hildesheim, Olms)

Literatur: B. Berwin, M. M. im Urteil seiner Zeitgenossen. 1919. D. Baumgardt, Spinoza u. M. 1932. R. Richter, M. M.s Ästhetik. 1948. F. Will Jr., Cognition through beauty in M. M.'s early aesthetics. J. Aesth. Art Criticism 14, 1955/56. L. Baeck, Von M. M. zu Franz Rosenzweig. Stuttgart 1958. J. E. Barzilay, M. M. 1729–1786. A study in ideas and attitudes. Jewish quart. Rev. 52, 1961/62.

Die edleren Züge der Aufklärung vereinigt Moses Mendelssohn so sehr in sich, daß Kant nach seinem Tode ihn rühmen konnte ‹als ein nie von seinem Werte verlierendes Denkmal der Scharfsinnigkeit›, freilich einer solchen, die keiner Kritik bedarf, weil sie ‹die ganze Stärke› ihrer Erkenntnisart kennt und in ihrer Gewalt hat. Mendelssohn war 1729 in Dessau geboren, kam früh nach Berlin und erwarb sich hier unter größten Entbehrungen seine wissenschaftliche Bildung. Auch als berühmter Schriftsteller behielt er seine kaufmännische Tätigkeit in dem großen Seidenhaus bei, in das er schließlich als Teilhaber eintreten konnte. Ihn zeichnen klarer Stil, warme Empfindung, reine Humanität aus, aber sein Philosophieren liebt die irenische Mitte, so wie er selbst in der Mitte zwischen Wolff und Locke, Schul- und Popularphilosophie zu Hause war, wenn auch von Shaftesbury her ihm ein Schuß ästhetischen Empfindens beigemischt war.

Seine ‹Philosophischen Gespräche› (1755) galten der Verteidigung von Leibniz gegen die Angriffe Voltaires, während die nicht viel späteren ‹Briefe über die Empfindungen› die unteren Seelenkräfte rechtfertigen und wenigstens für ein so unvollkommenes Wesen wie den Menschen die Erfahrung des Schönen retten sollten, dessen sinnliche Beimischung fraglos nicht bestehen kann vor der reinen Vollkommenheit der ‹himmlischen Venus›. Auch für ihn sind die beiden Glaubensartikel die Unsterblichkeit der Seele, die er in seinem ‹Phädon› (1767) durch einen ganz unhistorischen Sokrates beweisen läßt, und das Dasein eines persönlichen Gottes, das er in seinen ‹Morgenstunden› (1785) noch durch den ontologischen Beweis glaubte sicherstellen zu können. Hier wird auch das Schöne aus dem Bereich des Begehrens herausgelöst und dem ‹Billigungsvermögen› zugerechnet, das er als drittes Seelenvermögen heraushebt. Als die Kritik des ‹alles zermalmenden› KANT erschienen war, fühlte der bescheidene Mann, der noch 1763 mit seiner Preisschrift über die Evidenz in der Metaphysik den Sieg über KANT davongetragen hatte, daß seine Rolle in der Geschichte der Philosophie ausgespielt sei. Er starb 1786.

8. FRIEDRICH DER GROSSE (1712–86)

Ausgaben: Antimachiavel ou Examen du prince de Machiavel, Haag 1739 (anonym). Œuvres, Bd. 1–30, Berlin 1846–57. Aus seinen Werken und Briefen, hrsg. v. H. Burneleit, Würzburg 1962. Denkwürdigkeiten zur Geschichte des Hauses Brandenburg / Briefe an Voltaire/ Die Schule der Welt, hrsg. v. K. Förster, München 1963.
 Literatur: E. ZELLER, F. d. G. als Philosoph. 1886. W. DILTHEY, F. d. G. u. die dt. Aufklärung. In: Ges. Schr. Bd. 3, 1927. E. SPRANGER, Der Philosoph von Sanssouci. In: Abh. d. Berl. Ak. d. Wiss., 1942. D. THIÉBAULT, F. II et les philosophes. Revue libérale 1961.

Es war wohl etwas Ungewöhnliches, daß ein König ans Ruder kam, der schon vor seinem Regierungsantritt eine Schrift erscheinen ließ, die nicht nur Wohlstand, Glück und Bildung des Volkes zu fördern verhieß, sondern die auch den ‹schönen Wissenschaften› ihren eigenen Rang im staatlichen Leben zusprach. FRIEDRICH DER GROSSE fühlte sich in dem Optimismus des LEIBNIZ-WOLFFschen Rationalismus zu Hause, ehe er durch seine Lebensprüfung einer stoisch-heroischen und von Skepsis nicht freien Geisteshaltung zugeführt wurde. Er, der WOLFF sogleich nach Halle zurückberief, war doch damals bereits zu VOLTAIRE in Beziehung getreten und umgab sich im Raum der Wissenschaften mit Franzosen. Aber er begegnete nirgends einer Philosophie, die den tiefsten Spannungen seines Wesens gewachsen gewesen wäre. Seine eigenen französischen Verse und Abhandlungen begnügten sich vielmehr mit dem Ausdruck des Vordergründigen und Vorletzten. Es ist daher zwischen der ausgesprochenen und der unausgesprochenen Philosophie des Königs zu unterscheiden, die eher seinem ‹Tun› als seinem ‹Dichten› und ‹Meditieren› zu entnehmen ist. Jene kreiste zunächst um den *Staat.* Der ‹*Antimachiavel*› steht zu MACHIAVELLI nur in einem begrenzten Gegensatz. Gewiß hat sich der König als der Diener seines Volkes gefühlt. Aber er hat sich nie verborgen, daß das Bewußtsein des eigenen Ranges das Maß der Verantwortung bestimmt. So hat er auch die Ehre und den Ruhm verteidigt und das Eigeninteresse mit der Selbstachtung verbunden. So hat er auch für den Staat den eigenen Vorteil und nicht ‹Gefühle der Freundschaft und Erkenntlichkeit› (DILTHEY) als Prinzip des Handelns ausgegeben. Nur in der rechten Erkenntnis der gegenseitigen Machtverhältnisse und in der klaren Einsicht in die Wechselbedingtheit zwischen innerer und äußerer Politik schienen ihm die Voraussetzungen für den verantwortlichen Einsatz der eigenen Macht gegeben.

Der Gedanke an das Rätselvolle, das hinter dem Menschenleben und der Welt steht, beschäftigt ihn bis in seine letzten Tage hinein. Es ist das Los des Menschen, sich mit dem Ungewissen begnügen zu müssen. ‹Es bleibt uns nur übrig, uns der Vorsehung – oder dem Fatum zu überlassen. Diese Mächte werden die Zukunft regieren, wie sie die Vergangenheit regiert haben und die Ewigkeiten, die vor dem Erscheinen der Menschen dahingegangen sind› (nach DILTHEY). Gegen Ende seines Lebens findet sich sogar einmal das ‹Es ist ein Gott› ausgesprochen, wenn dieser Satz auch sogleich wieder eingeschränkt wird im Blick auf die ihm unmöglich erscheinende Wechselwirkung zwischen Körper und Geist und auf das Elend der Welt überhaupt. Der König verweigert sich dem Sinnlosen, um sich dem Dunklen zu überantworten, dem zwar Unerklärlichen, aber einem selbstgefälligen Materialismus Widerstrebenden.

9. GOTTHOLD EPHRAIM LESSING (1729–81)

Ausgaben: Laokoon oder über die Grenzen der Malerei und Poesie, Berlin 1766. Hamburgische Dramaturgie, Bd. 1. 2, Hamburg u. Bremen 1767–9. Über den Beweis des Geistes u. der Kraft, Berlin 1777. Die Erziehung des Menschengeschlechts, Berlin 1780. Die Erziehung des Menschengeschlechts / Ernst und Falk, hrsg. v. G. Mattke, Stuttgart 1958. Vgl. Lessings Philosophie, hrsg. v. P. Lorentz, Leipzig 1909 (Philos. Bibl.). – Werke, hrsg. v. J. Petersen u. W. v. Olshausen, Bd. 1–25 u. 2 Reg. Bde., Leipzig 1925–35. Gesammelte Werke, hrsg. v. P. Rilla, 10 Bde., Berlin 1954–58. Gesammelte Werke, hrsg. v. W. Stammler, 2 Bde., München 1959.

Literatur: W. DILTHEY, Das Erlebnis u. die Dichtung. 1905. C. SCHREMPF, L. als Philosoph. 1906. K. VORLÄNDER, Philosophie unserer Klassiker. 1923. H. LEISEGANG, L.s Weltanschauung. 1931. F. MEHRING, Die L.-Legende. Berlin 1953. M. WALLER, L.s Erziehung des Menschengeschlechts. 1935. F. LEANDER, L. als ästhetischer Denker. 1942. M. KOMMERELL, L. und Aristoteles. Untersuchung über die Theorie der Tragödie. 2. Aufl., Frankfurt 1957. W. SCHADEWALDT, Furcht und Mitleid? Zu L.s Deutung des aristotelischen Tragödiensatzes. Dt. Vierteljahrsschr. 30, 1956. A. v. ARX, L. u. die geschichtliche Welt. 1944. M. GHIO, L. e il concetto di progresso. Filosofia 15, 1964. H. THIELICKE, Vernunft u. Offenbarung. 4. Aufl. Gütersloh 1959. R. HERMANN, Zu L.s religions-philosophischer und theologischer Problematik. Ztschr. f. system. Theologie 22, 1953. W. v. LOEWENICH, Luther und L. Tübingen 1960. J. L. HOROWITZ, L. and Hamann. Two views on religion and Enlightenment. Church History 30, 1961. O. MANN, L., Sein u. Leistung. 1948. C. ROSSO, ‹Aufklärung› e ‹Encyclopédie›: Diderot e L. Torino 1955. V. VERRA, Lo spinozismo di L. Filosofia 13, 1962. M. GHIO, Fra illuminismo e romanticismo: L. Filosofia 14, 1963.

Als *Ästhetiker* ist er im einzelnen überall von den Franzosen und

Schweizern, von BAUMGARTEN und SHAFTESBURY abhängig. Aber der Gebrauch der übernommenen Begriffe gehört ihm allein; denn die Theorie zielt bei ihm auf die Befreiung des künstlerischen Schaffens. So sieht er das Genie nicht in romantischer Gegnerschaft gegen den Verstand, da er trotz seiner Gegnerschaft gegen die Nachahmungstheorie doch die rationale und ethische Seite in der ästhetischen Synthese nie geringgeachtet hat. Regellosigkeit macht noch kein Genie. Genie und Kritik gehören vielmehr zusammen. ‹Jedes Genie ist ein geborener Kunstrichter. Es hat die Probe aller Regeln in sich.› Die Kritik aber soll das geglückte Ganze eines Kunstwerks in seinen Gründen erhellen und das mißglückte Einzelne an der Idee des Ganzen beurteilen. Es gehört auch zu den unüberholten Einsichten LESSINGS, daß er den Dichter nicht abseits der Erkenntnisbewegung seiner Zeit sehen will. ‹Ein Dichter braucht nicht alle Zeit ein Dichter zu sein. Ich sehe keinen Widerspruch, daß er nicht auch ein Philosoph sein könne.›

Zwar sind die tieferen Spannungen *geschichtlichen Daseins* LESSING fremd geblieben. Gleichwohl hat er den sonst von ihm befehdeten VOLTAIRE da verteidigt, wo er die Geschichte zur Betrachtung des sich wandelnden Zeit- und Nationalgeistes ermuntern wollte. So hat LESSING überhaupt den geschichtslosen Menschen ein ‹unerfahrenes Kind› genannt und mit Bezug auf das Altertum den Krämer von dem Kundigen unterschieden. Wo jener sich mit ‹Scherben› begnügt, spürt dieser dem ‹Geist des Altertums› nach. In seinem Abriß von der ‹Erziehung des Menschengeschlechts› (1780) hat er die Umrisse einer religiös betonten Geschichtsphilosophie entworfen, die den Entwicklungsgedanken auch auf das Verständnis der ‹Irrtümer› ausdehnt. Was für den einzelnen die Erziehung wirkt, das leistet für das Menschengeschlecht die göttliche Offenbarung. Gott mußte ‹sein erwähltes Volk durch alle Staffeln einer kindischen Erziehung› führen, ehe die Vernunft selbst die Offenbarung erhellen und schließlich als ein ‹besserer Pädagoge› kommen konnte, der dem Kinde ‹das erschöpfte Elementarbuch› fortnahm und ihm zu einem ‹zuverlässigen, praktischen Lehrer der Unsterblichkeit der Seele› wurde. Es ist daher folgerecht, wenn LESSING zuletzt auf ein ‹drittes Zeitalter› hinlenkt, das im Zeichen einer Versöhnung von Vernunft und Offenbarung steht. Mögen die Schritte auch ‹unmerklich› sein, die die Vorsehung mit den Menschen geht, so besteht doch kein Anlaß zur Verzweiflung. Vielleicht darf ja auch der einzelne Mensch ‹mehr als einmal› auf dieser Welt weilen und wird so als ein Zeuge der ganzen Ewigkeit aufgespart.

Das *kritische Selbstbewußtsein* ist die Voraussetzung seiner Erkenntnis und seiner Sittlichkeit gewesen. Bewußt einem Gesetz gemäß zu handeln, ist das Kennzeichen eines ‹moralischen Wesens›, und die Stimme des Gewissens gilt ihm mehr als eine ‹ganze uns verklagende Welt›. Wer das Suchen nach der Wahrheit höher schätzte als ihren vermeintlichen Besitz, der mußte jeder endgültigen Lehre abhold sein.

VIERTER ABSCHNITT:
GEGENSTRÖMUNGEN

I. GIAMBATTISTA VICO (1668–1744)

Ausgaben: De nostri temporis studiorum ratione, Neapel 1709 (neue Ausg.
mit dt. Übersetzung Godesberg 1947). Komm. ital. Ausg. v. M. Goretti, Firenze 1958. De antiquissima Italorum sapientia, Neapel 1710. De universi juris uno principio et fine uno, Neapel 1720 (dt. Neubrandenburg 1854). Dazu
Liber alter, qui est de constantia jurisprudentis u. Notae in duos libros, Nea-
pel 1721 f. Principi di una scienza nuova d'interno alla comune natura delle
nazioni, Neapel 1725 (2. A. Neapel 1730, endgültige Ausg. Neapel 1744; krit.
Ausg. hrsg. v. F. Nicolini, Bd. 1–3, Bari 1911–6; Commento storico alla seconda
Scienza nuova, hrsg. v. F. Nicolini, 2 Bde., Roma 1949–50; dt. hrsg. v. W. E.
Weber, Leipzig 1822, u. v. E. Auerbach, München 1924; neue Ausg. Rowohlts
Klassiker der Literatur u. Wiss. Bd. 196/97, Reinbek 1966. De mente heroica,
Neapel 1732. Eine schon 1728 veröffentlichte Autobiographie liegt jetzt in
der Ausg. v. B. Croce, Bari 1911, vor (dt. hrsg. v. V. Rüfner, Zürich 1948).
Opere, Bd. 1–8, Neapel 1858–69. Opere, hrsg. v. G. Gentile/F. Nicolini, Bari
1914 ff. Opere, hrsg. v. F. Nicolini, Milano 1953. Tutte le opere, hrsg. v. F.
Flora, Milano 1957 ff. Vgl. auch Œuvres choisies, hrsg. v. M. Michelet, Bd.
1. 2, Paris 1835.

Literatur: B. Croce, La filosofia di G. V. 1911 (dt. nach d. 2. Aufl., Tübin-
gen 1927). G. Gentile, Studi Vichiani. 1915. E. Chiochetti, La filosofia di G. B.
V. 1935. E. Auerbach, G. B. V. 1936. G. Faso, Il ‹quattro autori› del V. 1949. L.
Bogliolo, Concretezza e plurivalenza del pensiero vichiano. G. Meta. 8, 1953.
F. Nicolini, Saggi vichiani. Napoli 1955. A. Corsano, G. B. V. Bari 1956. M.
Colombu, G. B. V. Trani 1957. Angela Maria Jacobelli Isoldi, G. B. V. La vita
e le opere. Bologna 1960. N. Badaloni, Introduzione a G. B. V. Milano 1961. –
E. Grassi, Vom Wahren und vom Wahrscheinlichen bei V. Kantstudien 42,
1942. D. Vittorini, G. B. V. and reality. An evaluation of ‹De nostri temporis
studiorum ratione›. Modern Language Quarterly 13, 1952. M. F. Sciacca, Il
criterio di verità e lo storicismo di V. Philosophia 10, 1953. A. Child, Making
and knowing in Hobbes, V. and Dewey. University of California Publica-
tions in Philosophy 16, 1953. M. Iannizzotto, I ‹veri semina› nella filosofia di
G. B. V. Sophia 25, 1957. L. Bellofiore, La dottrina della provvidenza in G. B.
V. Padova 1962. – R. Ringguth, Philologie als Philosophie und die philosophische Bedeutung der Jurisprudenz bei G. B. V. Diss. München 1953. E. Auerbach, G. B. V. e l'idea della filologia. Convivium 24, 1956. A. Pagliaro, La
dottrina linguistica di G. B. V. Memorie Acc. Naz. dei Lincei VIII, 1959. G.
Fano, Il problema dell' origine del linguaggio in G. B. V. G. Meta. 17, 1962. –
S. Banchetti, Il significato morale dell'estetica vichiana. Milano 1957. F. Lanza,
Saggi di poetica vichiana. Varese 1961. – C. Cantone, Il concetto filosofico di
diritto in G. B. V. Mazara 1952. L. Bellofiore, La dottrina del diritto naturale
in G. B. V. Milano 1954. R. Specht, Über den juristischen Realismus G. B. V.s.
Philos. Jahrb. 63, 1954. – O. Klemm, V. als Geschichtsphilosoph und Völker-
psycholog. 1906. R. Peters, Der Aufbau der Weltgeschichte bei G. B. V. 1929.
V. Rüfner, Die Geschichtsphilosophie G. B. V.s. 1943. T. Berry, The Historical

Theory of G. B. V. 1949. R. STADELMANN, V. Große Geschichtsdenker. 1949.
N. BADALONI, Storia e metafisica nel pensiero di G. B. V. Società 7, 1951. A. R.
CAPONIGRI, Time and Idea. The Theory of History in G. B. V. London/Chicago
1953. R. SABARINI, Il tempo in G. B. V. Milano 1954. A. R. CAPONIGRI, V. and
the theory of history. G. Meta. 9, 1954. D. PASINI, La concezione della storia
in V., Rousseau e Kant. Riv. int. Filos. Dir. 32, 1955. A. ROTONDO, Lo storicismo assoluto e la tradizione vichiana. Società 1955. O. ANDERLE, G. B. V als
Vorläufer einer morphologischen Geschichtsbetrachtung. Die Welt als Geschichte 16, 1956. ALFONSINA ALBINI GRIMALDI, The Universal Humanity of
G. B. V. New York 1958. A. PONS, Nature et histoire chez V. Et. philos. 16,
1961. G. PRESTIPINO, La teoria del mito e la modernità di G. B. V. Palermo 1962.
S. ALBERGHI, Il problema della storia in S. Agostino e G. B. V. Forlì 1962. – R.
FORNACA, Il pensiero educativo di G. B. V. Torino 1957. S. CARAMELLA, Meta-
fisica vichiana. Palermo 1961. – W. WITZENMANN, G. B. V. und R. Descartes.
Arch. f. Rechts- u. Wirtschaftsphilos. 1937. G. SEMERARI, V. e l'Illuminismo.
Riv. int. Filos. Dir. 29, 1952. M. A. BENEDETTO, V. in Piemonte. Torino 1952.
G. GHERSI, V. e Croce. Teoresi 8, 1953. E. DE MAS, Bacone e V. Torino 1959. –
B. CROCE, Bibliografia vichiana a cura di F. Nicolini. 2 Bde. Napoli 1947–48.
E. CIONE, Cinquant'anni di studi vichiani. Rass. Sc. filos. 14, 1961.

1. LEBEN UND SCHRIFTEN

Die Aufklärung hat niemals so völlig das europäische Denken beherrscht, daß nicht immer Gegenströmungen dagewesen wären, die der
schrankenlosen Rationalisierung aller Seins- und Lebensbezüge sich
widersetzt hätten. Es sei nur an den Pietismus, an den ‹Sturm und
Drang› oder an bestimmte Richtungen der Offenbarungstheologie erinnert. Aber all diesen Bewegungen voraus begegnet die Gestalt eines einsamen Denkers, der in seiner Eigenwüchsigkeit und in seinen grundlegenden erkenntnistheoretischen Einsichten, mit seiner Abgrenzung der
naturwissenschaftlichen von der geisteswissenschaftlichen Methode auf
KANT und die ‹Deutsche Bewegung› vorausweist. Denn VICO ist nicht nur
Geschichtsphilosoph gewesen. Was ihn vielmehr zum Begründer einer
modernen Geschichtsphilosophie vor HERDER und HEGEL befähigte,
war seine erkenntnistheoretische Opposition gegen DESCARTES, die ihn
zu einem selbständigen transzendentalphilosophischen Ansatz führte.

GIAMBATTISTA VICO wurde 1668 in Neapel geboren und ist zeitlebens
nie aus einer wirtschaftlich bedrückten Lage herausgekommen, die noch
erschwert wurde durch Krankheit und ein wenig glückliches Familienle-
ben. Er studierte neben Rechtswissenschaft und Philosophie auch 'die
philologisch-historischen Fächer und war so mit der geisteswissenschaftlichen Methode von Grund auf vertraut. Nach kurzer Advokatentätig-
keit hat VICO durch lange Jahre die Mühsal des Hauslehrerdaseins auf
sich nehmen müssen, von der ihn auch die karge Professur für Rhetorik
nicht entband, die er seit 1697 in Neapel innehatte. Versuche, seine Stel-

lung zu verbessern, scheiterten ebenso wie die Hoffnung, daß seine wenigen und in der Sache so erregenden Schriften eine ‹Explosion› auslösen würden. So mußte er sich schon vor der Zeit von seiner Lehrtätigkeit zurückziehen und starb 1744 als ein ermatteter Greis, der seine geistigen Kräfte nicht mehr zu einem sinnvollen Ausdruck zu sammeln vermochte.

Das methodisch grundlegende Buch ‹Vom Wesen und Weg der geistigen Bildung›, das im Blick auf die Antike, aber aus der Überlegenheit eines modernen Menschen heraus die Denkweise Descartes' einer schwerwiegenden Kritik unterzog, erschien 1709. Nicht viel später folgte der erste Versuch, seine methodischen Einsichten an der ‹ältesten Weisheit der Italiener› (1710) zu erproben. Schien Vico hier noch das früheste Stadium der Geschichte auch über eine vollkommene Erkenntnis zu verfügen, modifizierte er in dem folgenden Jahrzehnt diese Auffassung und kam überdies zu neuen erkenntnistheoretischen Ansätzen. Darüber gibt einen ersten Aufschluß die Schrift ‹Über Ursprung und Ziel des allgemeinen Rechts› (1720). Fünf Jahre später tritt als Frucht aller bisherigen Bemühungen die ‹Neue Wissenschaft› über die gemeinschaftliche Natur der Völker› hervor, die dann ihren Schöpfer nicht mehr losgelassen und ihn noch zu gewichtigen Umarbeitungen veranlaßt hat.

2. Erkenntnislehre

Vico hält es wegen der Begrenztheit des menschlichen Wissens für erforderlich, eine ‹Wissenskritik› jeder Erweiterung des Wissens vorangehen zu lassen. Die richtige und ordnungsmäßige Erlernung des ‹Werkzeugs› erst gibt die Möglichkeit, das Ziel der Wahrheit anzusteuern.

Auf Grund solcher Erwägungen spricht Vico dann den Geisteswissenschaften einen Vorrang vor den Naturwissenschaften zu. Er verkennt zwar nicht den unermeßlichen Fortschritt, den die Einführung der geometrischen Methode in die Physik ausgelöst hat. Durch sie wurde das Zeitalter ‹tastender Naturphilosophen› durch die wissenschaftliche Beschreibung von ‹Kausalzusammenhängen› abgelöst. Aber da der Mensch nur beweisen kann, was er hervorbringt, kann der Physiker von der Geometrie wohl die Methode, aber nicht die ‹Evidenz› ihrer Beweise entlehnen und daher nur ‹Wahrscheinlichkeiten› konstatieren. ‹Wenn wir das Physikalische beweisen könnten, würden wir es hervorbringen.› Die Natur ist aber von Gott geschaffen, und nur er könnte sie beweisend durchdringen. Auch der Arzt ist außerstande, in das wahre Wesen der Krankheiten Einblick zu gewinnen. Er muß sich an die ‹Symptome› halten, die eine ‹lange Beobachtung› erfordern.

Die ‹historische Welt› eröffnet dem Menschen dagegen eine adäquate Erkenntnismöglichkeit, weil er ihr Schöpfer ist. Die ‹Prinzipien› dessen,

was ‹ganz gewiß von den Menschen gemacht worden ist,... können...
in den Modifikationen unseres eigenen menschlichen Geistes aufgefunden werden›. Es ist daher eine Paradoxie, daß die menschliche Wissenschaft mit Eifer der ‹Natur der Dinge› als dem eigentlich Gewissen nachsinnt, während sie die ‹Natur des Menschen› vernachlässigt, da sie doch hier auf die Spuren einer ‹idealen, ewigen Geschichte› treffen müßte, die dem Geist ein volles Verstehen erlauben würde. ‹Es kann nirgends größere Gewißheit geben als da, wo der, der die Dinge schafft, sie auch erzählt.› Die Geschichte steht an Gewißheit der Geometrie nicht nach; denn in beiden Bereichen ist der Mensch Hervorbringer. Aber wieviel mehr ‹Realität› haben die ‹Gesetze über die menschlichen Angelegenheiten› als die Gesetze über ‹Punkte, Linien, Flächen und Figuren›! Es ist das ‹Gewissen aller Völker›, das durch die Wissenschaft vom Menschen autorisiert wird, und es ist der ‹freie Gebrauch des Willens›, der diese ‹menschliche Autorität› begründet, die zwar der ‹göttlichen Autorität› nachgeordnet ist, aber selbst von ihr nicht aufgehoben werden kann.

Damit ist Vico zu einer selbständigen Begründung der *geisteswissenschaftlichen Methode* gekommen, die sich scharf abhebt von dem Versuch der großen Systematiker des 17. Jahrhunderts, auch die geistige und gesellschaftliche Welt der kausalen Methode zu unterwerfen.

3. Geschichtsphilosophie

So will auch die ‹Neue Wissenschaft› nicht eine Deutung des einmaligen Geschehens geben, das als Weltgeschichte von der Urzeit bis zum Jüngsten Tage abrollt, sondern sie will die ‹Entwicklung der menschlichen Dinge› in ihrem typischen Ablauf und in ihrer elementaren Gesetzmäßigkeit aufdecken. Wieder geht es daher nicht um eine ‹Wissenschaft des Wahren› oder Seinsollenden, sondern um die Beobachtung dessen, ‹was die menschliche Willkür als Gesetz aufgestellt hat›. Es gilt, die ‹Stufenfolgen› zu gewahren, die den Weg des Menschen zeichnen, wo er ‹aus wilden und tierischen Urwaldzeiten... zur Gesittung› gelangt. Es gibt ein festes Gesetz, das die unablässige ‹*Wiederkehr* der menschlichen Dinge› regelt.

Diese Stufung des Geschehens ist bei Vico immer dreifältig, und die dialektische Geschichtsauffassung des deutschen Idealismus deutet sich bei ihm schon an. Die Geschichte läßt die Züge einer tiefen, wiewohl oft verborgenen Gesetzlichkeit erkennen, kraft welcher ein Zeitalter der Götter abgelöst wird von dem der Heroen, das seinerseits hinausführt in das Zeitalter der Menschen. In diesen *drei Stufen* vollzieht sich der ewige Kreislauf, den die Mythen, die Sagen und die eigentliche Historie bezeugen.

Im Gegensatz zur Aufklärung sucht Vico in den *Mythen und Sagen* ‹geschichtlich wahre Motive› zu erkennen und auch in den *Sprachen* gewichtige Zeugen ‹für die Sitten der ersten Zeiten der Welt› zu erspüren. Das ‹allgemeine Prinzip der Etymologie› entspricht der Stufung der Zeitalter. Die Hieroglyphen drücken die ‹stumme Sprache durch Gebärden oder Körper› aus. Sie geht über in die heroisch-poetische Sprache, wie sie durch ‹Ähnlichkeiten, Vergleichungen, Bilder, Metaphern› sich kundmacht, und sie vollendet sich in der ‹menschlichen› Sprache, die durch prosaische Übereinkunft die Ordnung der Gegenstände in einer ‹Ordnung der Ideen› abbildet. So prägt die Sprache die ‹heilige›, ‹symbolische› und ‹vulgäre› Geschichte. Vico wagt sogar, unter den menschlichen Sprachen die griechische den Mythen der Urzeit, die lateinische dem im heroischen Zeitalter sich regenden Ackerbau und die französische der wissenschaftlichen Exaktheit einer humanisierten Epoche zuzuordnen, obwohl grundsätzlich jede Sprache diese drei Stufen durchlaufen muß. Das ‹Einsammeln› der Früchte und das ‹Versammeln› der Stimmen findet seinen Niederschlag in dem ‹Lesen› (= Auslesen, vgl. *colligere* und *legere*) der Buchstaben, und es muß sich auf dieser Grundlage ‹eine allen Völkern gemeinsame geistige Sprache› ergeben.

Überall sind Religion, Ehe und Begräbnis die Wurzeln der menschlichen Gesittung. Die Religion läßt die göttliche Vorsehung walten, die Ehe ist die Pflanzstätte der Familien und Staaten, und das Begräbnis ist Wahrzeichen der Humanität (Vico leitet *humanitas* von *humare* ab!) und Unsterblichkeit. Diese drei Mächte wehren dem Rückfall der Menschheit in den ‹Urwaldzustand› und halten den geschichtlichen Weg frei. Die *Philosophie* darf sich daher nicht in ihren Begriffen isolieren, sondern sie muß auf die ‹poetische Weisheit› der Dichter zu hören bereit bleiben. Der Philosoph darf nicht in unverbindliche Allgemeinheiten ausweichen, wenn er der Ganzheit des menschlichen Tuns und Leidens geöffnet bleiben und dem Exemplarischen und Besonderen seine Ursprünglichkeit belassen will. Es verrät aber eine ‹falsche Sehnsucht›, wenn Platon die Philosophen zu Königen erheben wollte. Es waren vielmehr die ‹ersten Väter›, die ‹Weisheit, Priestertum und Königsherrschaft› in sich vereinigten, während die Philosophen an sich den ‹Greisen der Völker› zugehören, die der Differenzierung in Stände und Berufe bedürfen, um ihrem Auftrag zu entsprechen: Denn ‹dies ist die Entwicklung der menschlichen Dinge: erst waren die Wälder, dann die Hütten, dann die Städte und zuletzt die Akademien›.

Vicos Deutung des *Geschichtsverlaufs* geht also doch nicht von einem *goldenen Zeitalter* aus, wie es der Ausgang von den Mythen vielleicht vermuten ließe. Die ‹Unschuld des goldenen Zeitalters› ist nur eine gelehrte Konstruktion. In Wahrheit steht der *bestialische Mensch* am Anfang, dessen Wildheit nur die Furcht vor einer Vorsehung eindämmen konnte. Diesem Zeitalter ist daher die ‹Theologie der Dichter› gemäß. Alles Recht liegt in der Hand der Götter, die theokratisch regieren, in

‹stummen Kultzeremonien› angesprochen werden und ihren Willen
kundmachen durch ‹Auspizien, Orakel und andere körperliche Zeichen›.

Das *heroische* Zeitalter knüpft die Menschen bereits an die Götter an,
indem es die Heroen als deren Söhne auszeichnet. Das Recht gründet
auf der Gewalt der den Göttern verantwortlichen Heroen, und die Herrschaft gebührt den Aristokraten, die Befehlen und Gehorchen in eine
staatliche Ordnung fügen und die theokratische Willkür beenden.

Den Abschluß macht das dritte und *menschliche* Zeitalter, in dem ‹Gewissen, Vernunft und Pflicht› an die Stelle des Götter- und Heroenkultes
treten. Die gleichberechtigten Menschen ordnen sich in ‹volksfreien
Republiken› und erst nach deren Scheitern in ‹Monarchien›, die ein ‹be-
quemes Leben zu sichern› geeignet sind. Die dem prosaischen Wahren
verbundene bürgerliche Welt biegt die Gesetze und paßt sie den Tat-
beständen an und traut den erfahrenen Männern, die klug im Handeln
und weise im Denken sind.

Am Ende der drei Stufen aber steht immer die *zweite Barbarei*, die
‹Barbarei der Reflexion›, die schlimmer ist als die erste tierische Barba-
rei. Wenn kein Augustus zu helfen mehr da ist, dann machen die
Völker ‹in ewigen Parteikämpfen und verzweifelten Bürgerkriegen die
Städte zu Wäldern, die Wälder zu Menschenhöhlen›, dann verlieren sie
das ‹Gefühl für Annehmlichkeiten, Verfeinerungen, Vergnügen und
Luxus und empfinden nur noch die notwendigsten Dinge des Lebens›.
Danach erst werden sie ‹bei der geringen Zahl der Überlebenden ...
wieder anständig, ... fromm, wahrhaft und treu› und beginnen von
neuem jenen Kreislauf, in den die Vorsehung die Geschichte hinein-
gewiesen hat.

II. SPIRITUALISMUS UND GLAUBENS-
PHILOSOPHIE

1. Emanuel Swedenborg (1688–1772)

Ausgaben: Principia rerum naturalium, Dresden/Leipzig 1734 (Repr. Basel
1954). De cultu et amore Dei, Bd. 1. 2, London 1744–5. Arcana coelestica, Bd.
1–8, London 1749–56. De nova Hierosolyma et eius doctrina coelesti, · London 1758 (Repr. Basel 1962). Doctrina novae Hierosolymae de Domino, Amstelodami 1763 (Repr. Basel 1959). Doctrina vitae pro nova Hierosolyma ex
praeceptis decalogi, Amstelodami 1763 (Repr. Basel 1960). Doctrina novae
Hierosolymae de fide, Amstelodami 1763 (Repr. Basel 1961). Werke, lat. u.
dt. hrsg. v. I. Tafel, Bd. 1–21, Tübingen 1823–42. (Von den Übersetzungen
Tafels sind neu gedruckt: Die Lehre des neuen Jerusalem von der Liebthätigkeit,
Zürich 1961. Vom jüngsten Gericht und vom zerstörten Babylonien, Zürich
1962. Die Weisheit der Engel betreffend die göttliche Vorsehung, Zürich 1963.

Über die religiösen Grundlagen des neuen Zeitalters. Die Hauptabschnitte aus dem Werk De nova Hierosolyma et eius doctrina coelesti, Zürich 1965). Die wahre christliche Religion, dt. Übers. v. F. Horn, 4 Bde., 1960–65. Homo maximus/Der himmlische und der leibliche Mensch., lat./dt. hrsg. v. E. Benz, Weilheim 1962. Auswahl: E. v. S.s Leben u. Lehre, Frankfurt 1880, u. Lorch 1937.

Literatur: F. C. OETINGER, S.s u. anderer irdische u. himmlische Philosophie. Frankfurt u. Leipzig 1765. G. BARGER, De hooge Beteekenis der theolog. werken van E. S. 1904. M. LAMM, S. 1922. H. MALTZAHN, E. S. 1939. E. BENZ, S. als geistiger Wegbereiter der dt. Romantik. 1940. DERS., S. in Deutschland. 1947. C. O. SIGSTEDT, The S. Epic. The Life and Works of E. S. New York 1952. F. HORN, E. S. Forscher in beiden Welten. Zürich 1953. DERS., Schelling und S. Ein Beitrag zur Problemgeschichte des deutschen Idealismus und zur Geschichte S.'s in Deutschland. Zürich 1954. J. H. SPALDING, Introduction to S.'s Religious Thought. Brooklyn 1957. H. DINGLE, L'œuvre scientifique d'E. S. Endeavour 17, 1958. Vgl. außerdem die Zeitschrift New Philosophy, die regelmäßig Aufsätze über S. veröffentlicht.

SWEDENBORG ist 1688 in Stockholm als Sohn eines schwedischen Bischofs geboren. Er begann als Naturforscher und war gleich NOVALIS und BAADER im Bergbau tätig. Er war sogar in Uppsala als Nachfolger des CELSIUS vorgesehen, bevor er sich ganz der *Theosophie* zuwandte. Hier haben die ‹Himmlischen Geheimnisse› (1749–56) seinen Ruhm begründet. Der Leib birgt nur die Hülle des inneren Menschen, und auch für diesen dient die Seele nur dem Geist zur Gestaltwerdung. Auf die Entfaltung des geistigen Menschen kommt es an, weil nur er Ebenbild Gottes ist. Als ein des Unendlichen Empfänglicher wird der Mensch erst Mensch, und er ist es im höchsten Sinn, wo Gott in ihn eingeht. Obwohl die natürliche und geistige Welt einander entsprechen und das Natürliche daher nicht verwerflich ist, zielt doch das menschliche Dasein auf den Eingang in die *Geisterwelt,* die eine mittlere Sphäre zwischen Himmel und Hölle ist. Das Sterben ist in Wahrheit ‹Übergang› und Auferstehung in der Geisterwelt. Dieser Prozeß geht stufenweise vor sich, indem zunächst eine höhere Äußerlichkeit die wirkliche Vergegenwärtigung auch des bloß Vorgestellten zuläßt und sodann das Innere des Menschen in seiner wahren Beschaffenheit offenbar wird, die Bösen sich in die Hölle hinabstürzen und die Guten auf ihre Verwandlung in Engel sich vorbereiten.

Gleich VICO hat auch SWEDENBORG, obwohl er am nachhaltigsten durch seine Visionen gewirkt hat, der *Sprache* nachgesonnen und für den Verkehr der Geister eine ‹Universalsprache› angenommen, deren Elemente nicht die Wörter, sondern die ‹ursprünglichen Begriffe der Wörter› sind. Dem entspricht, daß der Mensch neben dem äußeren, auf die Sinne sich stützenden Gedächtnis auch ein inneres besitzt, das in vertrauter Weise auch da reagiert, wo ein übernatürliches Wissen in Frage steht. Das höhere Gedächtnis und der Sinn für die Universalsprache lassen sich nur in den vom Äußeren abgewandten Menschen erwecken. Dabei gilt es als Gesetz, daß nur die verwandten Geister dem Menschen sich nähern und also auch die Bösen nur zu den bösen Geistern sich hingezogen fühlen.

2. Friedrich Christoph Oetinger (1702–82)

Ausgaben: Inquisitio in sensum communem et rationem, Tübingen 1753 (Repr. Stuttgart 1964). Sylloge theologiae ex idea vitae deductae, Heilbronn 1753. Die Philosophie der Alten, Frankfurt u. Leipzig 1762. Theologia ex idea vitae deducta, ebenda 1765. Gedanken von den zwo Fähigkeiten zu empfinden und zu erkennen, ebenda 1775. Die Metaphysik in Connexion mit der Chemie, Schwäb. Hall 1771. Selbstbiographie, hrsg. v. J. Hamberger, Stuttgart 1845. Selbstbiographie/Genealogie der reellen Gedanken eines Gottesgelehrten, hrsg. v. J. Roessle, Metzingen 1961. Sämtliche Schriften, hrsg. v. K. C. E. Ehmann, Bd. 1–6, Stuttgart 1858–64. Ausgew. Werke, hrsg. v. J. Roessle, Metzingen 1961 und 1965. Hrsg. v. A. Rosenberg, München-Planegg 1957.
    Literatur: C. A. Auberlen, Die Theosophie F. C. O.s 1847 (2. A. hrsg. v. R. Rothe, 1859). K. C. E. Ehmann, F. C. O.s Leben und Briefe. 1859. J. Herzog, F. C. O. 1902. O. Herpel, F. C. O., die heilige Philosophie. 1923. E. Zinn, Die Theologie des F. C. O. 1932. W.-A. Hauck, F. C. O.s Naturphilosophie. 1943. Ders., Das Geheimnis des Lebens, Naturanschauung u. Gottesauffassung. F. C. O.s. 1947. W. A. Schulze, O. contra Leibniz. Z. philos. Forsch. 11, 1957. Ders., O.s Beitrag zur Schellingschen Freiheitslehre. Zeitschr. f. Theologie u. Kirche 54, 1957.

Der 1702 in Göppingen geborene Friedrich Christoph Oetinger war vom schwäbischen Pietismus beeinflußt und wirkte von 1766 bis zu seinem Tode 1782 als Prälat in Murrhardt. Er wurde tief von Swedenborg berührt, als er dessen ‹Arcana› zu Gesicht bekam, war aber längst mit Jakob Böhmes Mystik vertraut und durch Bengels Biblizismus hindurchgegangen und daher erschlossen für den Auftrag Swedenborgs, ‹die unsichtbaren Dinge den Philosophen kund zu tun›. Aber Oetinger, der (gleich Swedenborg) mit der Leibniz-Wolffschen Philosophie vertraut war und sich durch Bilfinger, seinen Lehrer, zum Selbstdenken angeregt fand, fühlte sich durchaus zum Philosophen bestimmt und hat gleich Vico methodisch um einen neuen Begriff der Philosophie gerungen, der, nun auch gegen Leibniz, die Ursprünglichkeit des Lebens gegen jede rationale Vergewaltigung wahren sollte.

    Oetinger kämpft für das *Leben* gegen die einlinige mechanistische Kausalbetrachtung. Er verteidigt die Qualität gegen die Quantität, die Chemie und Alchimie gegen die Mechanik und Physik. Er will die Einzelwissenschaften an der *cognitio centralis* der Philosophie beteiligen, die das eigentümliche Erquellen eines jeden Dinges aus seiner eigenen Mitte gewahren läßt.

    Die falschen Philosophen entsetzen *Gott* zu einer gedanklichen Konstruktion, da doch ‹alles voll ist von der Gegenwart Gottes›, die in ‹Leben und Selbstbewegung› offenbar wird und nicht in ‹Gedankenbildern›. Gott ist unendlich unterschieden von der Welt und strahlt doch ‹durch alles›. Das Erste ist ‹Leben und Bewegen›, nicht ‹Denken› und ‹Sein›. Auch OETINGER rühmt mit VICO den *sensus communis*, den Gemeinsinn, die natürliche Klugheit und das unmittelbare Gefühl des menschlichen Herzens. Er ist ‹das ursprüngliche Organ im Menschen› (ZINN). Er ist ein Rest des durch den Sündenfall von Gott abgelenkten schöpferischen Vermögens. Er vernimmt, auch wo er nicht Erkenntnis stiften kann, er ist das ‹Fühlungswerkzeug der allgegenwärtigen Weisheit, des Lebens, der Wahrheit, des Rechts, des Lichts›, das ‹Auffangorgan für die ,Weisheit auf der Gasse'› (HAUCK). Er ist eher dem ‹Instinkt der Tiere› (HERZOG) zu vergleichen, als daß er ein produktives Vermögen im Sinne des Idealismus wäre. Aber er umgreift den gesamten Bereich dessen, was dem Menschen erschlossen ist. Der Gemeinsinn nähert dem Menschen die Natur voller und unmittelbarer als der Begriff. Er spricht im Gewissen, und er bindet die Gesellschaft ‹als das allgemeine Gefühl des Lichtes und der Billigkeit›. Er ist vor allem das ‹Sensorium gegen die Kreatur und gegen Gott›, das ‹Verborgene im Menschen›, ein schweigender Sinn für die Ewigkeit.

OETINGER hat den Begriff der *Entelechie* von den Alten aufgenommen, um den zielgerichteten Gestaltwandel der Seele damit zu bezeichnen. Er hat den Menschen als den *Mikrokosmos* sich bedeutet, der den Makrokosmos in sich trägt und ein ‹Rätsel aller Werke Gottes› (nach ZINN) sein soll.

3. JUSTUS MÖSER (1720–94)

Ausgaben: Patriotische Phantasien, Bd. 1–4, Berlin 1774–86. Über die deutsche Sprache u. Literatur, Hamburg 1781. Sämtliche Werke, hrsg. v. F. Nicolai, Bd. 1–8, Berlin 1798. Desgl. hrsg. v. B. R. Abeken u. J. W. v. Voigt, Bd. 1–10, Berlin 1842–3. Hist. krit. Ausg., hrsg. v. d. Gött. Ak. d. Wiss., bisher erschienen Bd. 1. 4. 5, Oldenburg 1944 ff. Briefe, hrsg. v. E. Beins u. W. Pleister, Hannover 1939. Auswahl u. d. Titel: Gesellschaft u. Staat, hrsg. v. K. Brandi, München 1921. Desgl. u. d. Titel: Deutsche Staatskunst u. Nationalerziehung, Leipzig 1937. Ausgew. pädagogische Schriften, hrsg. v. H. Kanz, Paderborn 1965.
   Literatur: W. DILTHEY, Ges. Schr. Bd. 3, S. 248–57. P. KLASSEN, J. M. 1936. K. BRANDI, M. u wir. 1944.

MÖSER, dessen ganzes Leben seiner Vaterstadt Osnabrück gehörte, scheint zunächst einfach ein Kind seiner aufgeklärten Zeit zu sein. Aber dies war nur Durchgangsstadium. In den ‹Patriotischen Phantasien› (1774–86) ist der schon in der ‹Osnabrückischen Geschichte› bewährte Blick für das organische Wachstum der gesellschaftlichen Ordnungen

voll gewonnen. Damit ist die aufgeklärte Geschichtsbetrachtung über-
wunden und der Geist der ‹Historischen Schule› längst vor deren Begründung lebendig geworden. ‹Alles, was ein Volk besitzt, Religion,
Sprache, Verfassung, Recht, Sitte, bis hinein in die geheimsten Vorstellungen und Gewohnheiten, ist das natürliche Produkt der in ihm
wirkenden Bildungskraft› (DILTHEY).

Während die Aufklärung durch die Proklamation allgemeiner Grundsätze die Welt zu verbessern hofft, bedenkt MÖSER die Grenzen der Rationalisierung und verteidigt die Anschauung gegen den rechnenden
Verstand. Aus den gleichen Motiven wie VICO und OETINGER wendet sich
MÖSER gegen die ‹Überschätzung der Verstandesbildung› (DILTHEY).

4. JOHANN GEORG HAMANN (1730–88)

Ausgaben: Sokratische Denkwürdigkeiten, Amsterdam 1759. Wolken, Altona
1761. Kreuzzüge des Philologen, Königsberg 1762. Golgatha und Scheblimini,
(Königsberg) 1784. Sibyllinische Blätter des Magus im Norden, Leipzig 1819.
Konxompax, hrsg. u. erl. v. Ingemarie Manegold, Heidelberg 1963. Schriften,
hrsg. v. F. Roth u. Wiener, Bd. 1–8, Berlin 1821–43. Leben u. Schriften, hrsg.
v. C. H. Gildemeister, Bd. 1–6, Gotha 1857–73. Sämtliche Werke, histor. krit.
Ausg. v. J. Nadler, Bd. 1–6, Wien 1949–57. Auswahlen: Wahrheit, die im
Verborgenen liegt, hrsg. v. J. Herzog, Berlin 1927. Hauptschriften, hrsg. v.
O. Mann, Leipzig 1937. Hauptschriften, hrsg. v. F. Blanke u. a., Gütersloh
1956 ff (Bd. I mit Bibliographie). Entkleidung und Verklärung. Ausw. aus den
Schriften u. Briefen v. M. Seils, Berlin 1963. Briefwechsel, hrsg. v. W. Ziese-
mer/A. Henkel, 4 Bde. Wiesbaden 1955–59.

Literatur: J. NADLER, J. G. H. 1949. R. UNGER, H.s Sprachtheorie. 1904. DERS.,
H. u. die Aufklärung. Bd 1. 2, 1911. E. METZKE, J. G. H.s Stellung in d. Philos.
d. 18. Jhs. 1934. W. METZGER, J. G. H. 1944. F. BLANKE, H.-Studien. Zürich
1956. N. ACCOLTI GIL VITALE, La giovinezza di H. Varese 1957. W. KOEPP, Der
junge J. G. H. Theol. Lit. Zt. 84, 1959. L. VOLKEN, H., der Magus im Norden.
Freib. Z. Philos. Theol. 8, 1961. F. LIEB, Glaube u. Offenbarung bei J. G. H.
1926. H. SCHREINER, Die Menschwerdung Gottes in der Theologie J. G. H.s.
1946. M. SEILS, Theologische Aspekte zur gegenwärtigen H.-Deutung. Göttingen 1957. J. C. O'FLAHERTY, Some major emphases of H.'s theology. Harvard
theol. Rev. 51, 1958. W. LEIBRECHT, Gott und Mensch bei F. G. H. Gütersloh
1958. H. U. v. BALTHASAR, H.s theologische Ästhetik. Philos. Jahrb. 68, 1959/
60. J. O'FLAHERTY, Unity and Language. A Study in the philosophy of. J. G.
H. 1952. H. A. SALMONY, J. G. H.s metakritische Philosophie. Bd. I: Einführung in die metakritische Philosophie J. G. H.s. Zollikon 1958. M. SEILS, Wirklichkeit und Wort bei J. G. H. Stuttgart 1961. K. GRÜNDER, Figur und Geschichte. J. G. H.s ‹Biblische Betrachtungen› als Ansatzpunkt einer Geschichtsphilosophie. Freiburg 1958. P. ERNST, H. u. Bengel. 1935. K. GRÜNDER, H. in
Münster. Westfalen 33, 1955. DERS., Nachspiel zu Hegels H.-Rezension. He-
gel-Studien 1, 1961. J. L. HOROWITZ, Lessing and H. Two views on religion and
Enlightenment. Church History 30, 1961. A. PUPI, L'inizio del carteggio tra

H. e Jacobi. Riv. Filos. neoscol. 54, 1962. E. Büchsel, Aufklärung und christliche Freiheit. J. G. H. contra Kant. Neue Z. system. Theol. 4, 1962. R. Knoll, J.G.H. und F.H. Jacobi. Heidelberg 1963. – V. Verra, Neue Wege der H.-Forschung. Philos. Rdsch. 7, 1959.

Johann Georg Hamann ist 1730 in Königsberg geboren, hat bei Knutzen gehört, aber sich nicht für Leibniz gewinnen lassen. Wichtiger als die Vorlesungen war der Freundeskreis, in dem Johann Christoph Berens aus Riga die führende Rolle spielte. Als Hamann 1752 ohne abgeschlossenes Studium nach Livland ging, um als Hofmeister sein Brot zu suchen, zog der 1754 aus Frankreich zurückkehrende Freund ihn bald in den Umkreis seines großen Handelshauses hinein und in das Studium der Kameralwissenschaften, das er für die Firma fruchtbar zu machen hoffte. 1756 verpflichtete sich Hamann dem Berensschen Haus und trat jene geheimnisvolle Reise nach England an, die in Katastrophe und Bekehrung zugleich endete. Die nicht für den Druck bestimmten ‹Biblischen Betrachtungen› (1758) bedeuten uns, wer Hamann jetzt ist. Die Bibel ist die Grundlage seines Denkens, aber ‹der Schöpfer der Welt ist ein Schriftsteller›, der sich geoffenbart hat ‹in der *Natur* und in seinem *Wort*›. Natur und Geschichte sind die ‹zwei Pfeiler›, ‹auf welchen die wahre Religion beruht›. Nicht Voltaire, Bolingbroke oder Shaftesbury sind ‹Probierstein› der Wahrheit, sondern das Gründende ist das ‹Wort, das aus dem Munde Gottes geht›, das ‹Wörterbuch› und die ‹Sprachkunst›, worin alle unsere Begriffe und Reden vorbestimmt sind. Das Gewissen ist die verkleidete Stimme Gottes. Unsere Tage sind wie ‹ein Nichts›, wenn die Vernunft sie zählt, aber für den Glauben sind sie ein ‹All› und eine ‹Ewigkeit›. Der Christ ist ‹allein ein Mensch›, weil erst durch die ‹Vernichtung aller menschlichen Begriffe› und insonderheit der drei Zeitmomente die Ewigkeit, Hoheit und Überschwenglichkeit Gottes sich erschließen kann.

Solche Erkenntnisse leiteten die Rückkehr nach Riga ein, aber zugleich den Rückzug aus dem Handelshaus und aus den nationalökonomischen Versuchen. Er kehrte ohne Bruch mit den Freunden 1759 nach Königsberg in das väterliche Haus zurück. Aber der Schriftsteller war jetzt in Hamann erweckt, und schon 1759 erschienen die ‹Sokratischen Denkwürdigkeiten›. ‹Der *Glaube* ist kein Werk der Vernunft.› Auch die beiden Bücher der Natur und der Geschichte lassen sich durch verständige Analyse nicht entziffern, weil Gott in ihnen sich ausspricht. Der Glaube wirkt auch in ihrem Bereich, und die Vernunft kann über Glaubenstatsachen nicht entscheiden. Die denkwürdige Bedeutung des Sokrates bezeugt sich durch eine ‹Wahrheit, die im Verborgenen liegt›. Sokrates gehört unter die Propheten; denn die Vernunft ist ausgezeichnet nur durch ihr Wissen des Nichtwissens, und das ‹Genie› des Philosophen bekundet sich in der Vernehmensbereitschaft für die Gaben der Offenbarung, die den Sophisten jeder Spielart verschlossen sind.

1761 folgte als ‹Nachspiel› dieser Schrift eine dem ARISTOPHANES nach-
gesonnene ‹Wolken›-Komödie. HAMANN getraut sich jetzt selbst als An-
walt der *docta ignorantia* in die Arena zu treten. Dieses Trauen ist be-
dingt durch die Verwandlung des Philosophen in den Philologen. So
sollen die ‹Kreuzzüge des Philologen› von 1762 im Geiste einer christlichen Philologie die Schrift der dreifachen Offenbarung in *Natur*, *Geschichte* und *Bibel* enträtseln und das Verhältnis von Vernunft und
Sprache klären. Wo verstandesmäßige Gleichungen nicht mehr zurei-
chen, kann nur noch die Sprache eine Erkenntnis gewährleisten, die das
‹Anschauliche› nicht vergewaltigt. Mit dieser ‹anschaulichen Erkenntnis› bezieht HAMANN seinen Platz in der Gegenbewegung.

Diese Ineinssetzung von Erkennen und ‹Lesen› war die Grundlage der
jetzt einsetzenden Freundschaft mit HERDER. Beide haben sich gefunden,
längst ehe KANT zu seiner kritischen Revolution ansetzte.

Die *Sprache* blieb für HAMANN um so mehr im Mittelpunkt seines Sin-
nens, als er hier in einen Gegensatz zu HERDER geriet. Er hielt daran
fest, daß der Ursprung der Sprache göttlich sei und daß der Gedanke an
eine Erfindung von Sprache oder Leben ans Verbrecherische grenze. Der
Mensch ist am lebendigen Wort der Gottheit zu Leben und Sprache erweckt. Verschärft wurde dieser Angriff auf HERDER noch in den ‹Philologischen Einfällen* und Zweifeln über eine akademische Preisschrift›
(1772), die NADLER als HAMANNS ‹schönste, schlichteste und geistig be-
deutendste Schrift› ausgibt. HERDER – aus dessen Nachlaß sie erst herausgegeben wurden – hätte wissen müssen, daß das Wort weder an
seiner fleischlichen Prägung noch an seinem aufgeklärten Inhalt hafte,
weil es an sich selbst göttlicher Hauch und Atem ist. Das göttliche Wort
wandelt sich in das menschliche wie das Urbild ins Abbild, und die göttliche Trinität spiegelt sich in der Dreigeschlechtlichkeit unserer Sprache.

So führt der Weg von der Sprache in den *theologischen Raum* hinüber. Die mannigfachen Skizzen dieser Jahre müssen hier ungenannt
bleiben. Jedenfalls wird die Erkenntnis jetzt mit dem geschlechtlichen
Erkennen zusammengebunden, und die Trias von Leben, Sprache, Vernunft wird als die Auswirkung einer Begattung des jungfräulichen Menschen durch den Logos (nach PHILON) gedeutet.

So ist das Thema *Vernunft und Offenbarung* in aller Grundsätzlich-
keit angeschnitten. Der reine Verstand, die Spontaneität der Begriffe ist
eine Konstruktion, die unvereinbar ist mit der sinnlichen Bedingtheit
alles Erkennens. Sprache, Verstand und Sinne sind nicht zu trennen.
Keine Vernunft kann ohne Offenbarung vernehmen, und Offenbarung
ist alles, was zum Menschen spricht.

5. JOHANN GOTTFRIED HERDER (1744–1803)

Ausgaben: Über den Ursprung der Sprache, Riga 1772 (Hrsg. v. C. Träger, Berlin 1959). Älteste Urkunde des Menschengeschlechts, Bd. 1. 2, Riga 1774–6. Auch eine Philosophie der Geschichte zur Bildung der Menschheit, Riga 1774. Vom Erkennen und Empfinden der menschlichen Seele, Riga 1778. Ideen zur Philosophie der Geschichte der Menschheit, Bd. 1–4, Riga 1784–91. Gott, einige Gespräche, Gotha 1787. Briefe zur Beförderung der Humanität, Bd. 1–10, Riga 1792–7 (Ausw. hrsg. v. W. Harich, Berlin 1953). Verstand u. Erfahrung, Vernunft u. Sprache, eine Metakritik zur Kritik der reinen Vernunft, Bd. 1. 2, Leipzig 1799. (Repr. Berlin 1955) Kalligone, Frankfurt u. Leipzig 1800. Adrastea, hrsg. v. J. G. H., Bd. 1–6, Leipzig 1801–3. Immanuel Kant, Aus den Vorlesungen d. Jahres 1762–64, hrsg. v. H. D. Irmscher, Köln 1964. Schulreden, hrsg. v. A. Reble, Bad Heilbrunn 1962. – Sämtliche Werke, hrsg. v. E. Suphan, Bd. 1–33, Berlin 1877–1913. Auswahlen: Herders Philosophie, hrsg. v. H. Stephan, Leipzig 1906 (Philos. Bibl.). Mensch u. Welt, hrsg. v. E. Ruprecht, Jena 1942. Mensch und Geschichte, ausgew. v. W. A. Koch, 3. Aufl. Stuttgart 1957. Sprachphilosophische Schriften, ausgew. u. eingel. v. E. Heintel, Hamburg 1960 (Philos. Bibl.). – Briefe, ausgew. u. eingel. v. W. Dobbeck, Weimar 1959.

Literatur: R. HAYM, H. nach s. Leben u. s. Werken. Bd. 1. 2, 1880–5 (hrsg. v. W. Harich, 2 Bde., Berlin 1954). E. KÜHNEMANN, H.s Leben 1895. G. SIEGEL, H. als Philosoph. 1907. B. v. WIESE, H., Grundzüge s. Weltbildes. 1939. A. GILLIES, H., der Mensch u. s. Werk. 1949. R. T. CLARK, H., his Life and Thought. Berkeley 1955. E. BAUR, J. G. H., Leben und Werk. Stuttgart 1960. H. A. SALMONY, Die Philosophie des jungen H. 1949. R. NOLL, H.s Verhältnis zur Naturwissenschaft. In: Arch. f. Gesch. d. Philos. Bd. 26, 1913. W. DE BOOR, H.s Erkenntnislehre. 1929. R. STADELMANN, Der historische Sinn bei H. 1928. H. G. GADAMER, Volk u. Geschichte im Denken H.s. 1942. T. LITT, Die Befreiung des geschichtlichen Bewußtseins durch J. G. H. 1942. M. ROUCHÉ, La philosophie de l'histoire de H. 1940. G. SCHMIDT, Der Begriff des Menschen in der Geschichts- und Sprachphilosophie H.s. Z. philos. Forsch. 8, 1954. H. STOLPE, Die Auffassung des jungen H. vom Mittelalter. Weimar 1955. L. W. SPITZ, Natural law and the theory of history in H. J. Hist. Ideas 16, 1955. D. W. JÖNS, Begriff und Problem der historischen Zeit bei J. G. H. Stockholm 1956. R. J. SCHMIDT, Cultural nationalism in H. J. Hist. Ideas 17, 1956. G. A. WELLS, H.'s determinism. J. Hist. Ideas 19, 1958. DERS., H.'s two philosophies of history. J. Hist. Ideas 21, 1960. A. VOIGT, Umrisse einer Staatslehre bei J. G. H. 1939. R. LEHMANN, H.s Humanitätsbegriff. In: Kantstud. Bd. 24, 1920. F. ERNST, H. u. die Humanität. 1944. W. DOBBECK, J. G. H.s Humanitätsidee. 1949. M. DOERNE, Die Religion in H.s Geschichtsphilosophie. 1927. J. KEFERSTEIN, H.s Gedanken über religiöse Bildung. 1939. H. KUHFUSS, Gott u. Welt in H.s ‹Ideen›. 1938. H. WEBER, H.s Sprachphilosophie. 1939. V. VERRA, H. e il linguaggio come organo della ragione. Torino 1957. H. SPRINGMEYER, H.s Lehre vom Naturschönen. 1930. H. BEGENAU, Grundzüge der Ästhetik H.s. Weimar 1956. W. DOBBECK, Die Kategorie der Mitte in der Kunstphilosophie J. G. H.s. Worte und Werte, Berlin 1961. – O. GRUBER, H. u. Abbt. 1933. G. JACOBY, H.s u. Kants Ästhetik. 1907. T. LITT, Kant u. H. als Deuter der geistigen Welt. 1930. G. MARTIN, H. als Schüler Kants. In: Kantstud. Bd. 41, 1936. W. HARICH, Ein Kant-

Motiv im philosophischen Denken H.s. Dtsch. Z. Philos. 2, 1954. K. H. SARBIN, H.s Kritik am Kritizismus – Recht und Unrecht. Studium generale 12, 1959. H. LINDNER, Das Problem des Spinozismus im Schaffen Goethes und H.s. Weimar 1960. E. KEYSER (Hrsg.), Im Geiste J. G. H.s., Gesammelte Aufsätze zum 150. Todestag H.s. Kitzingen 1953.

Gleich HAMANN ist auch JOHANN GOTTFRIED HERDER, der 1744 in Mohrungen in Ostpreußen geboren wurde, in Königsberg zu KANT in Beziehung getreten und von 1762–64 sein eifriger Schüler gewesen. Folgenreicher aber war die nicht viel später einsetzende Begegnung mit HAMANN. HERDERS philosophische Bedeutung liegt weder in dem, was er in seiner Jugend von KANT empfangen hat, noch in den polemischen Schriften, die er in seinem Alter der ‹Kritik der reinen Vernunft› widmete, sondern auf seinem Beitrag zu dem anderen Wege, auf dem er der Genosse von HAMANN und JACOBI war. 1764 ging er nach Riga, wo er zuerst Lehrer und dann Prediger war und wo er mit den ‹Fragmenten über die neuere deutsche Literatur› (1767) und den ‹Kritischen Wäldern› (1769) seine literarische Laufbahn eröffnete. Dann zog es ihn nach Westen. In Straßburg kam es zu der denkwürdigen Begegnung mit GOETHE, in deren Verfolg er – nach einer bedeutungsvollen Zwischenzeit als Hofprediger in Bückeburg (seit 1771) – 1776 als Generalsuperintendent nach Weimar berufen wurde, wo er 1803 nach einem langen, nicht immer beglückenden Wirken starb.

Nachdem HERDER schon in Königsberg in einem ‹Versuch über das Sein› das Sein als den ‹sinnlichsten› und daher ‹total unzergliederbaren› Begriff ausgegeben hatte und als den ‹Mittelpunkt aller Gewißheit›, war es das Problem der Sprache, an dem sein eigenes Denken sich entzündete. Die von der Berliner Akademie preisgekrönte Schrift ‹Über den Ursprung der Sprache› (1772) bindet alle Vernunft an die Sprache. Was beim Tier auf der Schärfe des Instinkts beruht, wird beim Menschen zu einem ‹Vorzug der Freiheit›. Die ‹unverbesserliche›, weil vollkommene Kunstfähigkeit der Tiere wird beim Menschen zum stets verbesserlichen Werk der Vernunft. ‹Wort der Seele› ist das erste Merkmal dieser sich besinnenden Vernunft. Als ‹Nachahmung der tönenden, handelnden, sich regenden Natur› steht die sinnliche Fülle am Anfang der Sprache und nicht der abgezogene Begriff. Nur von den Sinnen her konnten die Synonyma sich bilden, die der Verstand vermieden hätte.

Schon in der ‹Ältesten Urkunde des Menschengeschlechts› (1774–76) hat HERDER allerdings HAMANNS Einwänden Rechnung getragen und in der Schöpfungsgeschichte eine allen Völkern gemeinsame Urüberlieferung anerkannt. So tritt die Offenbarung an die Stelle der menschlichen Natur. In Bückeburg entstanden die Bemerkungen und Träume ‹Vom Erkennen und Empfinden der menschlichen Seele› (umgearbeitet 1778 erschienen), in denen wieder der Vorrang des auslösenden Bildes vor den ausarbeitenden Theorien verkündet wird.

Schon weitet sich die Betrachtung aus auf die Familien und Völker, die in ‹Zeiten, Denkarten und Sitten› sich unterscheiden, und über das Einzeldasein hinaus führt die Frage nach einer ‹allgemeinen Menschenempfindung› und einer ‹allgemeinen Menschendenkart›. Damit ist der Überschritt vollzogen zu dem kühnen Entwurf, der als ein ‹Beitrag zu vielen Beiträgen des Jahrhunderts› dem aufgeklärten Geschichtsbild den entscheidenden Stoß versetzt: ‹Auch eine *Philosophie der Geschichte* zur Bildung der Menschheit› (1774). Vom Ursprung des ersten Paares, vom ‹Hirtenleben im schönsten Klima der Welt›, vom ‹goldenen Zeitalter der kindlichen Menschheit›, von dem zunächst gar nicht despotischen, sondern von der Religion umhegten Morgenland geht der Weg zu dem Knabenalter der Menschheit, das in dem Ägypten des Ackerbaus und der Künste anhebt und bei den Phöniziern sich fortsetzt, die Handel treiben und eine Gebrauchsschrift entwickeln. Auf beider Schultern stehen die Griechen, die die ‹Jünglingszeit› verkörpern, wo das Handwerk schöne Kunst wird und die Wissenschaft ein freies Eigenwesen gewinnt. Es folgt das Mannesalter der Römer, das den Staat baut, das Kriegshandwerk beherrscht und das Recht stiftet. In Rom stellt sich die ‹Reife des Schicksals der alten Welt› dar, auf deren Trümmern dann alles Weitere sich einrichtet. HERDER spürt das Vage einer solchen Kennzeichnung der Völker, die doch auch je für sich die allgemeine Entwicklung werden wiederholen und abwandeln müssen. Gleichwohl ist hier jedes Zeitalter in seinem besonderen Recht anerkannt und nicht zu einer bloßen Durchgangsstufe herabgedrückt.

Jetzt tritt der Norden hinzu und mit ihm das ‹Ferment› der christlichen Religion, die nicht mit der Blüte eines einzelnen Volks verwelkt, sondern mit den Romanen romanisch und mit den Goten gotisch zu sein vermag. So ist das Mittelalter für HERDER keine dunkle Zeit mehr, sondern in der Ineinanderspannung neu sich regender Kräfte mit einem bindenden und belebenden Geist ein ‹Edles und Großherrliches›. Und wenn zuletzt mit Renaissance und Reformation ‹unser Denken! Kultur! Philosophie!› einsetzt, so macht doch HERDER einige Anmerkungen, die vor der Überschätzung dieser Epoche warnen sollen. Wo Lichtstrahl ist, gibt es auch Sturm und Flamme, und wo die Technik neue Wege weist, droht auch Flachheit. Die Philosophie feiert ihre Triumphe, aber wie ‹unwissend und unkräftig› wurde man ‹in Sachen des Lebens und des gesunden Verstandes›. Große Worte von der Menschheit werden überdeckt von Phrase, Papier und Eitelkeit. Die frühe Reife begünstigt vorzeitiges Altern, und die leidenschaftliche Liebe kultiviert sich als gesellige Zärtlichkeit. Die Religion endlich entzündet sich an den ‹Lesearten der Bibel›. Es ist die Endabsicht der Geschichtsphilosophie HERDERS, das geblähte Selbstbewußtsein der eigenen Zeit anzufechten und den Blick auf das Ganze der von Gott gewirkten Geschichte hinzulenken, vor dem der isolierte Augenblick in ein Nichts zusammenschrumpft.

Was hier mit überschwenglichem Enthusiasmus sich freispricht, findet in den ‹Ideen zur Philosophie der Geschichte der Menschheit› (1784–91) eine verläßlichere Begründung. Es ist die große Frage der ‹Ordnung der Zeiten›, die HERDER der nach der Ordnung der Räume entgegenstellt und die von früh auf sein ganzes Sinnen beschäftigt hat. Auch hier aber verlangt ihn nicht nach einer ‹Luftfahrt› metaphysischer Spekulationen, sondern nach dem Ausgang von der freilich überall auf die Spuren der göttlichen Schöpfung hindeutenden Erfahrung.

HERDER sucht jetzt ein zweites Mal den *Gang der Geschichte* zu deuten, den ein Zweck lenken und die Entfaltung zur Humanität leiten muß. Die zerstörenden Kräfte dienen zur Beförderung der guten, und der ‹Fortgang der Künste und Erfahrungen› soll wettmachen, was die Natur in den Anlagen des Menschen versäumt hat. Selbst bei HERDER ist der aufgeklärte Optimismus noch so mächtig, daß er die auf Vernunft und Billigkeit gegründete Wohlfahrt als ein ‹dauerndes Natursystem› zu rechtfertigen wagt. Alle Weltkräfte tendieren nach ihm periodisch immer wieder auf einen Gleichgewichtszustand von ‹Ruhe und Ordnung› hin, und die geschehene Geschichte beweist, daß die zunehmende Verbreitung von Kultur und Glückseligkeit einer ‹weisen Güte› des Weltenschicksals zu danken ist. So werden die größere Reife der ‹Ideen› und das vertiefte Methodenbewußtsein erkauft durch den endgültigen Abfall von HAMANNs christlich-radikaler Anthropologie. Denn obwohl die ‹Ideen› Fragment geblieben sind und mit einem bloßen Ausblick auf die neue Zeit schließen, ist doch das Zutrauen zur ‹Herrlichkeit› und Herrschaftsbestimmung des europäischen Menschen ein unbegrenztes. Die gelegentliche Kritik des Handelsgeistes und seiner entnervenden Folgen wird mehr als wettgemacht durch den Glauben an eine ‹Kultur durch Betriebsamkeit, Wissenschaften und Künste›, die in den ‹unaufhaltbaren Gang› auf die Humanität zu einmünden muß.

Diese innere Entwicklung HERDERS wird bestätigt durch die 1787 unter der Überschrift ‹Gott› veröffentlichten Gespräche, in denen unter GOETHES Einfluß SPINOZA so interpretiert wird, wie es dann in der deutschen Klassik üblich wurde.

In der mangelnden Fähigkeit zu klarer Unterscheidung liegt die unverdiente Tragik beschlossen, die HERDER in seinen älteren Tagen zum Widersacher KANTS werden ließ. Die kleinliche ‹Metakritik zur Kritik der reinen Vernunft› (1799) ruft noch einmal die Erfahrung gegen den Verstand und die Sprache gegen die Vernunft auf, aber ohne den transzendentalen Tiefsinn, von dem HAMANNS Kritik ausging. Und es kommt auch in der ‹Kalligone› (1800), die gegen die ‹Kritik der Urteilskraft› gerichtet war, nicht mehr zu einer freien Entfaltung der ursprünglich eigenen Zielsetzung. Es ist der frühe und nicht der späte HERDER, dessen Denken in die Zukunft weist und dem das historische Bewußtsein ebenso verpflichtet ist wie die moderne Anthropologie.

Ausgaben: Allwills Briefsammlung, zuerst 1775 in der ‹Iris› und dann gleich dem Woldemar (1777) im ‹Deutschen Merkur› erschienen. Über die Lehre des Spinoza, in Briefen an M. Mendelssohn, Breslau 1785 (neue verm. A. 1789). David Hume über den Glauben, oder Idealismus u. Realismus, Breslau 1787. Sendschreiben an Fichte, Hamburg 1799. Über das Unternehmen des Kritizismus, die Vernunft zu Verstande zu bringen, in Reinholds ‹Beiträgen›, 1802. Von den göttlichen Dingen u. ihrer Offenbarung, Leipzig 1811. – Werke, hrsg. v. F. Köppen u. F. Roth, Bd. 1–6, Leipzig 1812–25. Auserlesener Briefwechsel, hrsg. v. F. Roth, Bd. 1. 2, Leipzig 1825–7.

Literatur: F. A. Schmid, F. H. J. 1908. O. F. Bollnow, Die Lebensphilosophie F. H. J.s. 1933. D. Baumgardt, Der Kampf um den Lebenssinn. 1933, S. 284 ff. B. Croce, Considerazioni sulla filosofia del J. In: La Critica, 1941. V. Verra, J. e il rifiuto della filosofia. Filosofia 4, 1953. Ders., J.: La filosofia nel romanzo. Filosofia 12, 1961. Ders., J.: Schiavitù e libertà nell'uomo. Filosofia 13, 1962. Ders., J.: Spinozismo e ateismo. Ebenda. Ders., J.: Morale e libertà. Ebenda. Ders., J.: Immediatezza e filosofia. Filosofia 14, 1963. Ders., J.: Il destino dell'idealismo. Ebenda. Ders., J.: Le cose divine. Ebenda. Ders., J.: La filosofia della fede. Ebenda. Ders., F. H. J., Dall'illuminismo all'idealismo. Torino 1963. M.-M. Cottier, Foi et surnaturel chez F. H. J. Rev. thom. 54, 1954. G. Fischer, Johann Michael Sailer und F. H. J. Freiburg 1955. W. Schrickx, Coleridge and F. H. J. Rev. belge Philol. Hist. 36, 1958. A. Hebeisen, F. H. J., Seine Auseinandersetzung mit Spinoza. Bern 1960. A. Pupi, L'inizio del carteggio tra Hamann e J. Riv. Filos. neoscol. 54, 1962. C. Lacorte, J., Kant e il problema del realismo. G. crit. Filos. ital. 41, 1962. R. Knoll, Hamann und F. J. H. Heidelberg 1963.

Jacobi, der 1743 in Düsseldorf als Sohn eines Fabrikherrn geboren wurde, war selbst Kaufmann gewesen, ehe er 1772 in den Staatsdienst eintrat. Er löste sich daraus wieder, als er unter der Einwirkung der Französischen Revolution aus seinem Düsseldorfer Landgut Pempelfort nach Hamburg und Holstein auswich. Er starb 1819 in München, wo er von 1807–13 Präsident der Akademie der Wissenschaften war.

Jacobis erste literarische Äußerung galt Herders Sprachabhandlung. Es ist die ‹anschauende Erkenntnis›, die hier gegen die ‹allgemeinen Begriffe› als das Ursprüngliche und Stiftende verteidigt wird. Wenn Jacobi dann in zwei immer wieder umgearbeiteten Romanbruchstücken – dem ‹Allwill› (1775) und dem ‹Woldemar› (1777) – nach der ihm gemäßen Ausdrucksform sucht, so will er auch hier in lebendiger Darstellung die Philosophie veranschaulichen. Jacobi geht aber darin über Herder hinaus, daß er gleich Pascal ‹ein unbegreifliches Durcheinander von Mensch› darzustellen wagt, daß er Verzweiflung und Wonne, Himmel und Hölle im Menschen sich begegnen läßt, während Herder von der überall durchscheinenden Harmonie sich überwältigen ließ und selbst Kant das Bekenntnis zum radikalen Bösen nicht verzeihen mochte.

Jacobi, der Lesage zu seinem Lehrer hatte, stand zwar den naturrechtlichen und politischen Zielsetzungen der Aufklärung nicht ablehnend gegenüber, aber zuletzt geht es ihm stets um die Rettung der abgründigen Gegebenheiten menschlichen Existierens vor den vereinfachenden Formeln der Logik und Moral. In der Schrift ‹Über die Lehre des Spinoza› (1785) findet sich jene berühmte Stelle (aus einem Brief an HAMANN), die den jungen SCHELLING ebenso beglückte, wie sie HEGEL zum Widerspruch reizte, weil er in ihr über der berechtigten Opposition gegen den endlichen Verstand den unendlichen Auftrag des wahren Begriffs verleugnet fand: ‹Nach meinem Urteil ist das größte Verdienst des Forschers, *Dasein* zu enthüllen und zu offenbaren... Erklärung ist ihm Mittel, Weg zum Ziele, nächster – niemals letzter Zweck. Sein letzter Zweck ist, was sich nicht erklären läßt: das Unauflösliche, Unmittelbare, Einfache.› Hier bekundet sich eindeutig das denkerische Anliegen JACOBIS, das dann auch seine Stellung zu KANT und dem deutschen Idealismus bestimmt. Auf JACOBI trifft am ehesten die Kennzeichnung als *Glaubensphilosoph* zu, weil für ihn Glaube der um des Philosophierens willen postulierte Ausweg aus den erkenntnistheoretischen Schwierigkeiten ist. Der Glaube ist die Brücke, die aus dem Denken ins Dasein führt und uns der Realität des Körpers sowie fremder Körper und denkender Wesen versichert.

Von hier aus ist der Weg zu HUME und weiter zu KANT einleuchtend genug. Die Schrift über DAVID HUME (1787) bahnt sich dank dessen Berufung auf den Glauben den Weg zu einem Jenseits von Idealismus und Realismus.

Es ist daher nicht zufällig, wenn die letzte Schrift: ‹Von den göttlichen Dingen und ihrer Offenbarung› (1811) den darin angegriffenen SCHELLING zu einer bitteren Gegenschrift veranlaßte. Denn hier wird nur noch ein nörgelnder Irrationalismus angeboten, der sich für die beweislose Autorität einer Vernunft erklärt, vor der alle Wissenschaft Atheismus ist und nur das ‹Gefühl› eine Logik oder Ethik begründen könnte. Solche einfältige Wahrnehmung des Wirklichen unterscheidet sich dann kaum von einem naiven Realismus, vor dem das Philosophieren undialektisch zu kapitulieren hätte.

7. JOHANN CASPAR LAVATER (1741–1801)

Ausgaben: Aussichten in die Ewigkeit, Bd. 1–4, Zürich 1768–78. Physiognomische Fragmente zur Beförderung der Menschenkenntnis u. Menschenliebe, Bd. 1–4, Leipzig 1775–8. Briefwechsel mit Meta Post, hrsg. v. G. Schulz, Bremen/Hannover 1963. Ausgewählte Werke, hrsg. v. E. Stähelin, Bd. 1–4, Zürich. Leichtigkeit und feste Freiheit, ausgew. v. K. Zeller, Stuttgart 1963.
Literatur: H. MAIER, An der Grenze der Philosophie. 1909, S. 141–263. E. v. BRACKEN, Die Selbstbeobachtung bei L. 1932. J. FORSSMANN, L. u. die religi-

ösen Strömungen des 18. Jhs. 1935. T. HASLER, L. 1942. R. TREBECK, Die Anthropologie des J. C. L. In: Zs. f. Psychologie Bd. 147. R. D. LOEWENBERG, Der Streit um die Physiognomik zwischen L. u. Lichtenberg. In: Zs. f. Menschenkunde Bd. 9. MARY LAVATER-SLOMAN, Genie des Herzens. Die Lebensgeschichte J. C. L.s. 5. Aufl., Zürich–Stuttgart 1955.

JOHANN CASPAR LAVATER, der 1741 in Zürich geboren wurde und dort von 1769 bis zu seinem Tode Pfarrer war, hat auf seine Zeit eine mächtige Wirkung ausgeübt. Der Offenbarungsgläubige und der Denker sind in ihm zwar schwer zu trennen, aber es steht doch hinter seiner physiognomischen Liebhaberei eine anthropologische Grundeinsicht, die der modernen Lehre vom Menschen nahesteht. Dabei hat LAVATER durchaus als *Rationalist* begonnen. Natürlich war die Bibel immer sein ‹Lebenselement› gewesen, aber er hatte LEIBNIZ und WOLFF studiert und SPALDINGS theologischem Humanismus nahegestanden. Die ‹Aussichten in die Ewigkeit› (1768 ff) fügen sich zunächst ganz in die Bahnen der frommen Weltverherrlichung, wie sie in der deutschen Aufklärung üblich war. Erst die Einwirkung BONNETS, dessen *‹Palingénésie philosophique›* LAVATER mit wichtigen Anmerkungen übersetzte, führte ihn zu jenem ‹genialen Sensualismus›, dessen anthropologische Folgerungen in den ‹Physiognomischen Fragmenten› (1775–78) gezogen wurden. Von BONNET empfing LAVATER das volle Zutrauen zu den Sinnen und zur Leiblichkeit und zugleich die Gewißheit, daß dieser Weg ihn nicht von der Offenbarung trennen müsse. Die rationale Erkenntnis bewahrt nur die allgemeinen Züge des Wirklichen, sie ist ‹Krücke für den Lahmen› und Quelle ‹unzähliger Irrtümer›. Dagegen schenkt die sinnliche Erkenntnis die volle Anschaulichkeit des Individuellen. Nur Beobachtung und Gefühl führen an das Wesen des Menschen heran, der immer ein besonderer und selbst in seinen ‹Verzerrungen› noch unentbehrlicher Repräsentant der göttlichen Schöpfung ist. Es ist das Ziel der Physiognomik, diesen Menschen in der Ganzheit seiner handelnden und leidenden Züge sich zu vergegenwärtigen.

So kommt LAVATER gleich JACOBI zu einer leidenschaftlichen Abwehr des *Systems*, das immer selbstgerechte Verkürzung der Wirklichkeit ist. Er ist der Metaphysik ‹abgestorben› und will alles Begegnende in seinem Eigenrecht gewahrt und gewürdigt finden. LAVATER tritt jeder typisierenden Betrachtungsweise scharf entgegen. Die Physiognomik hat nur recht, wenn sie bei allen Analogien und Gleichförmigkeiten doch nicht zwei ununterscheidbare Individuen findet. Dieser Satz ist das Ergebnis eines unermüdlichen Studiums des Menschen, das einer vollkommenen Entsprechung des Äußeren und Inneren sicher ist. Denn der ‹ganze Körper› ist für LAVATER Sitz der Seele, und körperliche und moralische Schönheit stimmen voll zusammen. Die Freiheit des Menschen hält sich in den Grenzen des ‹Spielraums›, den die jeweilige Individualität offen läßt. ‹Der Mensch ist frei, wie der Vogel im Käfig.› Daher teilt LAVATER den

Erziehungsenthusiasmus der Aufklärung nicht. Erziehung gibt es nur in den Grenzen der *physiognomischen Ordnung*.

LAVATER unterscheidet zwar ein ‹*dreifaches Leben*› des Menschen, das als Kraft, Verstand und Herz sich äußert (physiologisch, intellektuell, moralisch), aber wichtiger ist ihm, die ‹drei Charaktere in Einem als ein *Ganzes* zu erforschen›. Der einzige Zugang zu diesem Ganzen ist Beobachtung. Dann aber muß die körperliche Manifestation des Geistigen die Grundlage für die physiognomische Methode abgeben. Daß LAVATER dabei das ‹Knochensystem› einseitig bevorzugt, ist schon von LICHTENBERG angefochten worden. Warum sollte das Bewegliche und Geistige nur am Starren und Körperlichen sein Maß finden? Bedeutungsvoll bleibt doch, daß LAVATER die Frage nach dem Menschen als eine totale gestellt und in der Physiognomik einen neuen Weg zu ihrer Auflösung beschritten hat.

Auch im Bereich der *Religionsphilosophie* lehnt LAVATER die aufgeklärte Vernunftreligion ab, will aber SPINOZA wirkliche Religiosität nicht absprechen und rühmt JAKOB BÖHMES echten ‹Sinn für die Natursprache aller Wesen›. Stärker als zu HERDER fand er sich zu HAMANN und JACOBI hingezogen, wiewohl bisweilen die Grenzen zwischen Religion und Magie nicht gewahrt wurden und jene als die Kunst erschien, ‹die Geisterwelt so existent zu machen wie die Körperwelt›. Die ‹Drei Gespräche über Wahrheit und Irrtum, Sein und Schein› machen fast cartesianisch die ‹eigene Existenz› zum Maßstab der Wahrheit, während ‹Irrtum› alles ist, was von uns ‹nicht als existent oder koexistent mit uns› sich ausweisen läßt. Wenn aber das Existieren mit der Einwirkung auf die Sinne in eins gesetzt und dann eine absolute ‹Wahrheit oder Existenz› abgelehnt wird, dann leitet auch hier der Gegensatz gegen den Rationalismus, der die Existenz aus den Begriffen herausklauben wollte. Für LAVATER ist ‹das Resultat jeder Demonstration ... Identität mit dem, was wir *Dasein* nennen›. Von diesem Satz aus hat LAVATER auf dem Umweg über REINHOLD sogar ein Verhältnis zu KANTS Vernunftkritik gewinnen können, mit der er im Abweis der dogmatischen Metaphysik sich einig war. Wenn es im ganzen die eigentümliche Sprache des Sturm und Drangs ist, die in LAVATERS Philosophieren ungestüm heraussprudelt und das Genie als die übermenschliche Grenze und Erfüllung des Individuums bekundet, so ist es im besonderen HEMSTERHUIS, dessen Denkweise in den ‹Gesprächen› nachgebildet ist.

8. FRANS HEMSTERHUIS (1721–90)

Ausgaben: Lettre sur la sculpture, Haag 1769. Lettre sur l'homme et ses rapports, Paris 1772 (neue Ausg. mit dem Komm. Diderots, v. G. May, New Haven/Paris 1964). Sophyle ou de la philosophie, Paris 1778. Aristée ou de la divinité, Paris (Haarlem) 1779. Alexis ou de l'âge d'or, Riga 1787. Lettre de Dioclès à Diotime sur l'athéisme, Paris 1787. Œuvres philosophiques, Bd. 1. 2, Paris 1792 (erweitert hrsg. v. L. S. P. Meyboom, Bd. 1–3, Leeuwarden 1846–50). Vermischte philosophische Schriften. Bd. 1–3, Leipzig 1782–97 (neue Ausg. hrsg. v. J. Hilss, Bd. 1. 2, Karlsruhe 1912).

Literatur: E. KIRCHER, Philosophie der Romantik. 1906, S. 7–34. F. BULLE, H. u. d. dt. Irrationalismus des 18. Jhs. 1911. A. FUNDER, Die Ästhetik des F. H. u. ihre histor. Beziehungen. 1913. L. BRUMMEL, F. H., een philosofenleven. 1925. F. PORITZKY, F. H., s. Philosophie u. ihr Einfluß auf die dt. Romantik. 1926.

Die Fürstin GALLITZIN, in ihrer Haager Zeit durch HEMSTERHUIS in die PLATONische Philosophie eingeführt, hat in Münster die Verbindung der Gegenbewegung mit diesem friesländischen Philosophen hergestellt, der bis in die dialogische Form seiner Schriften hinein sich sokratisch gab. Er war überdies von SHAFTESBURY beeinflußt, aber auch den empiristischen Tendenzen der englischen und französischen Zeitphilosophie weithin aufgeschlossen. HEMSTERHUIS ist von PLATON zu dem höheren Beruf der Philosophie entflammt, an dem gemessen die Religionen nur wie erste Versuche sind. ‹Gott schafft auf keine andere Art als wir.› Ist der Mensch daher Gottes eigenstes Werk, dann steht wie bei LAVATER die Selbsterkenntnis im Mittelpunkt der Wahrheit. Sie ist jedem Menschen zugänglich und erweitert sich zur Welterkenntnis durch die Erfahrung der Sinne. Als Sinnformen werden dabei freilich auch der Verstand und das sittliche Gewissen gefaßt. Aber doch bleibt Empfindung im weitesten Sinn das Medium der Selbst- und Weltauffassung. Zwar kann nur ein vernünftiges Wesen die empfundenen Ideen bewahren und ordnen, aber auch dabei muß das Beste die instinktive Verfügung über ‹wenige, klare, koexistierende Ideen› tun. Es bedarf des ‹Kontaktes›, wenn unter der ‹Idee eines bestimmten Ganzen› sich Ordnung stiften soll. So wird alle Erkenntnis zuletzt abhängen von der Empfänglichkeit des Erkennenden für die in dem Ganzen der Schöpfung waltende Harmonie.

Selbst der *moralische* Sinn› bedarf ‹zweckmäßiger Reizmittel›, wenn er sicher und anhaltend reagieren soll. Immerhin ist der Mensch im Bereich des Handelns tätig und nicht nur Spiegel der auf ihn einströmenden Wirkungen. Es ist das Wahrzeichen der Sittlichkeit, wenn zwischen der Selbstliebe und der Aufgeschlossenheit für die Gesellschaft ein harmonisches Verhältnis besteht. In der harmonischen Fügung der Ideen und Handlungen prägt sich zugleich die *Schönheit* aus, die mehr noch als in den plastischen Künsten in der Poesie sich bezeugt. Während der Philosoph nur ordnet und erklärt, darf der Dichter das Einzelne gegen das Ganze kontrastieren und so die höchste Harmonie zur Anschauung bringen. Selbst die Moral müßte *poetisch* werden, um in der freiesten und glücklichsten Weise sich betätigen zu können. Wenn HEMSTERHUIS mit den Gegnern der Aufklärung auf jede schulmäßige Systematik verzichtet, deutet er über sie hinaus zur Romantik.

9. Johann Michael Sailer (1751–1832)

Ausgaben: Über Erziehung für Erzieher, hrsg. v. E. Schoelen. Paderborn 1962. Sämtliche Werke, hrsg. V. J. Widmer, Bd. 1–41, Sulzbach 1830–45. Lebensbetrachtung aus dem Glauben, ausgew. v. O. Karrel. München 1958.

Literatur: P. Funk, Von der Aufklärung zur Romantik. 1925, S. 63 ff. K. Diel, Die Stellung der Ethik J. M. S.s. zum Eudämonismus. 1929. L. Wolff, J. M. S.s Lehre vom Menschen. 1937. H. Beck, J. M. S.s Stellung in der dt. Geistesgeschichte. In: Zs. f. dt. Geistesgesch. Bd. 3, 1937. G. Fischer, J. M. Sailer und I. Kant. Eine moralpädagogische Untersuchung zu den geistigen Grundlagen der Erziehungslehre S.s. Freiburg 1953. Ders., J. M. S. und J. H. Pestalozzi. Der Einfluß der pestalozzischen Bildungslehre auf S.s Pädagogik und Katechetik unter Berücks. d. Verhältnisses S.s zu Rousseau, Basedow, Kant. Freiburg 1954. Ders., J. M. S. und F. H. Jacobi. Der Einfluß evangelischer Christen auf S.s Erkenntnistheorie und Religionsphilosophie. Freiburg 1955. J. Vonderach, Bischof J. M. S. und die Aufklärung. Freib. Z. Philos. Theol. 5, 1958. A. Regenbrecht, J. M. S., Idee der Erziehung. Eine Untersuchung zur Einheit des Erziehungsbegriffs. Freiburg 1961.

Johann Michael Sailer, ein gebürtiger Oberbayer und später Bischof von Regensburg, vertrat in voller Aufgeschlossenheit für die Bewegungen seiner Zeit einen Jacobi verwandten Standpunkt. Seine spätere Ablehnung der Kantischen Ethik, deren ‹Formalismus› ihm ebenso unzugänglich war wie die aufgeklärte Tugendmoral, wurzelt in einer undogmatischen Frömmigkeit, die auf die sittliche Befreiung und schließlich Heiligung der vollen Natur des Menschen Bedacht nahm und aus dieser Zuversicht eine große erzieherische Wirkung auszulösen vermochte. Dabei hielt er streng an der katholischen Grundlehre der *analogia entis* fest und fürchtete trotz echter Sympathien für Schelling und Baader die gnostischen Neigungen ihrer Systematik. ‹Du, Mensch, sollst in und außer dir nur Göttliches, Ewiges nachbilden.› Die freie Hinrichtung des menschlichen Wesens auf Gott zu befördern, ist Sailers tiefstes Anliegen. Er hat mit seiner Glückseligkeitslehre, die Herz und Gefühl als die stärkste ‹Wehrkraft› des Gemütes zu erwecken wußte, nicht nur auf Lavater tiefen Eindruck gemacht, sondern auch Hamanns letzte Tage in Münster zu echter Begegnung mit dem Katholizismus befreit: ‹Hätte Luther nicht den Mut gehabt, ein Ketzer zu werden, würde Sailer nicht imstande gewesen sein, ein so schönes Gebetbuch zu schreiben.›

10. Louis Claude Marquis de Saint-Martin (1743–1803)

Ausgaben: Des erreurs et de la vérité, Edingburgh 1775 (dt. v. M. Claudius, Breslau 1782). Tableau naturel des rapports qui existent entre Dieu, l'homme et l'univers, Bd. 1. 2, Edinburgh 1788. L'homme de désir, Bd. 1. 2, Lyon 1790. Ecce homo, Paris 1792. (Repr. Lyon 1959). De l'esprit des choses, Bd. 1. 2, Paris

1800. Œuvres posthumes, Bd. 1. 2, Tours 1807. Mon portrait historique et philosophique 1789–1803, hrsg. v. R. Amadou, Paris 1961. Œuvres Majeures, hrsg. v. R. Amadou. 6 Bde. angek. Hildesheim (Olms). Maximes et pensées, ausgew. v. R. Amadou, Paris 1963. Fast alle Schriften sind ins Dt. übersetzt, z. T. auch auszugsweise durch Baader.

Literatur: M. MATTER, S.-M., le philosophe inconnu. 1862. R. HUTH, L. C. v. S.-M. 1932. F. LIEB, Franz Baaders Jugendgeschichte. 1926, S. 143 ff. R. CHRISTOFLOUR, Prophètes du 19e siècle. C. de S.-M. etc. Paris 1954. R. AMADOU/ A. JOLY, De l'agent inconnu au philosophe inconnu. Paris 1962.

LOUIS CLAUDE DE SAINT-MARTIN ist als junger Offizier mit einem geheimnisvollen PASQUALLY zusammengetroffen, der auf natürlichem Wege eine Begegnung mit höheren Mächten ermöglichen wollte. Seit der von Gott geschaffene, aber von ihm abgefallene Mensch an die todbringende Leiblichkeit ausgeliefert war, hat es immer ‹Auserwählte› wie CHRISTUS gegeben, die die Verbindung des Menschen mit der Geisterwelt wieder herstellen durften. Aber während PASQUALLY in der Verfolgung solcher Bemühungen sich an alchimistische Zahlenspekulationen verlor, lenkte SAINT-MARTIN auf den inneren Weg der *Mystiker* zurück. Nur der Mensch hat den Schlüssel zur Wiederversöhnung auch des Universums mit Gott. Denn der Mensch ist nicht nur Spiegel des Universums, sondern auch Gedanke Gottes, und es muß ihm mit Hilfe höherer geistiger Kräfte möglich sein, sich der Gewalt des Leiblichen zu entwinden. Durch kultische Handlungen, Gebete und vor allem durch die von CHRISTUS gebotene Liebe wird ein Prozeß der Wiedergeburt eingeleitet, der mit einem neuen Leib die Gottebenbildlichkeit des Menschen wiederherstellt. Diese Spekulationen, die ihre Herkunft aus hellenistischer Mystik und Gnosis nicht verleugnen, haben auf den jungen BAADER bestimmend gewirkt. Später hat SAINT-MARTIN auch SWEDENBORG und vor allem JAKOB BÖHME kennengelernt und seinen Anteil gehabt an der romantisch-idealistischen Rückwendung zum *Philosophus teutonicus*. Jedenfalls ist die Bedeutung SAINT-MARTINS innerhalb der Gegenbewegung gegen die Aufklärung nicht zu unterschätzen, und JOHANN FRIEDRICH KLEUKERS (1749–1827) Darstellung des neuen theosophischen Systems hat sowohl in der Romantik wie in der Erweckungsbewegung eine beträchtliche Rolle gespielt. Ebenso ist der französische Traditionalismus von DE MAISTRE und BONALD der antimaterialistischen Spekulation SAINT-MARTINS verpflichtet. Zugleich wird aber von ihm her deutlich, daß es gänzlich anderer Zurüstungen bedurfte, um die positiven Leistungen der Aufklärung mit einer neuen Zeit zu vermitteln, deren Heraufkunft die Anti-Aufklärer wohl ahnten, die sie aber nicht bewirken konnten. Es ist die epochale Leistung KANTS, die an dieser Stelle einsetzt.

ANHANG
QUELLENTEXTE

INHALTSVERZEICHNIS

I. JOHN LOCKE (1632–1704)

A. Die Aufgabe, den menschlichen Verstand zu untersuchen

(Versuch über den menschlichen Verstand, dt. Übers. v. C. Winckler, Bd. I, Philos. Bibl. Bd. 75, Leipzig 1913. 1. Buch, 1. Kapitel; S. 19–22)

Gliederung: (Titel und Parapheneneinteilung der Originalausgabe) 1. Eine Untersuchung über den Verstand ist anregend und nutzbringend. 2. Die Aufgabe. 3. Die Methode. 4. Es ist von Wert, den Umfang unserer Fassungskraft zu kennen.

1. Da der *Verstand* dasjenige ist, wodurch sich der Mensch über alle anderen sinnlichen Wesen erhebt, und was allein ihm seine Überlegenheit und seine Herrschaft über sie verleiht, so ist er sicherlich ein Gegenstand, der schon um seines hohen Adels willen die Mühe einer Untersuchung lohnt. Wie das Auge, so läßt der Verstand uns alle anderen Dinge sehen und wahrnehmen, ohne doch dabei seiner selbst gewahr zu werden, und es erfordert Kunst und Mühe, um ihn in eine gewisse Entfernung zu rücken und zu seinem eigenen Objekt zu machen. Welche Schwierigkeiten aber auch sich dieser Untersuchung entgegenstellen mögen, was es auch sei, das uns für uns selbst so in Dunkelheit hüllt, so bin ich doch überzeugt, daß alles Licht, das wir auf unseren Geist fallen lassen, jede Einsicht, die wir in unseren eigenen Verstand gewinnen können, für uns nicht nur sehr anregend, sondern auch gewinnbringend sein wird und unserem Denken bei der Erforschung anderer Dinge als Wegweiser dienen kann.

2. Da also meine Aufgabe darin besteht, den Ursprung, die Gewißheit und den Umfang der *menschlichen Erkenntnis* zu untersuchen, nebst den Grundlagen und Graden des *Glaubens*, des *Meinens* und der *Zustimmung*, so will ich mich in diesem Zusammenhang nicht auf eine Betrachtung des Geistes im naturwissenschaftlichen Sinn einlassen, mich auch nicht der Mühe unterziehen zu prüfen, worin sein Wesen bestehe, und durch welche Bewegungen unserer Lebensgeister oder Veränderung in unserem Körper wir dazu gelangen, Sensationen durch unsere Organe zu empfinden oder Ideen in unserem Bewußtsein zu haben, und ob diese Ideen bei ihrer Bildung teilweise oder sämtlich von der Materie abhängig sind, oder nicht. Es sind dies Spekulationen, die ich, so fesselnd und interessant sie auch sein mögen, doch von der Hand weisen werde, weil sie außerhalb des Bereichs der mich zurzeit beschäftigenden Aufgabe liegen. Für meinen gegenwärtigen Zweck wird es genügen, wenn ich das menschliche Erkenntnisvermögen, so wie es sich an den ihm vorkommenden Objekten betätigt, ins Auge fasse; und ich werde glauben, daß ich mich mit den Gedanken, die ich in diesem Zusammenhang aussprechen werde, nicht ganz umsonst bemüht habe, wenn ich mittels der im folgenden verwandten historischen, einfachen Methode irgendwelchen Aufschluß über die Art und Weise zu geben imstande bin, wie unser Verstand sich die Begriffe von den Dingen, die wir haben, aneignet, und wenn ich Maßstäbe für die Gewißheit unserer Erkenntnis oder Gründe für diejenigen Überzeugungen namhaft machen kann, die in so vielgestaltiger und verschiedenartiger, ja in direkt widersprechender Form unter den Menschen vorhanden sind und dabei doch da und dort mit soviel Bestimmtheit und Zuversicht geltend gemacht werden, daß jemand, der sich von den Meinungen der Menschen ein Bild macht, der ihre Gegensätzlichkeit wahrnimmt und gleichzeitig die blinde Liebe und Hingebung beobachtet, mit der sie erfaßt, die Entschlossenheit und den Eifer, womit sie festgehalten werden, vielleicht zu dem Argwohn Grund haben wird, daß es entweder so etwas wie die Wahrheit überhaupt nicht gebe, oder daß die Menschen nicht über ausreichende Mittel verfügen, um ein sicheres Wissen von ihr zu erlangen.

3. Es ist darum wohl der Mühe wert, Meinen und Wissen gegeneinander abzugrenzen und zu untersuchen, nach welchen Maßstäben wir bei Dingen, von denen wir keine gewisse Erkenntnis besitzen, unsere Zustimmung normieren und unsere Überzeugungen bemessen sollen. Im Interesse dieses Zwecks werde ich das folgende Verfahren einschlagen:

I. Ich werde den Ursprung der *Ideen,* Begriffe, oder wie man sie sonst nennen will, untersuchen, die der Mensch in seinem Geist wahrnimmt, und die ihm als dort vorhanden bewußt werden, sowie die Mittel, durch die sie dem Verstand zugeführt werden.

II. Ich werde mich bemühen zu zeigen, was für ein Wissen der Verstand durch diese Ideen gewinnt, sowie Gewißheit, Evidenz und Umfang dieses Wissens darlegen.

III. Ich werde einigermaßen zu ergründen suchen, welches die Natur und die Grundlagen des *Glaubens* oder *Meinens* sind, worunter ich die Zustimmung verstehe, die wir einem Satz als wahr erteilen, ohne daß wir doch von seiner Wahrheit eine gewisse Erkenntnis besäßen. Hierbei wird sich uns Gelegenheit bieten, die Gründe und Abstufungen der *Zustimmung* zu prüfen.

4. Wenn es mir durch diese Untersuchung der Natur des Verstandes gelingt, zu ermitteln, welches seine Kräfte sind, wie weit sie sich erstrecken, welchen Dingen sie einigermaßen angemessen sind, und wo sie nicht mehr ausreichen, so dürfte das vielleicht von Nutzen sein, um den regen Geist des Menschen zu bestimmen, in der Beschäftigung mit Dingen, die seine Fassungskraft übersteigen, größere Zurückhaltung zu üben, innezuhalten, wenn er am äußersten Ende des ihm zugewiesenen Spielraums angelangt ist, und sich gelassen mit seiner Unwissenheit abzufinden, wenn es sich um Dinge handelt, die bei einer Prüfung sich als jenseits des Bereichs unserer Fähigkeiten liegend erweisen. Wir würden dann vielleicht nicht so schnell damit bei der Hand sein, in einem Streben nach allumfassendem Wissen Fragen aufzuwerfen und uns selbst und andere in verwirrende Streitigkeiten zu verwickeln über Dinge, denen unser Verstand nicht gewachsen ist, und von denen wir in unserem Geist keinerlei klare und deutliche Wahrnehmungen zu gewinnen vermögen oder (wie es vielleicht nur allzuoft der Fall gewesen ist) überhaupt keine Vorstellungen haben. Wenn es uns gelingt, festzustellen, bis wohin der Verstand seinen Gesichtskreis erweitern kann, in welchem Umfang er das Vermögen besitzt, Gewißheit zu erreichen, und in welchen Fällen er nur urteilen und vermuten kann, so werden wir vielleicht lernen, uns mit dem zu begnügen, was in unserer gegenwärtigen Seinsform für uns erreichbar ist.

B. Es gibt keine angeborenen spekulativen Prinzipien

(Versuch über den menschlichen Verstand ... Ausg. s. A.; 1. Buch, 2. Kapitel; S. 25–29)

Gliederung: (Titel und Paragrapheneinteilung der Originalausgabe) 1. Eine Darlegung dessen, wie wir zu irgendeinem Wissen gelangen, genügt, um zu beweisen, daß es nicht angeboren ist. 2. Das Hauptargument: die allgemeine Übereinstimmung. 3. Allgemeine Übereinstimmung beweist nichts über das Angeborensein. 4. Die Sätze ‹was ist, das ist› und ‹kein Ding kann zugleich sein und nicht sein› genießen nicht allgemeine Zustimmung. 5. Sie sind dem Geist nicht von Natur aufgeprägt, weil sie Kindern, Idioten usw. nicht bekannt sind.

1. Für manchen ist es eine ausgemachte Sache, daß im Verstand gewisse *angeborene Prinzipien* vorhanden seien; gewisse primäre Vorstellungen, κοιναί ἔννοιαι, Schriftzeichen, die dem Geist des Menschen gleichsam eingeprägt seien.

Diese empfange die Seele schon bei ihrer Entstehung und bringe sie mit auf die Welt. Um unvoreingenommene Leser von der Irrigkeit dieser Annahme zu überzeugen, würde es genügen, wenn ich nur zeigte (was, wie ich hoffe, mir im weiteren Teil dieser Abhandlung gelingen wird), wie der Mensch allein durch Betätigung seiner natürlichen Anlagen, ohne Zuhilfenahme irgendwelcher angeborener Eindrücke sich alles Wissen, was er hat, aneignen kann, und wie er ohne solche ursprünglichen Vorstellungen oder Grundbegriffe zur Gewißheit gelangen kann. Denn ich denke, es wird wohl jeder ohne weiteres zugeben, daß es sinnwidrig sein würde, anzunehmen, daß die Ideen der Farben einem geschaffenen Wesen angeboren seien, dem Gott den Gesichtssinn gegeben und die Fähigkeit verliehen hat, sie vermittels der Augen durch Einwirkung äußerer Objekte zu empfangen. Ebenso unvernünftig würde es sein, manche Wahrheiten auf natürliche Eindrücke und angeborene Schriftzeichen zurückzuführen, wenn wir in unserm Innern gewisse Vermögen erkennen können, durch die wir von ihnen eine ebenso leichte und gewisse Erkenntnis zu erwerben imstande sind, als wenn sie von Anfang an dem Geist aufgeprägt wären.

Da aber jeder der Kritik unterliegt, der beim Forschen nach Wahrheit seinen eigenen Gedanken nachgeht und sich durch sie auch nur ein wenig von der breiten Heerstraße abführen läßt, so will ich die Gründe namhaft machen, die bei mir den Zweifel an der Richtigkeit jener Meinung weckten; sie mögen meinen Irrtum entschuldigen, falls ich das Opfer eines solchen bin; was zu untersuchen ich denen anheimstelle, die wie ich willig sind, die Wahrheit zu nehmen, wo sie sie finden.

2. Nichts gilt allgemeiner als ausgemacht, als daß es gewisse *Prinzipien*, sowohl *spekulativer* als auch *praktischer* Art gebe (man redet nämlich von beiden), hinsichtlich deren die gesamte Menschheit ausnahmslos einer Meinung sei; diese müßten, so folgert man, notwendig unveränderliche Eindrücke sein, welche die menschliche Seele gleich bei der Entstehung erfahre, und die sie ebenso notwendig und tatsächlich mit auf die Welt bringe wie irgendeines ihrer inhärierenden Vermögen.

3. Dieses Argument der allgemeinen Übereinstimmung hat leider nur das eine gegen sich, daß wenn tatsächlich gewisse Wahrheiten existierten, denen alle Menschen zustimmen, ihr Angeborensein nicht erwiesen wäre, falls sich irgendein anderer Weg zeigen ließe, wie die Menschen zu jener durchgängigen Einmütigkeit in den Dingen, über die sie einer Meinung sind, gelangen; und das ist, wenn ich mich nicht täusche, wohl möglich.

4. Was aber noch schlimmer ist: dieses zum Beweis für das Angeborensein von Grundwahrheiten verwendete Argument der allgemeinen Übereinstimmung erscheint mir vielmehr als ein demonstrativer Beweis, daß solche Prinzipien gar nicht existieren, weil es keine gibt, denen die gesamte Menschheit durchweg zustimmt. Ich will mit den spekulativen beginnen und als Beispiel die vielgerühmten Prinzipien des Demonstrierens nehmen: ‹Was ist, das ist› und ‹Ein Ding kann unmöglich zugleich sein und nicht sein›, die meines Erachtens noch den unbestrittensten Anspruch darauf haben, für angeboren zu gelten. Ihr Ruf als allgemein anerkannte Axiome steht so fest, daß es zweifellos befremdlich aussehen wird, wenn jemand sie scheinbar in Zweifel zieht. Dennoch getraue ich mir es auszusprechen, daß diese Sätze, weit entfernt, allgemeine Zustimmung zu genießen, einem großen Teil der Menschheit überhaupt nicht einmal bekannt sind.

5. Erstens nämlich liegt klar auf der Hand, daß alle Kinder und Idioten nicht im geringsten einen Begriff oder eine Vorstellung von diesen Sätzen haben. Schon dieser Mangel schließt die Allgemeinheit der Zustimmung aus, die notwendig und unbedingt die Begleiterin aller angeborenen Wahrheiten sein müßte; denn es scheint mir nahezu ein logischer Widerspruch, zu behaupten,

der Seele seien Wahrheiten eingeprägt, die sie doch nicht wahrnehme oder verstehe, insofern ‹das Einprägen›, wenn es überhaupt etwas bedeutet, nichts anderes ist als ein zum Bewußtseinbringen gewisser Wahrheiten. Denn es scheint mir kaum verständlich, wie man etwas dem Geist einprägen könne, ohne daß er es wahrnimmt. Wenn darum Kinder und Idioten eine Seele, einen Geist haben, denen jene Eindrücke aufgeprägt sind, so müssen sie sie unbedingt wahrnehmen, und sie müssen diese Wahrheiten notwendig kennen und ihnen zustimmen. Da das aber nicht der Fall ist, so ist klar, daß es keine solchen Eindrücke gibt. Denn sind es keine von Natur eingeprägten Begriffe, wie können sie dann angeboren sein? Sind es aber eingeprägte Begriffe, wie können sie unbekannt sein? Wer behauptet, daß ein Begriff dem Geist eingeprägt sei, und doch gleichzeitig versichert, der Geist kenne denselben nicht, und er sei ihm noch nie zum Bewußtsein gekommen, der hebt diese Einprägung wieder auf. Von keinem Satz läßt sich behaupten, daß er im Geist vorhanden sei, wenn der Geist ihn nie gekannt hat, oder er ihm nie zum Bewußtsein gekommen ist. Denn ist das bei *einem* Satz möglich, so läßt sich aus demselben Grund von allen Sätzen, die wahr sind, und denen der Geist jemals zuzustimmen vermag, behaupten, daß sie im Bewußtsein vorhanden und ihm eingeprägt seien; wenn nämlich von *einem* Satz sich sagen läßt, daß er im Geist vorhanden sei, ohne daß dieser ihn doch je gekannt hätte, so kann das nur deshalb der Fall sein, weil der Geist ihn zu wissen imstande ist; das aber ist dem Geist hinsichtlich aller Wahrheiten möglich, die er je erkennen wird. Ja, es könnten auf diese Weise dem Geist Wahrheiten eingeprägt sein, die er nie gekannt hat und auch nie kennen wird; denn es ist denkbar, daß jemand alt und grau wird und schließlich stirbt, ohne um viele Wahrheiten Bescheid zu wissen, die sein Geist erkennen konnte, und zwar mit Gewißheit. Nach dieser Auffassung wären, wenn die behauptete natürliche Einprägung in der Möglichkeit des Wissens besteht, sämtliche Wahrheiten, die jemandem irgend einmal bekannt werden, ohne jedwede Ausnahme angeboren. Damit aber käme diese ganze wichtige Frage auf nichts weiter hinaus, als auf eine sehr inkorrekte Ausdrucksweise, die, während sie angeblich das Gegenteil besagt, in Wirklichkeit nichts anderes behauptet, als was die Leugner der angeborenen Prinzipien auch vertreten. Denn niemand hat meines Wissens je bestritten, daß der Geist bestimmte Wahrheiten zu erkennen imstande sei. Die Fähigkeit, so behauptet man, sei angeboren, das Wissen sei erworben. Aber wozu dann ein solcher Streit um gewisse, angeborene Axiome? Wenn dem Geist Wahrheiten eingeprägt werden können, ohne daß man sie wahrnimmt, so kann ich nicht sehen, welche Verschiedenheit hinsichtlich ihrer Entstehung bei irgendwelchen Wahrheiten, die der Geist zu erkennen imstande ist, möglich sein soll; sie müssen alle angeboren oder alle erworben sein; es ist vergebliche Mühe, bei ihnen einen Unterschied festzustellen. Wer also von angeborenen, im Verstande vorhandenen Ideen redet, kann (sofern er damit irgendeine bestimmte Art von Wahrheiten bezeichnen will) damit nicht meinen, daß solche Wahrheiten im Geist vorhanden seien, die er nie wahrgenommen hat, und die ihm noch ganz unbekannt sind. Denn wenn die Worte ‹im Verstande sein› irgendeine Bedeutung haben, so besagen sie ‹verstanden werden›. Somit ist ein Vorhandensein im Verstand ohne verstanden zu werden, ein Existieren im Bewußtsein ohne je wahrgenommen zu werden, ganz dasselbe, als wenn jemand behauptete, etwas sei und sei zugleich nicht im Bewußtsein oder im Verstand. Wenn darum die zwei Sätze: ‹Alles, was ist, das ist› und ‹Ein Ding kann unmöglich zugleich sein und nicht sein› von der Natur eingeprägt sind, so können sie den Kindern nicht unbekannt sein; die ganz Kleinen, ja alle, die eine Seele haben, müssen sie notwendig in ihrem Verstand haben, ihre Wahrheit erkennen und derselben beipflichten.

C. Die Ideen im Allgemeinen und ihr Ursprung

(Versuch über den menschlichen Verstand ... Ausg. s. A.; 2. Buch, 1. Kapitel; S. 101–104)

Gliederung: (Titel und Paragrapheneinteilung der Originalausgabe) 1. Die Idee ist das Objekt des Denkens. 2. Alle Ideen beruhen auf Sensation oder Reflexion. 3. Die Objekte der Sensation als die eine Quelle der Ideen. 4. Die Tätigkeiten unseres Geistes als deren andere Quelle. 5. Alle unsere Ideen stammen aus einer dieser beiden Quellen.

1. Da jedermann sich dessen bewußt ist, daß er denkt, und da das, womit sich sein Geist beim Denken befaßt, die ihm vorliegenden *Ideen* sind, so ist es zweifellos, daß sich im menschlichen Bewußtsein mancherlei Ideen finden, z. B. diejenigen, welche durch die Wörter ‹Weiße›, ‹Härte›, ‹Süßigkeit›, ‹Denken›, ‹Bewegung›, ‹Mensch›, ‹Elefant›, ‹Armee›, ‹Trunkenheit› und andere mehr bezeichnet werden. In erster Linie werden wir also zu untersuchen haben, *wie der Mensch in den Besitz dieser Ideen gelangt.*

Es ist bekanntlich eine allgemein verbreitete Lehre, daß die Menschen angeborene Ideen besitzen, ursprüngliche Eindrücke, die ihrem Geist gleich beim Entstehen aufgeprägt seien. Diese Ansicht habe ich schon einer eingehenden Prüfung unterzogen, und ich denke, meine Ausführungen im vorigen Buch werden sehr viel eher Anklang finden, wenn ich gezeigt haben werde, von wo der Verstand alle die Ideen, die er besitzt, wohl hernimmt, und auf welchen Wegen und in was für Zwischenstufen sie in den Geist gelangen mögen, wobei ich die eigene Beobachtung und Erfahrung eines jeden zu Hilfe rufen werde.

2. Wir wollen also annehmen, der Geist sei, wie man sagt, ein unbeschriebenes Blatt, ohne alle Eindrücke, frei von allen Ideen; wie werden ihm diese dann zugeführt? Wie gelangt er zu dem gewaltigen Vorrat von Ideen, womit ihn die geschäftige Phantasie des Menschen, die keine Schranken kennt, in nahezu unendlicher Mannigfaltigkeit beschrieben hat? Von wo hat er das gesamte *Material* für sein Denken und Erkennen? Ich antworte darauf mit einem einzigen Wort: aus der *Erfahrung*. Sie liegt unserm gesamten Wissen zugrunde; aus ihr leitet es sich letzten Endes her. Unsere Beobachtung, die entweder auf äußere, sinnliche Objekte gerichtet ist, oder auf innere Bewußtseinsvorgänge, die wir wahrnehmen, und über die wir reflektieren, liefert unserm Verstand das gesamte *Material* des Denkens. Dies sind die beiden Quellen der Erkenntnis, aus denen alle Ideen entspringen, die wir haben oder naturgemäß haben können.

3. I. Wenn unsere Sinne mit bestimmten sensiblen Objekten in Berührung treten, so führen sie dem Bewußtsein eine Reihe deutlich unterschiedener Wahrnehmungen von Dingen zu, der mannigfach verschiedenen Art entsprechend, wie jene Objekte auf die Sinne einwirken. Auf diese Weise erwerben wir unsere Ideen ‹weiß›, ‹gelb›, ‹Hitze›, ‹Kälte›, ‹weich›, ‹hart›, ‹bitter›, ‹süß› und diejenigen aller der Eigenschaften, die wir sinnlich nennen. Wenn ich sage, die Sinne führen sie dem Bewußtsein zu, so meine ich damit, sie führen von den Objekten der Außenwelt her dem Bewußtsein dasjenige zu, was in demselben jene Wahrnehmungen hervorruft. Diese wichtige Quelle für unsere meisten Ideen, die ganz und gar von unsern Sinnen abhängig ist und durch sie dem Verstand zugeleitet wird, nenne ich darum *Sensation*.

4. II. Die zweite Quelle, aus der die Erfahrung den Verstand mit Ideen speist, ist die Wahrnehmung der Tätigkeiten des eigenen Geistes in uns, der sich mit den ihm zugeführten Ideen beschäftigt. Sobald die Seele anfängt, auf diese Tätigkeiten zu reflektieren und sie zu beobachten, wird dem Verstand dadurch eine zweite Reihe von Ideen übermittelt, die durch Dinge der Außenwelt nicht

hätten erlangt werden können. Solche sind ‹Wahrnehmen›, ‹Denken›, ‹Zweifeln›, ‹Glauben›, ‹Schließen›, ‹Erkennen›, ‹Wollen› und all die verschiedenen Betätigungen unsers Geistes. Indem wir uns ihrer bewußt werden und sie in uns beobachten, gewinnen wir von ihnen für unseren Verstand ebenso deutliche Ideen wie von Körpern, die auf unsere Sinne einwirken. Diese Quelle von Ideen liegt ausschließlich im Innern des Menschen, und wenn dies Vermögen auch nicht ein Sinn ist, indem es mit Objekten der Außenwelt nichts zu tun hat, so ist es doch etwas sehr Ähnliches und könnte füglich als *innerer Sinn* bezeichnet werden. Da ich aber im ersten Fall von Sensation rede, so nenne ich diese Quelle *Reflexion*, da die Ideen, die sie liefert, lediglich solche sind, die der Geist durch ein Reflektieren auf seine eigenen inneren Tätigkeiten gewinnt. Im weiteren Fortgang dieser Abhandlung bitte ich also unter Reflexion zu verstehen die Kenntnis, die der Geist von seinen eigenen Operationen und von ihrer Eigenart nimmt, auf Grund wovon Ideen von diesen Operationen in den Verstand gelangen können. Zweierlei Dinge also, nämlich äußere materielle Gegenstände als die Objekte der *Sensation* und die inneren Operationen unsers Geistes als die Objekte der *Reflexion*, sind nach meiner Auffassung der alleinige Ursprung aller unserer Ideen. Den Ausdruck ‹Operationen› (Tätigkeiten) verwende ich hier in dem weiteren Sinn, daß er nicht nur die aktiven Einwirkungen des Geistes auf seine Ideen bezeichnet, sondern auch bestimmte, bisweilen durch sie herbeigeführte passive Zustände, wie z. B. die aus irgendeinem Gedanken entspringende Befriedigung oder Nichtbefriedigung.

5. Soweit ich sehe, besitzt der Verstand auch nicht den leisesten Schimmer von irgendwelchen Ideen, die ihm nicht aus einer dieser beiden Quellen zukommen. Die *äußeren Objekte* liefern dem Geist die Ideen der sinnlich wahrnehmbaren Eigenschaften, die nur die verschiedenen, durch sie in uns erzeugten Wahrnehmungen sind; der *Geist* liefert dem Verstand die Ideen seiner eigenen Tätigkeiten.

Sie enthalten, wie wir finden werden, wenn wir einen Gesamtüberblick über sie, ihre verschiedenen Modi [Kombinationen und Relationen] erlangt haben, unsern gesamten Ideenvorrat, so daß nichts in unserm Bewußtsein vorhanden ist, was nicht auf dem einen dieser beiden Wege hineingelangt wäre. Man prüfe einmal seine eigene Gedankenwelt und durchforsche gründlich seinen Verstand, und dann sage man mir, ob unter all den ursprünglichen Ideen, die dort vorhanden sind, sich irgendwelche finden, die anderswoher stammen als von den Objekten der Sinne oder von den zu Objekten der Reflexion gemachten Tätigkeiten des Geistes. Wie groß man sich auch die Masse der im Geist aufgehäuften Kenntnisse vorstellen möge, bei genauer Betrachtung wird sich herausstellen, daß das Bewußtsein keine einzige Idee aufweist, die ihm nicht auf einem dieser beiden Wege aufgeprägt worden ist, wenn auch vielleicht, wie wir später sehen werden, in unendlich mannigfaltiger Zusammensetzung und Erweiterung durch den Verstand.

D. Das Wissen im Allgemeinen

(Versuch über den menschlichen Verstand, Ausg. s. A.; Bd. II, Philos. Bibl. Bd. 76, Leipzig 1911, 4. Buch, Kapitel 1; S. 164–167)

Gliederung: (Titel und Paragrapheneinteilung der Originalausgabe) 1. Unsere Erkenntnis hat es lediglich mit unseren Ideen zu tun. 2. Erkenntnis ist die Wahrnehmung der Übereinstimmung oder Nichtübereinstimmung zweier Ideen. 3. Diese Übereinstimmung kann von vierfach verschiedener Art sein. 4. Erstens, Identität oder Verschiedenheit der Ideen. 5. Zweitens, abstrakte Relationen zwischen Ideen. 6. Drittens, ihre notwendige Koexistenz in Substanzen. 7. Viertens, reale Existenz in Übereinstimmung mit einer beliebigen Idee.

1. Da der Geist bei allem Denken und Folgern kein anderes unmittelbares Objekt hat als seine eigenen Ideen, und da er nur sie betrachtet und betrachten kann, so liegt es auf der Hand, daß unsere Erkenntnis es lediglich mit unsern Ideen zu tun hat.

2. In der Erkenntnis sehe ich deshalb nichts anderes als *die Wahrnehmung des Zusammenhangs und der Übereinstimmung oder Nichtübereinstimmung sowie des Gegensatzes zwischen beliebigen Ideen*, die wir haben. Das allein macht sie aus. Wo diese Wahrnehmung vorhanden ist, haben wir Erkenntnis; wo sie fehlt, können wir uns wohl etwas einbilden, etwas vermuten oder glauben, bringen es aber nie zu voller Erkenntnis. Denn wenn wir erkennen, daß weiß nicht schwarz ist, was tun wir dann anderes, als daß wir die Nichtübereinstimmung dieser beiden Ideen wahrnehmen? Wenn wir uns mit unbedingtester Gewißheit von der Richtigkeit des Nachweises überzeugen, daß die drei Winkel eines Dreiecks zusammen gleich zwei rechten sind, was vollziehen wir dann sonst als die Wahrnehmung, daß ein ‹gleich zwei rechten sein› notwendig mit der Summe der Winkel eines Dreiecks übereinstimmt und sich davon nicht trennen läßt?

3. Um uns etwas deutlicher klarzumachen, worin solche Übereinstimmung oder Nichtübereinstimmung besteht, können wir sie meines Erachtens durchweg auf die folgenden vier Arten zurückführen:
1. Identität oder Verschiedenheit.
2. Relation.
3. Koexistenz oder notwendiger Zusammenhang.
4. Reale Existenz.

4. I. Zunächst die erste Art von Übereinstimmung oder Nichtübereinstimmung: *Identität oder Verschiedenheit.* Der erste Akt des Geistes, wenn er überhaupt Empfindungen oder Ideen hat, ist, daß er seine Ideen perzipiert, und daß er, soweit er dies tut, von jeder Idee weiß, was sie ist, wodurch er auch wahrnimmt, daß die Ideen verschieden sind und die eine nicht die andere ist. Dieser Akt ist ein so unbedingt notwendiger, daß ohne ihn kein Erkennen, kein Folgern, kein Vorstellen, ja überhaupt kein bestimmtes Denken möglich wäre. Klar und untrüglich nimmt der Geist hierdurch wahr, daß jede Idee mit sich selbst übereinstimmt und das ist, was sie ist, sowie daß alle einzelnen Ideen untereinander abweichen, d. h. daß die eine nicht die andere ist. Und zwar tut er es ohne Mühe, Anstrengung oder Begründung, auf den ersten Blick hin, kraft seines natürlichen Wahrnehmungs- und Unterscheidungsvermögens. Wenn auch die Fachgelehrten dies auf die folgenden zwei Regeln gebracht haben: ‹*Was ist, das ist*› und ‹*dasselbe Ding kann unmöglich zugleich sein und nicht sein*›, die sofort in allen Fällen angewendet werden sollen, wo der Anlaß vorliegt, hierüber zu reflektieren, so ist es doch gewiß, daß dieses Vermögen sich zunächst immer an Einzelideen betätigt. Jedermann weiß untrüglich, sobald die Ideen, die er ‹weiß› und ‹rund› nennt, überhaupt in seinem Bewußtsein auftreten, daß sie eben diese Ideen sind, und nicht andere, die er ‹rot› und ‹viereckig› nennt. Und durch kein Axiom und keinen Lehrsatz kann ihm diese Erkenntnis klarer oder sicherer gemacht werden, als sie schon vorher ohne eine derartige allgemeine Regel war. Dies also ist die erste Übereinstimmung oder Nichtübereinstimmung, die der Geist bei seinen Ideen wahrnimmt. Diese Wahrnehmung erfolgt immer auf den ersten Blick; und wenn dabei jemals ein Zweifel entsteht, so wird sich immer ergeben, daß er den Namen gilt, nicht aber den Ideen selbst, deren Identität und Verschiedenheit man immer ebenso rasch und deutlich wahrnehmen wird als wie die Ideen selbst; etwas anderes ist schlechthin unmöglich.

5. II. Die nächste Art von Übereinstimmung oder Nichtübereinstimmung, die der Geist an irgendwelchen seiner Ideen wahrnimmt, kann meines Erachtens als die *relative* bezeichnet werden. Sie ist nichts anderes als die Wahrnehmung der *Relation*, die zwischen zwei Ideen beliebiger Art besteht, mögen es nun Substanzen, Modi oder Ideen irgendeiner andern Art sein. Da uns nämlich alle einzelnen Ideen für alle Zeit als nichtidentisch bewußt sein und deshalb allgemein und immer voneinander verneint werden müßten, so bliebe schlechthin keine Möglichkeit für irgendwelche positive Erkenntnis, wenn wir nicht irgendeine Beziehung zwischen unsern Ideen wahrnehmen und nicht durch ein verschiedenfaches vergleichendes Verfahren, das der Geist auf sie anwendet, ihre gegenseitige Übereinstimmung oder Nichtübereinstimmung ermitteln könnten.

6. III. Die dritte Art der bei unsern Ideen sich findenden Übereinstimmung oder Nichtübereinstimmung, die den wahrnehmenden Geist beschäftigt, ist *Koexistenz* oder *Nichtkoexistenz* in demselben Subjekt. Sie ist besonders für Substanzen charakteristisch. Wenn wir beispielsweise sagen, das Gold sei feuerbeständig, so besagt unsre Kenntnis von dieser Tatsache nur so viel, daß die Feuerbeständigkeit, d. h. das Vermögen vom Feuer nicht verzehrt zu werden, eine Idee ist, die stets mit jener besondern Art von gelber Färbung, sowie mit der Schwere, Schmelzbarkeit, Dehnbarkeit und Lösbarkeit in Königswasser Hand in Hand geht und verknüpft ist, Ideen, die unsre mit dem Wort Gold bezeichnete komplexe Idee bilden.

7. IV. Die vierte und letzte Art ist die der *tatsächlichen realen Existenz* in Übereinstimmung mit einer beliebigen Idee.

In diesen vier Arten von Übereinstimmung oder Nichtübereinstimmung liegt nach meiner Meinung alle Erkenntnis beschlossen, die wir haben, oder deren wir fähig sind. Denn alle Untersuchungen über unsre Ideen, die wir anstellen können, alles, was wir über irgendeine von ihnen wissen oder behaupten können, ist, daß sie mit einer bestimmten andern Idee identisch oder nichtidentisch sei, daß sie mit einer andern Idee in demselben Subjekt stets koexistiere oder nichtkoexistiere, daß sie zu einer andern Idee die oder jene Beziehung habe, oder endlich, daß sie eine reale Existenz außerhalb des Geistes besitze. So betrifft die Aussage ‹blau ist nicht gelb› die Identität; ‹zwei Dreiecke mit gleicher Basis zwischen zwei Parallelen sind gleich› die Relation; ‹das Eisen ist magnetischen Einwirkungen zugänglich› die Koexistenz; ‹Gott ist› die reale Existenz. Wenn auch Identität und Existenz im Grunde nichts anderes als Relationen sind, so sind sie doch so eigentümliche Arten von Übereinstimmung oder Nichtübereinstimmung unsrer Ideen, daß sie es entschieden wert sind, unter besonderen Stichworten betrachtet zu werden, und nicht unter Relation im allgemeinen, da sie so ganz anders geartete Grundlagen für Bejahung und Verneinung abgeben, was jedem ohne weiteres einleuchten wird, der an die Ausführungen denkt, die wir an verschiedenen Stellen dieses Versuchs gemacht haben.

E. Die Grade unseres Wissens

(Versuch über den menschlichen Verstand ... Ausg. s. D.; 4. Buch, 2. Kapitel; S. 171–173)

Gliederung: (Titel und Paragrapheneinteilung der Originalausgabe) 1. Die Grade oder Klarheitsunterschiede unseres Wissens: Das intuitive [Wissen]. 2. Das demonstrative [Wissen]. 3. Die Demonstration beruht auf klar wahrgenommenen Beweisen.

1. Wenn, wie gesagt, unser gesamtes Wissen in der Beobachtung der Ideen des Geistes durch diesen selbst besteht, was die größte Erleuchtung und die fe-

steste Gewißheit ist, deren wir mit unsern Anlagen und unserer Art zu erkennen fähig sind, so ist es vielleicht nicht unangebracht, die Grade der Erkenntnisgewißheit ein wenig näher ins Auge zu fassen. Die ungleiche Klarheit unsers Wissens scheint mir auf der verschiedenen Art zu beruhen, wie der Geist die Übereinstimmung oder Nichtübereinstimmung irgendwelcher Ideen, die er hat, wahrnimmt. Denn wenn wir unser eigenes Verhalten beim Denken beobachten, finden wir, daß zuweilen der Geist die Übereinstimmung oder Nichtübereinstimmung zweier Ideen *unmittelbar durch sie selbst* wahrnimmt, ohne Vermittlung einer dritten Idee. Wir können dies vielleicht als *intuitives Erkennen* bezeichnen. Hierbei braucht sich nämlich der Geist nicht der Mühe eines Beweises oder einer Prüfung zu unterziehen, sondern er nimmt die Wahrheit auf wie das Auge den Lichtstrahl, einfach indem er sich ihr zuwendet. So nimmt der Geist wahr, daß ‹weiß› nicht ‹schwarz›, daß ein Kreis kein Dreieck, daß drei mehr als zwei und gleich eins plus zwei ist. Derartige Wahrheiten erfaßt der Geist das erstemal, wenn er diese Ideen nebeneinander sieht, durch bloße Intuition, ohne Vermittlung irgendeiner andern Idee; und diese Art Erkenntnis ist die klarste und gewisseste, deren wir schwache Menschen fähig sind. Diesem Teil der Erkenntnis kann sich niemand entziehen; sie drängt sich wie der helle Sonnenschein unmittelbar der Wahrnehmung auf, sobald sich der Geist ihr zuwendet; sie läßt keinen Raum für Schwanken, Zweifeln und Prüfen, sondern der Geist erfüllt sich augenblicklich mit ihrem hellen Licht. *Auf dieser Intuition beruht alle Gewißheit und Evidenz unsers gesamten Wissens*, eine Gewißheit, die sich jedem als so groß erweist, daß er eine größere nicht ausdenken und darum auch nicht fordern kann. Denn niemand kann sich einer größeren Gewißheit für fähig halten, als die es ist, zu wissen, daß jede Idee seines Bewußtseins ebenso ist, wie er sie wahrnimmt, und daß zwei Ideen, bei denen er einen Unterschied wahrnimmt, wirklich verschieden und nicht genau gleich sind. Wer eine noch größere Gewißheit fordert, weiß nicht, was er tut und zeigt nur, daß er gern ein Skeptiker wäre, ohne daß er es zu sein imstande ist. Die Gewißheit beruht so vollkommen auf solcher Intuition, daß diese auf der nächsten Stufe des Wissens, die ich die demonstrative nenne, für alle Zusammenhänge der vermittelnden Ideen, ohne die wir Erkenntnis und Gewißheit nicht erlangen können, notwendig ist.

2. Die nächste Stufe der Erkenntnis ist die, auf der der Geist die Übereinstimmung oder Nichtübereinstimmung beliebiger Ideen zwar wahrnimmt, jedoch nicht in unmittelbarer Weise. Wohl ist überall da, wo er die Übereinstimmung oder Nichtübereinstimmung irgendwelcher von seinen Ideen wahrnimmt, sichere Erkenntnis vorhanden; doch tritt nicht immer der Fall ein, daß der Geist die zwischen jenen Ideen bestehende Übereinstimmung oder Nichtübereinstimmung bemerkt, selbst wo sie erkennbar ist; dann aber verharrt er in Unwissenheit und gelangt im besten Fall nicht weiter als bis zu einer wahrscheinlichen Vermutung. Daß der Geist nicht immer unmittelbar die Übereinstimmung oder Nichtübereinstimmung zweier Ideen wahrnehmen kann, ist darin begründet, daß er die Ideen, deren Übereinstimmung oder Nichtübereinstimmung er zu ermitteln sucht, nicht so nahe aneinanderrücken kann, daß das Gesuchte erkennbar würde. In diesem Falle nun, wo der Geist seine Ideen nicht eng genug zusammenzubringen vermag, um durch unmittelbares Vergleichen und gewissermaßen durch ein Nebeneinanderstellen und Beziehen derselben aufeinander ihre Übereinstimmung oder Nichtübereinstimmung zu erkennen, ist er gezwungen, durch die *Vermittlung anderer Ideen* (einer oder mehrerer, je nachdem es sich trifft) die gesuchte Übereinstimmung oder Nichtübereinstimmung festzustellen. Dies Verfahren nennen wir *folgern*. So kann der Geist, wenn er wissen will, ob die drei Winkel eines Dreiecks mit zwei rechten an Größe übereinstimmen oder nicht, dies nicht unmittelbar durch eine vergleichende Betrachtung derselben erkennen, weil die drei Winkel eines

Dreiecks nicht ohne weiteres hergenommen und mit einem oder zwei beliebigen andern Winkeln verglichen werden können; somit besitzt der Geist hierüber keine unmittelbare, intuitive Erkenntnis. In diesem Fall muß er andere Winkel ermitteln, denen die drei Winkel seines Dreiecks gleich sind; findet er dann, daß jene gleich zwei rechten sind, so weiß er, daß dies auch von diesen gilt.

3. Diese vermittelnden Ideen, welche dazu dienen, die Übereinstimmung zweier anderen erkennbar zu machen, bezeichnet man als *Beweise;* und wo auf diese Weise Übereinstimmung oder Nichtübereinstimmung klar und deutlich wahrgenommen wird, redet man von *Demonstration,* weil dem Verstand *gezeigt* und dem Geist erkennbar gemacht wird, daß etwas sich so und so verhält. Das Vermögen des Geistes, solche Zwischenideen (die die Übereinstimmung oder Nichtübereinstimmung anderer Ideen klarlegen sollen) schnell ausfindig zu machen und richtig anzuwenden, ist meines Erachtens das, was man als *Scharfsinn* bezeichnet.

II. CHRISTIAN THOMASIUS (1655–1728)

A. Von der Gelahrheit insgemein

(Einleitung zu der Vernunfft-Lehre. Worinnen durch eine leichte und allen vernünfftigen Menschen waserley Standes oder Geschlechts sie seyn, verständliche Manier der Weg gezeiget wird, ohne die Syllogistica das wahre, wahrscheinliche und falsche von einander zu entscheiden und neue Wahrheiten zu erfinden. Halle 1699. 1. Hauptstück, S. 1–12)

Gliederung: (Titel und Paragrapheneinteilung der Originalausgabe) 1. Beschreibung der Gelahrheit. 2. Derselben sind alle Menschen fähig. 3. Wären auch vor dem Fall alle gelehrt gewesen. 4.–9. Nach dem Fall aber sind sie teils gelehrt teils ungelehrt. 10.–11. Was ein gelehrter Mann sey. 12. Nach dem Fall können nicht alle Leute gelehrt seyn, 13.–14. jedoch sollen diese auch nicht gar ignoranten seyn. 15.–17. Zwey Lichter zur Erlangung der Gelahrheit: das natürliche und das übernatürliche. 18.–20. Wie weit die Sprachenwissenschaft zur Gelahrheit von nöthen. 21.–22. Gottes-Gelahrheit: Weltweißheit. 23.–33. Die Vernunfft-Lehre und historie zwey gemeine instrumente der Gottes-Gelahrheit und Weltweißheit. 34.–35. Bey der Vernunfft-Lehre hat man sich nach einem Lehrer umbzutun. 36.–37. Dessen und des Lehrlings requisita. 38.–44. Etliche Anmerkungen.

1. Die Gelahrheit ist eine Erkänntnüß, durch welche ein Mensch geschickt gemacht wird, das wahre von dem falschen, das gute von dem bösen wohl zu unterscheiden, und dessen gegründete wahre, oder nach Gelegenheit wahrscheinliche Ursachen zu geben, umb dadurch seine eigene als auch anderer Menschen im gemeinen Leben und Wandel zeitliche und ewige Wohlfahrth zu befördern.

2. Sie hat ihren Sitz im Verstande des Menschen, und weil dieser allen Menschen gemein ist, als sind auch alle Menschen fähig die Gelahrheit zu erlangen, obgleich die wenigsten wegen vieler Ursachen dieselbe nicht besitzen.

3. Zwar in dem Stande der Unschuld, in welchem der Mensch keine Unvollkommenheit hatte, wären wohl alle Leute gelehrt gewesen, ja sie hätten wahrscheinlich nicht einmal hierinnen einige Unterweisung von andern bedurfft.

4. Aber nachdem durch den Sünden-Fall der Verstand gar sehr verfinstert worden, und man solcher Gestalt durch unterschiedene mühsame Mittel denselben zu erleuchten vonnöthen gehabt, ist der Unterschied zwischen denen Gelehrten und Ungelehrten entstanden.

5. Nach der Geburt ist ein jedweder Mensch, wes Standes er sey, gantz un-

wissend, so gar, daß wenn er in diesem Zustande von denen Menschen abgesondert aufferzogen werden solte, würde er ja so wenig, wo nicht weniger Vernunfft von sich spüren lassen, als manche Bestien.

6. Wenn er aber durch gute Auferziehung, *conversation* mit andern Leuten, Lesung guter Bücher, eigne Erfahrung, und reiffes Nachsinnen, zuförderst aber durch die Gnade Gottes die Wolcken seiner Unwissenheit vertreibet, kan er endlich zu dem hohen Grad der Weißheit, der in diesem Leben erhalten werden kan, gelangen, massen denn unter denen Heyden dißfalls SOCRATES, PLATO und so weiter, unter denen Rechtgläubigen aber JOSEPH, SALOMON & c. für andern berühmt gewesen.

7. Zwischen diesem Grad der höchsten menschlichen Weißheit, und den untersten Grad der höchsten Unwissenheit, sind unzehlich viel mittlere Stuffen, die nach Gelegenheit bald zu der Gelahrheit, bald zu der Ungelahrheit gerechnet werden.

8. Denn so schwer es ist zu sagen, das wie vielste Korn aus einer Hand voll einen Hauffen mache, so schwer ist es auch zu *determinieren*, durch welchen Grad der Wissenschaft aus einem ungelehrten Menschen ein rechtschaffener Gelehrter werde.

9. Dannenhero darff man sich auch nicht wundern, daß öffters den Nahmen gelehrter Leute die jenigen mißbrauchen, die nichts weniger sind, oder daß man die Gelahrheit nach Titeln und Ehren-Ämtern außmißt.

10. Ich halte den vor einen gelehrten Mann, der etliche wenige Wahrheiten gewiß weiß, die er zum gemeinen Nutzen anwenden, und daraus in allerhand Wissenschafften andere Wahrheiten wieder herleiten kan, im übrigen aber das gemeine Sprüchwort rechtschaffen verstehet, daß die Welt von leeren Wahne angefüllet sey, und der so wohl seine Warheiten, als den leeren Wahn der Welt, andern gar leichte und deutlich kan vor Augen stellen.

11. Jedoch muß ein solcher täglich fortfahren seinen Verstand auszubessern, weil er täglich Gelegenheit haben wird, neue Wahrheiten zu entdecken, und neue Vor-Urtheile, die an Erforschung der Wahrheit hinderlich seyn, theils bey sich selbst, theils bey andern zu entdecken.

12. Wiewol nun die Gelahrheit den Menschen aus seiner Unvollkommenheit heraus reisset, und dannenhero billich alle Menschen sich bemühen solten, gelehrt zu werden, so lässet doch der Zustand der menschlichen Gesellschafft nach dem Fall solches nicht zu, weil der Unterscheid der Stände denen meisten so viel zu thun giebt, daß sie die Zeit, so zu Erlangung der Gelahrheit erfordert wird, dem gemeinen Wesen zum besten zu was andern anwenden müssen.

13. Jedoch sollen sich auch diese bemühen, daß ihre Ungelahrheit doch für keine grobe Unwissenheit gehalten werden könne, und solcher Gestalt durch tägliche Erfahrung und Rathfragung der Gelehrten, so viel erkennen, daß sie ihres Orts nach ihrem Stande so viel wie möglich, die gemeine und ihre eigene Glückseligkeit befördern können, ob sie gleich von andern Ständen keine Wissenschafft haben, auch von den Ihrigen nicht eben deutliche Rechenschafft zu geben wissen.

14. Die Übrigen aber, die Musse und Gelegenheit haben, ihren Verstand genauer auszubessern, solten, ob sie gleich nicht *profession* von der Gelahrheit machen, dennoch sich so viel möglich bemühen, über den Zustand der ersten zu erheben, daß ob sie gleich nicht für Gelahrte passieren können, dennoch auch nicht ungelehrt genennet werden mögen.

15. Wenn sie aber von der Gelahrheit *profession* machen, müssen sie zuförderst wol erwegen, daß ihnen GOtt in diesem Leben zwey sonderbare Lichte überlassen, ihren verfinsterten Verstand zu erleuchten, und dieselbigen wohl zu unterscheiden wissen.

16. Das eine ist das natürliche Licht oder der Verstand selbst, wodurch der Mensch vermögend ist, aus natürlichen Kräfften von denen sinnlichen und irr-

dischen Dingen sich einen wahren und deutlichen *concept* zu machen, zu Nutzen dieses zeitlichen Lebens.

17. Das andere ist ein übernatürliches, und das von Göttlicher Offenbahrung entstehet, durch welches der Mensch die Göttliche Geheimnüsse, so ihn zu einem künfftigen Leben führen, so viel als seine gegenwärtige Unvollkommenheit zuläßt, erkennet.

18. Diese Göttliche Offenbahrung, gleichwie sie in der heiligen Schrifft enthalten ist; also muß auch einer, der hierinnen recht gelehret seyn will, die Sprachen so wol Altes als Neues Testaments wol innen haben.

19. Aber zu Brauchung des natürlichen Lichts, sind keine fremde Sprachen eben nothwendig, sondern man kan sich dessen auch ohne dieselben bedienen, es mögen nun Mannes- oder Weibes-Personen, Junge oder Alte, Arme oder Reiche seyn.

20. Jedoch ist es in so weit besser, wenn man frembder Sprachen mächtig ist, daß man durch Lesung anderer gelehrten Leute, die in denenselben Sprachen geschrieben, Gelegenheit nehme von Dingen, so nicht täglich denen Sinnen fürfallen, einige Erkänntnüß zu erlangen, oder auch sonsten durch eine und andere Anmerckung, an die man sonst nicht gedacht hätte, der Erkänntniß der Dinge weiter nachzudencken, weil doch viel Augen mehr sehen, als zwey.

21. Die Erkänntnüß so aus der heiligen Schrifft entstehet, wird Gottes Gelahrheit, die aber so aus der menschlichen Vernunfft herrühret, Welt-Weißheit genennet. Und wenn der Mensch nach dieser oder jener sein Leben anstellet, so heisset ein Tugendhafftes oder Gottesfürchtiges Leben.

22. Die Gottes-Gelahrheit ist bey dieser Schrifft nicht meines Vorhabens, weil ich mich noch selbst einen Schüler darinnen erkenne, sondern mein Zweck ist, die zu einem tugendhafften und beglückten Leben in dieser Welt führende Welt-Weißheit fürzustellen.

23. Ob aber schon die Gottes-Gelahrheit aus einer Offenbahrung herrühret, die Welt-Weißheit aber aus der innerlichen Vernunfft hergeleitet wird, so kan doch jene nicht gäntzlich ohne die menschliche Vernunfft seyn, diese aber *praesuppon*iret auch zuweilen wo nicht eine Göttliche, doch menschl. Offenbahrung.

24. Denn die Gottes-Geheimnisse sind zwar über den menschlichen Verstand, aber sie sind nicht demselbigen zuwider, sondern GOtt hat in seinem heiligen Wort, sich so viel möglich nach uns Menschen *accommodi*ret, und redet solchergestalt mit uns als ein Mensch, der zugleich GOtt der HErr ist.

25. Was ferner die Welt-Weißheit betrifft, die über die *creatur*en *raison*iret, so ist unstreitig, daß dieselbige sich nicht allein über gegenwärtige, sondern guten Theils über entfernete oder vergangene Dinge erstrecke, über welche sie aber solcher gestalt nichts vernünfftiges schließen kan, wenn sie nicht zum wenigsten einige *historische Relation praesuppon*iret.

26. Dannenhero sind die Vernunfft-Lehre und die *historie* zwey Instrumente, die so wohl der Gottes-Gelahrheit als Welt-Weißheit gemein sind, jedoch mit diesem mercklichen Unterscheid.

27. Die Welt-Weißheit braucht die Vernunfft-Lehre als den Grund ihrer gantzen Wissenschafft, und *praesuppon*iret nur die aus der Offenbahrung herrührende *historis*chen *Relationes* als *postulata* und *hypotheses*, ihre Kunst daran auszuüben, wannenhero auch dieselbe nicht hauptsächlich bekümmert ist, ob die *historie* aus Göttlicher oder menschlicher Offenbahrung entstanden.

28. Aber bey der Gottesgelahrheit ist die Göttliche Offenbahrung der stetswährende Grund, nach welcher ein Gottes-Gelahrter nicht allein die von dem Menschen herrührende *historie* richtet, sondern auch die Vernunfft zuförderst angewöhnet, daß sie nicht sich unterfange mit ihren Vernunfft-Schlüssen die Göttlichen Geheimnüsse auszumessen, sondern den Verstand in übernatürlichen Dingen unter den Glauben gefangen nehme.

29. Und solcher Gestalt braucht man bey der Gottes-Gelahrheit die Vernunfft-

Lehre nicht als ein Mittel die Göttliche Offenbahrungen zu begreiffen, als worzu eine Göttliche Erleuchtung allerdings erfordert wird, jedoch eine solche, wie unsere Kirche dieselbe zu erklären pflegt, die nicht auf eine *Enthusiaster*ey hinaus läufft.

30. Sondern man braucht die Vernunfft-Lehre nur darzu, daß man seinen Verstand dadurch fein von allen *præjudiciis* saubere, ihme die irrigen Vernunfft-Schlüsse und Folgerungen überhaupt zu erkennen gebe, auch angewehne, daß er sich für *Sophisti*schen und *cavillatori*schen *interpretation*en hüte.

31. Denn wenn GOtt in seinem Wort mit uns redet, so hat Er sich nicht nach solchen Leuten *accommodi*ret, die ihre Vernunfft in der Verwirrung lassen, und mit unzehlichen Vor-Urtheilen, die sie an Begreiffung Göttlicher Geheimnisse hindern, umgeben sind, sondern nach solchen, die sich in ihrem Verstand dißfalls gnug gesaubert haben. Denn jenen ist freylich die heilige Schrifft schwer zu verstehen, und werden dadurch verwirret, allein weil sie eben ungelehrige und leichtfertige oder *Sophisti*sche Leute seyn, so geschiehet solches durch ihre eigene Schuld, und gerathen ihnen selbst zur Verdamnüß.

32. So hat auch GOttes Geist sich zwar öffters solcher Leute bedienet, die in menschlicher Weißheit nicht gelehrt gewesen, wannenhero auch der *stylus* der heiligen Schrifft nach Unterscheid dieser Leute ungleich ist; aber es sind doch alles Leute gewesen, die ihren natürlichen Verstand nicht mißbraucht haben.

33. Solchergestalt nun darff man sich nicht wundern, wenn man siehet, daß Gottes-Gelehrte öffters hauptsächlich von der Vernunfft-Lehre, von der Auslegung überhaupt usw. geschrieben, da solches zu keinem andern Ende geschehen, als die Rechtgläubigen zu warnen, daß sie sich für irriger Sophisterey desto besser hüten sollen, oder die Unrechtgläubigen zu überweisen, daß sie die Vernunfft-Lehre dißfalls gemißbraucht.

34. So muß auch hiernächst ein Lehr-begieriger dieses bald Anfangs wohl betrachten, sonderlich der zu der Welt-Weißheit (als von welcher wir fürnemlich handeln) Lust hat, daß ob schon die innerliche Vernunfft selbst vermögend ist, die Vorurtheile vermittelst eigener Kräffte zu vertreiben, er dennoch bey Anfang seines Studirens nicht selbst alleine Hand anlege, sondern sich um einen Lehrer, der ihn leite, bekümmere.

35. Denn sonsten muß es fast nothwendig geschehen, daß er sich in denen Vorurtheilen mehr ein- als auswickelt. Ich werde zu seiner Zeit ausführlicher hievon handeln. Itzo wird es genug seyn, wenn ich diesen Satz mit einem Gleichnüß von einem Menschen, der zum Exempel viel Scheid-Wege für sich hat, von welchen nur einer zu dem verlangten Ort weiset, erklären werde.

36. Er muß aber in Erkiesung eines Lehrers nicht so wol um dessen grossen Ruhm von eigener Gelahrheit bekümmert seyn, als vielmehr erforschen, ob er dabey deutlich, getreu und freundlich sey, als welches die drey Haupt-Tugenden eines Lehrmeisters sind.

37. Hergegen auf seiner Seite muß ein Lehrling eine Kindliche Furcht und hertzliches Vertrauen zu seinem Lehrmeister haben, zufördest auf das, was er höret, *attent* seyn, sich nicht ohnnöthige und aus Mißtrauen herrührende *Scrupel* machen, jedoch aber, da er einigen Zweifel bey sich befände, oder des Lehrers Meynung nicht recht gefasset hätte, ihn alsobald, ehe der Mißverstand und Zweiffel eingewurtzelt, denselben entdecken und zu rathe ziehen.

38. Aus dem was wir bißhero angeführet, werden verhoffentlich folgende kurtze Anmerckungen erhellen, und keines ferneren Beweises vonnöthen haben. (1.) Dieses ist keine Gelahrheit zu nennen, die weder in dem menschlichen Leben einigen Nutzen schaffet, noch zur Seeligkeit anführet.

39. (2.) Viel Sprachen wissen, ist der geringste Theil der Gelahrheit.

40. (3.) Zur Gelahrheit braucht man keines absonderlichen Beruffs.

41. (4.) Weibes-Personen sind der Gelahrheit so wohl fähig, als Manns-Personen.

42. (5.) Viel wissen macht nicht eben einen gelehrten Mann.

43. (6.) Der ist nicht gelehrt, der es in der That nicht erweisen kan.

44. (7.) Der ist nicht gelehrt, der das natürliche und übernatürliche Licht untereinander wirfft.

B. Von denen ersten und unbeweisslichen Wahrheiten ingleichen de primis veritatis criteriis et principiis

(Einleitung zu der Vernunfft-Lehre ... Ausg. s. A.; 6. Hauptstück, § 1–26; 71–80; 100–104. S. 66–71; 81–83; 87–88)

Gliederung: (Titel und Paragrapheneinteilungen der Originalausgabe) 1–2. Continuation. 3–4. Eine Grundwahrheit muß unverweißlich seyn. 5. General concept von primo principio. 6–8. Es muß eine universal proposition seyn. 9. Unterscheid zwischen denen ersten Wahrheiten und primis principiis. 10–16. Es ist nur ein eintziges primum principium, 17. der Begriff aller Wahrheiten, 18–19. welches aus der definition der Wahrheit hervorgenommen werden muß, 20. nemlich: Was mit der menschlichen Vernunfft übereinstimmt, ist wahr. 21–22. Das ist, was mit denen Sinnen und ideis übereinstimmet. 23–25. Unterscheid zwischen denen Sinnen und ideis. 26. Was der menschliche Verstand durch die Sinne erkennet, das ist wahr.

71. Von derer idearum Verknüpffung mit denen Sinnen. 72–75. Mercklicher Unterschied zwischen denen Sinnen und ideis. 76–77. Ohne ideis wäre der Mensch nicht Mensch. 78–79. Ohne Sinnen hätte er keine ideas. 80. Ideae oder abstractiones. 100. Was mit denen ideis übereinkommet, ist wahr. 101. Ideae und definitiones sind eines. 102. Diese propositio ist unerweißlich. 103–104. Falsche ideae rühren von dem bösen Willen und praejudiciis her.

1. Nachdem aus vorigen Hauptstück erhellet, daß Warheiten und zwar von unterschiedenen Gattungen seyn, unter welchen die unstreitigen Warheiten billich den Vorzug erhalten, und fürnemlich zur Vernunfft-Lehre gehören, auch gleichsam der Probierstein seyn, an welchen die Warheiten überhaupt gestrichen werden, als müssen wir dieselbigen etwas genauer betrachten.

2. Und zwar weil die unstreitigen Warheiten theils keines Beweises von nöthen haben, theils aber aus andern hergeleitet werden, als scheinet es zwar, ob dörfften wir uns um jene nicht groß bekümmern, oder dieselbige als was sonderliches in unserer Vernunfft-Lehre weitläufftig *tracti*ren, weil kein Mensch an denenselben zweiffelt, dieweil aber bey denen erweißlichen Warheiten man sich für allen Dingen um den Grund bekümmern muß, aus welchem andere Warheiten hergeleitet werden, so ist zum wenigsten nöthig zu erforschen, ob wir denselben nicht etwan aus denen unerweißlichen herhohlen müssen.

3. Was aus etwas anders erwiesen wird, muß mit demselbigen eine Vereinigung haben, und wenn dieses wieder aus was anders erwiesen werden soll, muß man eben dergleichen Vereinigung *præsuppo*niren.

4. So folget nun daraus, daß eine Warheit mit der andern verknüpfft ist, und daß so lange als eine Warheit durch eine andere erwiesen wird, jene der Hauptgrund oder Quell nicht genennet werden möge, sondern allerdings eine Grundwarheit unerweißlich seyn müste.

5. Diese Grundwarheit wird von denen *Philosophis primum principium* genennet, und kan also noch zur Zeit beschrieben werden, daß es eine unerweißliche Warheit sey, aus welcher andere Warheiten hergeleitet werden. Dieweil aber von diesem *primo principio* grosser Streit unter ihnen entstanden, müssen wir desto behutsamer in dessen Erforschung gehen.

6. Wir haben in vorigen Capitel viel Exempel solcher unerweißlichen War-

heiten erzehlet, zum Exempel: daß dieses ein Hund, dieser Thurm viereckicht, zweymahl dreye sechse seyn.

7. Aber diese können noch nicht *pro primis principiis* paßiren, weil sie alle eintzele oder *particulares propositiones* seyn, aus denen man keine Warheit herleiten kan.

8. Dannenhero gehöret zu denen *primis principiis*, daß sie *universal propositiones* seyn, damit man andere Warheiten daraus herleiten könne.

9. Und solchergestalt kan man einen Unterscheid zwischen denen ersten Warheiten und *primis principiis* machen. Alle *prima principia* sind erste Warheiten, aber nicht alle erste Warheiten sind *prima principia*. Jene sind auch *propositiones particulares*, diese *universales*, aus jenen werden diese *formirt*, jene fallen eher in dem Menschlichen Verstand, und wecken diese gleichsam drinnen auff.

10. Ich will noch mehr sagen, jene können deßhalben nicht *prima principia* seyn, weil derselben unzehlich sind, das *primum principium* aber muß nur ein einiges seyn.

11. Denn ein Mensch hat nur einen einigen Verstand, und der Verstand, der bey allen Menschen ist, ist nichts unterschiedenes, sondern eines Wesens.

12. Dannenhero bescheidet man sich zwar, daß sonsten das Wort *primus* auch von vielen auf gewisse Masse *prædiciret* werden könne, alleine bey dem *primo principio veritatis* bedeutet es nur ein einziges.

13. Denn wenn auch nur zwey *principia prima* wären, so hätten dieselbigen, entweder eine Verknüpfung mit einander, oder keine.

14. Wären sie durch das dritte mit einander verknüpfft, so wäre das dritte *principium prius* und folglich könten diese beyden nicht *prima* genennet werden.

15. Wären sie nicht verknüpfft, so müste folgen, daß der menschliche Verstand nicht einerley wäre, sondern zweyerley unterschiedenes Licht von sich würffe, welches *absurd* ist.

16. Ja es müste folgen, daß Warheit nicht Warheit wäre, weil zwey wiederwärtige Dinge keine *harmonie* machen können.

17. Wie mag aber nun diese *propositio prima* wohl heissen. Wir wollen die *Philosophos* wacker darum zancken lassen, und unsers Orts ohne Anstoss fortgehen. Es kan nicht fehlen, das *primum principium* muß ein Begriff aller Warheiten seyn.

18. So muß ich demnach solches nothwendig aus der *definition* hernehmen, denn wenn diese nicht alle Warheiten begriffe, wäre es keine *definition.*

19. So pfleget man auch *in Mathematicis* aus denen *definitionibus rerum* alle *axiomata* herzuleiten.

20. Solcher gestalt aber heist dieses *primum principium* so: Was mit des Menschen Vernunfft überein stimmet, das ist wahr, und was des Menschen Vernunfft zuwider ist, das ist falsch.

21. Ja sprichst du, das habe ich längst gewust, aber ich wolte gerne wissen, worinnen denn diese Übereinstimmung bestünde, und also ist dieses *primum principium* für mich viel zu dunckel, weil ich noch nicht weiß, ob das wahre dasjenige sey, das mit denen Sinnen, oder das, welches mit denen *ideis* des Verstandes überein kommet.

22. Mein lieber Freund, du bist an dieser Dunckelheit selbst schuld, weil du die Sinnen und *ideas* durch die Heydnische *philosophie* verführet einander entgegen setzest, da sie doch beyde zu dem Menschlichen Verstand gehören, und also die Warheit so wol mit denen Sinnen, als mit denen *ideis* überein kommen muß.

23. Denn die Sinnen sind die leidenden Gedancken, die *ideae* aber die thätigen Gedancken des Verstandes.

24. Jene haben unmittelbar mit denen *individuis* zu thun, diese mit denen *universalibus*.

25. Jene sind der Anfang aller menschlichen Erkäntnüß, diese aber folgen auf jene. Jene rühren sich bald Anfangs bey denen kleinen Kindern und sind mehrentheils die gantze Lebens-Zeit durch einerley, außer daß sie bey herannahenden Alter natürlicher Weise abnehmen, diese aber erregen sich erst eine gute Zeit hernach, und verändern sich zu einer Verbesserung bey Wachsthum der Jahre. Zum wenigsten solte diese Verbesserung geschehen.

26. Also nun begreifft dieses *primum principium* zwey *propositiones* in sich, oder es wird vielmehr in dieselbige *resolvi*ret. Die erste heist: Was der Menschliche Verstand durch die Sinne erkennet, das ist wahr, und was denen Sinnen zuwider ist, das ist falsch.

71. Aber wir müssen auch nunmehro von denen *ideis* reden, welche die andere Helffte gleichsam des menschlichen Verstandes, und zwar der fürnehmste Theil desselbigen sind. Jedoch ist zwischen ihnen und denen Sinnligkeiten eine solche Verknüpffung, daß ohne einer von denenselbigen ich mir nichts vernünfftiges von der andern einbilden kan.

72. Die Sinne stellen mir lauter *individua* vor, und es ist kein Zweiffel, daß so viel *individua* mir vorkommen, auch so viel Eindruckungen in mein Gehirne geschehen, und der Verstand des Menschen so viel *reflexiones* darüber mache.

73. Nun aber hat ein jeder Mensch das Vermögen, ein jedwedes Ding in tausend kleine Theile mit seinen Gedancken zu theilen, und diese Theile gegen einander so wohl auch das gantze mit tausend andern gantzen, und die Theile jenes mit dieser ihren Theilen zu *conferi*ren.

74. Diese Theilung und Zusammensetzung kan von denen Sinnen nicht herrühren, weil diese lauter *individua* ohne einige Ordnung, und zwar jedes gantz vorstellen.

75. Dannenhero muß diese Theilung und *combini*rung nothwendig ein *actus purus* der Gedancken seyn, der durch die schlechte Eindruckung nicht gerühret wird, wie die leidenden Gedancken, sondern der theils vorhero in dem Vermögen des Menschen gewesen, (welches er mit denen sinnlichen und leidenden Gedancken gemein hat) theils auch nach geschehener Eindrückung nicht wider Willen gleichsam, (wie die *reflexion*) sondern aus einiger Willkühr des Menschen entstehet.

76. Dieweil aber diese Eintheilung und Zusammenhaltung das *complement* des Menschlichen Verstandes ist, so würde der Mensch nicht Mensch seyn, wenn er diese *potentiam* nicht besässe, sonder nur die Macht hätte über die gegenwärtigen *individua* zu *reflecti*ren, ja es würde ihm die *reflexion* und *apprehension* nicht viel nutzen, wenn er die letzte *potentiam* nicht hätte.

77. (Und also würde ein Thier doch nicht für vernünfftig gehalten werden können, wenn es gleich über die *res sensibus impressas reflecti*rte.)

78. Nichts desto weniger aber könte er auch die thätlichen Gedancken nicht ausüben, wenn ihm nicht *per sensus conceptus individuorum* wären *imprimi*ret worden. Denn wie wolte er ein gantzes in Theile eintheilen, wenn er kein gantzes hätte, wie wolte er ein *individuum* mit dem andern *conferi*ren, oder sie ordnen, wenn er nicht schon *conceptum individuorum* hätte.

79. Derowegen *præsuppoñi*ren die thätlichen Gedancken allezeit leidende, und ist so ferne das gemeine *dictum* zu erklähren, *Nihil est in intellectu, quod non prius fuerit in sensu.*

80. Alles nun, was zu diesen thätigen Gedancken des Verstandes gehöret, kanst du *ideas* oder *abstractiones* oder wie du sonst wilst, nennen.

100. So ist demnach die andere Haupt-*Proposition*, die in dem *primo principio* steckt, folgende: Was mit denen *ideis*, die der Menschliche Verstand von denen in die Sinne *imprimi*rten Dingen macht, übereinkömmt, das ist wahr, und was ihnen zuwider ist, das ist falsch.

101. Diesen Satz wird niemand leugnen, wenn er nur bedenckt, daß die *ideae,* wie wir solche bißher beschrieben, nichts anders sind oder seyn können, als *definitiones rerum.*

102. Und wenn er auch diesen Satz leugnete, oder dessen Beweiß forderte, würden wir uns nicht mit ihm einlassen, weil diese *proposition* ja so unerweißlich ist, als die erste.

103. Die gröste Schwürigkeit scheinet darinnen zu bestehen, daß die Menschen zuweilen öffters sich so gar wunderliche und falsche *ideen* von einem Dinge machen, und solchergestalt die *ideen* den Menschen zu betrügen scheinen, folglich aus denenselben kein *primum principium veritatis* genommen werden kan.

104. Aber hierauff ist kürtzlich zu antworten, daß dieses wider unsere *proposition* nicht streite. Daß die Mensche meistentheils sich falsche *definitiones rerum & ideas* machen, dafür kan der menschliche Verstand oder das natürliche Licht nicht, sondern ihr böser Wille, mit welchen sie muthwillig aus Liebe zu denen in der Jugend gefaßten *præjudiciis,* die der Ursprung alles Irrthums seyn, ihren Verstand verdunckeln, und die falschen *ideas pro genuinis* achten, ja wol vorsetzlich dieselbigen häuffen, wovon in folgenden mit mehrern.

C. Von denen Mitteln, auch der Art und Weise neue Warheiten zu erfinden

(Einleitung zu der Vernunfft-Lehre … Ausg. s. A.; 12. Hauptstück, § 1–24; S. 162–168)

Gliederung: (Titel und Paragrapheneinteilung der Originalausgabe) 1–2. Connexion. 3–6. Was neue Warheiten seyn. 7–8. Dieselbige werden durch die natürliche Würckung des wohl eingerichteten Verstandes erfunden. 9–11. Vergebliche Mühe der Philosophen, neue Warheiten durch die Syllogistik zu erfinden und die doctrin de inventione medii, 12. ingleichen die Streitigkeiten de methodo. 13–16. Ursprung dieses alles. 17–20. Unmöglichkeit, durch die Syllogistic neue Warheiten zu erfinden. 21–24. Syllogismus ist eine eitle Art, allbereit erkante Warheiten vorzubringen.

1. Wir haben in dem andern Capitel gesagt, daß die Vernunfft-Lehre weisen solle, wie man nicht alleine der Warheit nachjagen, sondern auch dieselbe finden solle, und zwar in waserley *discipline*n es seyn möge.

2. Dannenhero ist es nicht genug, daß wir in vorhergehenden Capitel gewiesen haben, in was für Dingen ein Mensch unstreitige Warheiten oder Wahrscheinligkeiten finden könne, wenn wir nicht auch weisen, wie er sie finden solle.

3. Was er aber dergestalt findet, das heissen neue Warheiten, denn die alten Warheiten weiß er nunmehr schon, nehmlich die *prima fundamenta & principia,* und derowegen darff er dieselben nicht suchen, weil er sie schon gefunden.

4. Jedoch muß er nicht meinen, daß er gantz andere Warheiten in dieser Suchung antreffen werde, oder daß er diese Warheiten ausser sich selbst suchen müste, denn wenn dieses wäre, so wären die *prima principia,* die wir oben mühsam erkläret haben, nicht *prima principia.*

5. Und es ist nichts neues, daß ich diejenige suche, was ich schon besitze, weil dergleichen offt bey denen vorzugehen pfleget, die eine weitläufftig *Bibliothec* besitzen, oder sich dieselbige ohnlängst erkaufft haben.

6. Die neuen Warheiten sind nichts anders, als neue *conclusiones,* die aus

denen *ex primis principiis* allbereit hergeleiteten *conclusionibus* wieder hergeleitet werden, und wiederum andere *conclusiones* hervorbringen.

7. Derowegen darffst du gantz nicht bekümmert seyn, wie es zugehen werde, daß du neue Warheiten erfindest, oder durch was für ein Mittel und *methode* du darzu gelangen werdest, sondern nachdem du in deinem Verstand die *prima principia* einmahl feste gesetzt, so las dieselbige nur würcken, und habe Gedult darbey, so wirst du neue Warheiten genung haben.

8. Ists nicht wahr, wenn du ein Caningen Gehecke haben willst, so darffst du dir nur ein Pärgen kauffen, und dieselben sich belauffen, und die jungen Caningen wiederum ihrer Natur nachfolgen lassen. In weniger Zeit wirst du ihrer mehr haben, als ein anderer, der noch so tieff *meditiret*, wie er *per artem chymicam* oder die Regel *detri* junge Caningen zuwege bringen werde.

9. Ich spüre wohl, daß dir diese meine Lehre gantz nicht anstehet, und du soltest wohl meinen, daß ich schwermte, oder daß ich dich für einen Gecken hielte.

10. Denn sagst du: Wenn die Kunst neue Warheiten zu erfinden so läppisch und so leichte ware, warum hätten sich dann die Gelehrten bißher so sehr bemühet und bemüheten sich noch, diese Kunst der gelehrten Welt beyzubringen.

11. Ich habe nun zwey Jahr nichts gethan, als mich in der *doctrina syllogistica* geübet, ich habe nach diesen ein gantzes Jahr mit sauren Schweiß in der *doctrin, de inventione medii termini,* die die Spötter *pontem asinorum* nennen, *studiret,* ja ich habe selbsten *profundissimè meditirt,* wie man auf eine galante und polite Art etwas *de inventione medii* schreiben möchte, und meine Mühe ist doch vergebens gewesen, und ich kan mich nicht rühmen, daß ich nur einige unerkante Warheit damit hätte finden können.

12. Ja ich habe gantze *volumina de methodo* gelesen, und bin doch noch so klug als zuvor.

13. Ich weiß nicht, mein Freund, ob ich mich über dich erbarmen, oder erzürnen soll. So viel weiß ich wohl, daß du mir und dir viel edle Zeit verderbest, ohne Noth dieses Capitel lang zu machen, daran ich sonst schon hätte aufhören können.

14. Hast du schon vergessen, was wir oben erörtert haben, daß alle Menschen der Gelahrheit fähig sind, daß die Vernunfft-Lehre nichts übernatürliches lehren, sondern nur weisen solle, wie wir nach der allgemeinen Natur unsere Vernunfft brauchen müssen, daß die Kunst der Natur nachahmen müsse, ja daß die Warheit nichts anders sey, als eine Übereinstimmung der euserlichen Dinge mit der Menschlichen Vernunfft, u.s.w.

15. Hätten die Gelehrten nicht dem betrüglichen Wahn gefolget, als wenn gemeine Leute der Gelahrheit nicht fähig wären, als wenn die *Logica artificialis* gleichwohl zwischen einem *Doctor* und einem Handwercksmann einen Unterscheid machen müste, als wenn die Kunst die Natur übertreffen solte, ja als wenn die Warheit nur eine Übereinstimmung mit gelehrter Leute ihren Gedancken wäre, so hätten sie sich diese vergebene Mühe so viel hundert Jahre durch nicht gemacht.

16. Wie woltest du dich bezeigen, wenn die Gelehrten auf die Torheit gerieten, und wolten sich bemühen, eine Kunst zu erfinden, wie sie auf eine besondere Art, dadurch sie von denen Bauern und Handwercksleuten unterschieden werden könten, Kinder zeugen möchten? Nun ist aber die Erfindung der Warheit dem Menschen eben so natürlich, als das Kinderzeugen, nur daß dieses letzte nicht mit so viel gemeinen Irrthümern verdunckelt ist, als jenes.

17. Ich gläube dir es ja wohl, daß du mit der *doctrina Syllogistica* keine neue Warheiten erfinden werdest, sondern daß solchergestalt die Warheit allezeit der *finis externus* der Vernunfft-Lehre bleiben werde.

18. Denn mein, was hältest du wohl von jenen Kerl, der sich verschwure, er wolte nicht eher ins Wasser kommen, biß er schwimmen könte? Also verschweren sich viel Gelehrte, sie wolten nicht eher die *disciplin,* welche *de pri-*

mis principiis handelt, ansehen, biß sie vermittelst der *Syllogistica* hätten gelernet neue Warheiten erfinden.

19. Ist es nicht wahr, es mag ein *Syllogismus Categoricus* oder *Hypotheti-
cus*, oder eine *Inductio* oder ein *Sorites* u.s.w. in *forma* noch so richtig seyn,
so können doch alle *propositiones* desselben im Grunde falsch seyn.

20. Und wiederum kan ein *Syllogismus in forma* gantz nichts taugen, und
doch alle drey *propositiones* desselben wahr seyn.

21. Mache mir doch einen *Syllogismum*, wenn du nicht drey *terminos*, oder
eine *proposition* und dererselben *ration* hast. Also siehest du, daß du die Warheit eher haben must, eher du einen *Syllogismum* machen kanst, und daß der
Syllogismus kein Mittel zur Erfindung der Warheit, sondern nur eine Mode
sey, die erfundene Warheit in Ordnung zu bringen oder zu zieren.

22. Und zwar eine solche Mode, die mehr in der eitelen Thorheit der Menschen, als in der Natur ihr Fundament hat.

23. Derowegen gemahnest du mich mit deiner *Syllogistica* nicht anders, als
die Apothecker mit der zierlichen Beschreibung ihrer Büchsen, und künstlichen
Beschneidung derer Zettelgen, auf welche der Titel der außgetheilten Artzneyen
geschrieben ist, wiewol diese viel gescheider seyn, als du und deine Meister.

24. Denn wo hast du wohl gehört, daß ein Apothecker seinen Gesellen weiß
gemacht hätte, daß sie vermittelst der Erlernung, wie sie die Büchsen beschrieben, oder die Papiergen schneiden müsten, die Artzneyen kennen und *präpari-
ren* lernen solten, da doch an einer Büchse, darinnen *moschus* gelegen, die
inscription von Teüffels-Dreck, und darinnen Gifft gelegen, die *inscription*
von Mithridat melden können, oder da die Zierrath der Papiergen mehr *vani-
tät* als Klugheit andeutet.

III. GIAMBATTISTA VICO (1668–1744)

A. Über das Wahre und das Gemachte

(De antiquissima Italorum sapientia, Opere, hrsg. v. G. Gentile u. F. Nicolini,
Bd. 1, Bari 1914. Buch I, Kapitel 1, § 1; S. 131–132. Dt. Übers. v. Eckhard
Kessler)

Gliederung: (a) Das Wahre und das Gemachte, Erkennen und Denken im Verständnis der lateinischen Sprache. (b) Das Wahre ist das Gemachte. Gott als
Schöpfer aller Dinge ist das erste Wahre. (c) Wissen ist das Sammeln der Elemente der Dinge. Gott weiß, der Mensch denkt. (d) Menschliches und göttliches
Erkennen. Der Prozeß des Erkennens ist der Prozeß des Machens. (e) Unterscheidung von Gemachtem und Gewordenem (f) Die göttliche Weisheit als das
Wort Gottes.

(a) Für die Lateiner sind das ‹Wahre› und das ‹Gemachte›[1] miteinander vertauschbar, oder, wie man gewöhnlich in den Schulen sagt, konvertibel. Und
für sie sind auch Erkennen (*intelligere*) und vollständig Sammeln (*perfecte legere*) und deutlich Kennen (*aperte cognoscere*) miteinander identisch. Denken
(*cogitare*) aber nannten sie, was wir in unserer Muttersprache Abwägen (*pen-
sare*) oder Zusammensuchen (*andar raccogliendo*) nennen. Verstand (*ratio*)

---

1 *Factum* wird hier stets als das ‹Gemachte› übersetzt. Es ist aber festzu-
halten, daß es bei Vico ebenso als Partizip von *Fieri* gebraucht wird und daher auch ‹das Gewordene›, das, was im historischen Prozeß geschehen ist, bezeichnet.

aber bedeutete für sie sowohl das Sammeln der Elemente beim Rechnen als auch die dem Menschen eigene Gabe, durch die er sich von den Tieren unterscheidet und sich über sie hinaushebt. Man definierte aber den Menschen allgemein als ein Lebewesen, das teilhat an der *ratio*, nicht aber ihrer unbegrenzt mächtig ist. Weiter sind, so wie die Worte Symbole und Zeichen der Ideen, die Ideen Symbole und Zeichen der Dinge. Wie daher derjenige liest, der die Elemente der Schrift, aus denen die Wörter zusammengesetzt sind, sammelt, so bedeutet Erkennen alle Elemente eines Dinges zu sammeln, mit deren Hilfe seine vollkommene Idee ausgedrückt wird.

(b) Aus dem allen können wir schließen, daß die alten Weisen Italiens übereinstimmend diese Meinung über das Wahre hatten: das Wahre sei nichts anderes als das Gemachte. Und daher sei in Gott das erste Wahre, da Gott der erste Schaffende ist, das unendlich Wahre, da er der Schöpfer von allem ist, das vollkommenste Wahre, da die äußersten wie die innersten Elemente der Dinge ihm gegenwärtig sind, denn er faßt sie in sich.

(c) Wissen aber sei, die Elemente der Dinge zusammenzustellen. Daher sei dem menschlichen Geist das Denken, dem göttlichen aber das Erkennen eigen. Denn Gott sammelt alle Elemente der Dinge, die äußeren wie die inneren, da er sie in sich faßt und ordnet. Der menschliche Geist aber, da er begrenzt ist, mag sich zwar bemühen, die äußeren Elemente aller übrigen Dinge außer ihm, die nicht durch ihn sind, zusammenzutragen, er sammelt sie dennoch nie alle. Daher kann der Mensch zwar über die Dinge denken, erkennen aber kann er sie nicht. Darum hat er teil an der *ratio*, ist ihrer aber nicht mächtig.

(d) Ich will dies durch einen Vergleich deutlicher machen. Das göttliche Wahre ist das konkrete Bild der Dinge, wie eine Statue. Das menschliche Wahre aber ist nur eine Skizze oder ein flaches Bild, wie ein Tafelbild. Und wie das göttliche Wahre das ist, was Gott, während er es erkennt, ordnet und entstehen läßt, so ist das menschliche Wahre das, was der Mensch, wenn er es erfaßt hat, zusammenstellt und ebenso macht. Aus diesem Grunde ist das Wissen die Erkenntnis der Gattung bzw. der Weise, wie ein Ding entsteht, und mit ihrer Hilfe macht der Geist – während er diese Weise erkennt – das Ding, da er die Elemente zusammenstellt. Das konkrete Ding macht Gott, da er alle Elemente zusammenfaßt, das nur flache Ding der Mensch, da er nur die äußeren Elemente zusammenfaßt.

(e) Um das hier Erörterte leichter mit unserer Religion in Einklang bringen zu können, muß man wissen, daß die alten Philosophen Italiens die Ansicht vertraten, das Wahre und das Gemachte seien konvertibel. Denn die heidnischen Philosophen glaubten, die Welt sei ewig, und verehrten folglich einen Gott, der immer, was unsere Theologie leugnet, sein Schaffen auf das Äußere gerichtet hat. In unserer Religion, in der wir bekennen, daß die Welt aus dem Nichts in der Zeit geschaffen wurde, ist daher diese Unterscheidung notwendig, daß das geschaffene Wahre mit dem Gemachten vertauschbar ist, das ungeschaffene Wahre aber mit dem Gewordenen.

(f) So nennt die Heilige Schrift, in wahrhaft göttlicher Treffsicherheit, die Weisheit Gottes, die in sich die Ideen aller Dinge und daher auch die Elemente aller Ideen faßt, das Wort. Denn in ihm sind identisch das Wahre und das In-sich-Begreifen aller Elemente, das dieses Universum der Dinge hervorbringt und unzählige Welten schaffen könnte, wenn es wollte. Aus diesen in seiner göttlichen Allmacht erkannten Elementen besteht das vollkommenste reale Wort, das, da es von Ewigkeit vom Vater erkannt ist, von Ewigkeit auch aus ihm hervorgegangen ist.

(De antiquissima Italorum sapientia . . . Ausg. u. Übers. s. A.; Buch I, Kap. 1,
§ 2; S. 133–137)

Gliederung: (a) Wahr ist schlechthin, was von Gott geoffenbart ist. (b) Die
menschliche Wissenschaft ist eine Art Anatomie der Natur. (c) Die Methode
der menschlichen Wissenschaft muß scheitern, da sie im Erkenntnisprozeß ihren eigenen Gegenstand zerstört. (d) Die Einheit alles Seienden in Gott, der
allein wahrhaft ist. (e) Die Bedenken gegen die Methode der Analyse finden
in der lateinischen Sprache ihren Ausdruck. (f) Die Abstraktion ist die Mutter
der menschlichen Wissenschaft. (g) In Geometrie und Algebra schafft sich der
Mensch eine Welt, in der er handelnd erkennt. (h) Gott bestimmt und schafft
dadurch die Dinge, der Mensch die Namen. (i) Der Ursprung der menschlichen
Wissenschaften aus dem Mangel seines Geistes. (k) Das Kriterium des Wahren
ist die Tatsache, daß man es selbst gemacht hat. (l) Die Wissenschaften sind
um so unsicherer, je mehr sie auf körperliche Materie bezogen sind. (m) Wann
das Wahre und das Gute zusammenfallen.

(a) Aus diesen Ansichten der alten Weisen Italiens über das Wahre und dieser
Unterscheidung zwischen Gewordenem und Gemachtem, die in unserer Religion hinzutritt, gewinnen wir das Prinzip, daß wir, da allein in Gott das vollkommene Wahre ist, schlechthin das als wahr bezeichnen müssen, was uns von
Gott offenbart ist, und daß wir nicht fragen dürfen nach der Weise, wie es
wahr ist, da wir dies schlechthin nicht erfassen können. Auf Grund dieses
Prinzips können wir zum Ursprung der menschlichen Wissenschaften zurückgehen und schließlich eine Regel zur Unterscheidung des Wahren vom Falschen
aufstellen.

(b) Gott weiß alles, da er in sich die Elemente faßt, aus denen er alles zusammenstellt. Der Mensch aber bemüht sich darum, sie zu wissen, indem er
zergliedert. Daher scheint die menschliche Wissenschaft so etwas wie die Anatomie der Werke der Natur zu sein.

Denn, um ein einleuchtendes Beispiel zu gebrauchen, den Menschen zer-
schneidet er in Körper und Seele, die Seele in Erkenntnisvermögen und Willen.
Vom Körper nimmt er ab oder, wie man sagt, abstrahiert er die Gestalt, die
Bewegung, und von ihnen, wie wir von allen anderen Dingen, nimmt er das Seiende
und das Eine. Die Metaphysik betrachtet das Seiende, die Arithmetik das Eine
und seine Vervielfältigung, die Geometrie die Gestalt und ihre Vermessung,
die Mechanik die Bewegung als äußeres Phänomen, die Physik die Bewegung
als inneres Phänomen, die Medizin den Körper, die Logik den Verstand und
die Moralphilosophie den Willen.

(c) Aber bei dieser Sezierung der Dinge geschieht das Gleiche, was bei der
üblichen Sezierung des menschlichen Körpers geschieht, auf Grund deren scharfsinnige Physiker über die Lage, die Struktur und den Gebrauch der Teile in
große Zweifel geraten, ob dadurch, daß infolge des Todes die Säfte erstarrt
sind und die Bewegung entflohen ist und durch das Zerschneiden selbst Lage
und Struktur des lebenden Körpers zerstört sind, so daß man auch den Gebrauch seiner Teile nicht erforschen kann.

(d) Denn dieses Seiende, diese Einheit, Gestalt, Bewegung, dieser Körper,
dieses Erkenntnisvermögen, dieser Wille, sind etwas anderes in Gott, in dem
sie eins sind, als im Menschen, in dem sie voneinander geschieden sind: in
Gott leben sie, im Menschen gehen sie zu Grunde. Denn da Gott in höchstem
Maße, wie die christlichen Theologen sagen, alles ist und das beständige Werden und Vergehen des Seienden ihn in keiner Weise verändert – denn es gibt

149

ihm nichts und nimmt ihm nichts –, sind die endlichen und geschaffenen Seienden Zustände des unendlichen und ewigen Seienden. So wie Gott allein wahrhaft Seiendes ist, hat das übrige vielmehr Anteil am Seienden. Daher meint PLATON, wenn er vom absoluten Seienden spricht, die höchste Gottheit. Aber wozu müssen wir uns auf PLATON berufen, da Gott selbst sich uns bestimmt hat: ‹Der ich bin, der ist›, als wolle er sagen, daß das einzelne Seiende im Vergleich zu ihm nicht ist? Und unsere Asketen oder christlichen Metaphysiker predigen, daß wir, mögen wir auch noch so groß und aus welchen Gründen auch immer groß sein, im Vergleich zu Gott nichts sind. Und da Gott in einziger Weise eins ist, weil er unendlich ist (das Unendliche nämlich läßt sich nicht vervielfältigen) vergeht die geschaffene Einheit vor ihm und eben darum vergeht vor ihm der Körper, da das Unermeßliche kein Maß leidet. Es vergeht die Bewegung, die in Hinblick auf einen Ort bestimmt wird, da der Körper vergeht, denn der Ort wird vom Körper erfüllt. Unser menschlicher Verstand vergeht, denn da Gott in sich hat, was er erkennt, und ihm alles gegenwärtig ist, ist alles, was in uns rationaler Schluß ist, in Gott Werk. Schließlich kann dieser unser Wille gebeugt werden. Da aber Gott sich kein anderes Ziel vorgesetzt hat als sich selbst, und da dies das beste Ziel ist, kann gegen seinen Willen nichts angehen.

(e) Die Spuren von all dem, was wir erörtert haben, können wir in den lateinischen Ausdrücken beobachten. Denn das Verbum *minuere* bezeichnet sowohl die Verminderung als auch die Zerteilung, wie um zu sagen, daß das, was wir zerteilen, nicht länger das ist, was zusammengesetzt war, sondern vermindert, verändert, verdorben. Ist dies der Grund, weshalb die sogenannte Methode der Analyse, wenn sie sich der Gattungen und Arten und der Schlüsse bedient, wie sie die Aristoteliker hochhalten, als leer erfunden wird, wenn sie die Zahlen benutzt, wie sie die Algebra lehrt, als Hokuspokus erscheint, und wenn sie durch Feuer und Lösungen geht, wie es die Chemie treibt, einem Herumtasten gleicht.

(f) Wenn der Mensch, der die Natur der Dinge erforschen will, endlich merkt, daß er sie auf keinen Fall auf diesem Wege erreichen kann, da er in sich die Elemente, aus denen die zusammengesetzten Dinge bestehen, nicht besitzt, und wenn er merkt, daß der Grund dafür die Beschränktheit seines Geistes ist, denn außerhalb seiner hat er alles, dann macht er von dem Mangel seines Geistes nützlichen Gebrauch und erfindet sich durch die sogenannte Abstraktion zwei Dinge: einen Punkt, der sich zeichnen läßt, und ein Eines, das sich multiplizieren läßt.

(g) Aber beides ist nur Fiktion: denn wenn man den Punkt zeichnet, ist es kein Punkt mehr, und wenn man das Eine multipliziert ist es nicht mehr Eines. Darüber hinaus nimmt er sich das Recht, von ihnen aus bis ins Unendliche fortzuschreiten, wie wenn es ihm gestattet wäre, die Linien ins Unermeßliche zu ziehen und das Eine mit dem Unzähligen zu multiplizieren. Und auf diese Weise schafft er sich eine Welt der Formen und Zahlen, die er vollständig in sich umfaßt, und durch Verlängern und Verkürzen und Zusammensetzen von Linien, durch Vermehren und Vermindern oder Berechnen von Zahlen vollbringt er unendliche Werke, da er in sich unendliches Wahres erkennt.

Denn nicht nur bei den Problemata, sondern auch bei den Theoremata, von denen man allgemein glaubt, sie forderten allein die Betrachtung, bedarf es des Handelns. Denn während der Geist die Elemente des Wahren sammelt, das er betrachtet, kann er nicht umhin, das Wahre zu machen, das er erkennt.

(h) Da weiter der Physiker nicht in der Lage ist, ein Ding in seiner Wahrheit zu definieren, d. h. jedem Ding seine Natur zuzusprechen, und es in seiner Wahrheit zu machen, denn das ist allein Gott erlaubt, dem Menschen aber untersagt, definiert er ihre Namen und schöpft nach dem Beispiele Gottes, ohne eine Materie zu haben, gleichsam aus dem Nichts so etwas wie ein Ding, einen

Punkt, eine Linie, eine Fläche. Unter dem Namen Punkt versteht er etwas, das keine Ausdehnung hat, unter der Bezeichnung Linie den Gang eines Punktes oder eine Länge, die keine Breite und keine Tiefe hat, unter dem Begriff Fläche das Zusammentreffen zweier verschiedener Linien in einem Punkt, oder Breite und Länge ohne Tiefe. Und auf diese Weise erfindet er es sich, da es ihm verwehrt ist, die Elemente der Dinge zu besitzen, aus denen die Dinge selbst mit Sicherheit entstehen, die Elemente der Worte, aus denen eindeutige Ideen ins Leben gerufen werden können. Und auch dies erkannten die weisen Urheber der lateinischen Sprache sehr genau, denn wir wissen, daß die Römer in ihrer Sprache die Ausdrücke ‹Frage nach dem Namen› und ‹Frage nach der Definition› wechselweise gebrauchten. Und dann meinten sie nach der Definition zu fragen, wenn sie fragten, was durch das Aussprechen eines Wortes im allgemeinen im Geiste der Menschen hervorgerufen werde.

(i) Daraus wird ersichtlich, daß die menschliche Wissenschaft das gleiche erfahren hat wie die Chemie. Denn diese hat, während sie sich um eine völlig unsinnige Sache bemühte, gegen ihre Absicht die Alchimie geboren, eine praktische Kunst, die für das menschliche Geschlecht sehr nützlich ist. Ebenso hat die menschliche Neugier, während sie das Wahre, das ihr von Natur verwehrt ist, erforscht, zwei für die menschliche Gemeinschaft außerordentlich nützliche Wissenschaften geschaffen, die Arithmetik und die Geometrie, und aus ihnen entwickelte sie die Mechanik, die Mutter aller für das menschliche Geschlecht notwendigen Künste. Die menschliche Wissenschaft ist so geboren aus dem Mangel des menschlichen Geistes, nämlich aus seiner höchsten Beschränktheit, auf Grund deren er außerhalb aller Dinge ist und das, was er zu erkennen strebt, nicht in sich faßt und da er es nicht in sich faßt, das Wahre, um das er sich bemüht, nicht schaffen kann. Aus diesem Grunde sind die sichersten Wissenschaften die, die dem Mangel ihres Ursprungs Rechnung tragen und dem Handeln der göttlichen Weisheit ähnlich werden, nämlich diejenigen, in denen das Wahre und das Gemachte austauschbar sind.

(k) Aus dem, was bisher erörtert wurde, läßt sich prinzipiell zusammenfassen, daß das Kriterium und die Regel des Wahren die Tatsache ist, daß man es selbst gemacht hat. Und daher kann die klare und unterschiedene Idee von unserem Geist keinesfalls das Kriterium der übrigen Wahren, geschweige denn unseres Geistes selbst sein. Denn während der Geist sich erkennt, macht er sich nicht, und da er sich nicht macht, kennt er nicht Art und Weise, durch die er sich erkennt.

(l) Und da die menschliche Wissenschaft auf der Abstraktion gründet, haben die Wissenschaften geringere Sicherheit, die mehr als andere sich in die körperliche Materie einlassen. So ist die Mechanik weniger sicher als Geometrie und Arithmetik, da sie die Bewegung, und zwar mit Hilfe von Maschinen, zum Gegenstand hat. Weniger sicher als die Mechanik ist die Physik, da die Mechanik die äußere Bewegung der Peripherie, die Physik aber die innere Bewegung des Zentrums betrachtet. Weniger sicher als die Physik ist die Moralphilosophie, denn die Physik betrachtet die inneren Bewegungen von Körpern, die natürlich sind. Die Natur aber ist sicher. Die Moralphilosophie hingegen untersucht die Bewegungen der Seele, die ganz tief verborgen sind und zu einem großen Teil aus der Begierde entspringen, die unendlich ist. Und eben daher kommt es auch, daß in der Physik die Thesen als erwiesen gelten, die ihre Entsprechung in der Praxis finden. Und daher werden auch die Gedanken über die natürlichen Dinge für besonders einsichtig gehalten und mit größter allgemeiner Zustimmung aufgenommen, wenn wir ihnen Experimente beigeben, durch die wir etwas der Natur Ähnliches hervorbringen.

(m) Und, um mit einem Worte zu schließen, das Wahre wird dann mit dem Guten austauschbar, wenn das, was als wahr erkannt wird, auch sein Sein von dem Geiste hat, von dem es erkannt wird. Und so ist die menschliche Wissenschaft die Nachahmerin der göttlichen, durch die Gott, während er das Wahre erkennt, es von Ewigkeit her in seinem Inneren entstehen läßt, in der Zeit aber nach Außen hin schafft. Und wie das Kriterium der Wahrheit bei Gott darin besteht, daß er im Prozeß seines Schaffens dem, was er denkt, das Gutsein verleiht – ‹Gott sah, daß es gut war› – so besteht es bei den Menschen dementsprechend darin, daß wir das, was wir als wahr erkennen, auch hervorgebracht haben. Aber damit all dies hinreichende Sicherheit erhält, müssen wir es gegen die Dogmatiker und Skeptiker absichern.

C. ÜBER DAS ERSTE WAHRE DES RENÉ DESCARTES

(De antiquissima Italorum sapientia . . . Ausg. u. Übers. s. A.; Buch I, Kapitel 1, § 3; S. 138–140)

Gliederung: (a) Die Metaphysik macht sich anheischig, die Grundlage aller Wissenschaften zu sein. (b) Das erste Wahre DESCARTES' und seine Entwicklung. (c) Auch der Skeptiker leugnet nicht, daß er denkt und daß er ist. (d) Wissen und Überzeugung. (e) Die Ursachen des Denkens sind verborgen. (f) Es ist nicht erkenntlich, wie Geist und Körper auf einander Einfluß nehmen können. (g) Aus dem Bewußtsein des Denkens folgt nicht die Gewißheit des Seins. (h) Denn Wissen ist das Kennen der Ursachen, aus denen etwas wird; das Denken aber ist nicht Ursache, sondern Zeichen.

(a) Die Metaphysiker unseres Jahrhunderts halten alles Wahre für zweifelhaft, ehe man sich mit der Metaphysik beschäftigt hat, und zwar nicht nur das, was zum praktischen Leben gehört, wie die Moralphilosophie und die Mechanik, sondern auch die Physik und sogar die Mathematik. Denn einzig die Metaphysik, so lehren sie, sei es, die uns ein unzweifelhaftes Wahres gebe, und von ihm, wie von einer Quelle, würden die zweiten Wahrheiten der anderen Wissenschaften abgeleitet. Denn da sie beweisen, daß keines von den übrigen Dingen ist, was es ist, und der Geist etwas anderes als der Körper ist, sind die Wissenschaften in keiner Weise sicher hinsichtlich der Gegenstände, von denen sie handeln. Daher glauben sie, daß die Metaphysik als die eigentliche Grundlage der übrigen Wissenschaften einer jeden von ihnen das ihre zuweise. Daher befiehlt ihr großer Denker, daß derjenige, der in diese Mysterien eingeweiht werden will, rein zu ihnen kommen soll nicht nur von allen Überzeugungen oder, wie sie sagen, Vorurteilen, die wir durch die Sinne, die trügerischen Boten, von frühester Kindheit an aufnehmen, sondern auch rein von allem Wahren, das wir durch die übrigen Wissenschaften gelernt haben. Und da es uns nicht gegeben ist zu vergessen, soll der Geist, wenn man sich zum Hören der Metaphysiker anschickt, wenn schon nicht wie eine glatte Tafel, so doch wenigstens wie eine geschlossene Buchrolle sein, die später in besserer Lichte entfaltet wird. Das Ziel also, durch das die Dogmatiker von den Skeptikern sich unterscheiden, wird das erste Wahre sein, das uns ihre Metaphysik offenbart. Was dieses erste Wahre ist, lehrt der größte Philosoph folgendermaßen:

(b) Der Mensch kann in Zweifel ziehen, ob er wahrnimmt, ob er lebt, ob er ausgedehnt ist, schließlich ob er überhaupt ist. Um dieser Behauptung willen holt er irgendeinen trügerischen Genius zu Hilfe, der uns täuschen kann und unterscheidet sich darin in nichts von dem Stoiker in den Academica CICEROS, der, um das gleiche zu beweisen, seine Zuflucht zu einem Kunstgriff nimmt und einen von Gott geschickten Traum anführt[2]. Aber auf keine Weise ist es sicher möglich, daß jemand sich nicht der Tatsache bewußt ist, daß er denkt und

2 Vgl. CICERO, *Academica* II, 15 und 17

aus dem Bewußtsein seines Denkens mit Sicherheit schließt, daß er ist. Daher offenbart uns DESCARTES, daß das erste Wahre dies ist: ‹Ich denke, darum bin ich!› Und wahrhaftig auch der *Sosias* des PLAUTUS wurde nicht anders als von dem trügerischen Genius DESCARTES' oder dem von Gott geschickten Traum des Stoikers von *Merkur* in den Zweifel an sich selbst gestürzt, da *Merkur* seine Gestalt angenommen hatte. Und auch er – über das gleiche Problem meditierend, fand seine Ruhe bei diesem ersten Wahren:

Ja, beim *Zeus*, wenn ich ihn sehe, meine Gestalt erblicke ich,
Wenn ich dann den Spiegel nehme, allzu ähnlich ist er mir.
Hat den gleichen Hut, die Kleider, alles gleichet mir genau,
Wade, Fuß, Statur und Haare, Augen, Nase, Lippen, Zahn,
Wangen, Kinn und Barthaar, Kehle, alles – wozu noch ein Wort?
Trägt der Rücken auch die Narben, ähnlicher ist keinem nichts.
Aber wenn ich denke, bin ichs sicherlich und war ichs stets.[3]

(c) Aber auch der Skeptiker zweifelt nicht daran, daß er denkt. Denn er behauptet ja so sehr, daß das, was ihm zu scheinen scheint, sicher sei und behauptet es so hartnäckig, daß er es sogar mit Sophistereien und Trugschlüssen verteidigt. Und er zweifelt nicht, daß er ist. Denn er sorgt ja dafür, daß es ihm gut gehe, indem er sich des Urteils enthält, um nicht zu den Unannehmlichkeiten, die die Dinge von sich aus haben, noch die Unannehmlichkeiten einer festen Meinung hinzuzufügen.

(d) Aber von der Sicherheit des Cogito behauptet er, daß sie Überzeugung sei, nicht Wissen, und daß sie Allerweltserkenntnis sei, die auch jedem ungebildeten Menschen aufgehen kann wie dem *Sosias*. Nicht gerade selten und erlesen ist dieses Wahre, zu dessen Auffindung man dieser bedeutenden Gedanken des größten Philosophen bedarf. Wissen bedeutet nämlich, die Art oder die Form zu besitzen, durch die ein Ding entsteht. Überzeugung aber haben wir von den Dingen, deren Gattung oder Form wir nicht beweisen können. So rufen wir immer wieder im praktischen Leben bei Dingen, für die wir weder Zeichen noch Beweis geben können, die Überzeugung zum Zeugen an.

(e) Aber mag der Skeptiker auch davon überzeugt sein, daß er denkt, so kennt er doch nicht die Ursachen des Denkens oder auf welche Weise das Denken entsteht. Und dies würde er auch jetzt noch nicht zu wissen behaupten, obwohl wir in unserer Religion lehren, was der menschliche Geist, von allem Körperlichen befreit, ist.

(f) Daher kommen jene Dornen und Stacheln, gegen die die subtilsten Metaphysiker unseres Jahrhunderts anrennen und an denen sie sich abwechselnd stechen, während sie untersuchen, wie der menschliche Geist auf den Körper, wie der Körper auf den Geist einwirkt, da doch Berühren und Berührt-Werden nur unter Körpern möglich ist. Von diesen Schwierigkeiten verführt, suchen sie Zuflucht bei einem verborgenen Gesetz Gottes wie bei einem heimlichen Kunstgriff, des Inhalts, daß die Nerven dem Geist einen Impuls geben, wenn sie von äußeren Gegenständen bewegt werden und der Geist die Nerven anspannt, wenn ihm zu handeln beliebt. Und so stellen sie sich den menschlichen Geist vor wie eine Spinne, so in der Zirbeldrüse ruhend wie sie im Zentrum ihres Gespinstes. Und sobald irgendein Faden des Gespinstes von irgendwoher bewegt wird, merkt es die Spinne. Wenn aber die Spinne, während das Gespinst unbewegt ist, ein Unwetter voraussieht, zieht sie alle Fäden ihres Gespinstes zusammen. Und auf dieses verborgene Gesetz verweisen sie, da sie die Art, durch die das Denken entsteht, nicht kennen, und aus dem Grunde wird der Skeptiker auf seiner Behauptung bestehen, er habe kein Wissen vom Denken.

---

3 PLAUTUS, *Amphitryon* 441–447.

(g) Aber der Dogmatiker wird antworten, der Skeptiker erwerbe aus dem Bewußtsein des Denkens das Wissen vom Seienden, da aus dem Bewußtsein des Denkens die unerschütterliche Gewißheit des Seienden hervorgehe. Und es könne überhaupt niemand sicher sein, daß er ist, wenn er nicht sein Sein aus einer Sache erschließt, an der er nicht zweifeln kann. Daher ist der Skeptiker nicht sicher, daß er ist, weil er es nicht aus einer schlechthin unbezweifelbaren Sache erschlossen hat. Aber demgegenüber wird der Skeptiker leugnen, daß das Wissen vom Seienden aus dem Bewußtsein des Denkens gewonnen werde.

(h) Denn er wird behaupten, Wissen sei das Kennen der Ursachen, aus denen eine Sache hervorgehe. Aber ich, der ich denke, bin Geist und Körper, und wenn das Denken die Ursache wäre dafür, daß ich bin, dann wäre das Denken die Ursache des Körpers. Aber es gibt Körper, die nicht denken. Denn da ich aus Körper und Geist bestehe, denke ich ihretwegen, so daß der Körper und der Geist in ihrer Einheit die Ursache des Denkens sind. Denn wenn ich nur Körper wäre, würde ich nicht denken, wäre ich nur Geist, würde ich erkennen. Das Denken ist in der Tat nicht die Ursache dafür, daß ich Geist bin, sondern ein Zeichen. Ein Zeichen aber ist nicht Ursache. Denn die Sicherheit der Zeichen wird ein verständiger Skeptiker nicht leugnen, wohl aber die Ursachen.

D. GEGEN DIE SKEPTIKER

(De antiquissima Italorum sapientia ... Ausg. u. Übers. s. A.; Buch I, Kapitel 1, § 4; S. 141)

Gliederung: (a) Voraussetzungen für eine Widerlegung der Skeptiker. (b) Das In-sich-Begreifen aller Ursachen ist Gott. (c) Das menschliche Wahre ist dementsprechend das, dessen Elemente wir in uns haben.

(a) Es gibt offenbar keinen Weg, die Skepsis durch die Sache selbst zu erschüttern, außer durch den Satz, daß das Kriterium des Wahren die Tatsache ist, daß man es selbst gemacht hat. Denn sie wiederholen immer wieder, die Sachen scheinten ihnen so, was sie aber in Wirklichkeit seien, wüßten sie nicht. Sie geben zu, daß etwas geschaffen wird, und sie räumen daher auch ein, daß dies seine Ursachen habe. Aber sie leugnen, die Ursachen zu wissen, da sie die Arten und Formen nicht kennen, durch die ein jedes Ding entsteht. Wenn sie dieses akzeptiert haben, kann man es folgendermaßen gegen sie selbst wenden.

(b) Dieses In-sich-Begreifen der Ursachen, das alle Arten oder Formen enthält, durch die alles Geschaffene gegeben ist, dessen Bilder, wie die Skeptiker behaupten, ihrem Geist dargeboten werden, von denen sie aber nicht wissen, was sie in Wirklichkeit sind, ist das erste Wahre, da es alle Arten oder Formen in sich begreift, worin auch die letzten enthalten sind. Und da es alle in sich begreift, ist es unendlich, denn es schließt keine aus. Und da es alle in sich begreift, ist es früher als der Körper, dessen Ursache es ist, und ist darum etwas Geistiges. Dies ist Gott, und zwar der Gott, den wir Christen bekennen.

(c) An der Norm dieses Wahren müssen wir das menschliche Wahre messen. Denn dies ist das menschliche Wahre, dessen Elemente wir uns bilden, in uns enthalten und durch Postulate ins Unendliche fortführen. Und da wir dies entwerfen, machen wir das Wahre, das wir im Entwerfen erkennen. Und auf Grund all dessen besitzen wir die Art oder Form, durch die wir es machen.

(De nostri temporis studiorum ratione/ Vom Wesen und Weg der geistigen Bildung, lt./dt. Ausgabe, dt. Übers. v. W. F. Otto, Verlag H. Küpper, Godesberg 1947. Kap. III, S. 27–33)

Gliederung: (a) Grundlage der Studien ist die Erkenntniskritik, die das erste Wahre zum Ziel hat. (b) Diese Kritik erstickt den Allgemeinsinn, der auf das Wahrscheinliche geht. (c) Sie macht unfähig zu praktischer Klugheit und Beredsamkeit. (d) Sie verhindert die Ausbildung von Phantasie und Gedächtnis und der auf ihnen beruhenden Künste. (e) Wie die Alten die Nachteile der neuen Kritik vermieden. (f) Die neue Kritik vertreibt die Topik, die doch als Lehre von der Auffindung der Künste vor der Kritik betrieben werden muß. (g) Die Topik macht die Rede reichhaltig, d. h. unter Berücksichtigung aller Argumente überzeugend. (h) In Hinblick auf den Zuhörer ist weniger das Wahre als das Wahrscheinliche entscheidend.

(a) Zunächst nun, was die Rüstzeuge der Wissenschaften betrifft, so beginnen wir heute die Studien mit der Erkenntniskritik, die, um ihre erste Wahrheit nicht nur vom Falschen, sondern auch vom bloßen Verdacht des Falschen frei zu halten, alle sekundäre Wahrheit, sowie alles Wahrscheinliche genauso wie das Falsche aus dem Denken entfernt wissen will.

(b) Das ist nicht unbedenklich; denn bei den jungen Leuten ist so früh wie möglich der natürliche Allgemeinsinn (*sensus communis*) auszubilden, damit sie nicht im Leben, wenn sie völlig erwachsen sind, auf Absonderlichkeiten und Torheiten verfallen. So wie aber die Wissenschaft aus dem Wahren, der Irrtum aus dem Falschen entspringt, so erwächst aus dem Wahrscheinlichen der natürliche Allgemeinsinn. Denn das Wahrscheinliche steht gewissermaßen in der Mitte zwischen dem Wahren und dem Falschen, insofern es nämlich meistens wahr, nur ganz selten falsch ist. Während man sich also alle Mühe geben müßte, bei den jungen Leuten den natürlichen Allgemeinsinn zu entwickeln, ist zu befürchten, daß unsere kritische Wissenschaft ihn erstickt.

(c) Zudem ist der natürliche Allgemeinsinn die Norm aller praktischen Klugheit und damit auch der Beredsamkeit. Denn die Redner haben oft mehr Mühe mit einem wahren Sachverhalt, der nichts Wahrscheinliches hat, als mit einem falschen, der einen glaubwürdigen Eindruck macht. Es ist daher zu fürchten, daß unsere kritische Schulung die jungen Leute zur Redekunst weniger geschickt machen könnte.

(d) Endlich setzen unsere kritischen Philosophen vor, gegen und über alle sinnlich anschaulichen Bilder ihr erstes Wahres. Aber damit geben sie den jungen Leuten eine verfrühte und harte Lehre. Denn wie das Alter im Verstand, so hat die Jugend ihre Stärke in der Phantasie; und sie, die man seit jeher für das glücklichste Zeichen künftiger Begabung gehalten hat, darf man doch bei den Knaben unter keinen Umständen ersticken. Auch das Gedächtnis, das sich mit der Phantasie wenn nicht ganz, so doch beinahe deckt, muß bei den Knaben, die in keiner anderen geistigen Fähigkeit so viel vermögen, mit Sorgfalt ausgebildet werden. Auch dürfen die Geister für die Künste, die ihre Kraft aus der Phantasie, dem Gedächtnis oder beiden zusammen schöpfen, wie Malerei, Dichtkunst, Redekunst, Jurisprudenz, ja nicht unempfänglich gemacht werden; und die kritische Schulung, die bei uns das allgemeine Rüstzeug aller Künste und Wissenschaften ist, sollte niemand Behinderung bringen.

(e) Diese Nachteile vermieden die Alten, bei denen die Geometrie so gut wie allgemein die Logik der Knaben war. Nach dem Vorbild der Ärzte, die der Richtung nachgehen, die die Natur einschlägt, brachten sie die Wissenschaft, die ohne lebhafte Einbildungskraft nicht richtig gefaßt werden kann, den Knaben bei;

ohne Vergewaltigung der Natur, allmählich und ruhig sollten sie, ihrem Alter entsprechend, mit dem Denken vertraut gemacht werden.

(f) Ferner hält man heutzutage nur die kritische Wissenschaft hoch. Die Topik wird nicht nur nicht vorangeschickt, sondern ganz und gar vernachlässigt. Auch das erregt Bedenken; denn wie die Auffindung der allgemeinen Beweisgründe naturgemäß früher ist als das Urteil über ihre Wahrheit, so muß die Lehre der Topik früher sein als die der Kritik. Die Modernen freilich wollen nichts von ihr wissen und behaupten, sie habe keinen Nutzen; denn, sagen sie, wenn die Menschen nur einmal geschulte Kritiker sind, dann braucht man sie nur über die Sache in Kenntnis zu setzen, und sie werden finden, was an ihr Wahres ist; und das Wahrscheinliche, das daran grenzt, sehen sie durch eben diese Regel der Wahrheit, ohne Belehrung durch eine Topik. Allein, wie können sie gewiß sein, alles gesehen zu haben?

(g) Daher stammt ja jene höchste und so seltene Kraft der Rede, um deretwillen man sie ‹voll› nennt, die nichts unberührt, nichts im Unklaren, nichts den Zuhörern zu wünschen übrigläßt. Denn die Natur ist ungewiß, und das vorzüglichste, ja das einzige Ziel der Künste ist, uns gewiß zu machen, daß wir recht getan haben. Die Kritik ist die Kunst der wahren, die Topik aber die der reichhaltigen Rede. Die in der Topik oder in der Lehre, das Medium aufzufinden, Geübten – Medium nennen die Scholastiker, was die Lateiner mit Argumentum bezeichnen – besitzen, da sie gewohnt sind, beim Reden alle Punkte, wo Argumente bereit liegen, wie die Buchstaben des Alphabets zu durchlaufen, damit schon die Fähigkeit, ohne weiteres zu sehen, was jeweils in der vorliegenden Sache überzeugend gemacht werden kann. Die diese Fähigkeit nicht erreicht haben, verdienen kaum den Namen eines Redners; denn von den Rednern wird vor allem verlangt, daß sie imstande sind, im Drange der Verhandlung, die keine Verzögerung noch Vertagung zuläßt (wie es bei unseren Gerichten in Kriminalprozessen, wo der wahre Redner sich zeigt, so oft vorkommt) den Angeklagten, denen nur wenige Stunden für ihre Verteidigung zur Verfügung stehen, augenblicklichen Beistand zu leisten. Trägt man aber unsern kritischen Köpfen etwas Zweifelhaftes vor, so antworten sie: Darüber laß mich nachdenken.

(h) Ferner: unsere Redekunst hat es durchaus mit den Zuhörern zu tun; im Hinblick auf ihre Meinungen müssen wir unsere Rede einrichten, und die Natur will es, daß oft Leute, die sich von den mächtigsten Gründen nicht bewegen lassen, durch irgendein geringfügiges Argument von ihrem Standpunkt abgebracht werden. Daher muß der Redner, um die Gewißheit zu haben, daß er alle seine Zuhörer gepackt hat, alle Punkte, wo Argumente liegen, durchlaufen haben. Mit Unrecht also tadelt man Cicero, daß er viel Unbedeutendes gesagt; denn mit eben diesem Unbedeutenden war er König auf dem Forum, im Senat, vor allem in der Volksversammlung, und wurde zu dem Redner, der wie kein anderer der Würde des römischen Reiches entsprach. Was sagt man dazu, daß in Prozessen, in denen ein Redner, der nur das Wahre im Auge hat, nicht weiter kommt, ein anderer sich wohl zu helfen weiß, der auch auf das Wahrscheinliche bedacht ist?

F. Die Nachteile, die unsere Studienart der moralischen und bürgerlichen Lehre von Seiten ihrer Zielsetzung bringt

(De nostri temporis studiorum ratione . . . Ausg. s. E.; Kapitel 7, S. 59–69)

Gliederung: (a) Die Suche nach dem Wahren vernachlässigt das Studium des Menschen, seiner Möglichkeiten und seiner Verbindlichkeiten. (b) Daraus entspringt die Unfähigkeit zu Klugheit und Redekunst. (c) Das menschliche Leben läßt sich nicht auf Grund der Erkenntnis des Wahren meistern. (d) Der daraus sich ergebende Unterschied zwischen Wissenschaft und Klugheit. (e) Die vier Arten des Menschen: Dummkopf, ungebildeter Schlaukopf, unkluger Gelehrter, Mann der Klugheit. (f) Ihr Verhalten gegenüber dem ewigen, allgemeinen Wahren und dem veränderlichen partikulären Wahren. (g) Die wissenschaftliche Methode läßt sich nicht auf die Praxis anwenden. (h) Die Kritik macht so die Philosophie untauglich für das Leben. (i) Das Ziel des Studiums muß sein: Philosophie in Anwendung auf das Leben. (k) Der Weise handelt nach der erkannten Pflicht. (l) Die Menge handelt nach ihrem Begehren und bedarf der Überredung. (m) Daher sind Philosophie und Redekunst gemeinsam notwendig.

(a) Darin aber finde ich einen sehr schweren Mangel unserer Studienart, daß wir dem naturwissenschaftlichen Lehrgebiet mit größtem Eifer obliegen, das moralische aber nicht so wichtig nehmen, und vor allem den Teil, der von der Natur des menschlichen Geistes und seinen Leidenschaften im Hinblick auf das bürgerliche Leben und auf die Rednertätigkeit, von den Merkmalen der Tugenden und Laster, von guten und schlechten Bestrebungen, von den Verschiedenheiten der moralischen Charaktere je nach Alter, Geschlecht, Stellung, Vermögen, Herkunft, Staatswesen, und von der Regel des Geziemenden, die von allen die schwerste ist, handelt; und gar die größte und vorzüglichste Lehre, die vom Staate, liegt bei uns fast ganz brach und unbearbeitet. Da heute das einzige Ziel der Studien die Wahrheit ist, richten wir unsere Forschung auf die Natur der Dinge, weil sie gewiß zu sein scheint; die Natur der Menschen aber erforschen wir nicht, weil sie durch die Willkür völlig ungewiß ist.

(b) Aber diese Studienordnung bringt für die jungen Leute den Nachteil mit sich, daß sie künftig weder die nötige Klugheit im bürgerlichen Leben zeigen, noch eine Rede mit Charakterfarben zu beleben und mit dem Feuer der Affekte zu erwärmen vermögen.

(c) Da nun, um von der Klugheit im bürgerlichen Leben zu sprechen, die menschlichen Dinge unter der Herrschaft von Gelegenheit und Wahl, die beide höchst ungewiß sind, stehen und zumeist von Verstellung und Verheimlichung, die im höchsten Maße trügen können, gelenkt werden, so verstehen diejenigen, die allein das Wahre im Auge haben, nur schwer die Wege, die sie nehmen, und noch schwerer ihre Ziele; und, mit ihren eigenen Plänen scheiternd, von fremden betrogen, treten sie oft genug von der Bühne ab. Weil man also das, was im Leben zu tun ist, nach dem Gewicht der Dinge und den Anhängen, die man Umstände nennt, zu beurteilen hat, und viele von ihnen möglicherweise fremd und ungereimt, einige oft verkehrt und zuweilen sogar dem Ziel entgegengesetzt sind, lassen sich die Handlungen der Menschen nicht mit dem geradlinigen Lineal des Verstandes, das starr ist, messen, sondern müssen mit jener geschmeidigen Norm der Lesbier geprüft werden, die die Körper nicht an sich anpaßt, sondern sich an die Körper anschmiegt.

(d) Und darin besteht eigentlich der Unterschied zwischen Wissenschaft und Klugheit, daß in der Wissenschaft diejenigen groß sind, die von einer einzigen Ursache möglichst viele Wirkungen in der Natur ableiten, in der Klugheit aber diejenigen Meister sind, die für eine Tatsache möglichst viele Ursachen aufsuchen, um dann zu erschließen, welche die wahre ist.

(e) Und das ist so, weil die Wissenschaft auf die obersten, die Klugheit auf die untersten Wahrheiten blickt; woraus sich die Unterschiede der Charaktere und Merkmale des Dummen, des ungebildeten Schlaukopfes, des unklugen Gelehrten und des Mannes der Klugheit ergeben; denn in ihrer Lebensführung blicken die Dummen weder auf die obersten noch auf die untersten Wahrheiten, die ungebildeten Schlauköpfe beachten nur die letzten und sehen die ersten nicht, die unklugen Gelehrten bestimmen nach den obersten die untersten, die Klugen dagegen nach den untersten die obersten.

(f) Aber das allgemeine Wahre ist ewig, während das partikulare sich jeden

157

Augenblick in Falsches verwandelt; das ewige ist über der Natur; in der Natur ist nichts als Bewegliches und Veränderliches. Nun aber fällt das Gute mit dem Wahren zusammen und hat dieselbe Kraft, denselben Wert. Der Tor also, der weder das allgemeine noch das spezielle Wahre erkennt, büßt immer augenblicklich für seinen Leichtsinn. Dem ungebildeten Schlaukopf aber, der auf das Wahre im einzelnen aus ist und das allgemeine nicht kennt, werden ebendieselben Schlauheiten, die ihm heute nützen, morgen zum Schaden gereichen. Die unklugen Gelehrten, die geradenwegs vom allgemeinen Wahren auf das Einzelne losgehen, durchbrechen die Verschlingungen des Lebens. Die Klugen aber, die über die Unebenheiten und Unsicherheiten der Praxis das ewige Wahre erreichen, nehmen, da es auf geradem Wege nicht möglich ist, einen Umweg; und die Gedanken, die sie fassen, versprechen für lange Zeit, soweit es die Natur zuläßt, Nutzen.

(g) Es handeln demnach im Sinne unserer Darlegungen diejenigen nicht richtig, die die Methode des wissenschaftlichen Urteils auf die Praxis der Klugheit übertragen; denn sie beurteilen die Verhältnisse mit reinem Verstandesdenken, die Menschen aber sind großenteils Toren, die sich nicht von Überlegung, sondern von Lust oder Zufall leiten lassen; jene urteilen über die Dinge, wie sie hätten sein sollen, die Dinge selbst aber sind meistenteils aufs Geratewohl geschehen. Und da sie den Allgemeinsinn nicht ausgebildet haben und dem Wahrscheinlichen niemals nachgegangen sind, ganz zufrieden mit dem Wahren allein, so achten sie nicht darauf, was die Menschen insgesamt davon denken und ob sie ebenfalls den Eindruck von Wahrheit haben. Das ist nicht nur Privatpersonen, sondern Fürsten und großen Königen im höchsten Maße verübelt worden und hat zuweilen viel Schaden und Unheil gebracht. Als König HEINRICH III. von Frankreich den ungemein populären Herzog HEINRICH VON GUISE, trotz der öffentlichen Zusage sicheren Geleites und während die französische Reichsversammlung tagte, umbringen ließ, hatte er zwar gerechte Gründe für diese Tat, weil sie jedoch nicht ersichtlich waren, rügte, als die Sache nach Rom berichtet wurde, der Kardinal LUDOVICO MANDRUTIO, ein Meister des Staatsrechts, die Tat mit der Bemerkung: Fürsten müssen nicht nur sorgen, daß die Dinge wahrhaft und gerecht sind, sondern daß sie auch als solche erscheinen. Dieses kluge Wort hat das Unheil, das hieraus im französischen Königreich entstand, als sehr wahr erwiesen. Mit Recht fragten daher die weisen Römer in Sachen der Klugheit, wie der Fall zu sein ‹scheine›, und Richter wie Senatoren formulierten ihre Meinungen mit dem Wort, es ‹scheine›.

(h) Um alles dies zusammenzufassen: die Philosophen, die einst wegen ihres hervorragenden Wissens um die größten Dinge Politiker, im Hinblick auf das ganze Staatswesen, genannt wurden, später nach einem kleinen Bezirk der Stadt Athen, dem Orte, wo sie lehrten, Peripatetiker und Akademiker hießen, haben die logische, physikalische und moralische Wissenschaft in einer für die Klugheit des bürgerlichen Lebens brauchbaren Gestalt überliefert; heute sind wir wieder zum Standpunkt der alten Naturphilosophen zurückgefallen. Und während ehemals die dreigeteilte Philosophie so vorgetragen wurde, daß sie der Redekunst entgegenkam, so daß aus dem Lyzeum DEMOSTHENES, aus der Akademie CICERO, die größten Redner der beiden bedeutendsten Sprachen hervorgehen konnten, lehrt man sie heute in einer solchen Weise, daß in ihr die Quellen aller wahrscheinlichen, reichen, scharfsinnigen, schönen, lebendigen, großartigen, charaktervollen, begeisterten Rede vertrocknet sind; und der Geist der Zuhörer gleicht unter solcher Einwirkung

‹ . . . unsern Mädchen, die der Mutterstolz sich wünscht,
Mit schrägen Schultern und geschnürter Brust,
damit sie schmächtig sind;
Ist eine stärker, heißt man sie Athletin, und verkürzt
die Kost;

So gut sie von Natur auch sind, man macht sie künstlich
binsenschlank.›¹

(i) Hier könnten die grundgelehrten Männer mir vielleicht auf das, was ich von der Klugheit im bürgerlichen Leben gesagt, erwidern, ich wolle Höflinge, nicht Philosophen aus ihnen machen; sie sollten das Wahre mißachten und dem Anscheinenden nachgeben, die Tugend unterdrücken und die Scheinbilder der Tugend zur Schau tragen. Keineswegs! sondern ich wünsche, daß sie auch am Hofe Philosophen sind, das Wahre achten, das in Erscheinung tritt, das Rechtschaffene pflegen, das als gut gutheißen.

(k) Nun aber wird in bezug auf die Beredsamkeit von eben diesen Leuten behauptet, daß ihr Studienplan hier nicht nur keinen Nachteil, sondern den größten Nutzen bringe. Denn, wie viel besser, sagen sie, ist es, durch wahre Argumente eine Wirkung auf den Geist auszuüben, die sich im Denken festsetzt und von ihm nicht losgerissen werden kann, als mit jenen rednerischen Reizmitteln und Wortblitzen die Geister zu bewegen, die, sobald das Feuerwerk erloschen ist, wieder zu ihrer natürlichen Haltung zurückkehren. Aber wie, wenn die Redekunst es nicht mit dem Verstand, sondern einzig und allein mit dem Gemüt zu tun hat? Der Verstand zwar läßt sich mit diesen feinen Netzen des Wahren fangen, das Gemüt aber kann nur mit unseren gröberen Maschinen berannt und erobert werden. Die Beredsamkeit nämlich ist die Fähigkeit, von dem, was Pflicht ist, zu überzeugen; aber nur der überzeugt, der in dem Zuhörer die gewünschte Gesinnung hervorbringen kann. Diese Gesinnung rufen die Weisen bei sich durch den Willen hervor, den der Verstandes gefügigster Diener ist; daher genügt es, sie über die Pflicht zu belehren, und sie tun sie.

(l) Die Menge aber und das gemeine Volk wird durch das Begehren gepackt und hingerissen; das Begehren aber ist wild und stürmisch; da es nämlich ein Gebrechen des Geistes ist, entstanden durch Berührung mit dem Körper und der Natur des Körpers folgend, kann es nur durch Körper in Bewegung gesetzt werden; also muß man es durch körperliche Bilder zur Liebe verlocken; denn wenn es einmal liebt, läßt es sich leicht belehren, zu glauben; und wenn es glaubt, dann muß man es entzünden, daß es mit seinem gewohnten Ungestüm will. Wer diese drei Dinge nicht zustande bringt, wird das Werk der Überredung nicht vollbringen.

(m) Und zumal die Leidenschaften, die als Schwächen des inneren Menschen sämtlich aus der Begehrlichkeit, wie aus einer einzigen Quelle, entspringen, können nur zwei Disziplinen zum Guten und Nutzbringenden wenden: die Philosophie, die sie bei den Weisen so reguliert, daß sie zu Tugenden werden, und die Beredsamkeit, die sie bei der Menge so entzündet, daß sie die Werke der Tugend tun. Aber man wird einwenden, die Verfassung der Staaten sei heute derart, daß bei freien Völkern die Redekunst keine Macht mehr sein könne. Den Fürsten Dank, die uns mit Gesetzen, nicht mit Worten regieren; aber auch in unsern Staatswesen sind doch Redner, die sich durch eine großartige, vielseitige, begeisternde Sprache auszeichneten, bei Gericht, im Rate und in den Kirchenversammlungen zur Berühmtheit gelangt, zum höchsten Nutzen des Staates und zum Triumph der sprachlichen Kunst.

G. Nachteile der neuen Kritik im Bereich der Urteilskraft

(De nostri temporis studiorum ratione . . . Ausg. s. E.; Kapitel 10, S. 87–89)

Gliederung: (a) Die Unmöglichkeit, Urteilskraft vollkommen zu lehren. (b) Die Urteilskraft kann nicht gelehrt, sondern nur in eine Richtung gewiesen wer-

---

1 Terenz, *Eunuchus* 313 ff.

den. (c) Historischer Nachweis. (d) Die Notwendigkeit, die Einzelwissenschaften zu ihrer Einheit zu führen.

(a) Soweit von den Werkzeugen der Wissenschaften; jetzt will ich von den Hilfsmitteln unserer Studienart handeln. Daß wir für viele Fächer, die der Urteilskraft angehören, Lehrmethoden besitzen, bedeutet, fürchte ich, mehr einen Nachteil als einen Vorteil unserer Studienart. Denn da, wo die Urteilskraft maßgebend ist, sind viele Lehrmethoden gar keine; sind sie mäßig an Zahl, dann sinds viele. Wer nämlich alle Dinge der Urteilskraft in eine Lehrmethode bringen will, macht sich zum ersten eine eitle Mühe; denn die Urteilskraft richtet sich in ihren Entscheidungen nach den Umständen, deren Zahl unbegrenzt ist; darum mag ihre Zusammenfassung noch so umfangreich sein, sie ist doch niemals ausreichend. Ferner gewöhnt man die Hörer daran, daß sie sich an allgemeine Vorschriften klammern, was im Augenblick des Handelns erfahrungsgemäß das Unzweckmäßigste ist.

(b) Um also Nutzen zu bringen, müssen die Lehrmethoden, die es mit der Urteilskraft zu tun haben, wie die der Beredsamkeit, der Dichtkunst, der Historie, von der Art der *Lares Compitales* sein und nur zeigen, wohin und auf welchem Wege man zu gehen hat: nämlich auf dem Weg der Philosophie zur Betrachtung der vollkommenen Natur selbst.

(c) Als man nur eine einzige Philosophie pflegte, oder gar einzig auf die vollkommene Natur blickte, da blühten in jeder Art dieser Künste die größten Schriftsteller bei den Griechen, den Römern und den Unseren; nachdem aber die Lehrmethoden bei ihnen allen ausgebildet waren, sind keine Männer von gleicher Berühmtheit mehr aufgetreten.

(d) Stellt einmal, bitte, die Untersuchung im einzelnen an, und ihr werdet finden, daß ich nichts Falsches gesagt habe. Darum möchte ich die Leute, welche Künste und Disziplinen, die, eine jede und alle zusammen, im Schoße der Philosophie beschlossen waren, von ihr und untereinander getrennt haben, mit den Tyrannen vergleichen, die eine große, reiche und bevölkerte Feindesstadt, der sie sich bemächtigt haben, um künftig vor ihr sicher zu sein, zerstören und die Bewohner über weit auseinanderliegende Gaue zerstreuen, damit sie nicht mehr, im Vertrauen auf die Herrlichkeit und den Reichtum ihrer Stadt sowie auf die Zahl der Ihrigen, das Haupt stolz erheben, sich verschwören und einander Hilfe leisten können.

IV. ANTHONY ASHLEY-COOPER, EARL OF SHAFTESBURY
(1671–1713)

A. Die harmonische Einheit der Natur

(Die Moralisten, dt. Übers. v. M. Frischeisen-Köhler, Philos. Bibl. Bd. 111, Leipzig 1909. 2. Teil, 4. Abschnitt; S. 108–109; 110–111)

Gliederung: (a) Alle Dinge dieser Welt stehen in Verbindung zueinander. (b) Die Einheit der Natur zeigt sich in der Vielfalt dieser Beziehungen. (c) Diese unendliche Einheit ist dem endlichen Geist des Menschen nicht überschaubar. (d) Es muß ein allgemeiner Geist existieren, der diese Ordnung wirkt. (e) Einzig der Mensch fügt sich nicht in diese Ordnung. (f) Tugend ist Einfügung in die Ordnung der Natur.

(a) Der Hauptpunkt, auf dem wir bestehen müssen, ist also folgender: Weder der Mensch noch ein anderes Geschöpf, sollten sie auch an und für sich das vollkommenste System von Teilen bilden, sind deshalb noch nicht in bezug auf das, was außer ihnen liegt, vollkommen, sondern dazu müssen sie erst in ihrem ferneren Verhältnis zum System ihrer Gattung betrachtet werden; das System der Gattung dann wieder gegen das animalische System, dieses gegen die Welt (unsere Erde), und diese wiederum gegen die größere Welt und das Universum.

Alle Dinge dieser Welt stehen in Verbindung zueinander. Denn so, wie der Zweig mit dem Baume verbunden ist, so wieder der Baum unmittelbar mit Erde, Luft und Wasser, aus denen er seine Nahrung zieht. So sehr der fruchtbare Boden sich für den Baum, der gerade starke Stamm der Eiche oder Ulme sich für den rankenden Sprossen des Weinstockes oder des Epheus eignet, ebenso sehr passen die Blätter, Samen und Früchte dieser Bäume für die verschiedenen Tiere, diese wieder eins für das andere und für die Elemente, in denen sie leben, und denen sie als Beiwerk gewissermaßen angepaßt und eingefügt sind, z. B. durch Flügel der Luft, durch Flossen dem Wasser, durch Füße der Erde und durch andere übereinstimmende innere Teile von noch wunderbarerem Bau und Gewebe.

(b) So müssen wir uns, wenn wir alles auf Erden betrachten, notwendig in allem nur ein Ganzes vorstellen, das all die Teile in sich begreift. Ebenso müssen wir uns zum System der größeren Welt verhalten. Betrachten Sie da die wechselseitige Abhängigkeit der Dinge, das Verhältnis der einen zum andern, der Sonne zu dieser bewohnten Erde und der Erde und der anderen Planeten zur Sonne! Die Ordnung, die Einheit, den Zusammenhang des Ganzen! Und glauben Sie, mein Freund, diese Betrachtung wird Sie zwingen, das allgemeine System, den zusammenhängenden Plan der Dinge zu erkennen und zu gestehen, daß diese Wahrheit auf Gründen beruhe, die hinreichend sind, jeden unparteiischen und gerechten Beobachter der Werke der Natur zu überzeugen. Denn schwerlich würde jemand, der dieses allgemeine Bild noch nicht genau betrachtet hat, glauben, daß es möglich sei, diese Einheit durch so zahlreiche und machtvolle Beispiele von wechselseitiger Übereinstimmung und Beziehung von der niedrigsten Klasse der Geschöpfe an bis zu den entferntesten Sphären hinauf so augenscheinlich zu beweisen.

(c) Wenn nun aber in dieser ungeheuren Vereinigung nicht alle Beziehungen der Teile untereinander wahrzunehmen sind, wenn der Endzweck und Nutzen der Dinge nicht allenthalben einleuchtet, so darf es uns nicht wundern, da dies notwendig ist, und die höchste Weisheit es auch nicht anders hätte einrichten können. Denn in einer Unendlichkeit von Dingen, die sich aufeinander beziehen, sieht ein Geist, der das Unendliche nicht überschaut, auch nichts vollständig; jeder Teil steht zum Ganzen in Beziehung, und so bleibt das vollständige und wahre Verhältnis irgendeines Dinges zu einer Welt, die nur unvollkommen und mangelhaft bekannt ist, auch stets unverstanden ...

(d) Nachdem wir nun die Einheit und Übereinstimmung dieses Gebäudes erkannt und das Ganze als ein System anerkannt haben, müssen wir auch folgerichtig einen allgemeinen Geist anerkennen, den kein verständiger Mensch leugnen kann, sofern er sich das Weltall, den Sitz des Geistes, nicht als ungeordnet vorstellt. Denn läßt es sich wohl denken, daß irgend jemand in der Welt, der fern von allen Menschen in einer Einöde sich befände und eine vollkommene Symphonie hörte oder ein regelmäßiges Gebäude in allen seinen Ordnungen und Verhältnissen stufenweise aus der Erde aufsteigen sähe, sich einreden könnte, daß kein Plan, keine geheime Triebfeder oder ein wirkender Geist dahinter stecke? Würde er, weil er keine Hand sieht, das Werk der Hand leugnen und glauben, daß jeder dieser vollständigen und vollkommenen Systeme durch ein zufälliges Wehen des Windes oder Rollen des Sandes zustande gebracht wurde und auf diese Weise zu genauester Symmetrie und Ordnung sich vereinigte?

(e) Was sollte unser Auge in der Natur so sehr verblenden, daß wir nichts von der Einheit der Absicht und der Anordnung eines Geistes darin erblicken, die doch sonst auffallend sichtbar sein würde? Alles, was uns vom Himmel und der Erde zu sehen vergönnt ist, zeugt von Ordnung und Vollkommenheit, so daß sie einer Seele wie der Ihrigen, die mit Wissenschaft und Erkenntnis bereichert ist, die edelsten Gegenstände der Betrachtung gewähren. Alles ist reizend, liebreich, erheiternd, ausgenommen der Mensch und seine Lage, die den Verhältnissen nicht angemessen erscheint. Hieraus entspringt Unglück und Übel, und folgt der Ruin des schönen Gebäudes. Deswegen stirbt alles dahin, und die ganze Ordnung des Universums, sonst so fest und unwandelbar, fällt hier zusammen und geht durch den einen Gedanken verloren, daß wir uns selbst zum Mittelpunkt aller Dinge machen und das Wohl des Ganzen dem Wohl und Interesse eines so kleinen Teiles unterwerfen.

(f) Aber wie können Sie sich über die unangemessene Lage des Menschen, über die wenigen Vorteile, die ihm über die Tiere eingeräumt sind, beschweren? Was kann ein Geschöpf beanspruchen, das so wenig von ihnen verschieden ist, außer durch Weisheit und Tugend, die aber auch nur bei wenigen zu finden sind, so wenig an Verdienst ihnen überlegen? Der Mensch kann tugendhaft sein, und ist er das, so ist er glücklich. Sein Verdienst ist seine Belohnung; durch Tugend macht er sich verdient, und in der Tugend findet er allein die verdiente Glückseligkeit. Wird aber die Tugend nicht durch sich selbst belohnt, ist das glücklichere Laster die bessere Wahl, und ist dies (wie Sie annehmen) in der Natur der Dinge begründet, dann ist alle Ordnung umgekehrt, und die höchste Weisheit verloren; weil dann Unvollkommenheit und Unregelmäßigkeit doch zu auffallend in der moralischen Welt dastünden.

B. Der Hymnus auf die Natur

(Die Moralisten ... Ausg. s. A.; 3. Teil, Abschnitt 1; S. 146–47; 160–63; 163–65)

Gliederung: (a) Die Natur als Ort der Kontemplation. (b) Die Natur als vorzüglicher Gegenstand der Kontemplation. (c) Die Begrenztheit des Menschen gegenüber der Grenzenlosigkeit der Natur. (d) Die Würde des Menschen beruht auf der Betrachtung der Natur. (e) Die Natur steuert alles Werden zu Harmonie und Vollkommenheit. (f) Die Unerkennbarkeit der Natur für den Menschen. (g) Das Wunder der Bewegung. (h) Die Unbegreiflichkeit der Zeit (i) und des Raumes. (k) Das geistige Prinzip, seine Unfaßbarkeit und Gewißheit, seine Herrschaft in Natur und Mensch. (l) Die Gestirne als Zeugen der Gottheit. (m) Die Lebensspenderin Sonne. (n) Die himmlische Ordnung der Planeten. (o) Die Macht und Weisheit des Herrschers über die Natur. (p) Mensch wie Natur erhalten ihre Schönheit und Harmonie durch die Ordnung dieses Prinzips.

(a) Ihr Gefilde und Wälder, meine Zuflucht aus dem ermüdenden Getümmel der Welt, nehmt mich auf in euer stilles Heiligtum und segnet die Stunden meiner Einsamkeit und stillen Betrachtung. Ihr grünen Täler, wie frohen Herzens grüße ich euch! Heil euch, ihr seligen Wohnungen! vertrauliche Ruheplätze! entzückende Aussichten! majestätische Schönheit dieser Erde und all ihr ländlichen Mächte und Grazien! Seid mir gesegnet, ihr unentweihten Wohnplätze glücklichster Sterblicher, die hier in friedlicher Unschuld ein unbeneidetes, obschon göttliches Leben genießen; voll seliger Einfalt und Ruhe gewährt ihr dem Menschen glückliche Muße und Einsamkeit, ihm, der, zur Betrachtung und Erforschung seiner eigenen und andrer Naturen geschaffen, hier am besten über die Ursachen der Dinge nachdenken und mitten unter den mannigfaltigen Scenen der Schöpfung ihre Werke näher betrachten kann.

(b) O herrliche Natur! über alles schön und gut! All-liebend, all-liebenswert, allgöttlich! deren Blicke so bezaubernd und so unendlich liebreizend sind; deren Erforschung so viel Weisheit, deren Betrachtung so viel Wonne bringt; deren geringstes Werk eine reichere Szene, ein edleres Schauspiel darbietet als alles, was je die Kunst erfand! O mächtige Natur: weise Statthalterin der Vorsehung! mächtige Schöpferin! oder Du Macht verleihende Gottheit, höchster Schöpfer! Dich ruf ich an, vor Dir allein werf' ich mich nieder! Dir sind diese Einsamkeit, dieser Ort, diese ländlichen Betrachtungen geweiht. Also erfüllt von der Harmonie der Gedanken, besinge ich frei, ohne künstlichen Bau der Worte, die Ordnung der Natur in geschaffenen Wesen und feiere die Schönheiten, die sich in Dir auflösen, Du Quelle und Urgrund aller Schönheit und Vollkommenheit!

(c) Dein Wesen ist unbegrenzt, unerforschlich, undurchdringlich. In Deiner Unermeßlichkeit verlieren sich alle Gedanken; die Phantasie hemmt ihren Flug, und die ermattete Einbildungskraft erschöpft sich vergebens; sie findet weder Ufer noch Ende dieses Ozeans, und in den unermeßlichen Räumen, über denen sie schwebt, keinen Punkt, der dem Umkreise näher wäre, als der erste Mittelpunkt, von dem sie aufstieg. Wie oft versuchte ich, in die unendliche Weite einzudringen, aber immer wieder kehrte ich zu mir selbst zurück, betroffen von dem Bewußtsein meines so eng beschränkten Wesens und der Fülle jenes Unermeßlichen, und ich wage nicht länger in den furchtbaren Abgrund zu schauen oder die Tiefe der Gottheit zu ergründen.

(d) Doch da ich, o hoher Geist, so wie ich bin, von Dir geschaffen wurde, ein Wesen mit Vernunft und Erkenntnis; da es die eigenste Würde meiner Natur ist, Dich zu kennen und bewundernd zu betrachten, so vergönne mir, daß ich mit gebührender Freiheit die Fähigkeiten gebrauche, mit denen Du mich geschmückt hast. Dulde meine kühne und verwegene Annäherung. Und da weder eitle Neugier noch törichter Eigendünkel, noch Liebe für irgend etwas anderes als zu Dir mich mit solchen Gedanken begeistert, so sei Du mein Beistand und leite mich auf diesem Pfade, da ich mich ins Labyrinth der weiten Natur wage und versuche, Dir in Deinen Werken nachzuforschen ...

(e) O mächtiger Genius! Einzig belebende und begeisternde Kraft! Urheber und Gegenstand dieser Gedanken! Dein Einfluß durchströmt alles, und mit allen Dingen bist du aufs innigste verbunden. Du bist die geheime Triebkraft ihrer Handlungen. Du bewegst sie mit unwiderstehlicher, unermüdeter Gewalt, durch heilige und unverletzliche Gesetze, zum Heile jedes besonderen Wesens eingerichtet, so daß alles harmonisch mitwirkt zur Vollkommenheit, zum Leben, zum Wohlsein des Ganzen. Der Urquell des Lebens ist weit verteilt und von unendlicher Mannigfaltigkeit, er durchströmt alles, versiegt nirgends. Alles lebt und lebt in beständiger Folge wieder auf. Die vergänglichen Wesen verlassen ihre erborgten Formen und treten die Elemente ihres Stoffes neuen Ankömmlingen ab. Wenn die Reihe an ihnen ist, daß sie ins Leben gerufen werden, schauen sie das Licht und vergehen im Schauen, damit auch andre Zuschauer der herrlichen Szene werden können, und größere Mengen noch die Vorzüge der Natur genießen. Freigebig und groß, teilt sie sich den meisten mit und vervielfältigt die Gegenstände ihrer Güte ins Unendliche. Nichts hemmt ihre geschäftige Hand. Keine Zeit, kein Stoff geht verloren oder wird nicht vervollkommnet. Neue Formen entstehen, und wenn sich die alten auflösen, so bleibt doch die Materie, aus der sie zusammengesetzt waren, nicht ungenützt, sondern wird mit gleicher Sparsamkeit und Kunst verarbeitet, selbst in der Verwesung, dieser scheinbaren Verwüstung, diesem Schauder der Natur. Dieser verworfene Zustand erscheint mir gleichsam wie der Weg oder Übergang zu einem besseren. Könnten wir ihn aber in der Nähe und mit Gleichgültigkeit, ohne Zurückbeben der Sinne, betrachten, dann würde unsre Bewunderung vielleicht aufs höchste steigen, überzeugt, daß auch dieser Weg zum rechten Ziele führt. Nicht weniger günstig können wir von jener vollkommenen Kunst urteilen, die sich uns in allen Werken der Natur offenbart, denn unsre schwachen Augen, durch mechanische Kunst unterstützt, entdecken in diesen Werken einen verborgenen Schauplatz von Wundern, Welten in Welten, von unglaublicher Kleinheit und doch an Kunst den größten gleich, reicher an Wundern als der schärfste Sinn, mit der größten Kunst und dem durchdringendsten Verstande verbunden, ergründen und entfalten könnte.

(f) Aber vergeblich durchforschen wir die ungeheure Masse der Materie, versuchen wir die Natur zu erkennen, wie groß das Ganze selbst sei oder wie klein seine Teile.

(g) Wenn wir aus unserer Kenntnis der Gesetze der Bewegung versuchen, ihr weiter nachzuspüren, so folgen wir ihr vergebens in den Körpern, denen sie sich mitgeteilt hat. Unsre trägen Begriffe lassen uns im Stich und können nichts erreichen als den Körper selbst, durch welchen sie sich verbreitet hat. Wunderbares Sein, wenn ich es so nennen darf, welches die Körper nie anders empfangen als von andern, die es verlieren und nie anders verlieren als durch Mitteilung an andere. Selbst ohne Änderung des Ortes äußert sich ihre Kraft: jeder Körper voll bewegender Kraft strebt, sich zu bewegen und rührt sich doch nicht von der Stelle, während er eine Energie entfaltet, die unsre Begriffe übersteigt.

(h) Ebenso vergeblich verfolgen wir jenes Phantom, die Zeit; zu klein und doch zu mächtig für unsre Fassungskraft, wenn sie, zu einem unmerklichen Punkt zusammengeschmolzen, unserm Griff entschlüpft oder unsrer dürftigen Gedanken spottet, wenn sie zur Ewigkeit anschwillt, ein Gegenstand, der ebensosehr unsre Vorstellungskraft übersteigt als Dein Wesen, Du Urquell aller Dinge! älter als die Zeit und doch immer jung in neugeborener Ewigkeit.

(i) Vergeblich versuchen wir, den Abgrund des Raumes zu ermessen, den Sitz Deines allerfüllenden Wesens, das jeden Ort, jede Leere durchdringt.

(k) Vergebens bemühen wir uns, jenes Prinzip der Empfindung und des Gedankens zu verstehen, welches in uns so sehr von der Bewegung abzuhängen scheint und doch so sehr von ihr und der Materie selbst verschieden ist, daß es uns ebenso unmöglich ist, zu begreifen, wie der Gedanke aus der Materie und Bewegung, als diese aus Gedanken entspringen könne. Aber das denkende Prinzip ist uns das höchste und das wahrste alles Seins, von dessen bloßer Existenz wir durch unser eigenes Bewußtsein überzeugt sind. Alles andere mag bloßer Traum und Schatten sein. Selbst, was uns die Sinne zeigen, kann falsch sein. Aber die Sinnesbilder selber bleiben; die Vernunft besteht, und der Gedanke behauptet das Erstgeburtsrecht seines Seins. So sind wir uns in gewisser Weise jener ursprünglichen und von Ewigkeit her denkenden Kraft bewußt, aus der wir unsre eigene ableiten. Und so kommt die Gewißheit vom Dasein der Wesen jenseits unsrer Sinne und von Dir, großes Urbild Deiner Werke, durch Dich, den Allwahren und Allvollkommenen, der Du Dich selbst so unmittelbar uns mitgeteilt hast, daß Du gewissermaßen in unsrer Seele wohnst, Du, der Du die ursprüngliche, alles durchdringende, alles belebende Seele des Ganzen bist.

Alle Wunder der Natur dienen dazu, diese Idee ihres Urhebers zu erwecken und zu vervollkommnen. Hier läßt er sich sehen, uns mit ihm umgehen in einer Weise, die für unsre Schwachheit paßt. Wie herrlich ist es, ihn in diesem edelsten seiner sichtbaren Werke, in dem System des größeren Weltgebäudes zu betrachten ...

(l) Welch eine unzählbare Menge funkelnder Sterne sahen wir nicht außer den benachbarten Planeten noch vor einer Stunde in der klaren Nacht, die kaum erst dem Tage gewichen war! Wie viele andere sind durch die Hilfe der Kunst gefunden worden! Und doch wie viele bleiben noch außer dem Bereich unserer Entdeckungen! So nahe beisammen sie zu stehen scheinen, so ist doch ihre Entfernung voneinander ebensowenig durch die Kunst zu messen, als der Abstand zwischen ihnen und uns. Hier lernen wir auf ganz natürliche Art die Unermeßlichkeit jenes Wesens kennen, welches durch diese Räume eine so unendliche Menge von Körpern ausgestreut hat, von denen jeder, wie wir wohl annehmen dürfen, Systemen angehört, die ebenso vollkommen sind wie unsere Welt, weil selbst der kleinste Funke dieser schimmernden Milchstraße unsrer Sonne den Rang streitig machen kann, die jetzt in voller Herrlichkeit hervorgeht, uns neues Leben gibt, unsern Geist erhebt und uns die Gottheit gegenwärtig fühlen läßt.

(m) Gewaltiges Gestirn! Strahlende Quelle der Lebenswärme und Mutter des Tages! Sanfte Flamme! Und doch wie durchdringend, wie wirksam, wie allgemein verbreitet und welch ungeheure Substanz! Und doch wie in sich selbst gesammelt und in glühender Masse im Mittelpunkt dieser Planetenwelt befestigt!... Mächtiges Wesen! herrliches Ebenbild, Stellvertreter des Allmächtigen! König der Körperwelt von unvergänglicher Anmut, nie welkender Jugend! schönes, herrliches und kaum vergängliches Geschöpf! Durch welche geheimen Kanäle fließt Dir die Nahrung zu, die Dich immer in solch unermüdeter Kraft, in unerschöpflichem Glanze erhält, ungeachtet jener unaufhörlich ausfließendem Ströme, jener ewig gespendeten Lebensschätze, welche die Welten um Dich her erleuchten und beseelen?...

(n) Um sie her vollbringen alle Planeten mit dieser unsrer Erde, teils allein, teils mit Trabanten, ihren unermüdeten Lauf; alle suchen den Segen ihres Lichtes und ihrer belebenden Wärme zu empfangen. Zu ihr, als zu ihrem Mittelpunkt, reißt ein mächtiger Zug sie fort, aber zum Glück erhält ein ebenso mächtiger Zug sie in ihrer himmlischen Ordnung, und so drehen sie sich in rechtem Takt, in genauestem Maß in ihrem ewigen Reigen.

(o) Aber, o Du, Urheber und Lenker dieser mannigfachen Bewegungen! Höchster und einziger Beweger, dessen unerreichte Kunst die rollenden Sphären regiert und diese ungeheuren Weltkörper in ihrem nie ermattenden Laufe erhält! Weiser Hausvater, mächtiger Herrscher, dem alle Elemente und Kräfte der Natur dienstbar sind! wie hast Du diese kreisenden Welten belebt? welchen Geist, welche Seele ihnen eingehaucht? welchen Lauf vorgeschrieben? wie hast Du sie in den flüssigen Äther eingeschlossen, wo Du sie hintreibst wie mit dem Hauche lebendigen Windes, Deine immer tätigen, unermüdeten Diener in diesem labyrinthischen, allgewaltigen Werk!

So groß ist die Macht, welche diese Systeme zusammenhält und vor verderblichen Begegnungen bewahrt! So wunderbar wird die gewichtige Erdkugel in ihrem jährlichen Umlaufe gelenkt, indem sie sich zugleich täglich um ihren eigenen Mittelpunkt dreht, während der gehorsame Mond mit zwiefacher Arbeit monatlich diese unsre größere Kugel umkreist und zugleich die Bewegung seines Schwesterplaneten begleitet und in Gemeinschaft mit ihm der Sonne seine Huldigung darbringt.

(p) Und doch ist diese bewohnte Erde, dieses Menschenbehältnis, von viel beschränkterem Umfange als andere ihrer Reisegefährten in unserm System. Wie klein muß sie uns dann gegen das gewaltige System ihrer eigenen Sonne erscheinen! Wie klein und verschwindend gegen jene unzähligen Systeme anderer Sonnen! Und doch welch ein ungeheurer Körper scheint sie uns gegen diesen unsern sterblichen Leib, diesen erborgten Rest ihrer wechselnden und oft verwandelten Oberfläche! Obschon diesen ein erhabener, himmlischer Geist beseelt, durch den wir Beziehung und Hinneigung zu Dir, unserm himmlischen Könige, dem Mittelpunkt der Seelen, haben, dem sich dieser unser Geist ebenso natürlich zuwendet als irdische Körper zu ihrem Mittelpunkt gezogen werden. O folgten wir doch ohne Abweichung ebenso beständig diesem Zuge!... Doch

Du allein schaffst Ordnung aus der Verwirrung der Körperwelt und läßt aus den rastlosen und kämpfenden Elementen jene friedvolle Eintracht und harmonische Schönheit der ewig blühenden Schöpfung sich erheben. Ebenso kannst Du auch die mißtönenden Bewegungen vernünftiger Geschöpfe regeln und sie zu ihrer Zeit und auf die beste Art zur Ruhe bringen und auch sie ihren Teil zum Wohl und zur Vollkommenheit des Weltalls, Deines allguten und vollkommenen Werkes, beitragen lassen.

C. DAS PROBLEM DES SCHÖNEN

(Die Moralisten ... Ausg. s. A.; 3. Teil, Abschnitt 2; S. 184–187)

Gliederung: (a) Nicht die Materie, sondern die Kunst ist die Schönheit. (b) Denn schön ist, was schön macht. (c) Es gibt also kein Prinzip der Schönheit im Körper. (d) Der Geist ist das Prinzip der körperlichen Schönheit. (e) Form und Absicht als Wirkungen des Geistes sind schön. (f) Die Form, die selbst wieder wirkt, ist schöner als die wirkungslose Form. (g) Tote Form als Schönheit der Gegenstände, formende Form als Schönheit des Menschen. (h) Die dritte und höchste Klasse der Schönheit, die formende Formen hervorbringt.

(a) Nun gut denn, sagte er lächelnd, wie sehr Sie auch für andre Schönheiten enthusiasmiert sein mögen, guter Philokles, so weiß ich doch, Sie sind kein so großer Bewunderer des Reichtums irgendwelcher Art, um in ihm viel Schönheit zu finden, besonders nicht in einem unförmlichen Haufen oder Klumpen Gold. Aber in Medaillen, Münzen, getriebener Arbeit, Statuen und andern künstlichen Meisterwerken jeder Art entdecken Sie Schönheit und bewundern das Werk.

Gewiß, sagte ich, aber nicht des Metalls wegen.

Das Metall also oder die Materie ist für Sie an sich nicht schön?

Nein.

Aber die Kunst?

Gewiß.

Dann ist die Kunst die Schönheit?

Ganz recht.

(b) Und Kunst ist das, was schön macht?

Nichts anders.

Also, was schön macht und nicht, was schön gemacht wird, ist wahrhaft schön?

So scheint es.

Denn das schön Gemachte ist nur schön durch das Hinzukommen dessen, was schön macht, und durch Entfernen oder Wegnehmen desselben hört es auf, schön zu sein?

So ist es.

(c) Was also Körper anbetrifft, so kommt Schönheit und verläßt sie wieder?

So stellt es sich heraus.

Und der Körper selbst ist nicht im geringsten Ursache, daß Schönheit kommt oder bleibt?

Nicht im geringsten.

Es gibt also kein Prinzip der Schönheit im Körper?

Gar keins.

(d) Kann der Körper denn niemals Ursache seiner Schönheit sein?

Auf keine Weise.

Auch sich nicht selbst regieren und ordnen?

Ebensowenig.

Auch für sich selbst keine Überlegung und Absicht haben?

Auch das nicht.

Muß also nicht das, was für ihn überlegt und beschließt, regiert und ordnet, das Prinzip seiner Schönheit sein?

Notwendigerweise.

Und was kann das sein?

Der Geist ohne Zweifel, was sonst wohl?

(e) Hier haben wir also alles, sagte er, was ich Ihnen vorhin begreiflich zu machen wünschte: ‹daß das Schöne, Einnehmende, Liebenswürdige nie in der Materie, sondern in der Kunst und Absicht liege; nie im Körper selbst, sondern in der Form oder in der bildenden Kraft.› Sagt Ihnen dies nicht die schöne Form selbst, und verkündet Ihnen dies nicht ʼdie Schönheit der Absicht, so oft Sie davon betroffen werden? Was istʼs denn anders als Absicht, was Sie rührt? Was bewundern Sie, wenn nicht den Geist oder die Wirkung des Geistes? Der Geist allein gibt Form. Alles Geistlose ist scheußlich, und formlose Materie ist die Häßlichkeit selbst.

(f) Dann sind von allen Formen, erwiderte ich, nach Ihrem System diejenigen die reizendsten und gehören zur ersten Klasse der Schönheit, welche die Macht haben, selbst andere Formen zu bilden. Deshalb, dünkt mich, können diese auch formende Formen heißen. So weit stimme ich gern mit Ihnen überein und gebe mit Freuden der menschlichen Form den Vorzug vor allen andern Schönheiten, die er zu bilden imstande ist. Die Paläste, Ausstattungen und Landgüter werden bei mir niemals den ursprünglichen, lebendigen Formen von Fleisch und Blut den Rang streitig machen. Und was die andern, die toten Formen der Natur, Metalle und Steine, so kostbar und blendend sie auch sein mögen, anbetrifft, bin ich fest entschlossen, ihrem Glanze zu widerstehen und sie als verächtlich zu verwerfen, selbst in ihrem höchsten Stolze, wenn sie sich anmaßen, menschliche Schönheit zu erhöhen und dienstfertig dem Schönen behilflich zu sein.

(g) Sehen Sie denn nicht, versetzte Theokles, daß Sie also drei Grade oder Klassen der Schönheit festgestellt haben?

Wieso?

Erstens die toten Formen, wie Sie sie sehr passend nannten, die von dem Menschen oder der Natur ihre Bildung erhielten, aber keine bildende Kraft, keine Tätigkeit, keine Vernunft besitzen.

Richtig.

Dann, als die zweite Klasse, nahmen Sie diejenigen Formen an, welche selbst andre bilden, das heißt, die Vernunft, Tätigkeit und Wirkung zu eigen haben.

Auch richtig.

Hier haben wir also eine doppelte Schönheit. Denn hier gibt es beides, die Form (die Wirkung des Geistes) und den Geist selbst. Die erste Klasse ist niedrig und verächtlich im Vergleich mit dieser andern, von welcher die tote Form erst Glanz, Leben und Wirkung erhält. Denn was ist ein bloßer Körper, sei es auch ein menschlicher, und sei er noch so regelmäßig gebildet, wenn die innere Form fehlt, und der Geist ungestaltet oder unvollkommen ist, wie bei einem Idioten oder Wilden?

Auch das begreife ich, sagte ich, aber wo ist die dritte Klasse?

(h) Nur Geduld, erwiderte er, und überlegen Sie erst, ob Sie die ganze Macht dieser zweiten Schönheit erkennen. Wie könnten Sie sonst die Macht der Liebe begreifen oder die Kraft haben, sie zu genießen? Sagen Sie mir, bitte, als Sie zuerst diese die bildenden oder formenden Formen nannten, dachten Sie da an keine andern Produkte derselben, als an die toten, wie Paläste, Münzen, eherne oder marmorne Menschenfiguren? Oder dachten Sie auch an Dinge, die Geist und Leben haben?

Ich hätte leicht hinzufügen können, sagte ich, daß unsre Formen die Kraft haben, andere Formen, die uns gleichen, hervorzubringen. Aber diese Kraft, dachte ich, rühre von einem andern höhern Wesen her, und könnte eigentlich nicht ihre Kraft oder Kunst genannt werden, wenn in Wirklichkeit eine höhere Kunst oder ein höherer Werkmeister existiert, der ihre Hand leitet und sie als Werkzeuge seines schönen Werkes gebraucht.

Glücklich gedacht, sagte er. Sie haben einem Tadel vorgebeugt, der, wie ich glaube, Ihnen kaum erspart bleiben konnte. Sie selbst haben unvermutet jene dritte Klasse der Schönheit entdeckt, die nicht bloß tote Formen, sondern auch solche, die selber schaffen, hervorbringt. Denn wir selbst sind treffliche Architekten der Materie und können leblose Körper aufweisen, denen wir mit eigenen Händen Form und Gestalt gegeben haben; aber dasjenige, was sogar Geister bildet, schließt alle jene Schönheiten in sich, die durch diese Geister gebildet werden, und ist folglich das Prinzip, die Quelle, der Ursprung alles Schönen.

Es scheint so.

Alle Schönheit also, die sich in unsrer zweiten Klasse von Formen findet, alles, was aus ihr entspringt oder durch sie hervorgebracht wird – das alles findet sich erhaben, vorzüglich und ursprünglich in dieser letzten Klasse der allerhöchsten und vornehmsten Schönheit.

V. CHRISTIAN WOLFF (1679–1754)

A. Wie wir erkennen, dass wir sind und was uns diese Erkäntniss nützet

(Vernünfftige Gedancken von Gott, der Welt und der Seele des Menschen, auch allen Dingen überhaupt, den Liebhabern der Wahrheit mitgetheilet. 7. Aufl. Franckfurt u. Leipzig 1738. 1. Capitel, § 1–9, S. 1–6.)

Gliederung: (Titel und Paragrapheneinteilung nach der Originalausgabe) 1. Wie wir erkennen, daß wir sind. 2. Ob man Ursache habe, darnach zu fragen. 3. Die erste Ursache. 4. Die andere Ursache. 5. Überlegungen der Art und Weise, wie wir erkennen, daß wir sind. 6. Durch was für einen Schluß solches geschiehet. 7. Wie dieser Schluß beschaffen. 8. Was für Gewißheit eine Demonstration hat. 9. Wie gewiß die geometrischen Wahrheiten erwiesen werden.

§ 1. Wir sind uns unser und anderer Dinge bewust, daran kan niemand zweiffeln, der nicht seiner Sinnen völlig beraubet ist: und wer es leugnen wolte, derjenige würde mit dem Munde anders vorgeben, als er bey sich befindet, könte auch bald überführet werden, daß sein Vorgeben ungereimet sey. Denn, wie wolte er mir etwas leugnen, oder in Zweiffel ziehen, wenn er sich nicht seiner und anderer Dinge bewust wäre? Wer sich nun aber dessen, was er leugnet, oder in Zweiffel ziehet, bewust ist, derselbige ist. Und demnach ist klar, daß wir sind.

§ 2. Vielleicht werden sich einige verwundern, andere aber, die wegen ihrer nicht gar zu tieffen Einsicht mit Erklären und Beweisen nicht wohl können zurechte kommen, es gar verlachen, daß ich erst beweise, daß wir sind! Denn, es ist ja noch kein Mensch unter der Sonnen gewesen, der solches geleugnet: und, wenn einer sich so weit vergienge, würde er nicht werth seyn, daß man ihn wiederlegte, weil er entweder seines Verstandes beraubet wäre, und also nicht wüste, was er sagte, oder so halsstarrig seyn müste, daß er vorsetzlich wieder sein besser Wissen alles leugnete. Daher auch die allerseltsamste Secte der *Egoist*en, die vor weniger Zeit in Paris entstanden, und von allen Dingen geleugnet, daß sie sind, doch das: *Ich bin,* zugegeben.

§ 3. Ich hoffe, sie werden bald aufhören sich zu verwundern, wenn ich ihnen die Ursachen sage, die mich solches zu thun bewogen. In dem Vorberichte von der Welt-Weißheit, der sich zu Anfange meiner vernünfftigen Gedancken von den Kräfften des menschlichen Verstandes befindet, ist angemercket worden, es müsse ein Welt-Weiser nicht allein wissen, daß etwas möglich sey oder geschehe, sondern auch den Grund anzeigen können, warum es möglich ist oder geschiehet. Da wir nun davon, daß wir sind, eine solche Gewißheit haben, daß wir es auf keine Art und Weise in Zweiffel ziehen können (§ 1.); so lieget ihm auch ob zu zeigen, woher denn diese Gewißheit komme. Und weil wir hier die Welt-Weißheit abzuhandeln gesonnen sind; so müssen auch wir darnach forschen, woher doch eine so große Gewißheit komme?

§ 4. Und (welches die andere Ursache ist) diese Untersuchung hat ihren sehr grossen Nutzen. Denn wenn ich weiß, warum wir davon so grosse Gewißheit haben, daß wir sind; so ist mir bekandt, wie etwas müsse beschaffen seyn, damit ich es so gewiß erkenne, als daß ich selbst bin. Das ist aber was grosses, wenn ich von wichtigen Wahrheiten ohne Furcht sagen kan: Sie sind so gewiß, als ich bin, oder auch, ich erkenne so gewiß, daß sie sind, als ich weiß, daß ich bin. Und ist uns sonderlich hieran viel gelegen, da wir die natürliche Erkäntniß von GOTT und der Seele, auch der Welt und allen Dingen überhaupt in einer ungezweiffelten Gewißheit auszuführen gesonnen sind.

§ 5. Damit wir diesen Nutzen erlangen; so müssen wir etwas genauer überlegen, auf was für Art und Weise wir erkennen, daß wir sind. Wenn wir nun solches thun; so finden wir, daß es mit unserer Erkäntniß in diesem Stücke folgende Beschaffenheit habe. 1. Wir erfahren unwiedersprechlich, daß wir uns unserer und anderer Dinge selbst bewust sind. 2. Es ist uns klar, daß derjenige ist, der sich seiner und anderer Dinge bewust ist. Und daher ist uns 3. gewiß, daß wir sind.

§ 6. Wenn wir deutlich erkennen wollen, wie wir durch diese Gründe überführet werden, daß wir sind; so werden wir befinden, daß in diesen Gedancken folgender Schluß stecket:

Wer sich seiner und anderer Dinge bewust ist, der ist.

Wir sind uns unserer und anderer Dinge bewust.

Also sind wir.

§ 7. In diesem Schlusse ist der Untersatz eine ungezweiffelte Erfahrung; der Obersatz aber gehöret unter diejenigen, die man ohne allen Beweiß zugiebt, so bald man nur die Wörter verstehet, die darinnen vorkommen, das ist, er ist ein Grundsatz: denn wer wolte zweiffeln, daß ein Ding sey, von dem wir erkennen, daß es auf eine gewisse Art und Weise ist? Ein jeder siehet, daß, wenn besondere Dinge seyn sollen, sie nicht anders, als auf eine gewisse Art und Weise seyn können.

§ 8. Dergleichen Beweiß ist eine Demonstration und demnach erhellet, daß alles, was richtig demonstriret wird, eben so gewiß ist, als daß wir sind, weil nehmlich, was demonstriret wird, auf eben diese Art erwiesen wird, als daß wir sind.

§ 9. Ich habe nicht allein in meinen Gedancken von den Kräfften des menschlichen Verstandes angemercket, sondern ein jeder, der die Beweise in der Geometrie genau zu zergliedern sich angelegen seyn lässet, wird es vor sich inne werden, daß man in der Geometrie gleichfals den Beweiß auf solche Schlüsse hinausführet, darinnen die Förder-Sätze von ungezweiffelter Gewißheit sind, und keinen weitern Beweiß erfordern. Man siehet also, daß die geometrischen Wahrheiten so gewiß erwiesen werden, als daß wir selber sind, und folgends alles, was auf geometrische Art erwiesen wird, so gewiß sey, als daß wir selber sind.

B. Die praestabilierte Harmonie zwischen Leib und Seele

(Vernünfftige Gedancken von Gott, der Welt und der Seele des Menschen...
Ausg. s. A.; 5. Capitel, § 760–62; 765–82; 786. S. 470–491.)

Gliederung: (Titel und Paragrapheneinteilung der Originalausgabe) 760. Warum die Gedancken der Seele mit dem Leibe übereinstimmen, ist eine schwere Frage. 761. Ob die Krafft des Cörpers Gedancken in der Seele und die Krafft der Seele Bewegungen im Leibe hervorbringen. 762. Würckung der Seele und des Leibes in einander ist der Natur zuwieder.
765. Vorher bestimmte Harmonie 766. ist kein leeres Wort. 767. Wie sie möglich ist. 768. Kann ohne Gott nicht stattfinden. 769. Empfindungen haben eine Ähnlichkeit mit den empfundenen Dingen, 770. stellen nur Größen, Figuren und Bewegungen vor. 771. Wenn sie deutlich sind, wenn undeutlich 772. wird durch die Erfahrung bestätiget. 773. Die Seele stellet alles Haar-klein vor. 774. Ihre Vorstellungen geschehen mit den Dingen in der Welt zu gleicher Zeit. 775. Und stimmen daher zusammen. 776. Warum die Empfindung so gleich da ist, wenn der äußere Sinn gerühret wird. 777. Die Seele würde die Welt außer sich sehen, wenn auch gleich keine da wäre. 778. Wie die Veränderungen im Leibe geschehen, die mit der Seele übereinstimmen. 779. Im menschlichen Leibe gehet alles natürlich zu. 780. Ohne Beytrag der Seele. 781. Schwierigkeiten wieder die vorher bestimmte Harmonie. 782. Wie sie zu heben. 786. Was die Veränderungen der Empfindungen für Grund haben.

§. 760. Wir haben schon oben weitläufftig ausgeführet, wie weit vermöge der Erfahrung die Gedancken der Seele mit einigen Veränderungen in unserem Leibe und denn wiederum einige Veränderungen im Leibe mit andern in der Seele übereinstimmen. Da wir nun aber erwiesen, daß die Seele eine Krafft hat dasjenige sich vorzustellen, was in ihrem Leibe Veränderungen verursachet; so müssen wir nun untersuchen, woher es kommet, daß Seele und Leib mit einander übereinstimmen, und warum eben allezeit von der Seele ein Gedancke hervorgebracht wird, der sich zu dem gegenwärtigen Zustande des Leibes schikket. Und dieses ist der schweere Knoten, der den Welt-Weisen so viele Mühe gemacht, wie es nehmlich möglich ist, daß Seele und Leib eine Gemeinschafft mit einander haben: an dessen Auflösung aber weder in der Theologie, noch der Moral und Politick, noch in der Medicin etwas gelegen ist, indem man sich daselbst mit dem vergnüget, was die Erfahrung von der Zusammenstimmung des Leibes und der Seele lehret.

§. 761. Insgemein glaubt man, daß durch die Krafft des Cörpers Gedancken in der Seele und durch die Krafft der Seele Bewegungen im Leibe hervorgebracht werden. Nehmlich, man bildet sich ein, daß, wenn durch die cörperliche Dinge, welche die Gliedmassen unserer Sinnen rühren, eine Bewegung in den Nerven und der darinnen befindlichen flüßigen Materie erreget wird diese subtile Materie durch ihre Bewegung die Gedancken in der Seele hervorbringe, die wir Empfindungen nennen und dadurch wir uns die ausser uns befindlichen Cörper vorstellen, welche die Veränderung in den Gliedmassen der Sinnen verursachen: hingegen wiederum die Seele durch die Krafft, das ist, durch ihren Willen gewisse Bewegungen in den Gliedmassen des Leibes hervorbringe, wodurch der Leib dasjenige ausführet, was die Seele haben will. Ja einige eignen der Seele auch wohl gar eine verborgene Krafft zu den Leib zu bewegen. Und diese Meinung, welche der gemeine Mann hat, ist auch lange Zeit unter den Welt-Weisen im Schwange gegangen, ob wohl heute zu Tage wenige ihr beypflichten. Man hat aber diese Würckung der Seele in den Leib und des Leibes in die Seele einen *natürlichen Einfluß* eines Dinges in das andere genennet, und daher behauptet, die Gemeinschafft des Leibes mit der Seele gründe sich

170

auf einen natürlichen Einfluß eines Dinges in das andere. Daß man diesen Einfluß der Seele in den Leib und des Leibes in die Seele weder begreiffen, noch auf eine verständliche Art erklären könne, hat man leicht zugegeben: allein man hat vermeinet, er sey in der Erfahrung gegründet. Da ich aber schon oben dargethan, man könne durch die Erfahrung nicht erweisen, daß der Leib in die Seele, und die Seele hinwiederum in den Leib würcke; so kan man nicht anders sagen, als daß der natürliche Einfluß der Seele in den Leib und des Leibes in die Seele ohne allen Grund nur für die lange Weile angenommen werde.

§. 762. Weil die Würckung der Seele in den Leib und des Leibes in die Seele sich weder aus den Begriffen, die wir von dem Leibe und der Seele haben, und den Regeln, die beyden in ihren Würckungen als Gesetze ihrer Natur vorgeschrieben sind, verständlich erklären, noch durch die Erfahrung erweisen lässet (§. 761.); so hat man zwar Grund genug ein Urtheil, massen man so lange eine Sache ausgesetzet läst, bis sie erwiesen worden: allein man hat nicht genungsamen Grund sie zu verwerffen. Denn es kan deswegen doch wohl etwas seyn, ob wir gleich nicht begreiffen, wie es seyn kan, noch durch die Erfahrung erlernen, daß es sey. Derowegen ist nöthig, daß wir weiter untersuchen, ob wir nicht einen genungsamen Grund finden, warum wir sie entweder annehmen, oder verwerffen müssen. Ich habe oben erinnert, daß vermöge der Regeln der Bewegung, darinnen die Ordnung der Natur gegründet ist, immer einerley bewegende Krafft in der Welt erhalten werde. Wenn der Leib in die Seele und die Seele in den Leib würcket; so kan nicht einerley bewegende Krafft in der Welt erhalten werden. Denn wenn die Seele in den Leib würcket; so wird eine Bewegung hervorgebracht, ohne eine vorhergehende Bewegung, massen man setzet, daß die Seele die Bewegung im Leibe bloß durch ihren Willen hervorbringet. Da nun diese Bewegung ihre abgemessene Krafft bey sich hat, indem keine Bewegung ohne einen gewissen Grad der Krafft seyn kan, als welcher theils von der Geschwindigkeit der Bewegung, theils von der Menge der Materie, die mit einander nach einer Richtung beweget wird, herrühret, wie sichs zur Gnüge in der Erfahrung zeiget; so entstehet eine neue Krafft, die vorher nicht in der Welt war. Und also wird wieder das Gesetze der Natur die Krafft in der Welt vermehret. Gleichergestalt, wenn der Leib in die Seele würcket; so bringet eine Bewegung einen Gedancken hervor. Da nun nach diesem die Bewegung aufhöret, ohne daß daraus eine neue Bewegung in einem andern Theile der Materie entstünde; so höret eine Krafft auf, die vorher in der Welt war. Und also wird wieder das Gesetze der Natur die Krafft in der Welt vermindert. Hieraus ist klar, daß die Regeln der Bewegung, nach welcher die Veränderungen in der Natur geschehen, haben wollen, es solle immer einerley Krafft in der Natur erhalten werden: hingegen die Würckung der Seele in den Leib und des Leibes in die Seele erfordert, daß nicht immer einerley Krafft in der Natur erhalten, sondern sie vielmehr der Seele zu gefallen bald vermehret, bald vermindert wird. Weil demnach die Würckung des Leibes und der Seele in einander der Natur zuwider ist; so hat man genungsamen Grund sie zu verwerffen: denn es ist nicht glaublich, daß GOtt auf wiedersprechende Gründe die Natur gebauet. Und wer wolte sagen, daß eine cörperliche Krafft aus dem Leibe in die Seele gienge und darinnen in eine geistliche verwandelt würde, und hinwiederum eine geistliche Krafft aus der Seele in den Leib träte und darinnen zu einer cörperlichen würde?

§. 765. Da nun die Seele ihre eigene Krafft hat, wodurch sie sich die Welt vorstellet: hingegen auch alle natürliche Veränderungen des Leibes in seinem Wesen und seiner Natur gegründet sind; so siehet man leicht, daß die Seele das ihre vor sich thut, und der Cörper gleichfals seine Veränderungen vor sich hat, ohne daß entweder die Seele in den Leib, und der Leib in die Seele würcket, oder auch GOTT durch seine unmittelbahre Würckung solches verrichtet, nur stimmen die Empfindungen und Begierden der Seele mit den Veränderungen und Bewegungen des Leibes überein. Und solchergestalt verfallen wir auf die Erklärung, welche der Herr von Leibnitz von der Gemeinschafft des Leibes mit der Seele gegeben, und die *vorherbestimmte Harmonie* oder *Übereinstimmung* genennet.

§. 766. Allein, es ist nun eben die Frage, wie es möglich ist, daß die Empfindungen mit den Veränderungen in den Gliedmassen der Sinnen und die Bewegungen des Leibes mit dem Willen der Seele beständig übereinstimmen, damit man die vorherbestimmte Harmonie nicht für ein leeres Wort hält, wie einige sich eingebildet, und nicht vermeine, als wenn man nach diesem, wo das Wort erkläret werden solte, dennoch wieder entweder auf den natürlichen Einfluß, oder auf die unmittelbahre Würckung GOttes kommen müsse. Das ist wahr, wir nehmen weiter nichts, als eine bloße Übereinstimmung oder Harmonie durch die Erfahrung wahr. Und demnach, wenn man den Grund davon zeigen soll; so ist nicht genung, daß ich bloß sage, GOTT habe die Harmonie zwischen der Seele und dem Leibe aufgerichtet: denn sonst verfiele ich mit Cartesio unmittelbahr auf den Willen GOttes, welches wir nicht gelten lassen. Vielmehr ist nöthig, daß ich zeige, wie dergleichen Harmonie möglich sey.

§. 767. Es ist demnach zu mercken, daß die Veränderungen in der Welt alle in einer unverrückten Ordnung auf einander erfolgen, und, weil gleichfals in der Seele der vorhergehende Zustand den Grund von dem folgenden in sich enthalten muß, die Empfindungen in der Seele gleichfals in einer unverrückten Ordnung auf einander erfolgen. Da nun die Empfindungen die Veränderungen in der Welt vorstellen; so ist nur nöthig, daß sie im Anfange einmahl mit einander in eine Harmonie gebracht worden, und es kan nach diesem dieselbe beständig fortdauren: wie der Herr von Leibnitz schon selbst bemercket hat. Ich rede hier bloß von den Empfindungen, nicht aber von den übrigen Würckungen der Seele, indem bloß jene, nicht aber diese mit den Veränderungen in den Gliedmassen der Sinnen zusammen stimmen.

§. 768. Weil nun aber die Seele und der Leib, deren ein jedes ohne das andere seyn kan (§. 765.) ob sie gleich ihrer Natur und Wesen nach zusammen gehören, und demnach nicht bey einander nothwendig sind, nicht ohngefehr können zusammen kommen; so kan keine Harmonie zwischen Seele und Leib sich befinden, wo nicht noch ein verständiges und von der Welt unterschiedenes Wesen ist, welches sie zusammen gebracht. Und folget demnach daraus unwiedersprechlich, daß ein Urheber der Welt und der Natur, das ist, ein GOtt ist. Es ließen sich auch hieraus alle göttliche Eigenschafften erweisen, wenn wir nicht für rathsamer hielten solches unten auf eine andere Weise auszuführen.

§. 769. Weil demnach die Seele eine Krafft hat sich die Welt vorzustellen; so müssen auch diese Vorstellungen eine Ähnlichkeit mit denen Dingen haben, die in der Welt sind. Denn wenn sie keine Ähnlichkeit hätten; so stellete die Seele ihr nicht die Welt, sondern etwas anderes vor. Ein Bild, das der Sache nicht ähnlich ist, die es vorstellen soll, ist kein Bild von derselben, sondern von einer andern Sache.

§. 770. Da nun die Welt aus lauter zusammengesetzten Dingen bestehet, in diesen aber nichts als Figuren, Grössen und Bewegungen sich unterscheiden lassen; so müssen alle Empfindungen cörperlicher Dinge nichts als Figuren, Grössen und Bewegungen vorstellen (§. 769).

§. 771. Wenn wir diese Figuren, Grössen und Bewegungen unterscheiden können; so sind die Empfindungen deutlich: hingegen wenn wir sie nicht mehr unterscheiden können, weil viele kleine Figuren und Bewegungen in einen Punct zusammen fallen; so sind die Empfindungen undeutlich.

§. 772. Dieses wird durch die Erfahrung bestätigt. Denn wir finden jederzeit, daß, was wir von cörperlichen Dingen deutlich empfinden und uns einbilden, nichts als Figuren, Grössen und Bewegungen sind. Und wenn wir durch Hülffe der Vergrösserungs-Gläser deutlich machen, was uns die blossen Sinnen undeutlich darstellen, zeigen sich an statt des undeutlichen nichts als Figuren, Grössen und Bewegungen, wo es deutlich wird.

§. 773. Auf solche Weise stellet sich die Seele alles vor, was in cörperlichen Dingen angetroffen wird, von dem grösten an bis auf das kleineste, nur kan man die vielen kleinen Figuren, Grössen und Bewegungen nicht von einander unterscheiden und aus ihrer Verwirrung entstehet die Empfindung, welche wir nicht erklären können.

§. 774. Die Zeit ist nichts anders, als die Ordnung der Dinge, die in der Welt auf einander erfolgen. Da nun die Seele sich alles Haarklein so vorstellet, wie es in der Welt ist und geschiehet (§. 769. 773.); so ist unter den Empfindungen, die auf einander erfolgen, eben die Ordnung als zwischen denen Dingen, die in der Welt auf einander erfolgen. Und demnach beyderseits einerley Zeit.

§. 775. Da nun die Vorstellungen in der Seele in eben solcher Zeit geschehen, da dasjenige, was sie vorstellen, vorgehet (§. 774.); so müssen die Empfindungen jederzeit mit den Veränderungen in den Gliedmassen der Sinnen übereintreffen, und ist nicht möglich, daß die Empfindung zu frühe oder zu späte kömmet.

§. 776. Und hieraus ersiehet man auch, wie die Empfindungen in der Seele in dem Augenblicke da sind, da die Veränderung in den Gliedmassen der Sinnen sich ereignet, und die Bewegung in anderen Gliedmassen des Leibes gleichfals in dem Augenblicke erfolget, wenn die Seele diese Bewegung will: denn beydes geschiehet zu gleicher Zeit und ist also zugleich da.

§. 777. Derowegen da der Leib gar nichts zu den Empfindungen in der Seele beyträget; so würden alle eben so erfolgen, wenn gleich gar keine Welt vorhanden wäre: welches auch CARTESIUS erkant, und längst vor ihm schon vor diesem die *Idealisten*, welche nichts als Seelen und Geister zugaben, der Welt aber weiter keinen Raum als in den Gedancken einräumeten. Ja, es erhellet aus dem, was oben erwiesen worden, daß wir auch alles ausser uns sehen, hören und auf andere Art empfinden würden, wenn auch gleich von cörperlichen Dingen außer uns nichts da wäre (§. 765.).

§. 778. Was nun den Leib betrifft; so ist wahr, daß eine subtile Bewegung in dem Gehirne vorgehet, wenn die Empfindung in der Seele geschiehet: denn die Bewegung, die den Nerven in den Gliedmassen der Sinnen eingedrucket wird, wird biß zu dem Gehirne fortgepflantzet. Und die einmahl daselbst in Bewegung gesetzte Materie beweget sich in Nerven die zu andern Gliedmassen des Leibes gehen, und verursachet daselbst ihre Bewegung, die dem Wollen der Seele gemäß ist. Daß die in Gliedmassen der Sinnen erregte Bewegung biß zu dem Gehirne fortgepflantzet wird, kan man gar wohl beweisen. Wir finden öffters, daß nicht allein ohne, sondern gar wieder den Willen der Seele hin und wieder Bewegungen in unserem Leibe erfolgen, wenn wir etwas sehen oder hören. Z. E. Es ist einer gewohnet für dem Schiessen zu erschröcken. Er stehet weit hinter dem Stücke und bedencket, daß die Kugel, die vornen herausgehet, ihn nicht treffen kan. Er begreiffet, daß, wenn auch gleich durch einen unvermutheten Unglücks-Fall das Stücke zerspringen solte, er doch so weit davon weg sey, daß es ihm keinen Schaden thun kan. Er lacht sich selber aus, daß er sich vor dem Schusse gefürchtet und nimmet ihm vor jetzund dergleichen nicht zu thun. Allein, kaum höret er den Schuß; so fähret er auf, hebet die Hände in die Höhe und setzet die Füsse zurücke. Hier ist klar, daß ohne Zuthun der Seele (welches auch diejenigen erkennen müssen, die einen natürlichen Einfluß behaupten) die Bewegungen in dem Leibe erfolgen, und durch den Schuß erreget werden. Der Schall verursachet eine Bewegung in den Nerven des Gehöres, und also müssen die andern Bewegungen aus dieser Bewegung entspringen. Dieses kan nicht geschehen, als wenn die Bewegung, die dem Nerven des Gehöres eingedrücket wird, biß zu dem Gehirne fortgehet, wo alle Nerven zusammen kommen, und daher die subtile flüßige Materie sich aus einem in den andern bewegen kan. Daß aber die Gliedmassen des Leibes durch den Zufluß einer subtilen Materie in denen Nerven beweget werden, wird an einem andern Orte gezeiget.

§. 779. Auf solche Weise folgen alle Bewegungen des Leibes aus der Art der Zusammensetzung, das ist, aus seinem Wesen, und durch seine Krafft, das ist, durch seine Natur, aus den Bewegungen anderer Cörper, die Veränderungen in den Gliedmassen der Sinnen verursachen, folgends geschiehet alles im Leibe natürlich, auf eine solche Art und Weise, wie es in Cörpern seyn soll, und wird die Natur weder von der Seele, wie bey dem natürlichen Einflusse (§. 762.), noch von GOtt, wie bey der unmittelbahren göttlichen Würckung in ihrem richtigen Lauffe gestöhret.

§. 780. Hieraus erhellet, daß alle Bewegungen in dem Leibe auf eben die Art sich äussern würden, wie jetzund geschiehet, wenn gleich keine Seele zugegen wäre, indem die Seele durch ihre Krafft nichts dazu beyträget: nur würden wir uns dessen, was in unserem Leibe geschiehet, nicht bewust seyn.

§. 781. Und dieses ist der hohe und wichtige Punct, den die meisten für unbegreiflich halten, weil sie ihn zu begreiffen nicht vermögend sind, und deswegen die zwischen dem Leibe und der Seele vorher eingerichtete Harmonie verwerffen: da Sachen gar wohl an sich begreiflich sind, ob gleich weder wir sie begreiffen, noch ein Mensch sie völlig zu begreiffen in dem Stande ist. Alle Schwierigkeiten, die man darwieder machet, entspringen aus dieser Quelle. Weil wir allgemeine Wahrheiten und vernünfftige Schlüsse durch Worte und andere Zeichen, die wir entweder aussprechen, oder schreiben, andern fürtragen können; so scheinet es den meisten unbegreiflich, ja vielen gar unmöglich zu seyn, wie ein Leib, der eine blosse Maschine ist, und vor sich keine Vernunfft hat, dennoch vernünfftig reden kan. Ja, da alle Erfindungen, die durch den subtilesten Verstand und grösten Witz hervorgebracht werden, von den Erfindern nicht anders als durch Worte andern können bekant gemacht werden; so müste auch der Leib vor sich ohne Witz und Verstand alle Wahrheiten, ja selbst die zur Erkäntniß GOttes und der Seele gehören, entdecken können, weil alles in ihm ohne Beytrag der Seele geschiehet, das ist, eben so geschehen würde, wie es sich jetzt ereignet, obgleich die Seele nicht darinnen zu finden wäre. Und auf solche Weise könte eine Maschine durch blosse Bewegungen gewisser Materie eben dasjenige verrichten, was die Seele durch ihre geistliche Kräffte verrichtete, das ist, eine Maschine könte allgemeine Wahrheiten erkennen, vernünfftige Schlüsse machen und Wahrheiten erfinden. Endlich scheinet auch alles, was der Mensch thut und unterlässet, nothwendig zu seyn. Denn der Leib wird von aussen von andern Cörpern zu seinen Bewegungen *determini*ret, denen er nicht wiederstreben kan, und seine Bewegungen folgen aus jenen, wie es sein Wesen und seine Natur mit sich bringet: er hat keinen Verstand zu erkennen und zu überlegen, was geschiehet, auch keine Macht etwas zu ändern, sondern muß alles geschehen lassen, was und wie es geschiehet.

§. 782. Es ist nicht zu leugnen, daß diese Schwierigkeiten grossen Schein haben. Allein wenn wir genauer werden erkennen lernen, was es mit den Gedancken der Seele für eine Beschaffenheit habe; so werden sie sich gar wohl heben lassen. Wir wollen also nur weiter untersuchen, wie aus der Krafft die Welt sich vorzustellen die Veränderungen kommen, die wir in ihr wahrnehmen.

§. 786. Es ist hier überhaupt zu mercken, daß, wenn man fraget, warum eine Empfindung auf die andere folget, man keinen andern Grund anzeigen kan, als warum in der Welt ein anderer Zustand der cörperlichen Dinge, die wir empfinden, erfolget. Denn da die Vorstellungen der Seele eine Ähnlichkeit mit den cörperlichen Dingen in der Welt haben (§. 769.); so verhalten sie sich zu ihnen, wie ein Gemählde oder ein anderes Bild zu der Sache, die es vorstellet. Wenn man nun ein Bild von einem Gebäude betrachtet und nach dem Grunde fraget, warum dieses so und nicht anders ist; so zeiget man eben denselben an, auf den man sich beruffen würde, wenn das Gebäude selbst vor unsern Augen stünde. Derowegen wenn man fraget, warum dieses oder jenes in unserer Empfindung so beschaffen ist, kan man gleichfals keinen andern Grund geben, als auf den man sich beruffet, wenn man fraget, warum dieses oder jenes sich in der Welt zuträget. Und eben, wenn man fraget, warum diese Veränderung in unserer Empfindung vorgehet, kan man keinen andern Grund anzeigen, als denjenigen, warum die vorgestelleten Dinge in der Natur sich ändern. Hingegen aber wenn man fraget, warum wir uns jetzt den Theil, jetzt einen andern von der Welt vorstellen; so ist es eben derjenige Grund, den die Veränderung des Ortes unseres Leibes hat, oder vielmehr die Veränderung des Ortes unseres Leibes selbst, wenn wir den nächsten Grund verlangen.

C. Von einer allgemeinen Regel der menschlichen Handlungen und dem Gesetze der Natur

(Vernünfftige Gedancken von der Menschen Thun und Lassen. Zu Beförderung ihrer Glückseligkeit den Liebhabern der Wahrheit mitgetheilet. 5. Aufl., Franckfurt und Leipzig 1736. Teil I, 1. Capitel, § 1; 3–7; 9; 12; 40; 44; 48–49; 51–53. S. 1–2; 6–8; 9–10; 11–12; 29–30; 31–32; 33–34; 35.)

Gliederung: (Titel und Paragrapheneinteilung der Originalausgabe) 1. Von welchem Thun und Lassen der Menschen hier gehandelt wird. 3. Die freyen Handlungen der Menschen sind entweder gut oder böse. 4. Wie man die Handlungen beurtheilet. 5. Sie sind vor und an sich gut oder böse. 6. Die vor sich guten können nur gewolt werden, wenn man sie deutlich begreiffet. 7. Die vor sich bösen können nur nicht gewolt werden, wenn man sie deutlich begreiffet. 9. Die Natur verbindet uns, die an sich guten Handlungen zu vollbringen und die an sich bösen zu unterlassen. 12. Allgemeine Regel für die freye Handlungen. 40. Letzte Absicht aller freyer Handlungen. 44. Seeligkeit des Menschen. 48. Was das höchste Übel oder die Unseeligkeit der Menschen ist. 49. Seeligkeit des Menschen ist mit einem beständigen Vergnügen verknüpfet. 51. Seeligkeit ist mit beständiger Freude verknüpfet. 52. Was die Glückseligkeit und wo sie zu finden. 53. Wie sie erhalten wird.

§. 1. Wir finden in der Erfahrung gegründet, daß so wohl einige Gedancken der Seele, als Bewegungen des Leibes von dem Willen der Seele herrühren: andere hingegen ihm nicht unterworfen sind. Z. E. Es beruhet auf meinem Willen, daß ich jetzund meine Gedancken auf die Betrachtung der Wohlthaten GOttes richte, die er mir in vergangenen Zeiten erwiesen; aber nicht, daß ich die Person sehe, die mir begegnet, oder das Geschrey der Lermenden höre; noch auch daß ich an diejenigen Dinge gedencke, die mir dabey einfallen. Nicht weniger stehet es in meinem Willen, ob ich jetzund stehen oder sitzen will; aber nicht, ob ich die genossene Speise verdaue, oder nicht. Da nun dasjenige, was von unserem Willen herrühret, seinen Grund im Willen und also in uns hat, ingleichen die Bewegungen des Leibes, die dem Willen unterworffen sind, ihren Grund in dem Zustande des Leibes haben; so gehören so wohl die Gedancken der Seele, als die Bewegungen des Leibes, welche von dem Willen herrühren, unter unser Thun und, da der Wille eine Freyheit hat aus möglichen Dingen zu erwehlen, was uns am meisten gefället; so ist auch dieses Thun der Menschen frey, und erhält daher den Nahmen *freyer Handlungen.* Nemlich die Bewegungen des Leibes, dadurch die Begierden der Seele erfüllet werden, sind frey in Ansehung der Seele: hingegen da ausser dem Willen keine Freyheit anzutreffen; so ist auch bey dem Thun der Menschen, es mag in Gedancken der Seele, oder in Bewegungen des Leibes bestehen, keine Freyheit, wenn es dem Willen nicht unterworffen ist. Und daher ist es nothwendig: erhält auch daher den Nahmen einer *nothwendigen Handlung*. Hier haben wir bloß mit den freyen Handlungen der Menschen; keinesweges aber mit den nothwendigen zu thun.

§. 3. Was unseren so wohl innerlichen, als äusserlichen Zustand vollkommen machet, das ist gut: hingegen was beyden unvollkommener machet, ist böse. Derowegen sind die freyen Handlungen der Menschen entweder gut, oder böse.

§. 4. Wenn man demnach die Handlungen beurtheilen will, ob sie gut oder böse sind; so muß man nachforschen, was sie veränderliches so wohl in unserm innerlichen Zustande des Leibes und der Seele, als in dem äusserlichen nach sich ziehen, und dabey acht haben, ob der veränderte Zustand mit dem Wesen und der Natur des Menschen, das ist, so wohl des Leibes, als der Seele, und dem vorhergehenden Zustande zusammen stimmet, oder ob er ihm zu wieder ist. Es kan zu Exempeln dienen, was von übermäßiger Geniessung der Speise und des Tranckes, von seinem Stande ungeziemender Aufführung und der Verschwendung kurtz vorhin gesagt worden: und unten, wo die Handlungen der Menschen insbesondere erwogen werden, haben wir so viel Exempel als Arten der Handlungen.

§. 5. Weil die freyen Handlungen der Menschen durch ihren Erfolg, das ist, dasjenige, was dadurch veränderliches in dem inneren und äusseren Zustande der Menschen erfolget, gut oder böse werden, was aber aus ihnen erfolget, nothwendig daraus kommen muß, und nicht aussen bleiben kan; so sind sie vor und an sich selbst gut oder böse, und werden nicht durch GOTTes Willen dazu gemacht. Wenn es derowegen gleich möglich wäre, daß kein GOTT wäre, und der gegenwärtige Zusammenhang der Dinge ohne ihn bestehen könte; so würden die freyen Handlungen der Menschen dennoch gut oder böse verbleiben. Z. E. Es würde noch wie vorhin die Trunckenheit dem Menschen schädlich seyn und in seinem Zustande allerhand unordentliches Wesen daraus erfolgen, welches zwar nach den besonderen Umständen verschieden ist, jedoch in einigen allgemeinen beständig einerley verbleibet, wie unten an seinem Orte umständlicher erhellen wird.

§. 6. Die Erkäntniß des Guten ist ein Bewegungs-Grund des Willens. Wer die freye Handlungen der Menschen, die vor und an sich gut sind (§. 5.), deutlich begreiffet, der erkennet, daß sie gut sind. Und daher ist das Gute, was wir an ihnen wahrnehmen, ein Bewegungs-Grund, daß wir sie wollen. Da nun nicht möglich ist, daß etwas zugleich ein Bewegungs-Grund des Wollens und nicht Wollens seyn kan; so gehet es auch nicht an, daß man eine an sich gute Handlung nicht wollen solte, wenn man sie deutlich begreiffet. Und daher sind sie so beschaffen, daß sie nur können gewolt, aber nichtzugleich nicht gewolt werden, wenn man sie deutlich begreiffet. Wenn wir sie also nicht wollen, ist keine andere Ursache, als daß wir sie nicht erkennen: wenn wir gar einen Abscheu davor haben; so müssen wir sie uns anders vorstellen als sie sind.

§. 7. Gleichergestalt ist die Erkäntniß des Bösen ein Bewegungs-Grund des nicht Wollens, oder des Abscheues für einem Dinge. Wer die freye Handlungen der Menschen, die vor und an sich böse sind (§. 5.), deutlich begreiffet, der erkennet daß sie böse sind. Und daher ist das Böse, was wir an ihnen wahrnehmen, ein Bewegungs-Grund, daß wir sie nicht wollen. Da nun nicht möglich ist, daß etwas zugleich ein Bewegungs-Grund zum Nicht-Wollen und Wollen seyn kan; so gehet es auch nicht an, daß man eine an sich böse Handlung wollen solte, wenn man sie deutlich begreiffet. Und daher sind sie so beschaffen, daß sie nur können nicht gewolt werden, oder daß man für ihnen einen Abscheu haben muß, wenn man sie deutlich begreiffet. Wenn wir sie wollen, ist keine andere Ursache, als daß wir sie nicht kennen, sondern für etwas anders ansehen als sie sind.

§. 9. Da nun dasjenige, was aus den Handlungen der Menschen erfolget und sie entweder gut oder böse machet, von dem Wesen und der Natur herkommet; das gute und schlimme aber, was wir in den Handlungen antreffen, die Bewegungs-Gründe des Wollens und Nicht-Wollens sind; so hat mit den vor sich guten und bösen Handlungen der Menschen (§. 5.) die Natur die Bewegungs-Gründe verknüpffet. Und solchergestalt verbindet uns die Natur der Dinge und unsere eigene das vor sich Gute zu thun, und das vor sich Böse zu unterlassen.

§. 12. Es bleibet demnach feste: die Natur verbindet uns die an sich gute Handlungen zu vollbringen und die an sich bösen zu unterlassen (§. 9.), auch das bessere dem schlechteren, oder das grössere Gut dem kleineren vorzuziehen. Derowegen da die guten Handlungen unseren innerlichen und äusserlichen Zustand vollkommener, die bösen aber ihn unvollkommener machen (§. 3.); so verbindet uns die Natur dasjenige zu thun, was uns und unseren Zustand, oder (welches gleich viel ist) unseren innerlichen und äusserlichen Zustand vollkommener machet: hingegen zu unterlassen, was uns und unseren Zustand oder, welches gleich viel ist, unseren innerlichen und äusserlichen Zustand unvollkommener machet. Und also haben wir eine Regel, darnach wir unsere Handlungen, die wir in unserer Gewalt haben, richten sollen, nemlich: *Thue, was dich und deinen oder anderer Zustand vollkommener machet: unterlaß, was ihn unvollkommener machet.*

§. 40. Da wir durch unsere Handlungen die Vollkommenheit unser und unseres Zustandes zu erhalten und die Unvollkommenheit zu vermeiden trachten (§. 12.); so ist die Vollkommenheit unser und unseres Zustandes, ingleichen die Vermeidung der Unvollkommenheit die Absicht unserer Handlungen: hingegen die Handlungen sind das Mittel, wodurch wir diese Absichten erhalten. Derowegen da alle freye Handlungen auf diese Absicht gerichtet sind; so ist sie die letzte Absicht aller unserer freyen Handlungen, und die Haupt-Absicht in unserem gantzen Leben.

§. 44. Weil die gröste Vollkommenheit GOtt eigenthümlich ist, und keiner Creatur mitgetheilet werden kan; so ist auch nicht möglich, daß ein Mensch, wenn er gleich täglich alle Kräffte anwendet, dieselbe jemahls erreichen kan. Er kan demnach nicht mehr erhalten, als daß er von einer besonderen Vollkommenheit zu einer andern fortschreitet, und die Unvollkommenheiten immer mehr und mehr vermeidet. Und dieses ist das höchste Gut, welches er erreichen kan, daß also das *höchste Gut des Menschen* oder seine *Seeligkeit* mit Recht durch einen ungehinderten Fortgang zu grösseren Vollkommenheiten erkläret wird.

§. 48. Aus dem, was von dem höchsten Gute des Menschen, oder seiner Seeligkeit gesaget worden (§. 44.), ist zugleich klar, daß das *höchste Übel* oder die *Unseeligkeit* der Menschen in einem steten Fortgange zu grösseren Unvollkommenheiten bestehet, und daher die Übertretung des natürlichen Gesetzes das Mittel ist sich darein zu stürtzen.

§. 49. Wer von einer Vollkommenheit zu der andern unverhindert fortschreitet, und die Unvollkommenheit vermeidet, dabey aber auch darauf acht hat, der hat eine anschauende Erkäntnis der Vollkommenheit. Weil nun die anschauende Erkäntniß der Vollkommenheit Lust oder Vergnügen gebieret; so hat er ein beständiges Vergnügen. Und demnach ist das höchste Gut oder die Seeligkeit des Menschen mit einem beständigen Vergnügen verknüpffet (§. 44.).

§. 51. Wo man unverändert fortschreitet von einer Vollkommenheit zur andern und alle Unvollkommenheiten vermeidet, da erwächset ein beständiges Vergnügen (§. 49.), und darf man sich nicht befürchten, daß es in ein Mißvergnügen ausschläget. Solchergestalt behält das Vergnügen oder die Lust beständig die Oberhand, und ist demnach hier eine fortdaurende Freude. Also ist die Seeligkeit mit einer steten Freude verknüpffet. (§. 44.).

§. 52. Der Zustand einer beständigen Freude machet die *Glückseeligkeit* aus.

Da nun das höchste Gut oder die Seeligkeit mit einer beständigen Freude verknüpffet (§. 51.); so ist der Mensch, der es besitzet, in dem Zustande einer beständigen Freude. Und dannenhero ist das höchste Gut mit der Glückseeligkeit verbunden.

§. 53. Da nun das höchste Gut durch die Erfüllung des natürlichen Gesetzes erhalten wird; so ist auch die Beobachtung dieses Gesetzes das Mittel, wodurch man seine Glückseeligkeit erhält.

VI. GEORGE BERKELEY (1685–1753)

Die Kritik an der Existenz der Aussenwelt

(Abhandlung über die Prinzipien der menschlichen Erkenntnis. Nach der Übers. v. F. Ueberweg hrsg. v. A. Klemmt, Philos. Bibl. Bd. 20, Meiner Verlag, Hamburg 1957, S. 25–42)

Gliederung: (Die Paragrapheneinteilung nach der Originalausgabe) 1. Die Ideen und ihre Zusammensetzung zu Dingen. 2. Das Ich als das, was die Ideen perzipiert. 3. Das Sein alles Sinnlichen ist Perzipiert-Werden. 4. Es gibt keine vom Perzipiert-Werden verschiedene Existenz der sinnlichen Objekte. 5. Es ist nicht möglich, ein sinnliches Objekt gesondert von seiner Perzeption zu denken. 6. Dieser Satz ist unmittelbar einleuchtend. 7. Es gibt keine Substanz außer dem Geist bzw. außer dem, was perzipiert. 8. Es kann keine den Ideen ähnliche Dinge geben, die außerhalb des Geistes existieren. 9. Der dagegen eingeführte Begriff einer Materie ist widersprüchlich. 10. Auch die sogenannten primären Qualitäten existieren nur im Geist. 11. Ausdehnung und Bewegung sind stets relativ. 12. Auch die Zahl ist stets relativ und existiert daher nicht unabhängig vom menschlichen Geist. 13. Die Idee der Einheit. 14. Möglichkeit, für alle sinnlichen Eigenschaften die alleinige Existenz in der Perzeption zu beweisen. 15. Es gibt darum kein Objekt außerhalb des Geistes. 16. In welcher Beziehung sollen Materie und von ihr getragene Qualitäten zu einander stehen? 17. Mit dem Begriff ‹materielle Substanz› ist kein bestimmter Sinn verbunden. 18. Wir könnten von der Existenz von Körpern außerhalb des Geistes nicht wissen. 19. Die Annahme einer solchen Existenz ist unnötig und nutzlos. 20. Es gibt keine stichhaltigen Argumente für eine solche Annahme. 21. Auch die aus einer solchen Annahme entstehenden Schwierigkeiten sprechen gegen sie. 22. Solch eine Annahme ist nicht einmal widerspruchslos denkbar. 23. Der Versuch, die Existenz äußerer Körper zu denken, ist Betrachtung der Ideen des eigenen Geistes. 24. Wenn man auf seine eigenen Gedanken achtet, wird das ganz offenbar. 25. Eine Idee ist immer passiv und kann darum nicht Ursache von etwas sein. 26. Die Ursache der Ideen und ihrer Verknüpfung ist der Geist. 27. Der Geist ist Verstand und Wille. Da er etwas Tätiges ist, kann man sich keine Idee, nur einen gewissen Begriff von ihm machen. 28. Der Geist ist ursprünglich aktiv, da er Ideen entstehen und vergehen lassen kann. 29. Die durch die Sinne perzipierten Ideen unterliegen nicht meinem Willen. 30. Diese Ideen folgen den Naturgesetzen ihres Urhebers. 31. Die Erfahrung dieser Naturgesetze ermöglicht uns ein vorausschauendes Leben. 32. Die Ursache der naturgesetzlichen Folge liegt nicht in den Ideen selbst. 33. Die Ideen, die nicht vom menschlichen Willen, sondern vom Willen eines stärkeren Geistes abhängig sind, sind die wirklichen Dinge.

§ 1. Jedem, der einen Blick auf die Gegenstände der menschlichen Erkenntnis wirft, leuchtet ein, daß sie teils den Sinnen gegenwärtig eingeprägte Ideen sind, teils Ideen, welche durch ein Aufmerken auf das, was die Seele leidet und tut, gewonnen werden, teils endlich Ideen, welche mittels des Gedächtnisses und der Einbildungskraft durch Zusammensetzung, Teilung oder einfache Vergegenwärtigung der ursprünglich in einer der beiden vorhin angegebenen Weisen empfangenen Ideen gebildet werden. Durch den Gesichtssinn erhalte ich die Licht- und Farben-Ideen in ihren verschiedenen Abstufungen und qualitativen Modifikationen, durch den Tastsinn perzipiere ich z. B. Härte und Weichheit, Hitze und Kälte, Bewegung und Widerstand, und von diesem allen mehr oder weniger hinsichtlich der Quantität oder des Grades. Der Geruchssinn verschafft mir Gerüche, der Geschmackssinn Geschmacksempfindungen, der Sinn des Gehörs führt dem Geist Schallempfindungen zu in ihrer ganzen Mannigfaltigkeit nach Ton und Zusammensetzung. Da nun beobachtet wird, daß einige von diesen Empfindungen einander begleiten, so geschieht es, daß sie mit *einem* Namen bezeichnet und infolge hiervon als *ein* Ding betrachtet werden. Ist z. B. beobachtet worden, daß eine gewisse Farbe, Geschmacksempfindung, Geruchsempfindung, Gestalt und Festigkeit vereint auftreten, so werden sie für ein bestimmtes Ding gehalten, welches durch den Namen *Apfel* bezeichnet wird. Andere Gruppen von Ideen (*collections of ideas*) bilden einen Stein, einen Baum, ein Buch und ähnliche sinnliche Dinge, die, je nachdem sie gefallen oder mißfallen, die Gefühle des Hasses, der Freude, des Kummers usw. hervorrufen.

§ 2. Aber neben all dieser endlosen Mannigfaltigkeit von Ideen oder Erkenntnisobjekten existiert ebensowohl auch etwas, das sie erkennt oder perzipiert und verschiedene Tätigkeiten wie wollen, sich einbilden, sich wiedererinnern an ihnen ausübt. Dieses perzipierende tätige Wesen ist dasjenige, was ich *Gemüt, Geist, Seele* oder *mich selbst* nenne. Durch diese Worte bezeichne ich nicht irgend eine meiner Ideen, sondern ein von ihnen allen ganz verschiedenes Ding, worin sie existieren, oder, was dasselbe besagt, wodurch sie perzipiert werden; denn die Existenz einer Idee besteht im Perzipiertwerden.

§ 3. Daß weder unsere Gedanken noch unsere Gefühle noch unsere Einbildungsvorstellungen außerhalb des Geistes existieren, wird ein jeder zugeben. Es scheint aber nicht weniger evident zu sein, daß die verschiedenen Sinnesempfindungen oder den Sinnen eingeprägten Ideen, wie auch immer sie miteinander vermischt oder verbunden sein mögen (d. h. was für Objekte auch immer sie bilden mögen), nicht anders existieren können als in einem Geist, der sie perzipiert. Dies kann, glaube ich, von einem jeden anschaulich erkannt werden (*an intuitive knowledge may be obtain'd of this, by any one*), der darauf achten will, was unter dem Ausdruck *existieren* bei dessen Anwendung auf sinnliche Dinge zu verstehen ist. Sage ich: der Tisch, an dem ich schreibe, existiert, so heißt das: ich sehe und fühle ihn; wäre ich außerhalb meiner Studierstube, so könnte ich seine Existenz in dem Sinne aussagen, daß ich, wenn ich in meiner Studierstube wäre, ihn perzipieren könnte, oder daß irgend ein anderer Geist ihn gegenwärtig perzipiert. Es war da ein Geruch, heißt: er wurde wahrgenommen; ein Ton fand statt, heißt: er wurde gehört; eine Farbe oder Gestalt: sie wurde durch den Gesichtssinn oder durch den Tastsinn perzipiert. Dies ist der einzige verständliche Sinn dieser und aller ähnlichen Ausdrücke. Denn was von einer absoluten Existenz nichtdenkender Dinge ohne irgend eine Beziehung auf ihr Perzipiertwerden gesagt zu werden pflegt, scheint durchaus unverständlich zu sein. Das Sein (*esse*) solcher Dinge ist Perzipiertwerden (*percipi*). Es ist nicht möglich, daß sie irgend eine Existenz außerhalb der Geister oder denkenden Wesen haben, von denen sie perzipiert werden.

§ 4. Es besteht in der Tat eine auffallend verbreitete Meinung, daß Häuser, Berge, Flüsse, mit einem Wort, alle sinnlichen Objekte, eine natürliche oder reale Existenz haben, die von ihrem Perzipiertwerden durch den Verstand verschieden ist. Mit wie großer Zuversicht und mit wie allgemeiner Zustimmung aber auch immer dieses Prinzip behauptet werden mag, so wird doch, wenn ich nicht irre, ein jeder, der den Mut hat, es in Zweifel zu ziehen, finden, daß es einen offenbaren Widerspruch in sich schließt. Denn was sind die vorhin erwähnten Objekte anderes als die sinnlich von uns wahrgenommenen Dinge, und was perzipieren wir anderes als unsere eigenen Ideen oder Sinnesempfindungen? – und ist es nicht ein vollkommener Widerspruch, daß irgend eine von diesen oder irgend eine Verbindung von ihnen unwahrgenommen existieren sollte?

§ 5. Wenn wir diese Annahme gründlich prüfen, so wird sich vielleicht herausstellen, daß sie sich schließlich auf die Lehre von den *abstrakten Ideen* zurückführen läßt. Denn kann wohl die Abstraktion auf eine größere Höhe getrieben werden als bis zur Unterscheidung der Existenz sinnlicher Dinge von ihrem Perzipiertwerden, so daß man sich vorstellt, sie existieren unperzipiert? Licht und Farben, Hitze und Kälte, Ausdehnung und Figuren, mit einem Wort, die Dinge, welche wir sehen und fühlen, was sind sie anderes als verschiedenartige Sinnesempfindungen, Vorstellungen, Ideen oder Eindrücke auf die Sinne, und ist es möglich, auch nur in Gedanken irgend eine derselben vom Perzipiertwerden zu trennen? Ich für meine Person könnte ebenso leicht ein Ding von sich selbst abtrennen. Ich kann in der Tat vermöge meines Denkens solche Dinge voneinander abtrennen oder gesondert auffassen, die ich vielleicht niemals durch die Sinne in solcher Trennung perzipiert habe. So stelle ich mir den Rumpf eines menschlichen Körpers ohne die Glieder vor oder den Geruch einer Rose, ohne an die Rose selbst zu denken. Insoweit, das leugne ich nicht, vermag ich zu abstrahieren, wenn anders der Ausdruck *Abstraktion* hier noch im eigentlichen Sinne gilt, wo es sich nur darum handelt, solche Objekte gesondert zu denken, welche in der Tat voneinander getrennt existieren oder wirklich eins ohne das andere perzipiert werden können; aber meine Fähigkeit zu denken oder vorzustellen erstreckt sich nicht weiter als die Möglichkeit einer realen Existenz oder Perzeption. So unmöglich es mir ist, ein Ding ohne seine wirkliche Wahrnehmung zu sehen oder zu fühlen, ebenso unmöglich ist es mir hiernach, irgend ein sinnlich wahrnehmbares Ding oder Objekt gesondert von seiner sinnlichen Wahrnehmung oder Perzeption zu denken.

§ 6. Einige Wahrheiten liegen so nahe und sind so einleuchtend, daß man nur die Augen des Geistes zu öffnen braucht, um sie zu erkennen. Zu diesen rechne ich die wichtige Wahrheit, daß der ganze himmlische Chor und die Fülle der irdischen Objekte, mit einem Wort alle die Dinge, die das große Weltgebäude ausmachen, keine Subsistenz außerhalb des Geistes haben, daß ihr Sein ihr Perzipiertwerden oder Erkanntwerden ist, daß sie also, so lange sie nicht wirklich durch mich erkannt sind oder in meinem Geist oder im Geist irgend eines anderen geschaffenen Wesens existieren, entweder überhaupt keine Existenz haben oder im Geist eines ewigen Wesens existieren müssen, da es etwas völlig Undenkbares ist und alle Verkehrtheit der Abstraktion in sich schließt, wenn irgend einem ihrer Teile eine vom Geist unabhängige Existenz zugeschrieben wird. Um sich hiervon zu überzeugen, braucht der Leser nur durch eigenes Nachdenken den Versuch zu machen, in Gedanken das Sein eines sinnlich wahrnehmbaren Dinges von dessen Perzipiertwerden zu trennen.

§ 7. Aus dem Gesagten folgt, daß es keine andere Substanz gibt als den *Geist* oder das, was perzipiert. Zum vollständigeren Erweis dieses Satzes aber möge in Erwägung gezogen werden, daß die sinnlichen Qualitäten Farbe, Figur, Bewegung, Geruch, Geschmack und ähnliche sind, d. h. die durch die Sinne perzipierten Ideen. Nun ist es ein offenbarer Widerspruch, daß eine Idee in einem nicht perzipierenden Dinge existiert; denn eine Idee haben ist ganz dasselbe, was perzipieren ist; dasjenige also, worin Farbe, Figur und die ähnlichen Qualitäten existieren, muß sie perzipieren; hieraus ist klar, daß es keine nicht denkende Substanz oder kein nicht denkendes Substrat dieser Dinge geben kann.

§ 8. Aber, sagt ihr, obschon die Ideen selbst nicht außerhalb des Geistes existieren, so kann es doch ihnen ähnliche Dinge, deren Kopien oder Ebenbilder sie sind, geben, und diese Dinge existieren außerhalb des Geistes in einer nichtdenkenden Substanz. Ich antworte: eine Idee kann nur einer Idee ähnlich sein, eine Farbe oder Figur nur einer anderen Farbe oder Figur. Wenn wir auch noch so wenig auf unsere Gedanken achten, so werden wir es unmöglich finden, eine andere Ähnlichkeit als die zwischen unseren Ideen zu begreifen. Außerdem frage ich, ob diese vorausgesetzten Originale oder äußeren Dinge, deren Abbilder oder Darstellungen unsere Ideen sein sollen, selbst perzipierbar sind oder nicht. Sind sie es, dann sind sie Ideen, und wir haben erreicht, was wir wollten; sagt ihr dagegen, sie sind es nicht, so gebe ich jedem Beliebigen die Entscheidung anheim, ob es einen Sinn hat zu behaupten, eine Farbe sei ähnlich etwas Unsichtbarem, Härte oder Weichheit ähnlich etwas Untastbarem usw.

§ 9. Einige machen einen Unterschied zwischen *primären* und *sekundären* Qualitäten: unter den ersten verstehen sie Ausdehnung, Figur, Bewegung, Ruhe, Solidität oder Undurchdringlichkeit und Zahl; mit dem anderen Ausdruck aber bezeichnen sie alle übrigen sinnlichen Qualitäten, wie z. B. Farben, Töne, Geschmacksempfindungen und so fort. Sie erkennen an, daß die Ideen, welche wir von diesen Qualitäten haben, nicht die Ebenbilder von irgend etwas sind, das außerhalb des Geistes oder unperzipiert existiert; sie behaupten aber, unsere Ideen der primären Qualitäten seien Abdrücke oder Bilder von Dingen, die außerhalb des Geistes existieren in einer nichtdenkenden Substanz, welche sie *Materie* nennen. Unter Materie haben wir demgemäß eine träge, empfindungslose Substanz zu verstehen, in welcher Ausdehnung, Figur und Bewegung wirklich existieren. Aber es geht aus dem schon Gesagten deutlich hervor, daß Ausdehnung, Figur und Bewegung nur Ideen sind, die im Geist existieren, daß eine Idee nur einer Idee ähnlich sein kann, und daß demgemäß weder sie selbst noch auch ihre Urbilder in einer nicht perzipierenden Substanz existieren können. Hieraus ist offenbar, daß eben der Begriff von dem, was *Materie* oder *körperliche Substanz* genannt wird, einen Widerspruch in sich schließt.

§ 10. Diejenigen, welche behaupten, daß Figur, Bewegung und die übrigen primären oder ursprünglichen Qualitäten außerhalb des Geistes in undenkenden Substanzen existieren, erkennen gleichzeitig an, daß von Farben, Tönen, Hitze, Kälte und derartigen sekundären Qualitäten nicht dasselbe gilt; sie behaupten, diese sind Sinnesempfindungen, die nur im Geist existieren und von der verschiedenen Größe, Struktur und Bewegung der kleinen Teile der Materie abhängig sind oder veranlaßt werden. Sie halten dies für eine unzweifelhafte Wahrheit, für die sie Beweise, die keine Widerrede zulassen, zu führen vermögen. Wenn es nun aber gewiß ist, daß diese sog. ursprünglichen Qualitäten untrennbar mit den anderen sinnlichen Qualitäten vereinigt sind und sogar nicht in Gedanken von ihnen abgesondert werden können, so folgt offenbar, daß sie nur im Geist existieren. Ich bitte aber einen jeden nachzudenken und zu erproben, ob er durch irgendeine Abstraktion des Denkens die Ausdehnung und Bewegung eines Körpers ohne alle anderen sinnlichen Qualitäten denken kann. Ich für meine Person sehe deutlich, daß es nicht in meiner Macht steht, die Idee eines ausgedehnten und bewegten Körpers zu bilden, ohne ihm zugleich eine Farbe oder eine andere sinnliche Qualität zuzuschreiben, welche anerkanntermaßen nur im Geist existiert. Kurz, Ausdehnung, Figur und Bewegung sind undenkbar, wenn sie von allen anderen Eigenschaften durch Abstraktion gesondert werden. Wo also die anderen sinnlichen Eigenschaften sind, da müssen sie auch sein, d. h. im Geist und nirgendwo anders.

§ 11. Ferner sind anerkanntermaßen Größe und Kleinheit, Raschheit und

Langsamkeit nur in unserm Geist, da sie völlig relativ sind und sich ändern, so wie die Gestalt oder Lage der Sinnesorgane sich ändert. Die Ausdehnung demgemäß, welche außerhalb des Geistes existiert ist weder groß noch klein, die Bewegung weder rasch noch langsam, d. h. diese Ausdehnung und diese Bewegung sind überhaupt nichts. Aber, sagt ihr, sie sind Ausdehnung im allgemeinen und Bewegung im allgemeinen. So zeigt sich, wie sehr die Annahme, daß es ausgedehnte, bewegbare Substanzen außerhalb des Geistes gibt, von jener seltsamen Lehre der *abstrakten Ideen* abhängt. Und bei dieser Gelegenheit kann ich nicht umhin zu bemerken, wie sehr die vage und unbestimmte Vorstellung einer Materie oder körperlichen Substanz, zu der die neueren Philosophen durch ihre eigenen Voraussetzungen gedrängt werden, jenem antiquierten und so viel verlachten Begriff einer *materia prima* gleicht, den man bei ARISTOTELES und seinen Anhängern findet. Ohne Ausdehnung kann Solidität nicht gedacht werden. Ist demnach gezeigt worden, daß Ausdehnung nicht in einer nichtdenkenden Substanz existiert, so muß das gleiche von der Solidität wahr sein.

§ 12. Daß die *Zahl* durchaus ein Produkt des Geistes ist, auch wenn man zugeben würde, daß die anderen Qualitäten außerhalb des Geistes existieren, wird einem jeden einleuchten, der bedenkt, daß dasselbe Ding eine verschiedene Zahlbezeichnung erhält, wenn der Geist es in verschiedenen Beziehungen betrachtet. So ist z. B. dieselbe Ausdehnung 1 oder 3 oder 36, je nachdem der Geist sie im Verhältnis zu einer Elle (einer engl. Elle von 3 Fuß) oder zu einem Fuß oder zu einem Zoll betrachtet. Die Zahl ist so augenscheinlich relativ und vom menschlichen Verstand abhängig, daß es kaum zu denken ist, daß irgend jemand ihr eine absolute Existenz außerhalb des Geistes zuschreiben kann. Wir sagen Ein Buch, Eine Seite, Eine Linie; diese alle sind gleich sehr Einheiten, obschon einige von ihnen mehrere der anderen enthalten. Und in jedem Betracht ist es klar, daß die Einheit sich auf eine besondere Kombination von Ideen bezieht, die der Geist willkürlich zusammenstellt.

§ 13. Ich weiß, daß einige der Meinung sind, die Einheit sei eine einfache oder unzusammengesetzte Idee, die alle anderen Ideen in unserem Geist begleitet. Ich finde nicht, daß ich irgend eine solche Idee habe, die dem Worte *Einheit* entspräche, und ich denke doch, daß es, wenn ich sie hätte, nicht fehlen könnte, daß ich sie fände; es müßte vielmehr mein Geist mit ihr am allervertrautesten sein, da sie ja, wie behauptet wird, alle anderen Ideen begleiten und durch alle Weisen der äußeren und inneren Wahrnehmung (*sensation and reflexion*) perzipiert werden soll. Um alles auf einmal zu sagen: sie ist eine *abstrakte Idee*.

§ 14. Ich füge hinzu, daß in derselben Weise, wie neuere Philosophen beweisen, daß gewisse sinnliche Eigenschaften keine Existenz in der Materie oder außerhalb des Geistes haben, das gleiche auch von allen anderen sinnlichen Eigenschaften bewiesen werden kann. So wird z. B. gesagt, daß Hitze und Kälte nur psychische Affektionen sind und durchaus nicht Abdrücke von wirklichen, in den körperlichen Substanzen, durch welche sie angeregt werden, existierenden Wesen; denn derselbe Körper, welcher einer Hand als warm erscheine, erscheine einer anderen als kalt. Warum sollen wir nun nicht ebensowohl schließen, daß Figur und Ausdehnung nicht Abdrücke oder Ähnlichkeiten von in der Materie existierenden Eigenschaften sind, da sie demselben Auge von verschiedenen Punkten aus oder von demselben Punkte aus Augen von verschiedener Struktur verschieden erscheinen und daher nicht Bilder von etwas außerhalb des Geistes unwandelbar Bestimmtem sein können? Ferner wird bewiesen, daß Süßigkeit nicht wirklich in dem wohlschmeckenden Dinge ist, weil ohne Veränderung dieses Dinges die Süßigkeit sich in Bitterkeit umwandelt, z. B. beim Fieber oder einer anderweitigen Beeinträchtigung des Gaumens. Ist es nicht ebenso vernunftgemäß zu sagen, daß Bewegung nicht außerhalb des

Geistes stattfindet da, wenn die Aufeinanderfolge von Vorstellungen im Geist rascher wird, die Bewegung anerkanntermaßen, ohne daß irgend eine Veränderung in irgend einem realen Objekt stattgefunden hat, langsamer zu sein scheinen wird?

§ 15. Kurz, wenn jemand jene Argumente recht erwägt, von denen man glaubt, daß sie deutlich erweisen, daß Farben und Geschmacksempfindungen bloß im Geist existieren, so wird er finden, daß sie mit gleicher Kraft dasselbe von der Ausdehnung, Figur und Bewegung darzutun vermögen. Doch muß zugegeben werden, daß diese Argumentationsweise nicht sowohl beweist, daß es keine Ausdehnung oder Farbe in einem äußeren Objekt gibt, als vielmehr nur, daß wir nicht durch die Sinne erkennen, welches die wahre Ausdehnung oder Farbe des Objekts ist. Aber die vorhergehenden Argumente zeigen deutlich die Unmöglichkeit, daß überhaupt irgendeine Farbe oder Ausdehnung oder sinnlich wahrnehmbare Eigenschaft irgendwelcher Art in einem nichtdenkenden Substrat außerhalb des Geistes existiert, oder vielmehr die Unmöglichkeit, daß es irgend etwas derartiges wie ein äußeres Objekt gibt.

§ 16. Prüfen wir jedoch noch ein wenig die herrschende Ansicht. Man sagt, Ausdehnung sei ein Modus oder ein Akzidens der Materie, und diese sei das *Substrat*, welches jene trage. Nun möchte ich gern, daß mir erklärt würde, was unter dem der Materie zugeschriebenen *Tragen* der Ausdehnung zu verstehen ist. Sagt ihr, ich habe keine Idee von der Materie und kann dies daher nicht erklären, so antworte ich: mögt ihr auch keine positive Idee der Materie haben, so darf doch zum mindesten eine negative euch nicht fehlen, wenn ihr überhaupt irgend einen Sinn mit dem Worte verknüpft; obschon ihr nicht wißt, was sie ist, so muß doch vorausgesetzt werden dürfen, daß ihr in welcher Beziehung sie zu ihren Akzidentien steht und was unter ihrem Tragen derselben zu verstehen ist. Offenbar kann das Wort ‹tragen› hier nicht in seinem gewöhnlichen oder buchstäblichen Sinn genommen werden, wie wenn wir sagen, daß Säulen ein Gebäude tragen; in welchem Sinne ist es denn nun zu verstehen?

§ 17. Prüfen wir das, was die sorgfältigsten Philosophen selbst unter dem Ausdruck *materielle Substanz* zu verstehen erklären, so finden wir, daß sie bekennen, keinen anderen Sinn mit diesen Lauten zu verknüpfen als die Idee eines Wesens (eines Etwas, eines Seienden) überhaupt, zusammen mit dem relativen Begriff seines *Tragens* von Akzidentien. Mir scheint diese allgemeine Idee abstrakter und unbegreiflicher als alle anderen zu sein, und was das Tragen von Akzidentien betrifft, so kann dies, wie vorhin bemerkt worden ist, nicht in dem gewöhnlichen Wortsinn verstanden, muß also in einem anderen Sinne genommen werden, der unerklärt bleibt. Demgemäß gelange ich, wenn ich die beiden Teile oder Seiten der Bedeutung der Worte *materielle Substanz* betrachte, zu der Überzeugung, daß damit gar kein bestimmter Sinn verbunden ist. Doch warum sollen wir uns noch weiter bemühen mit der Erörterung dieses materiellen Trägers (Substrats) von Figur, Bewegung und anderen sinnlichen Qualitäten? Setzt er nicht voraus, daß sie eine Existenz außerhalb des Geistes haben? Und ist dies nicht ein direkter Widerspruch und durchaus unbegreiflich?

§ 18. Wäre es aber auch möglich, daß feste, gestaltete, bewegliche Substanzen, die den Ideen, welche wir von Körpern haben, entsprächen, außerhalb des Geistes existierten, wie sollte es uns möglich sein, dies zu wissen? Entweder müßten wir es durch die Sinne oder durch Denken erkennen. Durch unsere Sinne haben wir nur die Kenntnis unserer Sinnesempfindungen, Ideen oder jener Dinge, die, man benenne sie, wie man wolle, unmittelbar sinnlich wahrgenommen werden; aber die Sinne lehren uns nicht, daß Dinge außerhalb des Geistes oder unperzipiert existieren, die denjenigen gleichen, welche perzipiert werden. Dies erkennen die Materialisten selbst an. Es bleibt also nur übrig, daß wir, wenn wir überhaupt irgend ein Wissen von äußeren Dingen besitzen, dies durch Denken erlangt haben, indem wir ihre Existenz aus dem, was unmittelbar sinnlich perzipiert ist, erschließen. Welcher Schluß aber kann uns bestimmen, auf Grund dessen, was wir perzipieren, die Existenz von Körpern außerhalb des Geistes anzunehmen, da doch gerade die Vertreter der Lehre von der Materie selbst nicht behaupten, daß irgend eine notwendige Verbindung zwischen ihnen und unseren Ideen besteht? Es wird ja allseitig zugegeben (und was in Träumen, im Wahnsinn und ähnlichen Zuständen geschieht, setzt es außer Zweifel), daß es möglich ist, daß wir mit all den Ideen, die wir jetzt haben, ausgestattet sein könnten, wenngleich keine Körper außer uns existierten, die ihnen glichen. Also leuchtet ein, daß die Annahme der Existenz äußerer Körper zur Erklärung unserer Ideenbildung nicht erforderlich ist, da zugegeben wird, daß Ideen in derselben Ordnung, in welcher wir sie gegenwärtig vorfinden, ohne ihre Mitwirkung zuweilen wirklich hervorgebracht werden und möglicherweise immer hervorgebracht werden können.

§ 19. Aber wenn wir auch möglicherweise zu allen unseren sinnlichen Wahrnehmungen ohne äußere Objekte gelangen, so könnte man es doch vielleicht für leichter halten, ihre Entstehungsweise durch die Voraussetzung von äußeren Körpern, die ihnen ähnlich sind, als auf andere Weise zu erklären, und so würde es denn wenigstens für wahrscheinlich gelten dürfen, daß solche Dinge wie Körper existieren, die ihre Ideen in unseren Seelen anregen. Aber auch dies kann nicht gesagt werden; denn geben wir auch den Materialisten ihre äußeren Körper zu, so wissen sie nach ihrem eigenen Bekenntnis doch noch ebenso wenig, wie unsere Ideen hervorgebracht werden, da sie sich selbst für unfähig erklären zu begreifen, auf welche Weise ein Körper auf einen Geist sollte einwirken können, oder wie es möglich sein sollte, daß er dem Geist eine Idee einprägt. Hiernach leuchtet ein, daß die Produktion von Ideen oder Sinneswahrnehmungen in unserem Geist kein Grund sein kann, Materie oder körperliche Substanzen vorauszusetzen, da anerkannt wird, daß diese Produktion mit dieser Voraussetzung und ohne sie gleich unerklärlich bleibt. Also selbst dann, wenn es möglich wäre, daß Körper außerhalb des Geistes existierten, müßte doch die Annahme, daß sie wirklich existieren, eine sehr unsichere Meinung sein, da dies voraussetzen hieße, Gott habe unzählige Dinge geschaffen, die durchaus nutzlos sind und in keiner Art zu irgend welchem Zwecke dienen.

§ 20. Kurz, gäbe es äußere Körper, so könnten wir unmöglich zu ihrer Kenntnis gelangen, und gäbe es keine, so möchten wir doch die gleichen Gründe wie jetzt für ihre Existenz haben. Macht die Voraussetzung, deren Möglichkeit niemand leugnen kann, eine Intelligenz habe ohne Mitwirkung äußerer Körper dieselbe Reihe von Sinneswahrnehmungen oder Ideen, die ihr habt, und zwar sei sie in derselben Ordnung und mit gleicher Lebhaftigkeit dem Geiste eingeprägt. Ich frage, ob diese Intelligenz nicht ganz eben den Grund hat, die Existenz körperlicher Substanzen, die durch ihre Ideen repräsentiert würden und sie in ihr anregten, anzunehmen, den ihr möglicherweise haben könnt, dergleichen anzunehmen? Dies kann gar nicht zweifelhaft sein, und die eine Betrachtung genügt schon, jedem vernünftig Erwägenden die Kraft der Argumente, von welcher Art sie auch sein mögen, verdächtig zu machen, die er für die Annahme, daß Körper außerhalb des Geistes existieren, vielleicht zu haben glaubt.

§ 21. Wäre es erforderlich, irgend einen weiteren Beweis gegen die Existenz einer Materie dem schon Gesagten noch beizufügen, so könnte ich einige von jenen Irrtümern und Schwierigkeiten (um nicht zu sagen Gottlosigkeiten) anführen, welche aus dieser Annahme hergeflossen sind. Sie hat zahllose Streitfragen und Disputationen in der Philosophie und nicht wenige von weit größerer Bedeutung in der Religion hervorgerufen. Aber ich werde hier nicht im einzelnen darauf eingehen, teils weil ich der Meinung bin, daß es keiner aus den Konsequenzen (*a posteriori*) entnommenen Argumente zur Bestätigung dessen bedarf, was, wenn ich nicht irre, zureichend aus den Realgründen (*a priori*) erwiesen worden ist, teils darum, weil ich nachher noch Gelegenheit finden werde, einiges darüber zu sagen.

§ 22. Ich fürchte, daß ich Anlaß gegeben habe zu glauben, ich sei unnötigerweise weitläufig bei der Behandlung dieses Gegenstandes gewesen. Denn wozu dient es ausführlich zu sein über das, was mit der größten Deutlichkeit in einem oder zwei Sätzen einem jeden erwiesen werden kann, der auch nur des geringsten Nachdenkens fähig ist? Ihr braucht bloß eure eigenen Gedanken zu betrachten und so zu erproben, ob ihr für möglich halten könnt, daß ein Ton, eine Figur, eine Bewegung oder eine Farbe außerhalb des Geistes oder unperzipiert existiert. Dieser leichte Versuch läßt euch erkennen, daß eure Behauptung ein völliger Widerspruch ist, so sehr, daß ich damit einverstanden bin, die Entscheidung der ganzen Frage von dem Ergebnis abhängig zu machen. Falls ihr es auch nur als möglich denken könnt, daß eine ausgedehnte bewegliche Substanz oder im allgemeinen irgend eine Idee oder etwas einer Idee Ähnliches in einer anderen Weise existiert als in einem sie perzipierenden Geist, so werde ich willig meinen Satz aufgeben und euch die Existenz des ganzen Gefüges äußerer Körper, die ihr behauptet, zugestehen, obschon ihr mir keinen Grund angeben könnt, warum ihr glaubt, daß es existiert, und keinen Zweck, dem es dient, wenn vorausgesetzt wird, daß es existiert. Ich sage, die bloße Möglichkeit, daß eure Meinung wahr sein könnte, soll für ein Argument gelten, daß sie in der Tat wahr ist.

§ 23. Aber es ist doch, sagt ihr, gewiß nichts leichter als sich vorzustellen, daß z. B. Bäume in einem Park oder Bücher in einem Kabinett existieren, ohne daß jemand sie wahrnimmt. Ich antworte: es ist freilich nicht schwer, sich dies vorzustellen, aber was, ich bitte euch, heißt dies alles anders als in eurem Geist gewisse Ideen bilden, die ihr *Bücher* und *Bäume* nennt, und gleichzeitig unterlassen, die Idee von jemand, der sie perzipiert, zu bilden? Aber perzipiert oder denkt ihr selbst denn nicht unterdessen eben diese Objekte? Dies führt also nicht zum Ziel: es zeigt nur, daß ihr die Macht habt, vermöge eurer Einbildungskraft Vorstellungen in eurem Geist zu bilden; aber es zeigt nicht, daß ihr es als möglich begreifen könnt, daß die Objekte eures Denkens außerhalb des Geistes existieren, dies zu erweisen, müßtet ihr vorstellen, daß sie existieren, ohne daß sie vorgestellt werden oder an sie gedacht wird, was ein offenbarer Widerspruch ist. Wenn wir das Äußerste versuchen, um die Existenz äußerer Körper zu denken, so betrachten wir doch immer nur unsere eigenen Ideen. Indem aber der Geist von sich selbst dabei keine Notiz nimmt, so täuscht er sich mit der Vorstellung, er könne Körper denken und denke Körper, die ungedacht vom Geist oder außerhalb des Geistes existieren, obschon sie doch zugleich auch von ihm vorgestellt werden oder in ihm existieren. Ein wenig Aufmerksamkeit wird einem jeden die Wahrheit und Evidenz dessen, was hier gesagt worden ist, zeigen und es überflüssig machen, andere Beweise gegen die Existenz einer materiellen Substanz aufzustellen.

§ 24. Es ist schon bei der geringsten Prüfung unserer eigenen Gedanken sehr leicht zu wissen, ob es uns möglich ist zu verstehen, was gemeint ist mit der *absoluten Existenz sinnlich wahrnehmbarer Objekte an sich oder außerhalb des Geistes*. Mir ist offenbar, daß diese Worte entweder einen direkten Widerspruch oder andernfalls überhaupt nichts bedeuten. Um hiervon auch andere zu überzeugen, weiß ich keinen leichteren und geraderen Weg einzuschlagen als den, daß ich sie bitte, ruhig auf ihre eigenen Gedanken zu achten, und wenn hierdurch die Sinnlosigkeit dieser Ausdrücke oder der Widerspruch in ihnen zu Tage tritt, so ist gewiß nichts weiteres zu ihrer Überzeugung erforderlich. Hierauf also lege ich Gewicht, daß die Worte ‹absolute Existenz nichtdenkender Dinge› ohne Sinn oder mit einem Widerspruch behaftet sind. Dies wiederhole ich und betone ich und empfehle es ernstlich dem aufmerksamen Nachdenken des Lesers.

§ 25. Alle unsere Ideen, Sinneswahrnehmungen oder die Dinge, die wir perzipieren, durch welche Namen sie auch immer bezeichnet werden mögen, sind augenscheinlich ohne Aktivität; es ist in ihnen nichts von Kraft oder Tätigkeit enthalten, so daß eine Idee oder ein Denkobjekt nicht irgend eine Veränderung in einem anderen hervorbringen oder bewirken kann. Um uns von der Wahrheit dieses Satzes zu überzeugen, brauchen wir nur unsere Ideen zu beobachten. Denn da sie und ein jeder ihrer Bestandteile nur im Geist existieren, so folgt, daß nichts in ihnen ist, als was perzipiert wird. Ein jeder, der auf seine vermittelst der Sinne oder vermittelst der auf Seelenvorgänge gerichteten Reflexion wahrgenommenen Ideen achtet (*his ideas, whether of sense or reflexion*), wird keine Kraft oder Tätigkeit in ihnen wahrnehmen; es ist demgemäß nichts derartiges in ihnen enthalten. Ein wenig Aufmerksamkeit wird uns zeigen, daß das Sein einer Idee die Passivität oder Inaktivität so durchaus einschließt, daß es unmöglich ist, daß eine Idee etwas tut oder, um den genauen Ausdruck zu gebrauchen, die Ursache von irgend etwas ist; auch kann sie nicht das Abbild oder der Abdruck von irgend einem aktiven Dinge sein, wie aus § 8 hervorgeht. Hieraus folgt offenbar, daß Ausdehnung, Figur und Bewegung nicht die Ursache unserer Sinnesempfindungen sein können. Wenn man sagt, daß diese die Wirkungen von Kräften seien, die aus der Gestalt, Zahl, Bewegung und Größe von kleinsten Körperteilen hervorgehen, so muß dies hiernach gewiß falsch sein.

§ 26. Wir perzipieren eine beständige Folge von Ideen; einige von ihnen werden von neuem hervorgerufen, andere werden verändert oder verschwinden ganz. Es gibt demnach eine Ursache dieser Ideen, wovon sie abhängen und durch die sie hervorgebracht und verändert werden. Daß diese Ursache keine Eigenschaft oder Idee oder Verbindung von Ideen sein kann, ist klar aus dem vorigen Paragraphen. Sie muß also eine Substanz sein; es ist aber gezeigt worden, daß es eine körperliche oder materielle Substanz nicht gibt; es bleibt also nur übrig, daß die Ursache der Ideen eine unkörperliche tätige Substanz oder ein Geist ist.

§ 27. Ein Geist ist ein einfaches, unteilbares tätiges Wesen, welches, sofern es Ideen perzipiert, *Verstand*, und sofern es sie hervorbringt oder anderweitig in bezug auf sie tätig ist, *Wille* heißt. Daher kann keine Idee einer Seele oder eines Geistes gebildet werden; denn da (nach § 25) alle Ideen passiv oder untätig sind, so können sie uns nicht als Abbilder oder durch Ähnlichkeit das, was wirkt, repräsentieren. Ein wenig Aufmerksamkeit wird einem jeden klar machen, daß es absolut unmöglich ist, eine Idee zu haben, welche jenem tätigen Prinzip der Bewegung und des Wechsels der Ideen ähnlich ist: Derartig ist die Natur des *Geistes* oder dessen, was wirkt, daß er nicht an sich selbst wahrgenommen werden kann, sondern nur vermöge der Wirkungen, die er hervorbringt. Wenn jemand an der Wahrheit des hier Vorgetragenen zweifelt, so mag er nur nachdenken und versuchen, ob er die Idee irgend einer Kraft oder eines tätigen Dinges bilden kann, und ob er Ideen von zwei Grundkräften hat, die durch die Namen *Wille* und *Verstand* bezeichnet werden und ebensowohl voneinander verschieden sind wie von einer dritten Idee, nämlich der Idee der Substanz oder des Seienden überhaupt, die mit der Relationsvorstellung verbunden ist, die genannten Kräfte zu tragen oder ihr Subjekt zu sein, und den Namen *Seele* oder *Geist* hat. Einige nehmen dies an; aber soviel ich sehen kann, bezeichnen die Worte *Wille, Seele, Geist* nicht verschiedene Ideen oder in Wahrheit überhaupt nicht irgend eine Idee, sondern etwas, was von Ideen sehr verschieden ist und was, da es etwas Tätiges ist, nicht irgend welcher Idee ähnlich oder durch sie repräsentiert sein kann. Doch muß gleichzeitig zugegeben werden, daß wir einen gewissen Begriff (*notion*) von der Seele, dem Geist und den psychischen Tätigkeiten wie wollen, lieben, hassen haben, sofern wir den Sinn dieser Worte kennen oder verstehen.

§ 28. Ich finde, daß ich Ideen in meinem Geist nach Belieben hervorrufen und die Szene so oft wechseln und sich verändern lassen kann, als ich es für geeignet halte. Ich brauche nur zu wollen, und sofort taucht diese oder jene Idee in meiner Phantasie auf, und durch dieselbe Kraft tritt sie ins Unbewußtsein zurück und macht einer anderen Platz. Dieses Produzieren und Aufheben von Ideen berechtigt uns, den Geist recht eigentlich aktiv zu nennen. Dies alles ist gewiß und auf Erfahrung gegründet; wenn wir dagegen von nichtdenkenden aktiven Dingen oder von einem Hervorrufen von Ideen durch etwas anderes als den Willen reden, dann spielen wir nur mit Worten.

§ 29. Aber was für eine Macht ich auch immer über meine eigenen Gedanken haben mag, so finde ich doch, daß die Ideen, die ich gegenwärtig durch die Sinne wahrnehme, nicht in einer gleichen Abhängigkeit von meinem Willen stehen. Wenn ich bei vollem Tageslicht meine Augen öffne, so steht es nicht in meiner Macht, ob ich sehen werde oder nicht, noch auch, welche einzelnen Objekte sich meinem Blick darstellen werden, und so sind gleicherweise auch beim Gehör und den anderen Sinnen die ihnen eingeprägten Ideen nicht Geschöpfe meines Willens. Es gibt also einen anderen Willen oder Geist, der sie hervorbringt.

§ 30. Die sinnlichen Ideen sind stärker, lebhafter und bestimmter als die Ideen der Einbildungskraft; sie haben desgleichen eine gewisse Beständigkeit, Ordnung und Zusammenhang und werden nicht aufs Geratewohl hervorgerufen, wie es diejenigen oft werden, welche die Wirkungen menschlicher Willensakte sind, sondern in einer geordneten Folge oder Reihe, deren bewunderungswürdige Verbindung ausreichend die Weisheit und Güte ihres Urhebers bezeugt. Nun werden die festen Regeln oder bestimmten Weisen, wonach der Geist, von dem wir abhängig sind, in uns die sinnlichen Ideen erzeugt, die *Naturgesetze* genannt, und diese lernen wir durch Erfahrung kennen, die uns belehrt, daß gewissen bestimmten Ideen bestimmte andere Ideen in dem gewöhnlichen Laufe der Dinge folgen.

§ 31. Dies gibt uns eine gewisse Voraussicht, welche uns befähigt, unsere Handlungen zum Nutzen des Lebens zu ordnen. Ohne diese Voraussicht würden wir unablässig in Verlegenheit sein; wir könnten nicht wissen, wie wir es anzustellen hätten, uns auch nur das geringste Vergnügen zu verschaffen oder den geringsten sinnlichen Schmerz abzuwehren. Daß Speise uns nährt, Schlaf erfrischt, Feuer wärmt, daß das Säen in der Saatzeit das Mittel ist, im Herbst zu ernten, und im allgemeinen, daß, um bestimmte Zwecke zu erreichen, bestimmte Mittel dienlich sind, dies alles wissen wir nicht durch Entdeckung irgend einer notwendigen Verbindung zwischen unseren Ideen, sondern nur durch die Beobachtung der beständigen Naturgesetze, ohne welche wir alle in Ungewißheit und Verwirrung wären und ein erwachsener Mann ebensowenig wie ein neugeborenes Kind wüßte, wie er sich im Leben zu benehmen hat.

§ 32. Und doch ist diese beständige gleichmäßige Wirksamkeit, welche so deutlich die Güte und Weisheit des herrschenden Geistes offenbart, dessen Wille die Gesetze der Natur konstituiert, soweit davon entfernt, unsere Gedanken zu ihm hinzuleiten, daß es sie vielmehr veranlaßt, zweiten Ursachen (Mittelursachen) nachzuforschen. Denn wenn wir bemerken, daß bestimmten sinnlichen Ideen beständig andere Ideen folgen, und wenn wir wissen, daß dies nicht durch uns bewirkt wird, so schreiben wir sofort Kraft und Wirksamkeit den Ideen selbst zu und betrachten die eine als die Ursache einer anderen; und doch kann nichts törichter und unverständlicher sein als dies. Haben wir z. B. beobachtet, daß, wenn wir durch das Gesicht eine gewisse runde leuchtende Gestalt wahrgenommen haben, wir gleichzeitig durch das Gefühl die Idee oder

Sinneswahrnehmung erhalten, welche *Hitze* genannt wird, so schließen wir hieraus, die Sonne sei die Ursache der Hitze. In gleicher Weise sind wir geneigt, wenn wir wahrnehmen, daß die Bewegung und der Zusammenstoß von Körpern mit einem Schall verbunden ist, den letzten für eine Wirkung des ersten zu halten.

§ 33. Die durch den Urheber der Natur den Sinnen eingeprägten Ideen heißen *wirkliche Dinge*; diejenigen aber, welche durch die Einbildungskraft hervorgerufen werden und weniger regelmäßig, lebhaft und beständig sind, werden als *Ideen im engeren Sinne* oder als *Bilder der Dinge*, welche sie nachbilden und darstellen, bezeichnet. Dann sind aber unsere Sinneswahrnehmungen, wie lebhaft und bestimmt sie auch sein mögen, nichtsdestoweniger *Ideen*, d. h. sie existieren im Geist oder werden durch den Geist perzipiert, ebenso gewiß wie *die* Ideen, welche er selbst gestaltet. Es muß zugegeben werden, daß die sinnlichen Ideen mehr Realität in sich tragen, d. h. sie sind kräftiger, geordneter, zusammenhängender als die Geschöpfe des Geistes; aber dies beweist nicht, daß sie außerhalb des Geistes existieren. Sie sind auch in geringerem Grade vom Geist oder der denkenden Substanz, welche sie perzipiert, abhängig, indem sie durch den Willen eines anderen und mächtigeren Geistes hervorgerufen werden; aber sie sind doch *Ideen*, und sicherlich kann keine *Idee*, sie mag schwach oder stark sein, anders existieren als in einem Geist, der sie perzipiert.

VII. MONTESQUIEU (1689–1755)

VON DEN GESEZEN ÜBERHAUPT

(Des Herrn von Montesquieu Werk vom Geist der Geseze, dt. Übers. o. N. Prag 1785. Erstes Buch [vollständig], S. 97–109)

Erstes Kapitel
Von den Gesetzen in dem Verhältnis, welches sie mit den verschiedenen Wesen haben

Gliederung: (a) Gesetze sind die natürlichen Verhältnisse. Alle Wesen unterliegen Gesetzen. (b) Die Gesetze Gottes. (c) Die Gesetze der vernunftlosen Welt. (d) Die verständigen Wesen haben eigene, positive Gesetze und natürliche Gesetze. (e) Die Möglichkeit der verständigen Welt, ihre Gesetze zu durchbrechen. (f) Die natürliche Ordnung der Tiere. (g) Die Notwendigkeit von positiven Gesetzen auf dem Gebiete der Religion, der Moral und des Staates zur Leitung des Menschen.

(a) Geseze, in der weitesten Bedeutung, sind die nothwendigen, aus der Natur der Dinge entstehenden Verhältnisse; und in diesem Verstande haben alle Wesen ihre Geseze. Die Gottheit hat ihre Geseze; die Körperwelt hat ihre Geseze; die höheren Geister haben ihre Geseze; die Thiere haben ihre Geseze; der Mensch hat seine Geseze.

Diejenigen, welche gesagt haben, ein blinder Zufall hat alle Wirkungen, die wir in der Welt wahrnehmen, hervorgebracht, haben eine große Ungereimtheit gesagt; denn was läßt als ungereimteres denken, als ein blinder Zufall, der verständige Wesen hervorgebracht hätte?

Es giebt also einen ursprünglichen Verstand; und die Geseze sind die Verhältnisse, welche sich zwischen demselben und den verschiedenen Wesen befinden, und die Verhältnisse dieser verschiedenen Wesen unter einander.

(b) Gott hat Verhältniß zu der Welt als Schöpfer und als Erhalter: die Geseze, nach welchen er geschaffen hat, sind diejenigen, nach welchen er erhält.

Er handelt nach diesen Regeln, weil er sie kennt; er kennt sie, weil er sie gemacht hat; er hat sie gemacht, weil sie mit seiner Weisheit und seiner Macht Verhältniß haben.

(c) Da die durch das Bewegen der Materie gebildete und mit Verstande nicht begabte Welt immerfort, wie wir sehen, bestehet: so müssen ihre Bewegungen unveränderliche Geseze haben; und wenn man eine andere Welt als die gegenwärtige ersinnen könnte, so würde sie beständige Regeln haben; oder sie würde vernichtet werden.

Also sezt die Schöpfung, welche eine willkürliche Handlung zu seyn scheint, eben so unveränderliche Regeln voraus, als die Fatalität der Atheisten. Abgeschmakt wäre es, zu sagen, der Schöpfer könne ohne diese Regeln die Welt regieren, weil die Welt ohne sie nicht bestehen würde.

Diese Regeln sind ein beständig festgesetztes Verhältniß. Zwischen einem bewegten Körper und einem andern bewegten Körper kommt es auf die Verhältnisse der Masse und der Geschwindigkeit an, wie alle Bewegungen angenommen, vermehrt, vermindert, verloren werden; jede Verschiedenheit ist Einförmigkeit, jede Veränderung ist Beständigkeit.

(d) Die besondern verständigen Wesen können Geseze haben, welche sie gemacht haben: sie haben aber auch Geseze, welche sie nicht gemacht haben. Ehe es verständige Wesen gab, waren sie möglich; sie hatten also mögliche Verhältnisse, und folglich mögliche Geseze. Ehe es gemachte Geseze gab, gab es mögliche Verhältnisse von Gerechtigkeit. Sagen, nichts sey gerecht, noch ungerecht, als was die positiven Geseze befehlen oder verbieten, ist eben so viel, als sagen, alle Halbmesser wären einander nicht gleich gewesen, ehe man einen Zirkel gezogen hätte.

Man muß demnach Verhältnisse von Billigkeit zugeben, die älter sind, als das positive Gesez, das sie festsezt: als, zum Beyspiele, daß, vorausgesezt, es gäbe menschliche Gesellschaften, es billig wäre, sich nach ihren Gesezen zu richten; gäbe es verständige Wesen, die irgend eine Wohlthat von einem andern Wesen empfangen hätten, so müßten sie dankbar dafür seyn; hätte ein verständiges Wesen ein verständiges Wesen erschaffen, so müßte das erschaffene in der Abhängigkeit bleiben, die es seit seinem Ursprunge gehabt hat; ein verständiges Wesen, welches einem verständigen Wesen Böses zugefügt hat, verdiene, daß ihm eben dieses Böse wiederfahre; und so weiter.

(e) Allein die verständige Welt wird bey weitem nicht so gut regieret, als die physische Welt. Denn ob gleich jene ebenfalls Geseze hat, die vermöge ihrer Natur unveränderlich sind, so befolgt sie solche nicht beständig, wie die physische Welt die ihrigen befolgt. Der Grund davon ist, daß die besondern verständigen Wesen vermöge ihrer Natur eingeschränkt, und folglich dem Irrthum unterworfen sind, und über das ist es ihrer Natur gemäß, daß sie aus eignem Triebe handeln. Sie folgen daher nicht unverbrüchlich ihren ursprünglichen Gesezen, und selbst denjenigen, welche sie sich geben, folgen sie nicht immer.

(f) Man weis nicht, ob die Thiere durch die allgemeinen Geseze der Bewegung, oder durch eine besondere Bewegung regiert werden. Dem sey wie es wolle, so stehen sie mit Gott in keinem genauern Verhältniß, als die übrige körperliche Welt; und die Empfindung nüzt ihnen nur in dem Verhältnisse, welches sie unter einander, oder mit sich selbst haben.

Durch den Reiz des Vergnügens erhalten sie ihr besonderes Daseyn; und durch eben den Reiz erhalten sie ihr Geschlecht. Sie haben natürliche Geseze, weil sie durch das Empfinden vereinigt sind; sie haben keine positiven Geseze, weil sie nicht durch die Erkenntniß vereinigt sind. Sie folgen jedoch ihren natürlichen Gesezen nicht unveränderlich: die Pflanzen, an welchen wir weder Erkennen noch Empfinden bemerken, befolgen sie besser. Die Thiere haben die hohen Vorzüge nicht, die wir haben; sie haben dargegen Vorzüge, welche wir nicht haben. Sie haben unsre Hoffnungen nicht, aber sie haben auch unsre Furcht nicht; sie leiden wie wir, den Tod, aber ohne ihn zu kennen; der größte Theil von ihnen erhält sich sogar besser als wir, und macht keinen so schlimmen Gebrauch von seinen Leidenschaften.

(g) Der Mensch, als physisches Wesen, wird, wie die übrigen Körper, durch unveränderliche Geseze regiert: als verständiges Wesen verlezt er unaufhörlich die Geseze, welche Gott festgestellet hat, und verändert diejenigen, welche er selbst giebt. Er muß sich leiten; und gleichwohl ist er ein eingeschränktes Wesen; er ist der Unwissenheit und dem Irrthum wie jeder endlicher Verstand, unterworfen; seine ohnehin schwache Einsicht verliert er noch dazu: als empfindsames Geschöpf, wird er tausend Leidenschaften ausgesezt. Ein solches Wesen konnte alle Augenblicke seines Schöpfers vergessen; Gott hat ihn durch die Geseze der Religion zu sich zurück gerufen: ein solches Wesen konnte alle Augenblicke seiner selbst vergessen; die Philosophen haben es gewarnet durch die Geseze der Moral: zum gesellschaftlichen Leben geschaffen, konnte es in demselben anderer vergessen; die Gesezgeber haben es durch die politischen und bürgerlichen Geseze zu seinen Pflichten zurück geführt.

Zweites Kapitel
Von den Gesezen der Natur

Gliederung: (a) Die natürlichen Gesetze leiten den Menschen vor dem Entstehen jeder Gesellschaft. (b) Der Begriff von Gott ist das wichtigste, nicht aber zeitlich erste Gesetz. (c) Der Friede auf Grund der Furcht ist das erste natürliche Gesetz. (d) Das zweite Gesetz ist das Streben nach Nahrung. (e) Das dritte Gesetz ist die Verbindung der Geschlechter. (f) Das vierte Gesetz ist das Streben nach Gemeinschaft.

(a) Eher als alle diese Geseze sind die der Natur; man nennt sie so, weil sie einzig und allein aus der Beschaffenheit unsers Wesens entspringen. Sie genau zu kennen, muß man einen Menschen vor der Errichtung der Gesellschaften betrachten. Diejenigen Geseze, welche er in einem solchen Zustande annehmen würde, sind die Geseze der Natur.

(b) Jenes Gesez, welches, indem es in uns selbst den Begriff von einem Schöpfer eindrückt, uns zu ihm lenkt, ist das erste der natürlichen Geseze, vermöge seiner Wichtigkeit, nicht in der Ordnung dieser Geseze. Der Mensch im Stande der Natur würde vielmehr das Vermögen, zu erkennen, als Kenntnisse besizen. (c) Es ist offenbar, daß seine ersten Begriffe keine spekulativen Begriffe seyn würden: er würde auf die Erhaltung seines Wesens eher denken, als er den Ursprung seines Wesens suchen würde. Ein solcher Mensch würde Anfangs nur seine Schwäche empfinden; er würde überaus furchtsam seyn: und wenn man darüber Erfahrung brauchte, so hat man in den Wäldern wilde Menschen gefunden; alles macht sie zittern, alles bringt sie zur Flucht.

In diesem Zustande fühlt sich jeder geringer, als andere; kaum fühlt jeder sich dem andern gleich. Man würde also nicht suchen, einander anzugreifen, und der Friede würde das erste natürliche Gesez seyn.

Die Begierde, einander zu unterjochen, welche HOBBES den Menschen gleich vom Anfange beylegt, ist ungegründet. Der Begriff von Bothmäßigkeit und Herrschaft ist so zusammen gesezt, und hängt von so vielen andern Begriffen ab, daß er nicht der erste seyn würde, den der Mensch sogleich hätte.

HOBBES fragt, *warum die Menschen, wäre der Stand des Kriegs nicht ihr natürlicher Zustand, allezeit bewaffnet gehen? und warum sie Schlüssel haben, ihre Häuser zu verschließen?*[1] Allein man merkt nicht, daß man den Menschen

---

1 Vgl. HOBBES, *De cive.* Kap. XIII, 7

vor der Errichtung der Gesellschaften dasjenige zuschreibt, was ihnen erst nach dieser Errichtung, die ihnen Bewegungsgründe zum Angriff und zur Vertheidigung darbietet, zukommen kann.

(d) Mit dem Gefühl von seiner Schwäche würde der Mensch das Gefühl von seinen Bedürfnissen verbinden. Also würde ein anderes natürliches Gesez dasjenige seyn, welches ihn zum Aufsuchen seiner Nahrung antreiben würde.

(e) Ich habe gesagt, die Furcht würde die Menschen bewegen, einander zu fliehen: aber die Merkmale einer gegenseitigen Furcht würden sie bald dahin bringen, sich einander zu nähern. Über das würde das Vergnügen, welches ein Thier bey der Annäherung eines Thieres von seiner Gattung empfindet, sie dazu geneigt machen. Hiezu kommt, daß jener Reiz, welchen die beyden Geschlechter durch ihren Unterschied einander einflößen, dieses Vergnügen vermehren würde; und die natürliche, immer wiederholte Bitte des einen an das andre würde ein drittes Gesez seyn.

(f) Außer der Empfindung, welche die Menschen gleich Anfangs haben, gelangen sie noch dazu, Kenntnisse zu haben; sie haben also ein zweytes Band, welches die übrigen Thiere nicht haben. Sie haben daher einen neuen Bewegungsgrund, sich mit einander zu verbinden; und das Verlangen, in Gesellschaft zu leben, ist ein viertes natürliches Gesez.

Drittes Kapitel
Von den positiven Gesezen

Gliederung: (a) Das Entstehen von Gesellschaften führt zum Zustand des Krieges. (b) Völkerrecht, Staatsrecht und bürgerliches Recht als Folgen dieses Zustandes. (c) Das Völkerrecht und seine Prinzipien. (d) Das Staatsrecht regelt die Verteilung der Gewalten im Staat. (e) Das Gesetz ist den jeweiligen besonderen Gegebenheiten angepaßte menschliche Vernunft. (f) Die Prinzipien der Gesetzgebung. (g) Diese Prinzipien beinhalten den Geist der Gesetze. Aufgabe ihrer Untersuchung.

(a) So bald die Menschen in Gesellschaft sind, verlieren sie die Empfindung ihrer Schwäche; die Gleichheit, welche unter ihnen Statt fand, höret auf, und der Stand des Krieges nimmt seinen Anfang.

Jede besondere Gesellschaft fängt an, ihre Stärke zu fühlen; hieraus erwächst ein Stand des Krieges von Volk zu Volk. Die einzelnen Personen in jeder Gesellschaft fangen an, ihre Stärke zu fühlen; sie suchen die Hauptvortheile dieser Gesellschaft sich zu Nuzen zu machen, woraus ein Stand des Kriegs unter ihnen entstehet.

(b) Diese beyden Arten des Standes des Kriegs verursachen die Errichtung der Geseze unter den Menschen. Als Bewohner eines so großen Planeten, daß sie sich nothwendig in verschiedene Völker abtheilen müssen, haben sie Geseze in dem Verhältnisse, welches diese Völker unter einander haben; und hierinn besteht das *Völkerrecht*. Als Mitglieder einer Gesellschaft, die aufrecht erhalten werden soll, haben sie Geseze in dem Verhältnisse, welches diejenigen, die regieren, zu denjenigen haben, die regiert werden; und hierinn besteht das *Staatsrecht*, das *politische Recht*. Sie haben überdas Geseze in dem Verhältnisse, welches alle Bürger unter einander haben; und diese machen das *bürgerliche Recht* aus.

(c) Das *Völkerrecht* ist natürlicher Weise auf dieß Prinzipium gegründet; daß die verschiednen Völker einander im Frieden so viel Gutes, und im Kriege so wenig Böses, als ohne Verlezung ihrer wahren Vortheile möglich ist, erweisen sollen.

Der Zweck des Kriegs ist der Sieg; des Sieges die Eroberung; der Eroberung die Erhaltung. Aus diesem und dem vorhergehenden Grundsaze müssen alle Geseze herfließen, welche das *Völkerrecht* ausmachen.

Alle Völker haben ein Völkerrecht: und die Irokesen selbst, welche ihre Gefangene essen, haben eins. Sie schicken und bekommen Gesandtschaften; sie kennen Rechte des Krieges und des Friedens: der Fehler ist, daß dieses Völkerrecht nicht auf die wahren Grundsäze gebaut ist.

(d) Außer dem Völkerrechte, welches alle Gesellschafften angeht, giebt es ein *Staatsrecht* für jede Gesellschaft. Eine Gesellschaft würde ohne eine Regierung nicht bestehen können. ‹Die Vereinigung aller besonderern Kräfte, sagt GRAVINA sehr richtig, bildet das, was man den *politischen Zustand* nennet.›

Die allgemeine Gewalt kann in die Hände eines *Einzigen* oder in die Hände *Mehrerer* gegeben werden. Einige haben geglaubt, die Regierung eines Einzigen wäre der Natur am gemäßesten, weil die väterliche Gewalt in der Natur gegründet ist. Aber das Beyspiel der väterlichen Gewalt beweiset nichts. Denn hat die Gewalt des Vaters Ähnlichkeit mit der Alleinherrschaft, so hat nach dem Tode des Vaters die Gewalt der Brüder, oder nach dem Tode der Brüder die Gewalt der Geschwister-Kinder mit der Regierung Mehrerer Ähnlichkeit. Die politische Macht begreift nothwendig die Vereinigung mehrerer Familien.

Besser wird man sagen; der Natur ist diejenige Regierung am angemessensten, deren besondere Beschaffenheit zu der Beschaffenheit des Volks, für welches sie errichtet ist, sich am besten schickt.

Die besondern Kräfte oder Gewalten können sich nicht vereinigen, es sey denn, daß alle Willen sich vereinigen. ‹Die Vereinigung dieser Willen, sagt GRAVINA wieder sehr treffend, ist das, was man den *bürgerlichen Zustand* nennt.›

(e) Das Gesez überhaupt ist die menschliche Vernunft, in so fern sie alle Völker der Erde regiert; und die politischen und bürgerlichen Geseze jeder Nation sollen nur die besondern Fälle seyn, in welchen diese menschliche Vernunft angewendet wird.

Sie müssen dem Volke, für welches sie gemacht sind, so eigen seyn, daß die Geseze einer Nation sich für eine andere nur durch einen sehr ungefähren Zufall schicken können.

(f) Sie müssen sich auf die Natur und den Grund der errichteten oder zu errichtenden Regierung beziehen; sie mögen sie nun bilden, wie die politischen Geseze thun, oder sie mögen sie unterstüzen, wie die bürgerlichen Geseze thun.

Sie müssen der Natur des Landes entsprechen, dem kalten, heißen oder gemäßigten Klima; der Beschaffenheit des Bodens, der Lage, der Größe des Landes; der Lebensart der Inwohner, sie mögen sich vom Feldbau, von der Jagd oder der Viehzucht nähren: sie müssen dem Grade der Freyheit entsprechen, welchen die Verfassung zuläßt; der Religion der Inwohner, ihren Neigungen, ihren Reichthümern, ihrer Anzahl, ihrem Handel, ihren Sitten, ihren Gebräuchen. Endlich haben sie Verhältnisse unter einander; sie haben Verhältnisse mit ihrem Ursprunge, mit dem Zwecke des Gesezgebers, mit der Ordnung der Dinge, über welche sie gegeben sind. Nach allen diesen Aussichten muß man sie betrachten.

(g) Dieses zu thun unternehme ich im gegenwärtigen Werke. Ich werde alle diese Verhältnisse untersuchen: sie machen alle zusammengenommen dasjenige aus, was man den *Geist der Geseze* nennt.

Ich habe die politischen Geseze von den bürgerlichen nicht getrennt. Denn da ich nicht von den Gesezen, sondern vom Geist der Geseze handle, und dieser Geist in den verschiedenen Verhältnissen, welche die Geseze mit verschiedenen Dingen haben können, besteht: so habe ich mehr der Ordnung dieser Verhältnisse und dieser Dinge, als der natürlichen Ordnung der Geseze folgen müssen.

Ich werde zuerst die Verhältnisse untersuchen, in welchen die Geseze mit der Natur und mit dem Grunde jeder Regierung stehen: und da dieser Grund, dieses Prinzipium den größten Einfluß auf die Geseze hat, so werde ich mir angelegen seyn lassen, es genau kennen zu lernen; und kann ich es einmal feststellen, so wird man aus demselben die Geseze als aus ihrer Quelle fließen sehen. Ich werde hernach zu den übrigen besondrer zu seyn scheinenden Verhältnissen über gehen.

VIII. VOLTAIRE (1694–1778)

A. Von der Bekanntschaft mit der Seele

(Versuch einer Schilderung der Sitten und des Geistes der Nationen, wobei die Hauptthatsachen in der Geschichte von Karl dem Großen an bis zu Ludwig XIII. aufgestellt werden. Dt. Übers. o. N., Sämtliche Schriften, Berlin bei A. Wever, Bd. IV. 1786. Vorabhandlung, S. 16–19)

Gliederung: (a) Der erste Begriff von der Seele war der dunkle Begriff eines Kindes. (b) Die Erfüllung der täglichen Bedürfnisse verhinderte einen philosophischen Begriff. (c) Erst nachdem Handwerk und Künste Muße ermöglichten, konnte eine Metaphysik entstehen.

(a) Was haben wohl die ersten Völker für einen Begrif von der Seele gehabt? Gerade denjenigen, den unsere Landleute davon haben, ehe sie ihren Katechismen lernen, und auch wohl noch nach dessen Erlernung. Sie bekommen höchstens einen dunklen Begrif davon, über welchen sie auch nicht einmal nachdenken. Die Natur war zu gütig gegen sie gesinnt, um sie zu Metaphysikern zu machen; und diese Natur ist immer und überall dieselbe. Sie war's, welche den ersten Gesellschaften das Gefühl von dem Dasein eines Wesens eingab, welches den Menschen überlegen war, und dies geschah am ersten, wenn sie mit ausserordentlichen Plagen heimgesucht wurden. Sie war es auch, die es ihnen fühlbar machte, daß ein Etwas im Menschen vorhanden wäre, welches denkt und handelt. Sie konnten aber zwischen diesem Vermögen und ihrer Lebenskraft keinen Unterschied machen.

(b) Welche sind denn die Stufen, auf denen man dahin gelangen kann, sich vorzustellen, daß in unserm physischen Wesen noch ein andres metaphysisches Wesen vorhanden sei? Menschen, welche sich einzig und allein mit ihren Bedürfnissen beschäftigten, waren warlich! keine Philosophen.

(c) In der Folge der Zeit bildeten sich erst Gesellschaften, welche einigermaassen policirt waren, und unter welchen eine kleine Anzahl von Menschen Musse genug haben konnte, Betrachtungen anzustellen. Gewis traf sich der Fall, daß ein Mensch, welchem der Tod seines Vaters, seines Bruders, oder seiner Frau, empfindlich aufgefallen war, die ihm entrissene geliebte und bedaurte Person im Traume wiedersah. Zwei oder drei Träume dieser Art mussten eine ganze Völkerschaft beunruhigen. Da haben wir einen Todten, welcher den Lebendigen erscheint, und der Todte liegt doch unterdessen auf seinem Flek ganz still, und lässt sich von Würmern fressen. Es muss also etwas sein, was in ihm gelebt hat, und nun in der Luft umherspazirt. Das ist seine Seele, sein Schatten, sein abgeschiedner Geist; ein leicht schwebender Abdruk von ihm selbst. So sieht das natürliche Schlusgebäude der Unwissenheit aus, welche anfängt, Schlüsse zu machen. Dies ist die Meinung der bekannten ältesten Zeiten, und mus also auch die Meinung der nicht bekannten gewesen sein. Der Begrif von einem gänzlich unkörperlichen blos geistigen Wesen konnte nicht in den Verstand solcher Geschöpfe kommen, welche nichts kannten, als Körper und Materie. Schmiede, Zimmerleute, Maurer und Feldarbeiter mussten schon vorhanden sein, ehe sich ein Mensch finden konnte, welcher Musse genug hatte, Betrachtungen anzustellen. Handarbeiten aller Art mussten der Metaphysik um viele Jahrhunderte vorangehn.

Wir wollen hier, gleichsam im Vorbeigehn, anmerken, daß in dem mittlern Zeitalter Griechenland's, zu den Zeiten des HOMER, die Seele nichts anders war als ein Luftbild des Körpers. Ulyss sieht in der Hölle Schatten, abgeschiedne Seelen; konnten ihm reine Geister sichtbar sein?

B. VON DER RELIGION DER ERSTEN MENSCHEN

(Versuch einer Schilderung der Sitten und des Geistes der Nationen ... Ausg. s. A.; Vorabhandlung, S. 20–23)

Gliederung: (a) Primitive Menschen konnten noch keine ausgebildete Religion besitzen. (b) Sie kennen keinen allmächtigen, allgegenwärtigen, ewigen Schöpfergott, sondern nur ein göttliches Wesen. (c) Das Entstehen von Tierverehrungen. (d) Das Entstehen eines abstrakten Begriffes von der Gottheit.

(a) Als nach Ablauf vieler Jahrhunderte einige Gesellschaften zu Stande gekommen waren, so gab es wahrscheinlicherweise schon einige Religion, eine Art groben Gottesdienstes. Die Menschen, welche damals einzig und allein mit der Sorge für die Erhaltung ihres Lebens beschäftigt waren, konnten sich nicht bis zu dem Urheber ihres Lebens erheben; konnten die Beziehung aller Theile des Weltalls nicht einsehn; konnten die unzälbaren Mittel und Endzwekke nicht kennen, welche dem Weisen einen ewigen Baumeister verkündigen.

Die Anerkennung eines göttlichen Schöpfers, Belohners und Rächers, ist die Frucht des ausgebildeten Verstandes, oder der Offenbarung.

(b) Alle Völker waren also, Jahrhunderte hindurch, das, was die Bewohner der südlichen Küsten von Afrika, verschiedner Inseln und die Hälfte der Amerikaner, noch heut zu Tage sind. Diese Völker haben gar keinen Begrif von einem einigen Gott, der alles gemacht hat, der an allen Orten gegenwärtig ist, und sein Dasein, von Ewigkeit her, aus sich selbst hat. Man darf sie deswegen nicht Atheisten, im gewöhnlichen Verstande des Worts, nennen; denn sie läugnen das höchste Wesen nicht; sie kennen es nur nicht; sie haben gar keinen Begrif davon. Die Kaffern wählen zu ihrem Schuzgott ein Insekt, und die Neger eine Schlange. Bei den Amerikanern beten einige den Mond, und andre einen Baum an. Viele von ihnen haben schlechterdings gar keinen Gottesdienst.

Die Peruaner beteten, als sie schon policirt waren, die Sonne an. Entweder hatte sie Manko-Capak beredet, daß er ein Sohn dieses Gestirns wäre, oder ihr aufkeimender Verstand hatte ihnen gesagt, daß sie dem wolthätigen Gestirn, welches die ganze Natur belebt, einige Erkenntlichkeit schuldig wären.

(c) Um zu wissen, wie alle diese Verehrungen, oder diese Aberglauben, entstanden sind, mus man, wie mich dünkt, dem Gange des sich selbst überlassnen menschlichen Verstandes nachspüren. Eine Dorfschaft beinahe wilder Menschen sieht die Früchte zu Grunde richten, wovon sie sich zu nähren denkt; einige ihrer Hütten werden von der Wasserflut weggerissen, die übrigen vom Bliz angezündet und zerstört. Wer hat ihnen diesen Schaden zugefügt? Von ihren Mitbürgern kann's keiner gethan haben, denn sie leiden alle auf einerlei Weise. Also war's irgend eine verborgne Macht, welche sie gemishandelt hat, und welche ausgesöhnt werden mus. Wodurch werden sie das bewerkstelligen? Dadurch, daß sie derselben dienen, wie man diejenigen zu bedienen pflegt, denen man gefallen will, nemlich durch Anbietung kleiner Geschenke. In der Nachbarschaft hält sich eine Schlange auf; das kann wohl die Schlange gethan haben! Man sezt ihr also Milch vor den Eingang ihrer Höle. Von dem Augenblik an ist sie heilig. Man ruft sie um Beistand an, wenn man eine benachbarte Dorfschaft bekriegen will, welche ihrerseits wieder einen andern Schuzgott erwählt hat.

(d) Andre kleine Völkerschaften befinden sich in dem nemlichen Fall. Weil sie aber in der Nähe keinen Gegenstand finden, der ihnen Furcht einjagt, oder sie zur Anbetung reizt, so nennen sie das Wesen, welches sie des erlittnen Schadens wegen im Verdacht haben, mit dem allgemeinen Namen: *Herr*, *Meister*, *Haupt*, *Herrscher*.

Da dieser Begrif dem aufkeimenden Verstande, welcher mit der Zeit zunimmt und stärker wird, annemlicher ist, als andre, so bleibt er allen Köpfen eingeprägt, wenn die Nation zahlreicher wird. So sehn wir, daß viele Nationen keinen andern Gott gehabt haben, als den *Meister*, den *Herrn*. Das war *Adonai* bei den Phöniciern, *Baal*, *Melkom*, *Hadad* bei den Völkern in Syrien. Alle diese Namen bedeuten nichts anders, als den *Herrn*, den *Mächtigen*.

Jeder Staat bekam also mit der Zeit seine Schuzgottheit, ohne einmal zu wissen, was ein Gott ist, und ohne einmal den Gedanken sich einfallen zu lassen, daß der benachbarte Staat nicht eben so, wie er, einen wahren Schuzgott haben sollte. Denn wie konnte man denken, wenn man selbst einen Herrn hatte, daß andre nicht auch einen hätten? Es kam nur darauf an, zu wissen, welcher von so vielen Meistern, Herren, oder Göttern, die Oberhand behalten würde, wenn die Nationen mit einander kämpften.

C. Von den Wilden

(*Versuch einer Schilderung der Sitten und des Geistes der Nationen* ... Ausg. s. A., Vorabhandlung, S. 38–51)

Gliederung: (a) Der Wilde als der natürliche, unverdorbene Mensch. (b) Wildheit als tierisches, einsiedlerisches Leben kann nicht der natürliche Stand des Menschen sein. (c) Wie das Tier sich nach seinem Naturgesetz entwickelt, so kann auch die Entwicklung des Menschen seiner Natur nicht völlig widersprechen. (d) Der Mensch war von allem Anfang her ein geselliges Wesen. (e) Die ersten Gesellschaften beruhten auf dem natürlichen Trieb zum gemeinsamen Leben. (f) Wie war eine Entwicklung aus der ersten Roheit möglich? (g) Der Mensch besitzt vor allem Nachdenken von Natur bestimmte Begriffe der Mechanik. (h) Ebenso der Moral. (i) Darin äußert sich der unverlierbare Grundstoff einer allgemeinen Vernunft im Menschen. (k) Das Entstehen der Sprache, zunächst ihrer Worte und dann (l) auch der Tempora und Modi.

(a) Verstehn wir unter Wilden solche Landleute, welche in Hütten leben in Gesellschaft ihrer Weiblein und einiger häuslicher Thiere; der abwechselnden strengen Witterung ohn' Unterlas ausgesezt sind; die nichts weiter kennen, als den Erdboden, der sie ernährt, und den Markt, wo sie zuweilen ihre Erzeugnisse verkaufen, um daselbst einige grobe Kleidungsstükke einzuhandeln; welche eine in Städten unbekannte Sprache reden; wenige Begriffe, und also wenig Ausdrükke, haben; welche, ohne zu wissen warum, einem Mann mit einem Federhute unterthan sind, dem sie alle Jahr die Hälfte von demjenigen hingeben, was sie im Schweis ihres Angesichts verdient haben; welche sich an gewissen Tagen in einer Art von Scheune versamlen, um Ceremonien mitzumachen, die sie nicht begreifen, und einem Manne in andrer Kleidung, als die ihrige ist, zuzuhören, den sie nicht verstehn; welche zuweilen ihre Hütte verlassen, wenn man die Trommel rührt, und sich verdingen, um sich in einem fremden Lande, für den vierten Theil dessen, was sie daheim durch ihre Arbeit erwerben können, todtschlagen zu lassen, und andre ihres Gleichen todtzuschlagen: so giebt es dergleichen Wilden in ganz Europa. Vor allen Dingen mus man gestehn, daß die Einwohner von Kanada, und die Kaffern, welche es uns beliebt hat, mit dem Namen der Wilden zu belegen, unsre Wilden unendlich weit übertreffen. Der Hurone, der Algonquin, der Illinois, der Kaffer, der Hottentott, besizen die Kunst, sich ihre sämtliche Bedürfnisse selbst zu verfertigen, welches unsre Landleute nicht verstehn. Die Völker in Amerika und Afrika sind freie Leute; unsre Wilden aber haben auch nicht einmal einen Begriff von der Freiheit.

Die angeblichen Wilden in Amerika sind unumschränkte Herren, welche Gesandten von unsern Kolonieen annemen, die von Geiz und Leichtsinn in die dasige Gegenden sind verpflanzt worden. Sie haben einen Begrif von Ehre, die unsre Europäische Wilden nicht einmal den Namen nach kennen. Sie haben ein Vaterland, welches sie lieben und vertheidigen. Sie schliessen Bündnisse, kämpfen mit Mut, und sprechen oft mit heldenmütigem Nachdruk. Giebt es wol in PLUTARCH's Lebensgeschichten grosser Männer eine schönere Antwort, als die Antwort des Oberhaupts der Kanadier, welchen eine Europäische Nation zumutete, ihr ihr Land zu räumen? *Auf diesem Boden wurden wir geboren; unsere Väter liegen hier begraben; sollen wir zu den Gebeinen unsrer Väter sagen: Steht auf, und zieht mit uns in ein fremdes Land?*

Diese Kanadier waren Sparter in Vergleich mit unsern Bauern, welche in unsern Dörfern ein Pflanzenleben führen, und mit den Sybariten, welche sich in unsern Städten durch Schwelgerei entnerven.

(b) Verstehn wir aber unter Wilden eine Gattung zweibeinichter Thiere, die im Notfall auch auf allen Vieren kriechen, einzeln leben, und in Wäldern umherschweifen, sich ohne Wahl begatten, das Weibchen, womit sie sich begattet haben, gleich wieder vergessen, weder ihre Kinder noch die Ältern kennen, wie das Vieh leben, ohne weder den Naturtrieb, noch die Hülfsquellen des Viehes zu haben: so haben schon Schriftsteller behauptet, daß dieser Zustand der wahre Stand des Menschen sei, und daß wir jämmerlicherweise aus der Art geschlagen sind, seitdem wir diesen Stand verlassen haben. Ich kann nicht glauben, daß dieses Einsiedlerleben, welches wir unsern ersten Vätern andichten, der menschlichen Natur angemessen sei.

Wir behaupten, wenn ich mich nicht irre und so reden darf, den ersten Rang unter den Thieren, welche in Haufen zusammenleben, wie die Bienen, die Ameisen, die Bieber, die Gänse, die Hüner, die Schaafe u. s. w. Wenn man eine umherirrende Biene antrift, soll man daraus schliessen, daß diese Biene im Stande der reinen Natur lebt, und diejenigen, welche in den Stökken arbeiten, aus der Art geschlagen sind?

(c) Hat nicht jedes Thier seinen unwiderstehlichen Naturtrieb, dem es aus Notwendigkeit gehorcht? Was ist dieser Naturtrieb? Nichts anders, als die Einrichtung und Anordnung der Sinnenwerkzeuge, deren Kraft sich mit der Zeit entwikkelt. Dieser Naturtrieb kann sich nicht plözlich entwikkeln, weil die Werkzeuge der Sinne nicht gleich ihre Vollkommenheit erlangen.

Sehn wir nicht in der That, daß alle andre Wesen das ihrer Gattung von der Natur vorgeschriebene Gesez unabänderlich befolgen? Der Vogel baut sein Nest, und die Gestirne vollführen ihren Lauf nach einem unwandelbaren Grundgesez. Sollte denn der Mensch allein nur sich verändert haben? War seine Bestimmung, gleich den andern Raubthieren, einzeln zu leben, hätt' er wol dem Gesez der Natur so sehr zuwider handeln, und sich in Gesellschaften sammeln können? Und war er gemacht in Haufen zu leben, wie die häusliche und so viel andre Thiere, hätt' er anfänglich seine Bestimmung umkehren, und Jahrhunderte lang einzeln leben können? Er ist einer grössern Vollkommenheit empfänglich, und daraus hat man den Schlus gemacht, daß er sich verschlimmert hat. Aber warum schliesst man nicht daraus, daß er sich auf den Grad der Vollkommenheit geschwungen, welchen die Natur zur Gränze seiner Vollkommenheit gesezt hat?

(d) Alle Menschen leben in Gesellschaften: kann man daraus beweisen, daß sie ehmals nicht darinn gelebt haben? Ist das nicht eben so viel, als wenn man schlösse, weil die Stiere heut zu Tage Hörner haben, so haben sie solche nicht immer gehabt?

Der Mensch, im Ganzen genommen, ist immer gewesen, was er jezt ist. Das heisst nicht, daß er immer schöne Städte, Vierundzwanzigpfünder, komische Opern, und Nonnenklöster, gehabt hat; sondern er hatte immer den nemlichen Naturtrieb, sich in sich selbst, in der Mitgenossinn seines Vergnügens, in seinen Kindern, in seinen Enkeln, und in den Werken seiner Hände zu lieben.

Dies bleibt immer, von einem Ende der Welt bis zum andern, unverändert. Da der Grund der Gesellschaft immer vorhanden ist, so ist auch immer Gesellschaft da gewesen, und wir waren also nicht dazu gemacht, nach Art der Bären zu leben.

Man hat zuweilen Kinder gefunden, die sich in den Wäldern verirrt hatten, und wie die wilden Thiere lebten; aber man hat auch Schaafe und Gänse auf diese Weise gefunden, und Schaafe und Gänse sind doch dazu bestimmt, in Haufen zu leben.

In Indien giebt es Fakire, welche abgesondert leben, und sich mit Ketten behängen. Das geschieht aber, damit die Vorübergehenden sie bewundern und ihnen Almosen geben sollen. Sie thun aus schwärmerischer Eitelkeit, was unsre Landstrassenbettler thun, die sich die Glieder lähmen, um Mitleiden zu erwekken. Diese Auswürfe der menschlichen Gesellschaft beweisen blos den möglichen Misbrauch dieser Gesellschaft.

Es ist sehr wahrscheinlich, daß der Mensch, Jahrtausende hindurch, auf dem Felde gelebt hat, wie noch jezt eine Menge von Bauern; aber nie konnte der Mensch leben, wie die Dachse und die Hasen.

(e) Aber nach welchem Gesez, durch welche geheime Bande, aus welchem Naturtrieb, soll denn der Mensch, ohne den Beistand der Künste, und noch ohne ausgebildete Sprache, in Gesellschaft gelebt haben? Durch seine eigne Natur, durch den Hang, der ihn treibt, sich mit einem Weibe zu vereinigen, durch die Anhänglichkeit, welche der Morlake, der Isländer, der Lappländer, der Hottentotte, für seine Genossin fühlt, wenn ihr schwellender Leib ihm Hofnung macht, ein Wesen seines Gleichen aus ihrem Blut entstehn zu sehn; durch das wechselseitige Gefühl, daß sie einer des andern bedürfen; durch die Liebe, welche die Natur ihnen gegen ihr Kleines einflösst, sobald dasselbe geboren ist; durch das Ansehn, welches die Natur ihnen bei diesem kleinen Geschöpfe verschaft, durch die Gewohnheit, es zu lieben, und durch die Fertigkeit, welche das Kind notwendig erlangt, dem Vater und der Mutter zu gehorchen; durch die kleinen Hülfsdienste, die es ihnen leistet, sobald es fünf oder sechs Jahr alt ist; durch die neuhinzukommenden Kinder, welche dieser Mann und diese Frau mit einander zeugen; dadurch endlich, daß sie bei herannahendem Alter mit Vergnügen sehn, daß ihre Söhne und Töchter zusammen wieder Kinder zeugen, welche denselben Naturtrieb äussern, der ihren Vätern und Müttern eigen war.

Alles das macht, ich mus es gestehn, eine Versammlung ziemlich roher und grober Menschen aus; aber glaubt man denn, daß die Kohlenbrenner in Teutschland's Wäldern, die Bewohner des Norden's, und hundert Völkerschaften in Afrika, noch heut zu Tage viel anders leben?

(f) Was werden nun diese wilde und rauhe Familien für eine Sprache reden? Gewis werden sie sich lange ohne Sprache behelfen; werden sich durch Schreie und Geberden verständlich machen. So sind alle Nationen Wilde gewesen, wenn wir das Wort in diesem Sinne nemen, das heisst, es wird lange Familien gegeben haben, welche in den Wäldern umherirrten, sich mit andern Thieren um ihre Nahrung stritten, sich wider dieselben mit Steinen und dikken Baumästen wafneten, und sich von allerlei wilden Feld- und Baumfrüchten, und endlich von den Thieren selbst nährten.

(g) Es liegt im Menschen ein natürlicher Trieb zur Mechanik, welcher täglich vor unsern Augen in den unausgebildetsten Menschen die grössten Wirkungen hervorbringt. Man sieht Maschinen, welche die Bewohner der Tyrolergebirge erfunden haben, worüber die Gelehrten erstaunen. Der unwissendste Bauer aller Orten kann, mit Hülfe des Hebels, die grössten Lasten bewegen, ohne sich's einfallen zu lassen, daß die Kraft, welche das Gleichgewicht macht, sich zu der Last verhält, wie der Abstand der Unterlage von der Last zu dem Abstand eben dieser Unterlage von der Kraft. Hätte diese Kenntnis dem Gebrauche des Hebels vorhergehn müssen, wieviel Jahrhunderte würden nicht verflossen sein, ehe man einen grossen Stein hätte von seinem Plaz wegbringen können!

Wenn man Kindern befiehlt, über einen Graben zu springen, so werden sie alle maschinenmässig ihren Anlauf nemen; das heisst, sie werden zurüktreten, und alsdann gegen den Graben laufen. Sie wissen zuverlässig nichts davon, daß ihre Kraft alsdann das Produkt ihrer durch die Geschwindigkeit vermehrten Masse ist.

(h) Also ist bewiesen, daß die Natur allein uns nüzliche Begriffe eingiebt, welche unserm Nachdenken vorhergehn. In der Moral ist es eben so. Wir haben zwei Empfindungen, welche die ganze Grundlage der Gesellschaft ausmachen, nemlich Mitleid und Gerechtigkeit. Wenn ein Kind ein anderes Kind zerreissen sieht, so wird es plözliche Beängstigungen fühlen, und dieselben durch Schreien und Thränen zu erkennen geben. Wenn es kann, so wird es dem Leidenden helfen.

Man frage nur ein Kind, welches gar keine Erziehung genossen hat, sobald es anfängt, zu denken und zu sprechen, ob das Korn, das jemand auf seinen Akker gesäet hat, demjenigen gehört, der es austreute, und ob der Dieb, der den Eigenthümer desselben erschlagen, ein Recht zu diesem Korne hat? So wird man sehn, daß das Kind die Frage so beantworten wird, wie alle Gesezgeber auf Erden.

(i) Gott hat den Grundstof einer allgemeinen Vernunft in uns gelegt, wie er den Vögeln die Federn und den Bären den Pelz gegeben hat; und dieser Grundstof ist so unvertilgbar, daß er immer vorhanden bleibt, troz allen Leidenschaften, die ihn bekämpfen, troz allen Tyrannen, di *ihn* in Blut ersäufen wollen, und troz allen Betrügern, die ihn durch den Aberglauben zu vertilgen streben. Dies ist Ursach, daß das gröbste Volk mit der Zeit von den Gesezen, die es beherrschen, sehr richtig urtheilt, weil sein Gefühl ihm sagt, ob diese Geseze dem in seinem Herzen vorhandnen Grundtriebe des Mitleids und der Gerechtigkeit entsprechen oder ihm widerstreiten.

(k) Ehe man aber dazu gelangt, eine zalreiche Gesellschaft, ein Volk, eine Nation auszumachen, mus man eine Sprache haben, und das ist das schwierigste. Ohne die Gabe der Nachahmung würde man nie dazu gelangt sein. Gewis hat man zuerst, durch Schreie die ersten Bedürfnisse ausgedrukt; hernach mögen die sinnreichsten Menschen, welche die biegsamsten Sprachwerkzeuge hatten, einige zusammengesezte Töne hervorgebracht haben, welche ihre Kinder wiederholten, und besonders werden wol die Mütter zuerst ihre Zungen in Bewegung gesezt haben. Jede angehende Sprache hat vermutlich aus einsylbichten Wörtern bestanden, als welche am leichtesten zu machen und zu behalten sind.

Wir finden in der That, daß die ältesten Nationen, welche etwas von ihrer ersten Sprache beibehalten haben, noch jezt die gemeinsten und am meisten in die Sinne fallenden Dinge durch einsylbichte Wörter ausdrukken. Die ganze Schinesische Sprache besteht noch heut zu Tage beinahe aus lauter einsylbichten Worten.

Man darf nur die alte Teutsche und fast alle Nordische Sprachen betrachten, und man wird schwerlich eine einzige notwendige und gemeine Sache finden, welche durch mehr als Eine Sylbe bezeichnet würde. Alles ist einsylbicht: *Luft, Mond, Meer, See, Flus, Wald, Baum, Stamm, Mensch, Kopf, Hals, Brust, Arm, Bauch, Fus, Brod, Trank, Schlaf* u. s. w.

Mit dieser Kürze drukte man sich in den Gallischen und Germanischen Wäldern und im ganzen Norden aus. Die Griechen und Römer hatten nicht eher zusammenseztere Worte, als lange Zeit nach ihrer Vereinigung in Völkerschaften.

(l) Aber welche erfindrische Klugheit lehrte uns den Unterschied der Zeit bezeichnen? Wie haben wir die feinen Abstufungen, *ich möchte wollen, ich würde gewollt haben,* wie die unbedingten und bedingten Dinge ausdrukken können? Nur bei den ausgebildetsten und policirtesten Nationen kann man mit der Zeit dazu gelangt sein, diese geheimen Operationen des menschlichen Verstandes durch zusammengesezte Wörter zu versinnlichen. Auch findet man bei den rohen und ungesitteten Völkern nicht mehr als zwei oder drei Abänderungen der Zeitwörter. Die Hebräer drukten eigentlich nur die gegenwärtige und zukünftige Zeit aus. Und kurz, es giebt, troz allen Bemühungen der Menschen, keine einzige Sprache, welche sich der Vollkommenheit nähert.

IX. DAVID HUME (1711–1776)

A. Über den Ursprung der Vorstellungen

(Eine Untersuchung über den menschlichen Verstand, dt. Übers. v. R. Richter, Philos, Bibl. Bd. 35, Meiner Verlag, Hamburg 1964. Zweiter Abschnitt, S. 17–19; 22)

Gliederung: (a) Unmittelbare Wahrnehmung ist stärker als das Gedächtnis daran. (b) Unmittelbare Affekte sind stärker als die Vorstellungen von ihnen. (c) Die Auffassungen des Geistes lassen sich in Gedanken bzw. Vorstellungen und in Eindrücke teilen. (d) Die scheinbare Schrankenlosigkeit von Gedanken und Vorstellungen. (e) In Wahrheit sind alle unsere Vorstellungen Abbilder unserer Eindrücke. (f) Dieser Grundsatz ist Maßstab für die Beurteilung aller Vorstellungen und Gedanken.

(a) Jedermann wird anstandslos zugeben, daß ein beträchtlicher Unterschied zwischen den Auffassungen des Geistes besteht, wenn jemand den Schmerz übermäßiger Hitze oder die Lust mäßiger Wärme empfindet, und wenn er später diese Wahrnehmung in seinem Gedächtnis zurückruft oder durch seine Einbildungskraft vorausnimmt. Diese Vermögen können vielleicht die Auffassungen der Sinne nachahmen oder abbilden, aber nie die Stärke und Lebendigkeit des ursprünglichen Gefühls vollkommen erreichen. Als Äußerstes ließe sich selbst bei ihrer vollsten Kraftentfaltung von ihnen nur behaupten, sie stellten ihren Gegenstand so lebhaft vor uns hin, daß wir *beinahe* sagen könnten, wir empfänden oder sähen ihn. Doch vermögen sie niemals, es sei denn, daß der Geist durch Krankheit oder Wahnsinn zerrüttet ist, einen Höhepunkt der Lebendigkeit zu erreichen, bei dem diese Auffassungen gar nicht mehr voneinander zu unterscheiden wären. Die Dichtung kann selbst mit ihren glänzendsten Farben nie Gegenstände der Natur in einer Weise ausmalen, daß man die Beschreibung für eine wirkliche Landschaft hielte. Der lebendigste Gedanke bleibt immer hinter der dumpfsten Wahrnehmung zurück.

(b) Einen gleichen Unterschied können wir durch alle anderen Auffassungen des Geistes verfolgen. Ein Zornanfall wirkt ganz anders auf den Menschen als der bloße Gedanke an diese Gemütserregung. Wenn mir erzählt wird, daß jemand verliebt ist, so kann ich den Sinn leicht verstehen und mir ein richtiges Vorstellungsbild von seinem Zustande machen; aber ich kann niemals dieses Vorstellungsbild mit den wirklichen Störungen und Aufregungen des Affekts verwechseln. Wenn wir uns auf unsere vergangenen Gefühle und Neigungen besinnen, ist unser Gedanke ein treuer Spiegel, der seinen Gegenstand wahrhaftig abbildet; aber die von ihm angewandten Farben sind blaß und trübe im Vergleich zu jenen, in welche unsere ursprünglichen Auffassungen gekleidet waren. Es bedarf keiner feinen Unterscheidungsgabe noch eines metaphysischen Kopfes, um die Verschiedenheit zwischen beiden festzustellen.

(c) Man kann deshalb alle Auffassungen des Geistes in zwei Klassen oder Arten teilen, die sich durch den verschiedenen Grad ihrer Stärke und Lebhaftigkeit unterscheiden. Die minder eindringlichen und lebendigen nennt man gewöhnlich Gedanken oder Vorstellungen. Für die andere Art fehlt es der englischen wie den meisten anderen Sprachen an einem Wort, vermutlich, weil außer für philosophische Zwecke es nicht erforderlich war, sie unter einem allgemeinen Ausdruck oder Namen zu befassen. Nennen wir sie daher ein wenig frei Eindrücke; wobei ich das Wort in einem von dem gewöhnlichen etwas abweichenden Sinne gebrauche. Unter der Bezeichnung *Eindruck* verstehe ich also alle unsere lebhafteren Auffassungen, wenn wir hören, sehen, tasten, lieben, hassen, wünschen oder wollen. Eindrücke sind von Vorstellungen unterschieden, welche die weniger lebhaften Auffassungen sind, deren wir uns bewußt werden, wenn wir uns auf eine jener oben erwähnten Wahrnehmungen oder Regungen besinnen.

(d) Auf den ersten Blick erscheint wohl nichts so schrankenlos wie das menschliche Denken, das sich nicht nur aller menschlichen Macht und Autorität entzieht, sondern sich nicht einmal in den Grenzen der Natur und der Wirklichkeit halten läßt. Es kostet die Einbildungskraft nicht mehr Mühe, Ungeheuer zu bilden und unverträgliche Gestalten und Erscheinungen zusammenzufügen, als sich die natürlichsten und vertrautesten Gegenstände vorzustellen. Und während der Körper auf einen Planeten beschränkt ist, auf dem er mit Mühe und Beschwerde umherkriecht, kann der Gedanke uns in einem Augenblick in die entferntesten Gegenden des Weltalls tragen; ja selbst darüber hinaus, ins grenzenlose Chaos, wo die Natur angeblich in gänzlicher Verwirrung liegt. Was niemals gesehen oder gehört worden ist, läßt sich doch vorstellen, und nichts übersteigt die Macht des Gedankens, das ausgenommen, was einen unbedingten Widerspruch einschließt.

(e) Ob nun gleich das Denken diese unbegrenzte Freiheit zu besitzen scheint, so werden wir doch bei näherer Untersuchung finden, daß es in Wirklichkeit durch sehr enge Grenzen eingeschlossen ist, und all diese schöpferische Kraft des Geistes auf weiter nichts hinauskommt, als auf die Fähigkeit der Verbindung, Umstellung, Vermehrung oder Verminderung des Stoffes, den uns Sinne und Erfahrung liefern. Denken wir uns einen goldenen Berg, so verbinden wir nur zwei widerspruchslose Vorstellungen, *Gold* und *Berg*, die uns von früher bekannt sind. Ein tugendhaftes Pferd können wir uns vorstellen, weil wir aus unserem eigenen inneren Empfinden uns die Tugend vorstellen können, und diese läßt sich mit der Gestalt und dem Aussehen eines Pferdes vereinigen, eines Tieres, das uns vertraut ist. Kurz, aller Stoff des Denkens ist entweder von unserem äußeren oder inneren Gefühl abgeleitet. Einzig die Mischung und Zusammensetzung fällt dem Geist und dem Willen zu. Oder, um mich philosophisch auszudrücken: all unsere Vorstellungen oder schwächeren Auffassungen sind Abbilder unserer Eindrücke oder lebhafteren Auffassungen...

(f) Hier haben wir also einen Satz, der nicht allein in sich einfach und verständlich scheint, sondern der auch bei richtiger Anwendung jede Streitfrage ebenso verständlich machen und all jenes Gewäsch beseitigen könnte, welches so lange die metaphysischen Gedankengänge beherrscht und in Unehre gebracht hat. Alle Vorstellungen, besonders die abstrakten, sind von Natur matt und dunkel; der Geist hat sie nur wenig in der Gewalt, sie werden leicht mit anderen ähnlichen Vorstellungen verwechselt; und haben wir häufig einen

Ausdruck gebraucht, wenn auch ohne feste Bedeutung, so bilden wir uns leicht ein, daß eine bestimmte Vorstellung mit ihm verknüpft sei. Im Gegensatz dazu sind alle Eindrücke, d. h. alle Wahrnehmungen, äußere wie innere, stark und lebendig; die Grenzen zwischen ihnen sind genauer bestimmt, und, was sie anlangt, ist es nicht leicht, zu irren oder fehlzugreifen. Haben wir daher Verdacht, daß ein philosophischer Ausdruck ohne irgend einen Sinn oder eine Vorstellung gebraucht werde, was nur zu häufig ist, so brauchen wir bloß nachzuforschen, *von welchem Eindruck stammt diese angebliche Vorstellung her?* Und läßt sich durchaus kein solcher aufzeigen, so wird dies zur Bestätigung unseres Verdachts dienen. Indem wir die Vorstellungen in ein so klares Licht stellen, dürfen wir billig hoffen, allem Streit, der über ihre Natur und Wirklichkeit sich erheben könnte, ein Ende zu machen.

B. Über die Verknüpfung der Vorstellungen

(Eine Untersuchung über den menschlichen Verstand ... Ausg. s. A.; Dritter Abschnitt, S. 24–25)

Gliederung: (a) Es gibt ein Prinzip für die Verknüpfung der Vorstellungen im Geist. (b) Es gibt drei solcher Prinzipien: Ähnlichkeit, Berührung, Ursache und Wirkung. (c) Erläuterung der Vollständigkeit dieser Prinzipien.

(a) Es ist offenbar, daß ein Prinzip für die Verknüpfung zwischen den verschiedenen Gedanken oder Vorstellungen des Geistes besteht, und daß sie bei ihrem Erscheinen im Gedächtnis oder in der Einbildungskraft einander in gewissem Grade methodisch und regelmäßig einführen. Bei ernsthafterem Nachdenken oder Gespräch ist dies so auffallend, daß irgend ein einzelner Gedanke, der die regelmäßige Folge oder Kette von Vorstellungen durchbricht, sofort bemerkt und zurückgewiesen wird. Und selbst in unseren wildesten und schwärmendsten Phantasien, ja in unseren Träumen, läßt die Überlegung uns finden, daß die Einbildungskraft nicht ganz aufs Geratewohl ausschweifte, sondern daß zwischen den verschiedenen einander folgenden Vorstellungen doch noch eine Verknüpfung bestehen blieb. Wollte man das ungebundenste und freieste Gespräch niederschreiben, so würde man sofort ein Etwas beobachten, welches es bei allen Übergängen verknüpfte. Oder wo dies fehlt, da wird die Person, welche den Faden des Gesprächs abbrach, doch angeben können, daß in ihrem Geist insgeheim eine Folge von Gedanken sich abgewickelt habe, durch die sie allmählich vom Gegenstand der Unterhaltung abgelenkt worden sei. In verschiedenen Sprachen, selbst dort, wo nicht die geringste Verknüpfung oder Beeinflussung vermutet werden kann, zeigt es sich, daß Wörter, die höchst zusammengesetzte Vorstellungen ausdrücken, doch nahezu einander entsprechen; ein sicherer Beweis dafür, daß die einfachen, in den zusammengesetzten enthaltenen Vorstellungen durch irgend ein allgemeines Prinzip verbunden sind, welches auf die ganze Menschheit den gleichen Einfluß übt.

(b) Obwohl die Verknüpfung verschiedener Vorstellungen zu augenfällig ist, um der Beachtung zu entgehen, so finde ich doch nicht, daß irgend ein Philosoph versucht hat, alle Prinzipien der Assoziation aufzuführen und zu ordnen; und doch scheint der Gegenstand des Interesses wert. Soviel ich sehe, gibt es nur drei Prinzipien der Vorstellungsverknüpfung, nämlich *Ähnlichkeit*, *Berührung* in Zeit oder Raum, und *Ursache* und *Wirkung*.

(c) Daß diese Prinzipien zur Verknüpfung von Vorstellungen dienen, dürfte wenig Zweifeln begegnen. Ein Gemälde führt unsere Gedanken naturgemäß zu dem Urbild (Ähnlichkeit); die Erwähnung des einen Gemachs in einem Gebäude bringt ganz natürlich die Frage und das Gespräch auf die anderen (Berührung); und wenn wir uns eine Wunde vorstellen, so läßt es sich kaum vermeiden, an den Schmerz zu denken, der ihr folgt (Ursache und Wirkung). Daß aber diese Aufzählung vollständig sei und weiter keine Prinzipien der Assoziation beständen, mag sich schwer auf eine für den Leser oder uns selbst befriedigende Art beweisen lassen. Alles, was sich in solchen Fällen tun läßt, kommt darauf hinaus, mehrere Einzelfälle durchzugehen, sorgfältig das Prinzip zu untersuchen, welches die verschiedenen Gedanken aneinander knüpft, und nicht aufzuhören, ehe wir das Prinzip so allgemein wie möglich gestaltet haben. Je mehr Fälle wir untersuchen und je mehr Sorgfalt wir anwenden, um so größere Sicherheit werden wir gewinnen, daß die Aufstellung, die wir aus der Gesamtübersicht gewinnen, erschöpfend und vollständig ist.

C. Das Gesetz von Ursache und Wirkung

(Eine Untersuchung über den menschlichen Verstand ... Ausg. s. A.; Vierter Abschnitt, Erster Teil. S. 35–38; 39–41)

Gliederung: (a) Die intuitive oder demonstrative Gewißheit der Beziehungen von Vorstellungen. (b) Tatsachen besitzen nicht die gleiche Gewißheit und Evidenz. (c) Die Aufgabe, die Gewißheit der Tatsachen zu untersuchen. (d) Diese Gewißheit beruht auf der Verknüpfung von Ursache und Wirkung. (e) Das Gesetz von Ursache und Wirkung kann nicht durch die Sinne, sondern nur durch die Erfahrung erworben werden. (f) Denn die Wirkung ist von der Ursache verschieden und kann nicht in ihr wahrgenommen werden. (g) Es gibt keinen Grund, eine bestimmte Wirkung als Folge einer Ursache *a priori* anzunehmen. (h) Ursache und Wirkung lassen sich also ohne Erfahrung nicht gewinnen. (i) Die Wissenschaft kann daher zu den letzten Ursachen und Prinzipien nicht gelangen.

(a) Alle Gegenstände der menschlichen Vernunft und Forschung lassen sich naturgemäß in zwei Arten zerlegen, nämlich in *Beziehungen von Vorstellungen* und in *Tatsachen*. Von der ersten Art sind die Wissenschaften der Geometrie, Algebra und Arithmetik; und kurz gesagt, jede Behauptung von entweder intuitiver oder demonstrativer Gewißheit. *Daß das Quadrat der Hypothenuse gleich ist den Quadraten der beiden Seiten*, ist ein Satz, der eine Beziehung zwischen diesen Figuren ausdrückt. *Daß dreimal fünf gleich der Hälfte von dreißig ist*, drückt eine Beziehung zwischen diesen Zahlen aus. Sätze dieser Art sind durch die reine Tätigkeit des Denkens zu entdecken, ohne von irgendeinem Dasein in der Welt abhängig zu sein. Wenn es auch niemals einen Kreis oder ein Dreieck in der Natur gegeben hätte, so würden doch die von Euklid demonstrierten Wahrheiten für immer ihre Gewißheit und Evidenz behalten.

(b) Tatsachen, der zweite Gegenstand der menschlichen Vernunft, sind nicht in gleicher Weise als gewiß verbürgt; ebensowenig ist unsere Evidenz von ihrer Wahrheit, wenn auch noch so stark, von der gleichen Art wie bei der vorhergehenden. Das Gegenteil jeder Tatsache bleibt immer möglich, denn es kann niemals einen Widerspruch in sich schließen und wird vom Geist mit derselben Leichtigkeit und Deutlichkeit vorgestellt, als wenn es noch so sehr mit der Wirklichkeit übereinstimmte. *Daß die Sonne morgen nicht aufgehen wird*, ist ein nicht minder verständlicher Satz und nicht widerspruchsvoller, als die Behauptung, *daß sie aufgehen wird*. Wir würden daher vergeblich versuchen, seine Falschheit zu demonstrieren. Wäre er demonstrativ falsch, so enthielte er einen Widerspruch und ließe sich niemals deutlich vom Geiste vorstellen.

(c) Es dürfte also des Interesses wert sein, die Natur jener Evidenz zu erforschen, die uns jede wirkliche Existenz und Tatsache sicherstellt, welche über das gegenwärtige Zeugnis der Sinne oder die Angaben unseres Gedächtnisses hinausgehen. Es fällt auf, daß dieser Teil der Philosophie bei den Alten wie bei den Neueren wenig gepflegt worden ist; und daher mögen unsere Zweifel und Irrtümer bei der Verfolgung einer so wichtigen Untersuchung um so entschuldbarer sein, als wir diese schwierigen Pfade ganz ohne Führer und Weiser beschreiten. Sie können sich sogar als nützlich erzeigen, wenn sie die Wißbegierde wecken und jenes unbedingte Vertrauen und Sicherheitsgefühl zerstören, welches Gift für alle Vernunfttätigkeit und freie Forschung ist. Die Entdeckung von Mängeln in der üblichen Philosophie, wenn solche vorhanden, wird meines Erachtens nicht entmutigen, sondern gerade, wie so oft, ein Ansporn sein, etwas Vollständigeres und Befriedigenderes zu erstreben, als bisher dem Publikum geboten wurde.

(d) Alle Denkakte, die Tatsachen betreffen, scheinen sich auf die Beziehung von *Ursache* und *Wirkung* zu gründen. Einzig mit Hilfe dieser Beziehung können wir über die Evidenz unseres Gedächtnisses und unserer Sinne hinausgehen. Würde man jemanden fragen, warum er irgend eine Tatsache glaubt, die nicht gegenwärtig ist, z. B. daß sein Freund auf dem Lande oder in Frankreich sich befindet, so würde er einen Grund angeben, und dieser Grund würde eine andere Tatsache sein, etwa ein von ihm erhaltener Brief, oder die Kenntnis seiner früheren Entschließungen und Zusagen. Findet jemand auf einer wüsten Insel eine Uhr oder sonst eine Maschine, so würde er schließen, daß einst Menschen auf dieser Insel gewesen sind. All unsere Gedankengänge, die Tatsachen betreffen, sind von derselben Art. Es wird hier beständig vorausgesetzt, daß zwischen der gegenwärtigen Tatsache und der aus ihr abgeleiteten eine Verknüpfung besteht. Wäre kein Band zwischen ihnen vorhanden, so wäre die Ableitung völlig haltlos. Eine in der Dunkelheit vernommene artikulierte Stimme und vernünftige Rede versichern uns der Gegenwart irgend einer Person. Und warum? weil dies die Wirkungen menschlicher Bildung und Beschaffenheit sind und eng mit dieser verknüpft sind. Zergliedern wir alle anderen Gedankengänge solcher Art, so werden wir finden, daß sie sich auf die Beziehung von Ursache und Wirkung gründen und daß diese Beziehung eine nahe oder entfernte, eine direkte oder parallele ist. Hitze und Helligkeit sind Parallelwirkungen des Feuers, und die eine Wirkung kann mit Recht aus der anderen abgeleitet werden.

Wollen wir also eine befriedigende Aufklärung über die Natur jener Evidenz erhalten, die uns der Tatsachen versichert, so müssen wir untersuchen, wie wir zur Kenntnis von Ursache und Wirkung gelangen.

(e) Ich wage es als einen allgemeinen und ausnahmelosen Satz hinzustellen, daß die Kenntnis dieser Beziehung in keinem Falle durch Denkakte *a priori* gewonnen wird; sondern daß sie ganz und gar aus der Erfahrung stammt, indem wir finden, daß gewisse Gegenstände beständig in Zusammenhang stehen. Es werde einem Manne von noch so starker natürlicher Vernunft und Begabung ein Gegenstand vorgelegt – ist dieser ihm gänzlich fremd, so wird er selbst bei der genauesten Prüfung der sinnlichen Eigenschaften desselben nicht imstande sein, irgend welche von seinen Ursachen oder Wirkungen zu entdecken. Gesetzt den Fall, Adam hätte anfänglich durchaus vollkommene Vernunftkräfte besessen, so hätte er doch aus der Flüssigkeit und Durchsichtigkeit des Wassers nicht herleiten können, daß es ihn ersticken, noch aus der Helligkeit und Wärme des Feuers, daß es ihn verzehren würde. Kein Gegenstand enthüllt jemals durch die Eigenschaften, die den Sinnen erscheinen, die Ursachen, die ihn hervorgebracht haben, noch die Wirkungen, die aus ihm entspringen werden; auch kann unsere Vernunft ohne Beistand der Erfahrung niemals irgendwelche Ableitungen in bezug auf wirkliches Dasein und Tatsachen vollziehen . . .

(f) Um uns aber zu überzeugen, daß alle Naturgesetze und alle Vorgänge an Körpern ausnahmelos nur durch Erfahrung gekannt werden, mögen vielleicht folgende Überlegungen genügen. Wird uns ein beliebiger Gegenstand vorgelegt und wir sollen die von ihm ausgehende Wirkung angeben, ohne frühere Beobachtungen zu Rate zu ziehen – auf welche Weise, in aller Welt, soll der Geist dabei zu Werke gehen? Er muß sich ein Ereignis erfinden oder ausdenken, das er dem Gegenstand als dessen Wirkung zuschreibt; es ist aber klar, daß diese Erfindung nur durchaus willkürlich sein kann. Der Geist kann unmöglich je die Wirkung in der angenommenen Ursache finden, selbst bei der genauesten Untersuchung und Prüfung. Denn die Wirkung ist von der Ursache ganz und gar verschieden und kann folglich niemals in dieser entdeckt werden. Die Bewegung der zweiten Billardkugel ist ein völlig verschiedenes Ereignis von der Bewegung der ersten; auch ist in der einen nichts enthalten, das die leiseste Andeutung der anderen lieferte. Ein Stein oder ein Metallstück, das in die Luft erhoben und dort ohne Stütze gelassen wird, fällt sofort nieder; betrachten wir aber die Sache *a priori*, läßt sich wohl irgend etwas an dieser Lage entdecken, das die Vorstellung einer Bewegung des Steins oder Metalls nach unten eher als nach oben oder nach irgend einer anderen Richtung erzeugte?

(g) Und wie die erste Einbildung oder Erfindung einer besonderen Wirkung in allen Naturvorgängen da willkürlich bleibt, wo wir nicht die Erfahrung befragen, so müssen wir als willkürlich auch das angenommene Band oder die Verknüpfung zwischen Ursache und Wirkung ansehen, die sie zusammenhält und es unmöglich macht, daß eine andere Wirkung aus der Tätigkeit dieser Ursache folge. Sehe ich z. B. eine Billardkugel sich in gerader Linie gegen eine andere bewegen – selbst angenommen, die Bewegung der zweiten Kugel falle mir zufällig als das Ergebnis der Berührung oder des Stoßes ein – kann ich mir nicht vorstellen, daß hundert verschiedene Ereignisse ebensogut aus dieser Ursache hervorgehen könnten? Könnten nicht alle beiden Kugeln in voller Ruhe verharren? Könnte nicht der erste Ball in gerader Linie zurückprallen, oder von dem zweiten nach irgend einer Seite oder Richtung abspringen? All diese Annahmen sind widerspruchlos und vorstellbar. Weshalb sollten wir also der einen den Vorzug geben, die nicht widerspruchloser oder vorstellbarer ist als die übrigen? Alle Denkakte *a priori* werden nie imstande sein, uns eine Unterlage für diese Bevorzugung zu liefern.

(h) Mit einem Wort, jede Wirkung ist ein von ihrer Ursache verschiedenes Ereignis. Sie kann daher in der Ursache nicht entdeckt werden, und was man sich zuerst *a priori* von ihr erfindet oder vorstellt, muß gänzlich willkürlich sein. Und selbst nachdem sie uns in den Sinn gekommen, muß ihr Zusammenhang mit der Ursache ebenso willkürlich scheinen; weil es immer eine Menge anderer Wirkungen gibt, die der Vernunft genau so widerspruchlos und natürlich dünken müssen. Vergeblich würden wir uns also anmaßen, den Ablauf eines einzelnen Ereignisses zu bestimmen, oder irgend eine Ursache oder Wirkung herzuleiten, ohne den Beistand von Beobachtung und Erfahrung.

(i) Hieraus läßt sich der Grund entnehmen, warum kein Philosoph, der verständig und bescheiden ist, sich jemals angemaßt hat, die letzte Ursache irgend eines Naturvorgangs anzugeben oder deutlich die Betätigung jener Kraft aufzuzeigen, welche jede einzelne Wirkung im Weltall hervorbringt. Es gilt als höchstes Bestreben der menschlichen Vernunft, die Prinzipien, welche die Naturerscheinungen erzeugen, einfacher zu gestalten und die vielen einzelnen Wirkungen durch Denkakte auf Grund von Analogie, Erfahrung und Beobachtung in einige wenige allgemeine Ursachen einmünden zu lassen. Aber die Ursachen dieser allgemeinen Ursachen würden wir vergeblich zu entdecken suchen, und wir werden auch niemals imstande sein, in irgend einer bestimmten Erklärung derselben Befriedigung zu finden. Diese letzten Grundkräfte und Prinzipien sind ganz und gar der menschlichen Wißbegierde und Forschung verschlossen. Elastizität, Schwerkraft, Kohäsion der Teile, Mitteilung der Bewegung durch Stoß: dies sind wahrscheinlich die letzten Ursachen und Prinzipien, die wir jemals in der Natur entdecken werden; wir können uns noch glücklich genug schätzen, wenn wir durch sorgfältige Untersuchung und Vernunfttätigkeit die besonderen Erscheinungen bis oder nahe bis auf diese allgemeinen Prinzipien zurückführen können. Die vollkommenste Naturwissenschaft schiebt nur unsere Unwissenheit ein wenig weiter zurück, wie vielleicht die vollkommenste Geisteswissenschaft nur dazu dient, weitere Gebiete unserer Unwissenheit aufzudecken. So ist die Betrachtung der menschlichen Blindheit und Schwäche das Ergebnis aller Philosophie und begegnet uns bei jeder Wendung, trotz all unserer Versuche, sie zu umgehen oder zu vermeiden.

D. Die Erkenntnis des wirklichen Seins

(Eine Untersuchung über den menschlichen Verstand ... Ausg. s. A.; Fünfter Abschnitt, Erster Teil. S. 54–59)

Gliederung: (a) Ohne Erfahrung kann der Mensch nicht über das unmittelbar sinnlich Gegebene hinausgehen. (b) Auch die Erfahrung bestimmt noch nicht zum Schluß auf Ursache und Wirkung. (c) Alle Ableitungen aus Erfahrung sind Wirkungen der Gewohnheit, nicht der Vernunfttätigkeit. (d) Allein die Gewohnheit führt uns über das unmittelbar sinnlich Gegebene hinaus. (e) Daneben muß aber jede Ableitung auf einer Tatsache der Sinne oder des Gedächtnisses ruhen. (f) Alle Sicherheit beruht auf der gewohnheitsmäßigen Verknüpfung von Tatsachen. Sie ist Glaube, nicht Vernunfttätigkeit.

(a) Angenommen, ein Mensch von ausgezeichneten Fähigkeiten der Vernunft und der Überlegung würde plötzlich in diese Welt gestellt, so würde er freilich sofort eine stetige Folge von Gegenständen und Ereignissen beobachten; aber irgend etwas weiteres zu entdecken, wäre er nicht imstande. Er würde anfangs durch keinen Denkakt imstande sein, die Vorstellung von Ursache und Wirkung zu fassen, weil die besonderen Kräfte, durch welche alle Naturvorgänge sich vollziehen, niemals den Sinnen erscheinen. Ebensowenig ist es ein vernünftiger Schluß: bloß weil *ein* Ereignis in *einem* Falle dem anderen vorhergeht, deshalb sei das eine die Ursache, das andere die Wirkung. Ihr Zusammenhang kann ja willkürlich und zufällig und kein Grund vorhanden sein, das Dasein des einen aus dem Auftreten des anderen abzuleiten. Kurz, solch ein Mensch könnte ohne weitere Erfahrung nie Vermutungen oder Gedankengänge über Tatsachen bilden oder irgend einer Sache sicher sein, die nicht unmittelbar seinem Gedächtnis oder seinen Sinnen gegenwärtig ist.

(b) Weiter angenommen, daß er mehr Erfahrung gewonnen und lange genug in der Welt gelebt hat, um den ständigen Zusammenhang gleichartiger Gegenstände oder Ereignisse beobachtet zu haben – was ist die Folge dieser Erfahrung? Er leitet unmittelbar das Dasein des einen Gegenstandes aus dem Auftreten des anderen ab. Dennoch hat ihm all seine Erfahrung keinerlei Vorstellung oder Kenntnis der geheimen Kraft geliefert, durch die der eine Gegenstand den anderen hervorbringt, noch wird er durch irgend einen Prozeß der Vernunfttätigkeit darauf geführt, diese Ableitung zu vollziehen. Trotzdem fühlt er sich gedrungen, es zu tun, und sollte er auch überzeugt sein, daß sein Verstand keinen Anteil an dem Vorgang hat, so würde er nichtsdestoweniger bei derselben Denkweise verharren. Es gibt also ein anderes Prinzip, das ihn zu dieser Schlußfolgerung bestimmt.

(c) Dies Prinzip ist *Gewohnheit* oder *Übung.* Wo immer die Wiederholung einer bestimmten Handlung oder Tätigkeit die Neigung hervorruft, dieselbe Handlung oder Tätigkeit ohne irgendeinen Anstoß durch einen Denkakt oder Verstandesvorgang, zu erneuern: da sagen wir stets, diese Neigung sei die

Wirkung der *Gewohnheit*. Wir behaupten nicht, mit der Anwendung dieses Wortes den letzten Grund einer solchen Neigung angegeben zu haben. Wir deuten damit nur auf ein Prinzip der menschlichen Natur, das allgemein anerkannt und durch seine Wirkungen uns wohl vertraut ist. Vielleicht können wir unsere Nachforschungen nicht weiter treiben noch uns anmaßen, die Ursache dieser Ursache anzugeben, sondern müssen daran als an dem letzten aufweisbaren Prinzip all unserer Erfahrungsschlüsse uns genügen lassen. Wir können ganz zufrieden sein, so weit zu kommen und sollten uns nicht über die Beschränktheit unserer Fähigkeiten beklagen, die uns nicht weiter bringen. Und soviel ist gewiß, wir stellen hiermit einen wenigstens sehr verständlichen, wenn nicht wahren Satz auf, indem wir behaupten: anläßlich des beständigen Zusammenhangs zweier Gegenstände, z. B. Hitze und Flamme, Gewicht und Masse, werden wir allein durch Gewohnheit bestimmt, das eine beim Auftreten des anderen zu erwarten. Ja, diese Hypothese scheint die einzige zu sein, welche das schwierige Problem erklärt, warum wir aus tausend Fällen etwas ableiten, das wir aus *einem* Falle, der in keiner Hinsicht von jenen abweicht, abzuleiten nicht in der Lage waren. Die Vernunft ist eines so verschiedenen Verfahrens nicht fähig. Die Schlüsse, die sie aus der Betrachtung *eines* Kreises zieht, sind die nämlichen, die sie aus einem Überblick über alle Kreise des Weltalls bilden würde. Aber niemand, der nur *einen* Körper auf Anstoß eines anderen sich hat bewegen sehen, könnte daraus ableiten, daß jeder andere Körper auf einen gleichen Anstoß hin sich bewegen würde. Alle Ableitungen aus Erfahrung sind daher Wirkungen der Gewohnheit, nicht der Vernunfttätigkeit.

(d) So ist die Gewohnheit die große Führerin im menschlichen Leben. Dieses Prinzip ist es allein, das unsere Erfahrung uns nutzbringend gestaltet und uns für die Zukunft eine Kette gleichartiger Ereignisse erwarten läßt, wie die in der Vergangenheit aufgetretenen. Ohne den Einfluß der Gewohnheit blieben wir gänzlich in Unwissenheit über jede Tatsache, die über das unmittelbar dem Gedächtnis und den Sinnen Gegenwärtige hinausgeht. Wir würden niemals die Mittel den Zwecken anzupassen wissen, noch unsere natürlichen Kräfte zur Erzeugung irgend einer Wirkung anzuwenden verstehen. Es wäre auf einmal mit allem Handeln und mit dem besten Teil geistiger Arbeit vorüber.

(e) Hier ist indes die Bemerkung am Platze, daß uns zwar unsere Schlüsse aus der Erfahrung über Gedächtnis und Sinne hinausführen und uns Sicherheit über Tatsachen geben, die an den fernsten Orten und in frühesten Zeiten geschehen sind; daß aber immer irgend eine Tatsache den Sinnen oder dem Gedächtnis gegenwärtig sein muß, von der diese unsere Schlüsse den ersten Ausgang nehmen. Findet jemand in einem wüsten Lande die Überreste prächtiger Architektur, so wird er schließen, daß das Land in alten Zeiten von gesitteten Einwohnern angebaut worden ist; begegnete er nichts derartigem, so könnte er solche Ableitung nie vollziehen. Wir lernen die Ereignisse früherer Zeiten aus der Geschichte; aber dazu müssen wir die Bände durcharbeiten, in denen diese Belehrung enthalten ist, und von da mit unseren Ableitungen von einem Zeugnis zum anderen fortschreiten, bis wir bei den Augenzeugen und Zuschauern dieser fernen Ereignisse anlangen. Kurz, wenn wir nicht von einer dem Gedächtnis oder den Sinnen gegenwärtigen Tatsache ausgehen, so bleiben unsere Gedankengänge reine Hypothesen; wie eng miteinander verknüpft die einzelnen Glieder auch sein mögen, die ganze Kette von Ableitungen hätte keine Grundlage, noch könnten wir je durch sie zur Kenntnis eines wirklich Seienden gelangen. Wenn ich jemand frage, warum er eine bestimmte Tatsache glaubt, die er berichtet, so muß er irgend einen Grund nennen, und dieser Grund wird eine andere damit verknüpfte Tatsache sein. Da sich dies aber nicht auf solche Weise *in infinitum* fortsetzen läßt, so muß er schließlich bei einer Tatsache Halt machen, die seinem Gedächtnis oder seinen Sinnen gegenwärtig ist, oder aber zugeben, daß sein Glaube gänzlich unbegründet ist.

(f) Was ist nun das Schlußergebnis von alledem? Ein einfaches – wenn auch allerdings recht weit ab von den gewöhnlichen Theorien der Philosophie. Aller Glaube an Tatsachen oder wirkliches Sein stammt lediglich von irgend einem Gegenstand, der dem Gedächtnis oder den Sinnen gegenwärtig ist, und von einem gewohnheitsmäßigen Zusammenhang zwischen diesem und einem anderen Gegenstande. Oder mit anderen Worten: hat man gefunden, daß in vielen Fällen zwei Arten von Dingen, Flamme und Hitze, Schnee und Kälte, stets miteinander in Zusammenhang standen, so wird, wenn sich den Sinnen Flammen oder Schnee erneut darbieten, der Geist durch Gewohnheit getrieben, Hitze oder Kälte zu erwarten und zu *glauben,* daß eine derartige Eigenschaft besteht und sich bei größerer Annäherung offenbaren wird. Dieser Glaube ist das notwendige Ergebnis, wenn der Geist in solche Umstände gerät. Es ist ein seelischer Vorgang, der in dieser Lage so unvermeidlich ist, wie der Affekt der Liebe, wenn wir Wohltaten empfangen, oder des Hasses, wenn man uns Leid antut. All diese Vorgänge sind eine Gattung natürlicher Instinkte, welche keine Vernunfttätigkeit, d. h. kein gedankliches und verstandesmäßiges Verfahren hervorzubringen noch zu verhüten fähig ist.

E. Der Glaube als Prinzip von Denken und Leben

(Eine Untersuchung über den menschlichen Verstand … Ausg. s. A.; Fünfter Abschnitt, Zweiter Teil. S. 60–64; 67–69)

Gliederung: (a) Der prinzipielle Unterschied zwischen Erdichtung und Glauben. (b) Der Glaube beruht auf einem bestimmten Gefühl der Sicherheit. (c) Der Glaube besteht in einer bestimmten Art, Vorstellungen zu haben und im Geist zu empfinden. (d) Der Glaube gibt den Vorstellungen Gewicht und Einfluß. (e) Anwendung dieses Prinzips auf alle Arten der Verknüpfung von Vorstellungen. (f) Alle unsere geistigen Schlüsse beruhen auf dem Glauben, d. h. der Verknüpfung von Vorstellungen auf Grund von Gewohnheit und nach Erfahrung. (g) Die Gewohnheit als Grund des Glaubens ist das Prinzip unseres Denkens und Handelns. (h) Dieses Prinzip ist unabhängig von der Deduktion des Verstandes.

(a) Nichts ist so frei, wie die menschliche Einbildungskraft; kann sie auch den ursprünglichen Vorrat an Vorstellungen nicht überschreiten, den die inneren und äußeren Sinne liefern, so hat sie doch unbeschränkte Macht, diese Vorstellungen zu all den mannigfaltigen Gebilden, die sie dichtet und schaut, zu mischen, zusammenzusetzen, zu trennen und zu teilen. Sie kann eine Kette von Ereignissen erfinden, mit allem Anschein der Wirklichkeit, kann ihnen eine bestimmte Zeit und Stelle zuschreiben, sie sich als daseiend vorstellen und sie sich mit allen Umständen ausmalen, wie sie zu einer geschichtlichen Tatsache gehören, an die sie mit der größten Gewißheit glaubt. Worin besteht denn nun der Unterschied zwischen einer solchen Erdichtung und dem Glauben? Er liegt nicht einfach in einer besonderen Vorstellung, die solch einem Vorstellungsbild anhängt, das unsere Zustimmung erzwingt, und jeder uns bisher bekannten Erdichtung fehlt. Denn da der Geist Gewalt über all seine Vorstellungen hat, so könnte er nach Willen diese bestimmte Vorstellung jeder Erdichtung anfügen und folglich imstande sein, alles zu glauben, was ihm beliebte, während die tägliche Erfahrung das Gegenteil zeigt. Wir können in unserem Vorstellungsbild den Kopf eines Mannes dem Körper eines Pferdes aufsetzen; aber es steht nicht in unserer Macht, zu glauben, daß solch ein Geschöpf jemals wirklich existiert habe.

(b) Es folgt also hieraus, daß der Unterschied zwischen *Erdichtung* und *Glau-*

be in einem Gefühl oder einer Empfindung liegt, welche sich nur dem letzteren, nicht der ersteren anschließt, und nicht vom Willen abhängt, noch beliebig zu Diensten steht. Die Natur muß es erregen, wie alle anderen Gefühle; es muß aus dem bestimmten Zustand erwachsen, in dem sich der Geist unter bestimmten Umständen befindet. Jeder Gegenstand, der sich dem Gedächtnis oder den Sinnen bietet, führt die Einbildung unmittelbar durch die Kraft der Gewohnheit dazu, sich denjenigen Gegenstand vorzustellen, der gewöhnlich mit ihm zusammenhängt, und dieses Vorstellungsbild ist von einer Empfindung oder einem Gefühl begleitet, das sich von den ungebundenen Träumereien der Phantasie unterscheidet. Hierin besteht das ganze Wesen des Glaubens. Denn da es keine Tatsache gibt, an die wir so fest glauben, daß wir nicht ihr Gegenteil vorstellen könnten, so gäbe es keinen Unterschied zwischen dem Vorstellungsbild, dem man zustimmt, und jenem, das man verwirft, wenn es nicht ein Gefühl gäbe, das eines vom anderen unterscheidet. Sehe ich eine Billardkugel auf einem glatten Tisch sich gegen eine andere bewegen, so kann ich mir leicht vorstellen, daß sie bei der Berührung stillstehen wird. Dieses Vorstellungsbild enthält keinen Widerspruch; dennoch fühlt man dabei ganz anders als bei jenem Vorstellungsbild, durch das ich mir den Stoß und die Mitteilung der Bewegung von einer Kugel zur anderen vergegenwärtige.

(c) Wollten wir eine *Definition* dieses Gefühls zu geben versuchen, so würden wir vielleicht darin eine sehr schwierige, wenn nicht unmögliche Aufgabe erkennen, gleicherweise wie bei dem Versuch, die Empfindung der Kälte oder den Affekt des Zorns einem Geschöpf zu definieren, das nie diese Gefühle erfahren hätte. *Glaube* ist das wahre und richtige Wort für dies Empfinden, und niemand ist je im unklaren über die Bedeutung dieses Ausdruckes; denn jeder ist in jedem Augenblick sich des Gefühls bewußt, das er bezeichnet. Dennoch möchte der Versuch einer *Beschreibung* dieses Gefühls nicht unangebracht sein; in der Hoffnung, auf diesem Wege zu einigen Analogien zu gelangen, die eine vollkommenere Erklärung davon ermöglichen. Ich sage also, daß Glaube weiter nichts ist als ein gegenständliches Vorstellungsbild von größerer Lebendigkeit, Lebhaftigkeit, Eindringlichkeit, Festigkeit und Beständigkeit, als sie die Einbildung allein je zu erreichen fähig ist. Diese Mannigfaltigkeit von Ausdrücken, die so unphilosophisch erscheinen mag, soll nur dazu dienen, jenen Akt des Geistes auszudrücken, der Wirklichkeiten, oder was dafür gehalten wird, uns gegenwärtiger macht als Erdichtungen, ihnen mehr Gewicht im Denken gibt und einen überlegenen Einfluß auf die Affekte und die Einbildungskraft verleiht. Vorausgesetzt, daß wir in der Sache übereinstimmen, ist es unnötig, um die Ausdrücke zu streiten. Die Einbildungskraft hat Gewalt über alle Vorstellungen und kann sie auf alle mögliche Weise verbinden, mischen und abwandeln. Sie kann sich erdichtete Gegenstände mit allen Einzelheiten des Orts und der Zeit vorstellen. Sie kann sie uns gewissermaßen vor Augen führen, in ihren wahren Farben, gerade so wie sie auch hätten da sein können. Aber da es unmöglich ist, daß dies Vermögen der Einbildung je aus sich heraus dem Glauben gleichkommen kann, so besteht ersichtlich der Glaube nicht in der besonderen Natur oder Ordnung der Vorstellungen, sondern in der Art, wie sie vorgestellt werden und wie der Geist sie *empfindet*.

(d) Ich gestehe, daß es unmöglich ist, diese Empfindung oder diese Art des Vorstellens völlig zu erklären. Wir mögen Wörter gebrauchen, die etwas Annäherndes ausdrücken. Aber der wahre und richtige Name dafür, wie ich vorher schon bemerkte, ist *Glaube*; ein Ausdruck, den jedermann im gewöhnlichen Leben genügend versteht. In der Philosophie können wir nicht weiter gehen als bis zu der Behauptung, daß der *Glaube* etwas vom Geist Empfundenes ist, was die Vorstellungen der Urteilskraft von den Erdichtungen der Einbildung unterscheidet. Er gibt ihnen mehr Gewicht und Einfluß, läßt sie bedeutsamer scheinen, drückt sie dem Geist auf und macht sie zum herrschenden Prinzip unserer

Handlungen. Ich höre z. B. gerade jetzt die Stimme eines Bekannten; der Ton kommt aus dem Nebenzimmer. Der Eindruck auf die Sinne führt augenblicklich meine Gedanken zu diesem Menschen und zugleich zu allen ihn umgebenden Gegenständen. Ich male sie mir aus als gegenwärtig existierend mit allen Eigenschaften und Beziehungen, die ich früher an ihnen kannte. Diese Vorstellungen gewinnen festeren Halt in meinem Geiste als Vorstellungen von einem verwunschenen Schlosse. Wir empfinden sie ganz anders und sie haben in jeder Weise viel größeren Einfluß darauf, Lust oder Leid, Freude oder Kummer entstehen zu lassen.

Fassen wir also diese Lehre in ihrem vollen Umfang zusammen und nehmen wir an, daß das Gefühl des Glaubens nur ein Vorstellungsbild von größerer Intensität und mehr Beständigkeit ist, als sie die bloßen Erdichtungen der Einbildungskraft begleiten; und daß diese *Art* des Vorstellens aus einem gewohnheitsmäßigem Zusammenhang des Gegenstandes mit etwas dem Gedächtnis oder den Sinnen Gegenwärtigem entspringt: so wird es, glaube ich, unter diesen Voraussetzungen nicht schwer sein, andere Geistestätigkeiten zu finden, die dieser analog sind, und die Erscheinungen zu noch allgemeineren Prinzipien hinauf zu verfolgen.

(e) Wir haben schon bemerkt, daß die Natur Verknüpfungen zwischen bestimmten Vorstellungen eingerichtet hat, und daß die eine Vorstellung, sobald sie in unserem Denken auftaucht, auch sogleich die ihr zugehörige einführt und unsere Aufmerksamkeit durch eine leise und unmerkliche Bewegung auf sie lenkt. Diese Prinzipien der Verknüpfung oder Assoziation haben wir auf drei zurückgeführt, nämlich *Ähnlichkeit*, *Berührung* und *Verursachung*; dies sind die einzigen Bande, die unsere Gedanken miteinander vereinigen und jenen regelmäßigen Ablauf der Überlegung oder des Gesprächs erzeugen, der in größerem oder geringerem Grade überall bei den Menschen stattfindet. Hier erhebt sich nun eine Frage, von der die Lösung der gegenwärtigen Schwierigkeit abhängen wird. Ist es bei all diesen Beziehungen der Fall, daß wenn der eine Gegenstand den Sinnen oder dem Gedächtnis sich bietet, der Geist nicht nur auf das Vorstellungsbild des zugehörigen gebracht wird, sondern auch ein beständigeres und stärkeres Vorstellungsbild davon gewinnt, als er sonst hätte erreichen können? Bei jenem Glauben scheint es der Fall zu sein, der aus der Beziehung von Ursache und Wirkung entspringt; ist es der gleiche bei den anderen Beziehungen oder Prinzipien der Assoziation, so darf es als allgemeines Gesetz aufgestellt werden, das bei jeder Tätigkeit des Geistes in Kraft tritt.

(f) Nun behaupte ich, daß dieser Glaube, auch wo er über den Bereich des Gedächtnisses und der Sinne hinausgreift, von gleichartiger Natur ist und gleichartigen Ursachen entspringt, wie der eben auseinandergesetzte Übergang des Denkens und die Lebendigkeit des Vorstellungsbildes. Werfe ich ein Stück trockenes Holz ins Feuer, so wird mein Geist sogleich dazu getrieben, sich vorzustellen, daß die Flamme dadurch verstärkt, nicht ausgelöscht wird. Dieser Übergang des Denkens von der Ursache zur Wirkung entspringt nicht aus der Vernunft. Er leitet seinen Ursprung einzig aus Gewohnheit und Erfahrung her. Und da er zunächst von einem Gegenstand, der den Sinnen gegenwärtig ist, ausgeht, so macht er die Vorstellung oder das Vorstellungsbild der Flamme stärker und lebhafter als irgend ein haltloses, verschwimmendes Traumbild der Einbildungskraft. Jene Vorstellung steigt unmittelbar auf, der Gedanke wendet sich augenblicklich zu ihr und trägt ihr all jene Kraft des Vorstellungsbildes zu, die aus dem gegenwärtigen sinnlichen Eindruck sich herleitet. Wenn ein Schwert gegen meine Brust gezückt wird, steigen da nicht eindringlicher die Vorstellungen von Wunde und Schmerz in mir auf, als wenn mir ein Glas Wein vorgesetzt wird – sollten auch zufällig diese Vorstellungen nach dem Erscheinen des letzteren Gegenstandes auftauchen? Aber was anders kann in diesem ganzen Tatbestand ein so kräftiges Vorstellungsbild verursachen, außer allein ein gegenwärtiges Ding und ein gewohnheitsmäßiger Übergang zu der Vorstellung eines anderen Dinges, das wir mit dem ersteren in Zusammenhang zu bringen pflegten. Das ist der ganze geistige Vorgang bei all unseren Schlüssen, die Tatsachen und Dasein betreffen; es dient zur Befriedigung, hierzu einige Analogien zu finden, durch die er sich erläutern läßt. Der Übergang von einem uns gegenwärtigen Gegenstand verleiht in allen Fällen der verwandten Vorstellung Stärke und Beständigkeit.

(g) Wir finden hier also eine Art prästabilierter Harmonie zwischen dem Laufe der Natur und der Abfolge unserer Vorstellungen; und obgleich die Macht und die Kräfte, welche den ersteren regieren, uns völlig unbekannt sind, so haben doch unsere Gedanken und Vorstellungsbilder, wie wir sehen, dieselbe Bahn verfolgt wie die anderen Naturwerke. Die Gewohnheit ist dasjenige Prinzip, durch welches diese Übereinstimmung bewirkt wurde, die so notwendig ist zur Erhaltung unserer Art und zur Regelung unseres Verhaltens in allen Lagen und Vorkommnissen des menschlichen Lebens. Würde nicht die Anwesenheit eines Gegenstandes sogleich die Vorstellung jener Gegenstände erregen, die gewöhnlich mit ihm in Zusammenhang stehen, so hätte unser ganzes Wissen auf den engen Umkreis unseres Gedächtnisses und unserer Sinne beschränkt bleiben müssen; wir wären nie imstande gewesen, Mittel den Zwecken anzupassen, noch unsere natürlichen Kräfte entweder zur Erzeugung des Guten oder zur Vermeidung des Übels anzuwenden. Diejenigen, die sich an der Entdeckung und Betrachtung von *Zweckursachen* ergötzen, haben hier ein weites Feld zur Betätigung des Staunens und der Bewunderung.

(h) Ich füge noch eins hinzu, als weitere Bestätigung der eben entwickelten Lehre. Da nämlich diese Tätigkeit des Geistes, durch welche wir gleiche Wirkungen aus gleichen Ursachen ableiten und umgekehrt, durchaus wesentlich ist zur Erhaltung aller menschlichen Geschöpfe, so ist es nicht wahrscheinlich, daß sie den trügerischen Deduktionen unserer Vernunft anvertraut werden konnte; denn diese ist langsam in ihrer Tätigkeit, tritt in den ersten Kindheitsjahren nicht in nennenswertem Grade in die Erscheinung und ist bestenfalls in jedem Alter oder Zeitpunkt des Menschenlebens dem Irrtum und Fehlgreifen in hohem Maße ausgesetzt. Es entspringt mehr der üblichen Weisheit der Natur, einen so notwendigen Akt des Geistes durch einen Instinkt oder eine mechanische Tendenz sicherzustellen; denn diese kann unfehlbar in ihrer Wirksamkeit sein, kann sich beim ersten Auftreten des Lebens und Denkens zeigen und unabhängig von all den mühsam erarbeiteten Deduktionen des Verstandes bleiben. Wie die Natur uns den Gebrauch unserer Glieder gelehrt hat, ohne uns Kenntnis von den Muskeln und Nerven zu geben, die sie bewegen, so hat sie uns einen Instinkt eingepflanzt, welcher unser Denken in einer Richtung vorwärts treibt, die mit jener übereinstimmt, die sie für die äußeren Dinge festgesetzt hat; obwohl wir die Mächte und Kräfte nicht kennen, von denen diese regelmäßige Reihe und Folge von Gegenständen ganz und gar abhängt.

X. JEAN-JACQUES ROUSSEAU (1712–1778)

A. DIE PRINZIPIEN DER ERZIEHUNG ZUM MENSCHEN

(Aemil oder von der Erziehung. Dt. Übers. o. N., Frankfurt und Leipzig 1762. Buch I, S. 1–2; 4–17.)

Gliederung: (a) Alles ist von Natur gut und wird von den Menschen verunstaltet. (b) In der Gesellschaft der Menschen wird die Natur des Menschen zerstört. (c) Die Notwendigkeit der Erziehung. (d) Erziehung wird vollzogen durch die

Natur, die Menschen, die Sachen. (e) Alle drei müssen in Einklang sein. (f) Die Schwierigkeit, diesen Einklang auf ein Ziel hin zu erreichen. (g) Dieses Ziel muß das Ziel der Natur sein. (h) Natur ist nicht Gewohnheit. (i) Natur sind die ursprünglichen Neigungen und Abneigungen. (k) Das Auseinanderfallen von Neigungen und menschlicher Erziehung. (l) Der Gegensatz zwischen natürlichem Menschen und Bürger. (m) Das Versagen der öffentlichen Erziehung. (n) Die Schwierigkeiten der häuslichen Erziehung. (o) Erziehung für den Platz in der gesellschaftlichen Ordnung. (p) Erziehung zum Menschen. (q) Erziehung zum Leben. (r) Erziehung zum Ertragen der Beschwerlichkeiten des Lebens. (s) Erziehung zum Leben heißt Erziehung zum Wirken. (t) Die Sklaverei von Konvention und Gesellschaft.

(a) Alles ist gut, wenn es aus den Händen des Urhebers der Dinge kömmt: alles artet unter den Händen des Menschen aus. Er zwingt ein Land, das zu ernähren, was ein anderes hervorgebracht hat, einen Baum, die Früchte eines andern zu tragen. Er vermischet und vermenget die Himmelsgegenden, die Elemente, die Jahreszeiten. Er verstümmelt seinen Hund, sein Pferd, seinen Sclaven. Er kehret alles um, er verunstaltet alles. Er liebet die Häßlichkeit, die Unthiere. Er will nichts so, wie es die Natur gemacht hat, den Menschen nicht einmal. Man muß solchen für ihn wie ein Schulpferd abrichten; man muß ihn nach seiner Mode, wie einen Baum in seinem Garten, ziehen.

(b) Ohne dieses würde alles noch schlechter gehen, und unsere Art will nicht halb modisch gebildet seyn. In dem Zustande, worinnen die Sachen bisher sind, würde ein Mensch, der von seiner Geburt an, unter den andern, sich selbst überlassen wäre, der verunstaltetste unter allen seyn. Die Vorurtheile, das Ansehen, die Nothwendigkeit, das Beyspiel, alle die gesellschaftlichen Anordnungen, worinnen wir uns versenket finden, würden die Natur in ihm ersticken und nichts an deren Stelle setzen. Sie würden daselbst wie ein Bäumchen seyn, welches von ungefähr mitten auf einem Wege wächst, und von den Vorbeygehenden bald zu Grunde gerichtet wird, indem sie aller Orten daran stoßen und es nach allen Arten beugen ...

(c) Man bildet die Pflanzen durch die Wartung, und die Menschen durch die Erziehung. Käme der Mensch groß und stark auf die Welt, so würden ihm seine Größe und Stärke so lange unnütz seyn, bis er sich deren bedienen gelernet hätte; sie würden ihm nachtheilig seyn, indem sie die andern abhielten, daran zu denken, daß sie ihm beystehen müßten, und er würde, sich selbst überlassen, eher vor Hunger sterben, als er noch seine Bedürfnisse erkannt hätte. Man beklaget sich über den Zustand der Kindheit. Man sieht nicht, daß das menschliche Geschlecht ausgegangen seyn würde, wenn der Mensch nicht erst anfangs ein Kind gewesen wäre.

Wir werden schwach geboren; wir brauchen Stärke: wir werden von allem entblößet geboren, wir brauchen Beystand: wir werden dumm geboren, wir brauchen Verstand. Alles, was wir bey unserer Geburt nicht haben, und was wir brauchen, wenn wir groß sind, wird uns durch die Erziehung gegeben.

(d) Diese Erziehung erhalten wir von der Natur, oder von den Menschen, oder von den Sachen. Die innerliche Entwickelung unserer Seelenkräfte und unserer Werkzeuge ist die Erziehung der Natur. Der Gebrauch, wozu man uns diese Entwickelung anwenden lehret, ist die Erziehung von Menschen; und die Erwerbung unserer eigenen Erfahrung bey denen Gegenständen, die uns rühren, ist die Erziehung von Sachen.

(e) Ein jeder von uns wird also durch dreyerley Meister gebildet. Der Schüler, bey welchem ihre verschiedenen Lehren einander widerstreiten, ist schlecht erzogen, und wird niemals mit sich selbst einig seyn. Derjenige, bey dem sie alle auf einerley Puncte fallen und auf einerley Endzwecke zielen, geht allein zu seinem Ziele, und lebet folglich. Dieser allein ist wohl erzogen.

(f) Von diesen dreyen Erziehungen nun kömmt der Natur ihre nicht auf uns an; die von den Sachen hängt nur in gewissen Absichten von uns ab; der Menschen ihre ist die einzige, worüber wir wirklich Meister sind: und doch sind wir es gleichwohl nur muthmaßlich. Denn wer kann wohl hoffen, die Reden und Handlungen aller derjenigen zu lenken, die um ein Kind sind?

Sobald also die Erziehung eine Kunst ist, so ist es fast unmöglich, daß sie gelinge; weil die zu ihrem guten Erfolge nöthige Zusammenstimmung von niemanden abhängt. Alles, was man durch viele Sorge thun kann, ist, daß man sich dem Ziele mehr oder weniger nähert: es gehöret aber ein Glück dazu, solches zu erreichen.

(g) Welches ist dieß Ziel? Es ist selbst der Natur ihres; das ist bewiesen worden. Weil die Zusammenstimmung der drey Erziehungen nothwendig zu ihrer Vollkommenheit ist: so muß man nach derjenigen, über die wir nichts vermögen, die beyden andern richten. Vielleicht aber hat dieß Wort Natur einen gar zu weitläufigen unbestimmten Verstand: man muß sich hier bemühen, ihn fest zu setzen.

(h) Die Natur, saget man uns, ist nur die Gewohnheit. Was heißt das? Giebt es keine Gewohnheiten, die man bloß durch Zwang annimmt, und die niemals die Natur ersticken? Dergleichen ist zum Beyspiele die Gewohnheit derer Pflanzen, deren gerade über sich gehende Richtung man zwingt. Die in Freyheit gesetzte Pflanze behält die Neigung, welche man sie anzunehmen gezwungen hat. Deswegen aber hat der Saft nicht seine erste ursprüngliche Richtung verändert; und wenn die Pflanze fortfährt, zu wachsen, so geht ihre Verlängerung wieder gerade über sich. Eben so verhält es sich mit den Neigungen der Menschen. So lange man in eben dem Zustande bleibt, so kann man diejenigen behalten, die aus der Gewohnheit entspringen, und uns am wenigsten natürlich sind. So bald sich aber die Stellung ändert, so höret die Gewohnheit auf, und das Naturell kömmt wieder. Die Erziehung ist gewiß nur eine Gewohnheit. Giebt es nun nicht Leute, die ihre Erziehung vergessen und verlieren? Andere, die sie behalten? Woher kömmt dieser Unterschied? Wenn man den Namen Natur auf die der Natur gleichförmige Gewohnheiten einschränken muß: so kann man sich dieses Galimatias ersparen.

(i) Wir werden empfindsam geboren, und von unserer Geburt an auf verschiedene Art durch die Gegenstände gerührt, die uns umgeben. So bald wir uns unserer Empfindungen so zu sagen bewußt sind, so sind wir geneigt, die Gegenstände, welche sie hervorbringen, zu suchen oder zu fliehen, anfänglich nachdem sie uns angenehm oder unangenehm sind, darauf nach der Bequemlichkeit oder Unbequemlichkeit, die wir unter uns und diesen Gegenständen finden, und endlich nach denen Urtheilen, die wir auf die Vorstellung von Glückseligkeit oder Vollkommenheit davon fällen, welche uns die Vernunft giebt. Diese Neigungen erweitern und befestigen sich nach dem Maaße, wie wir empfindsamer und erleuchteter werden: durch unsere Gewohnheiten aber gezwungen, verändern sie sich mehr oder weniger durch unsere Meynungen. Vor dieser Veränderung sind sie das, was ich in uns die Natur nenne.

(k) Auf diese ersten ursprünglichen Neigungen also müßte man alles ziehen; und das könnte geschehen, wenn unsere drey Erziehungen nur unterschieden wären: allein, was ist zu thun, wenn sie einander entgegen gesetzet sind? wenn man einen Menschen, anstatt ihn für sich selbst zu erziehen, für andere erziehen will? Alsdann ist die Zusammenstimmung unmöglich. Gezwungen, die Natur oder die gesellschaftlichen Satzungen zu bestreiten, muß man wählen, ob man einen Menschen oder einen Bürger machen will; denn man kann nicht beydes zugleich auf einmal machen.

(l) Eine jede abgetheilete Gesellschaft, wenn sie eng und wohl vereinigt ist, entfernet sich von der großen. Ein jeder Patriot ist hart gegen die Fremden; sie sind nur Menschen; sie sind nichts in seinen Augen. Diese Unbequemlichkeit ist unvermeidlich, sie ist aber schwach. Das Hauptwerk ist, daß man denen Leuten gut ist, mit denen man lebt. Auswärts war der Spartaner ehrsüchtig, geizig, unbillig: in seinen Mauern aber herrscheten der Uneigennutz, die Billigkeit, die Eintracht. Mistrauet denen Weltbürgern, die fern in ihren Büchern Pflichten suchen wollen, welche sie rund um sich her nicht zu erfüllen belieben. Ein solcher Weltweiser liebet die Tatarn, damit er befreyet seyn möge, seine Nachbarn zu lieben.

Der natürliche Mensch ist ganz für sich; er ist eine Zahleinheit, (*unitas numerica*,) daß Durchausganze, welches sich nur auf sich selbst oder auf seines Gleichen beziehet. Der bürgerliche Mensch ist nur eine Brucheinheit, (*unité fractionnaire*) die an dem Nenner hängt, und deren Werth in ihrem Verhältnisse mit dem Ganzen ist, welches der gesellschaftliche Körper ist. Die guten bürgerlichen Satzungen sind diejenigen, welche am besten wissen, dem Menschen seine Natur auszuziehen, ihm sein unumschränktes Daseyn zu benehmen, um ihm ein verhältnißmäßiges zu geben, und das Ich in die gemeinschaftliche Einheit zu versetzen; so daß jede einzelne Person sich nicht mehr für eins, sondern für ein Theil der Einheit hält und nicht mehr als im Ganzen empfindsam ist. Ein Bürger zu Rom war weder Cajus noch Lucius; er war ein Römer; er liebete das Vaterland so gar mit Ausschließung seiner selbst. Regulus gab sich für einen Carthaginenser aus, als wenn er das Gut seiner Herren geworden wäre. Er weigerte sich, als ein Fremder, in dem Rathe zu Rom Sitz zu nehmen; es mußte es ihm ein Carthaginenser befehlen. Er wurde unwillig, daß man ihm das Leben erhalten wollte. Er überwand, und kehrete triumphirend zurück, in den Strafen zu sterben. Dieß hat, dünket mich, kein großes Verhältniß mit denen Menschen, die wir kennen.

Der Lacedämonier Pedaretus giebt sich an, um in den Rath der dreyhundert zu kommen; er wird verworfen. Er kehret ganz erfreut darüber zurück, daß sich in Sparta dreyhundert bessere Leute gefunden haben, als er. Ich halte diese Erklärung für aufrichtig, und man hat Ursache, zu glauben, daß sie solches gewesen. Da hat man den Bürger.

Eine Spartanerinn hatte fünf Söhne bey dem Kriegesheere und erwartete Nachricht von dem Treffen. Ein Ilote kam an. Sie befragete ihn mit Zittern darum. Deine fünf Söhne sind erschlagen. – Nichtswürdiger Sclav, habe ich dich darum gefraget? – Wir haben den Sieg erhalten. – Die Mutter läuft nach dem Tempel und danket den Göttern. Da hat man die Bürgerinn.

Derjenige, welcher in der bürgerlichen Ordnung den Vorzug der Empfindungen der Natur erhalten will, weis nicht, was er will. Stets im Widerspruche mit sich selbst; stets zweifelhaft zwischen seinen Neigungen und seinen Pflichten, wird er niemals weder ein Mensch, noch ein Bürger seyn; er wird weder für sich noch für andere gut seyn. Er wird einer von den Menschen unserer Zeiten seyn, ein Franzose, ein Engländer, ein Stadteinwohner, er wird nichts seyn.

Damit man etwas sey, damit man es selbst und stets einer sey, so muß man so handeln, als man redet; man muß stets wegen der Partey, die man ergreifen soll, entschieden seyn; man muß sie öffentlich ergreifen und ihr stets folgen. Ich erwarte, daß man mir dieses Wunder zeige, um zu sehen, ob es ein Mensch oder ein Bürger ist; oder wie er es anfängt, damit er beydes zugleich sey.

(m) Von diesen nothwendig entgegengesetzten Gegenständen kommen zwo widrige Arten der Unterweisung; die eine öffentliche und gemeine, die andere besondere und häusliche.

Will man einen Begriff von der öffentlichen Erziehung haben? Man lese PLATONS Republik. Es ist kein politisches Werk, wie diejenigen denken, die von den Büchern nur aus ihren Titeln urtheilen; es ist die schönste Abhandlung von der Erziehung, die man jemals gemacht hat.

Wenn man auf das Land der Hirngespinnste verweisen will: so nennet man

PLATONS Einrichtung. Hätte LYKURGUS seine nur schriftlich aufgesetzet: so würde ich sie weit hirngespinnstmäßiger finden. PLATO hat nur das Herz des Menschen geläutert: LYKURGUS hat ihm seine Natur ausgezogen.

Die öffentliche Unterweisung ist nicht mehr vorhanden und kann nicht mehr vorhanden seyn, weil da, wo kein Vaterland mehr ist, es auch keinen Bürger mehr geben kann. Diese beyden Wörter, Vaterland und Bürger, sollten aus den heutigen Sprachen vertilget werden. Ich weis die Ursache davon wohl, ich will sie aber nicht sagen: sie thut zu meiner Sache nichts.

Ich sehe die lächerlichen Stiftungen, die man Collegia nennet, nicht als eine öffentliche Unterweisung an. Ich rechne auch die Erziehung der Welt eben so wenig, weil diese Erziehung, da sie auf zween widerwärtige Endzwecke abzielet, sie alle beyde verfehlet. Sie dienet nur, doppelsinnige Menschen zu machen, welche stets alles auf andere zu beziehen scheinen, und niemals etwas anders, als auf sich allein, beziehen. Da nun diese Bezeigungen aller Welt gemein sind, so verführen sie niemand. Es sind so viele verlorene Mühe und Sorgen.

Aus diesen Widersprüchen entspringt derjenige, den wir unaufhörlich in uns selbst erfahren. Da wir von der Natur und den Menschen auf wider einander laufende Straßen gezogen werden; da wir gezwungen sind, uns unter diesen verschiedenen Antrieben zu theilen: so folgen wir einem zusammen gesetzeten Stoße, der uns weder zu dem einen noch zu dem andern Ziele führet. Auf die Art bestritten und wankend unser ganzes Leben hindurch, endigen wir es, ohne daß wir uns mit uns selbst haben vergleichen können, und ohne daß wir entweder für uns oder.für andere gut gewesen.

(n) Es bleibt endlich die häusliche Erziehung oder die Erziehung der Natur. Was wird aber für die andern ein Mensch werden, der einzig und allein für sich erzogen worden? Wenn vielleicht der doppelte Gegenstand, den man sich vorsetzet, in einen einzigen dadurch könnte vereiniget werden, daß man die Widersprüche des Menschen wegnähme: so würde man ein großes Hinderniß zu seiner Glückseligkeit wegnehmen. Man müßte, um davon zu urtheilen, ihn ganz gebildet sehen; man müßte seine Neigungen beobachtet, seinen Fortgang gesehen haben, seinen Schritten gefolget seyn; mit einem Worte, man müßte den natürlichen Menschen kennen. Ich glaube, man wird einige Schritte in diesen Untersuchungen gethan haben, wenn man diese Schrift gelesen hat.

Was haben wir zu thun, um diesen seltenen Menschen zu bilden? Ohne Zweifel sehr viel; nämlich zu verhindern, daß nichts gethan werde. Wenn es nur darauf ankömmt, wider den Wind zu segeln, so laviret man. Geht aber das Meer stark, und man will an Ort und Stelle bleiben: so muß man den Anker werfen. Gieb wohl Acht, junger Steuermann, daß dein Tau nicht nachgebe, oder dein Anker schleppe, und das Schiff nicht treibe, ehe du es wahrgenommen hast.

(o) In der gesellschaftlichen Ordnung, wo alle Plätze bezeichnet sind, muß ein jeder zu dem seinigen erzogen werden. Wenn ein zu seinem Platze gebildeter Privatmann daraus geht: so ist er zu nichts weiter geschickt. Die Erziehung ist nur in so weit nützlich, als das Glück mit dem Berufe der Aeltern übereinstimmet. In einem jeden andern Falle ist sie dem Zöglinge schädlich, wenn es auch nur durch die Vorurtheile geschähe, die sie ihm beygebracht hat. In Aegypten, wo der Sohn verbunden war, seines Vaters Stand zu ergreifen, hatte die Erziehung wenigstens ein gewisses Ziel: unter uns aber, wo der Rang allein bleibt, und wo die Menschen solchen ohne Unterlaß verändern, weis niemand, ob er nicht, wenn er seinen Sohn zu seinem Stande erzieht, wider ihn arbeitet.

(p) In der natürlichen Ordnung, da die Menschen alle einander gleich sind, ist ihr gemeinschaftlicher Beruf der Zustand des Menschen; und wer dazu gut erzogen ist, kann diejenigen Stände nicht übel erfüllen, die sich darauf bezie

214

hen. Man bestimme meinen Untergebenen zum Kriege, zur Kirche, zur Gerichtsbanke; das geht mich wenig an. Vor dem Berufe der Aelteren beruft ihn die Natur zum menschlichen Leben. Leben ist die Sache, die ich ihn lehren will. Wenn er aus meinen Händen kömmt, so wird er, ich gestehe es, weder eine Gerichtsperson, noch ein Soldat, noch ein Priester seyn. Er wird zuerst ein Mensch seyn; alles, was ein Mensch seyn muß, das wird er im Nothfalle eben so gut seyn, als irgend einer, er sey wer es wolle; und das Glück wird ihn vergebens die Stelle verändern lassen; er wird stets an seiner seyn. ‹Ich habe dich eingenommen und gefasset, Glück; und ich habe alle deine Zugänge verschlossen, damit du nicht zu mir gelangen könntest.›

(q) Unser wahres Studiren ist die Erlernung der menschlichen Beschaffenheit. Derjenige unter uns, welcher das Gute und Böse dieses Lebens am besten ertragen kann, ist, nach meinem Sinne, am besten erzogen. Daraus folget, daß die wahre Erziehung mehr in Uebungen, als in Vorschriften, besteht. Wir fangen an, uns zu unterrichten, wenn wir zu leben anfangen. Unsere Erziehung fängt mit uns an. Unsere erste Lehrmeisterin ist unsere Säugamme. Es hatte das Wort Erziehung, (Education) bey den Alten auch einen andern Verstand, den wir ihm nicht mehr geben; es hieß Ernährung. *Educit obstetrix*, saget VARRO, *educat nutrix, instituit paedagogus, instruit magister.* Die Erziehung, die Unterweisung, der Unterricht sind also auch drey eben so verschiedene Sachen in ihrem Gegenstande, als die Kindermuhme, der Hofmeister und der Lehrmeister. Diese Unterscheidungen aber werden öfters übel verstanden; und damit ein Kind gut geführet werde, so muß es nur einem einzigen Führer folgen.

(r) Wir müssen also unsere Absichten allgemeinmachen und an unserm Untergebenen den Menschen an und für sich, den allen Zufällen des menschlichen Lebens ausgesetzten Menschen, betrachten. Würden Menschen an den Boden eines Landes angeheftet geboren; daurete einerley Jahreszeit das ganze Jahr hindurch; hienge ein jeder an seinem Glücke so, daß er es niemals verändern könnte: so würde die eingeführte Gewohnheit in gewissen Absichten gut seyn. Das zu seinem Stande erzogene Kind könnte, wenn es niemals aus demselben hinausgienge, den Unbequemlichkeiten eines andern nicht ausgesetzet seyn. Wenn man aber die Beweglichkeit der menschlichen Dinge ansieht, wenn man den unruhigen und aufrührenden Geist dieses Jahrhunderts ansieht, welcher bey jedem neuen Geschlechte alles um und um stürzet; kann man sich da wohl eine unvernünftigere Art und Weise vorstellen, als daß man ein Kind so erzieht, als ob es niemals aus seinem Zimmer kommen müßte, als ob es stets von seinen Leuten umgeben seyn sollte? Wenn der Unglückliche einen einzigen Tritt auf die Erde thut; wenn er von einer einzigen Stufe hinunter steigt, so ist er verloren. Das heißt nicht, ihn die Beschwerlichkeit ertragen lehren; das heißt, ihn üben, sie zu empfinden.

(s) Man denket nur, sein Kind zu erhalten; das ist nicht genug: man muß es auch lehren, sich zu erhalten, wenn es erwachsen ist, die Schläge des Schicksals zu ertragen, dem Reichthume und der Armuth zu trotzen, in Islands Eisschollen oder auf Malthas brennendem Felsen zu leben, wenn es seyn muß. Ihr möget immerhin Vorsicht brauchen, daß es nicht sterbe: es wird gleichwohl doch sterben müssen; und wenn sein Tod nicht das Werk eurer Sorgfalt wäre, so würde sie noch dazu übel verstanden seyn. Es kömmt weniger darauf an, daß man es verhindere, zu sterben, als daß man es leben lasse. Leben heißt nicht, Athem holen; es heißt wirksam seyn; es heißt unsere Werkzeuge, unsere Sinnen, unsere Kräfte, alle Theile von uns selbst brauchen, die uns die Empfindung unsers Daseyns geben. Der Mensch, welcher am meisten gelebet hat, ist nicht derjenige, der der meisten Jahre gezählet, sondern derjenige, der das Leben am meisten empfunden hat. Ein solcher hat sich hundertjährig begraben lassen, welcher gleich bey seiner Geburt starb. Er hatte bey dem Jungsterben gewonnen; wenigstens hatte er bis zu der Zeit gelebet.

(t) Alle unsere Weisheit besteht in knechtischen Vorurtheilen: alle unsere Gebräuche sind nur Unterwerfung, Marter und Zwang. Der bürgerliche Mensch wird geboren, lebet und stirbt in der Sclaverey. Bey seiner Geburt heftet man ihn in eine Windel; bey seinem Tode nagelt man ihn in einen Sarg; so lange er die menschliche Gestalt behält, ist er durch unsere Einrichtungen gefesselt.

Man saget, viele Hebammen wollen durch Drückung des Kopfes der neugeborenen Kinder ihm eine schicklichere Gestalt geben, und man duldet es. Unsere Köpfe würden nach der Bildung des Urhebers unsers Wesens schlecht seyn: man muß sie uns äußerlich durch die Hebammen und inwendig durch die Philosophen bilden. Die Caraiben sind um die Hälfte glücklicher, als wir.

B. Von den ersten Gesellschaften der Menschen

(Der gesellschaftliche Vertrag oder die Grundregeln des allgemeinen Staatsrechts. Dt. Übers. o. N., Marburg 1763. Buch I, 2. Kapitel; S. 6–8)

Gliederung: (a) Die Familie als Urgemeinschaft. Ihre Notwendigkeit und ihre Freiheit. (b) Die Freiheit und natürliche Individualität des Menschen. (c) Die Freiheit ist auch in der politischen Gemeinschaft Grundlage.

(a) Die allerälteste unter den menschlichen Gesellschaften, und die einige natürliche, ist die Gesellschaft der Aeltern und Kinder. Das Band dieser Gesellschaft dauret aber auch nur so lange, als die Kinder der Aeltern zu ihrer Unterhaltung benöthiget sind. So bald die Kinder sich selbst versorgen können, so höret der Gehorsam auf, den sie ihrer Nothdurft wegen zu leisten schuldig waren; und die Aeltern sind von der Vorsorge befreyet, die sie auf die Erziehung der Kinder zu wenden haben. Auf beyden Seiten äußert sich demnach eine Unabhängigkeit, und wenn die Kinder annoch in einer Vereinigung mit den Aeltern bleiben: so geschieht es nicht so wohl aus einer natürlichen Nothwendigkeit, sondern freywillig, und die Familie selbsten erhält sich eigentlich nur durch einen Vertrag.

(b) Diese allgemeine Freyheit ist eine Folge der Natur des Menschen, dessen erstes Gesetz ist, auf seine eigene Erhaltung bedacht zu seyn. Seine ersten Sorgen gehen auf ihn selbsten, und so bald er sein vernünftiges Alter erhält, so wird er sein eigener Herr, und ist allein berechtiget die Mittel zu beurtheilen, die zu seiner Erhaltung dienen.

(c) Die Gesellschaft der Aeltern und Kinder ist demnach so zu sagen das erste Muster Politischer Gesellschaften. Der Regent stellet den Vater vor, und das Volk die Kinder; alle Menschen sind übrigens einander gleich und frey geboren; sie begeben sich daher einer ihrer Freyheit nicht, wenn sie nicht ihren Vortheil dabey finden. Der ganze Unterschied zwischen der väterlichen, und der bürgerlichen Gesellschaft bestehet darin, daß in einer die Liebe des Vaters zu seinen Kindern die Belohnung der Vorsorge ist, die er für sie trägt; und daß in dieser die Lust zu herrschen die Stelle der Liebe vertritt, die der Regent für sein Volk nicht hat.

C. Von dem Rechte des Stärkeren

(Der gesellschaftliche Vertrag ... Ausg. s. B.; Buch I, 3. Kapitel; S. 20–24)

Gliederung: (a) Die Gewalt an sich kann keine rechtliche Verbindlichkeit beanspruchen. (b) Das Recht des Stärkeren bleibt reine Gewalt. (c) Der Gewalt zu weichen ist klug, aber nicht sittlich.

(a) Der Stärkste und Mächtigste ist niemalen mächtig genug sich bey seiner Herrschaft zu erhalten, wenn er seine Macht nicht zum Rechte, und den Gehorsam zur Schuldigkeit machen kann. Dadurch entstehet das Recht des Stärkern, ein Recht, das spöttischer weise zum Scheine, und wirklich zum Grundsatz angenommen wird. Wird man uns aber dieses Wort niemals erklären? Die Gewalt ist eine natürliche Kraft, und ich sehe nicht, was ihre Wirkung für eine sittliche Verbindung haben kann. Der Gewalt zu weichen, ist wohl eine Handlung der Nothwendigkeit, und nicht des freyen Willens, höchstens ist es eine Handlung der Klugheit. In welchem Verstand kann es ein Recht, oder Schuldigkeit seyn?

(b) Wir wollen dieses so genannte Recht einsweilen annehmen; es wird aber allemal ein unverständiges Gewäsche bleiben, davon man sich keinen Begriff machen kann. Denn so bald die Gewalt das Recht ausmachet, so verändert sich die Wirkung, so bald sich die Ursache verändert. Eine jede Gewalt, welche die erste bezwinget, tritt in ihr Recht. So bald als man ohne Strafe ungehorsam seyn kann, so kann man es mit Recht seyn; und weil der Mächtigere allemal Recht hat, so hat man es nur darauf anzutragen, daß man der mächtigste werde. Was ist das aber für ein Recht, das so gleich aufhöret, so bald die Macht ein Ende nimmt? Wenn man mit Gewalt zum Gehorsam getrieben wird, so ist es keine Schuldigkeit zu gehorchen; und wenn man nicht mehr gezwungen wird, so ist man weiter nicht verbunden. Man siehet also, daß das Wort Recht solchergestalt der Gewalt weiter nichts beyleget, und hier gar nichts bedeutet.

(c) Wenn man demnach mit den Worten: gehorchet denen, die Gewalt haben, so viel sagen will, gebt den Mächtigeren nach; so ist das Gebot zwar gut, aber überflüssig, und ich stehe dafür, daß es niemal werde übertreten werden. Alle Gewalt kommt von Gott, dieses gebe ich zu; aber auch alle Krankheiten kommen von ihm; ist es also verbothen sich der Arzeneyen zu bedienen, und den Arzt zur Hülfe zu nehmen? Wenn mich ein Strassenräuber in einem Walde überfällt, soll ich ihm nicht nur der Gewalt wegen mein Geld geben, und kann ich ihm solches mit gutem Gewissen nicht entziehen, und unvermerkt auf die Seite bringen? Ein gespanntes Pistol in der Hand, womit man drohet, ist ja auch eine Gewalt.

Laßt uns demnach nur gestehen, daß die Gewalt kein Recht ausmachet, und daß man ihr nur alsdenn zu gehorchen verbunden, wenn sie rechtmäßig ist.

D. Von dem gesellschaftlichen Vertrag

(Der gesellschaftliche Vertrag ... Ausg. s. B.; Buch I, 6. Kapitel; S. 48–59)

Gliederung: (a) Bildung der Gemeinschaft zu gemeinsamer Überwindung von Hindernissen. (b) Aufgabe des Vertrages dieser Gemeinschaft: Jeden einzelnen in seiner Freiheit zu bewahren. (c) Die Grundlage dieses Vertrages: Jeder gibt für die Dauer des Vertrages seine persönliche Freiheit auf. (d) In der vollkommenen Gemeinschaft herrscht darum völlige Gleichheit. (e) Formulierung des Vertrages. (f) Der dadurch entstehende moralische Körper und seine verschiedenen Namen.

(a) Ich nehme hier an, daß die Menschen in ihrer natürlichen Freyheit so viele Hindernissen gefunden, die ihrer Erhaltung im Wege stehen, daß kein einzelner Mensch vermögend ist, sie zu hintertreiben. Dieser erste Stand der natürlichen Freyheit kann daher nicht bleiben, und das menschliche Geschlecht würde untergehen, wenn es denselben nicht veränderte. Wenn nun die Menschen sich keine neuen Kräfte geben, sondern nur diejenigen, die sie haben, vereinigen können: so haben sie kein andres Mittel sich zu erhalten übrig, als mit zusammengesetzten Kräften die Hindernisse und den Widerstand zu heben, solchergestalt das Werk durch eine einige Triebfeder zu bewegen, und in den Gang zu bringen.

(b) Diese Vereinigung der Kräfte muß durch viele Menschen erreichet werden. Da nun aber die Kraft und Freyheit eines jeglichen Menschen der erste Werkzeug seiner Erhaltung ist: wie muß man es anfangen, daß man die Vereinigung der Kräfte ohne Schaden, und Hintansetzung desjenigen, was sich ein Mensch selbst schuldig ist, erhalte? Die Schwierigkeit die sich hierbey findet, läßt sich in folgenden Worten vorstellen: ‹Es wird verlanget, die Gestalt einer gesellschaftlichen Vereinigung ausfündig zu machen, welche mit zusammengesetzten Kräften eine jegliche Person in der Gesellschaft, und deren Güter vertheidiget und beschützet, doch also, daß ein jeder der vereinigten sein eigener Herr und so frey bleibe, als vorhin›. Dieses ist die Aufgabe, die bey dem gesellschaftlichen Contract zum Grunde geleget, und aufgelöset werden soll.

(c) Die Bedingungen sind bey diesem Vertrage durch die Natur der Handlung solchergestalt bestimmet, daß die mindeste Einschränkung sie vergeblich und unkräftig machen würde. Daher sind sie auch, wenn sie sich schon vielleicht nirgends also verfasset, und wirklich ausgedrucket finden mögte, allenthalben die nehmlichen, stillschweigend dafür erkannt, und zugelassen, so lange bis der gesellschaftliche Vergleich übertreten wird, da ein jeder in seine vorigen Rechte und Freyheit zurück tritt, und diejenige verliert die er in dem Vergleich erhalten, als um welcher willen er jener entsaget hat.

Es ist hierbey wohl zu merken, daß sich diese Bedingungen hauptsächlich darauf beziehen, daß sich ein jeder von der Gesellschaft derselben gänzlich mit allen seinen Rechten überläst; und da dieses von einem jeglichen geschiehet: so sind sie hiermit einander alle gleich, und keiner hat Ursache, die übrigen mehr einzuschränken, und zu belästigen.

(d) Hierzu kommt noch dieses, daß die Vereinigung dadurch so vollkommen wird, als sie immer seyn kann, weil sich ein jeder der Gesellschaft ohne einige Ausnahme überläßt, und weiter nichts zurück fodern darf. Denn wenn einem einzelnen Mitgliede einiges Recht übrigbliebe, so würde ein jeglicher, der gewisser massen sein eigener Richter ist, gar bald verlangen in allem übrigen es zu seyn, da die Gesellschaft kein gemeinschaftliches Oberhaupt hat, welches den Streit zwischen ihr und den Gliedern schlichten könnte; der Stand der Natur würde mithin bleiben, und die Gesellschaft tyrannisch oder fruchtlos werden. Es folget endlich daraus, daß ein jeglicher sich der ganzen Gesellschaft, und niemanden besonders überläßt; und da ein jedes Mitglied wider das andre so viel Recht hat, als es demselben wider sich selbsten überläßt: so gewinnt man auf der einen Seite, was man auf der andren verliert, und verstärket dadurch die Macht dasjenige zu behalten, was man hat.

(e) Trennet man nun dasjenige von dem gesellschaftlichen Vertrage, was nicht zu seinen wesentlichen Eigenschaften nothwendig gehöret, so wird er folgendes Inhalts seyn: ‹Ein jeglicher unter uns unterwirft seine Person, und alle seine Gewalt der höchsten Verfügung eines allgemeinen Willens; und wir nehmen ein jegliches Mitglied in unsre Gemeinschaft als einen unzertrennlichen Theil des ganzen Cörpers.›

(f) An statt der einzelnen Personen, die den Vergleich eingehen, entstehet durch diese Gesellschafts-Errichtung ein moralischer Cörper der aus so vielen Gliedern zusammen gesetzet ist, als die Gesellschaft Stimmen hat; und der solchergestalt seine Einheit, sein gemeinschaftliches ich, sein Leben, und seinen Willen erhält. Diese durch die Vereinigung aller übrigen gebildete Person wurde vor diesem eine Gemeine, von den Lateinern aber Civitas genennet, und jetziger Zeit führet sie den Namen eines gemeinen Wesens oder Republik, welche ferner von ihren Gliedern in Ansehung derjenigen, die unter andern stehen, ein Staat; in Ansehung derer, die freye Gewalt haben, und regieren, eine

Oberherrschaft, und in Betrachtung ihres gleichen eine *Macht* genennet wird. Die ganze Gesellschaft zusammen genommen heißt man das Volk. Diese Wörter aber werden öfters vermenget, und das eine für das andre genommen; es ist also gut, daß man sie weis, wenn sie in ihrer genauen Bedeutung gesetzet werden.

E. DASS SICH DIE OBERHERRSCHAFT NICHT VERAEUSSERN LASSE

(Der gesellschaftliche Vertrag . . . Ausg. s. B.; Buch II, 1. Kapitel; S. 89–95)

Gliederung: (a) Ziel der Gemeinschaft: der allgemeine Nutzen. (b) Die Oberherrschaft als Ausübung des allgemeinen Willens ist unübertragbar. (c) Der Wille des Einzelnen und der allgemeine Wille. (d) Die rechten Verordnungen.

(a) Die erste und wichtigste Folge der Grundlehren, die wir in dem vorhergehenden vestgesetzet haben, ist diese, daß der allgemeine Wille allein die Gewalt des Staates zur Beförderung der gemeinschaftlichen Wohlfahrt, als der Absicht seiner Verfassung anwenden kann. Denn da sich die Menschen der Streitigkeiten wegen, die ihre besonderen Vortheile verursachen, genöthiget finden, das gesellschaftliche Leben zu errichten, und dadurch Ruhe und Frieden zu erhalten: so kann dieses nicht anders als durch die Vereinigung dieser besonderen Vortheile geschehen. Dadurch wird das Band der Gesellschaft bevestiget, als welches auf keine Weise möglich wäre, wo sich die besonderen Vortheile und Absichten der Menschen nicht vereinigen liessen; daher muß ein jeder Staat einig und allein nach solchen Gründen regieret werden, die den allgemeinen Nutzen beständig zum Endzwecke haben.

(b) Da nun die Oberherrschaft nichts anders ist, als die Ausübung des allgemeinen Willens der Gesellschaft welche die einzelnen Menschen, zusammen genommen ausmachen: so kann sie sich niemanden überlassen, noch durch jemand vorgestellet werden; die Gewalt kann man zwar einem andren auftragen, aber den Willen nicht.

(c) Und wenn es schon nicht unmöglich ist, daß sich der besondere Wille einiger Menschen in gewissen Stücken mit dem allgemeinen Willen der übrigen vereinige: so ist es doch zum wenigsten unmöglich, daß diese Vereinigung in der That beständig, und dauerhaft sey; weil der besondere Wille einzelner Menschen immer auf einen Vorzug vor andren, der allgemeine Wille aber auf die Gleichheit gehet. Noch unmöglicher aber ist es, daß man einen Gewährsmann eines solchen Vergleiches haben könne, wenn er sich auch schon beständig finden sollte; es wäre dieses vielmehr ein Werk des Glückes, als der Kunst. Die Oberherrschaft kann wohl sagen, ich will dasjenige wirklich, was dieser und jener Mensch will, oder was er zum wenigsten wollen soll: sie kann aber nicht sagen, dasjenige was dieser Mensch morgen wollen wird, werde ich alsdenn auch wollen; weil es unsinnig ist, daß sich der Wille auf das Zukünftige sollte fesseln lassen, und zu demjenigen verbinden, was seinem Wohl, das er beständig verlanget, entgegen ist. Wenn also das Volk schlechterdings verspricht, daß es gehorchen wolle: so zertrennet es sich durch diese Handlung, so verliert es die Eigenschaft eines Volkes, so bald es einen Herrn hat, so höret die Oberherrschaft auf, und der politische Cörper ist alsdann zerstöret.

(d) Doch will man hiermit nicht sagen, daß die Verordnungen der Häupter nicht für einen allgemeinen Willen gehalten werden könnten, so lange die Oberherrschaft, welche die Freyheit hat, sich dagegen zu setzen, es nicht thut. In dergleichen Fall muß man aus dem allgemeinen Stillschweigen, die Bewilligung des Volkes schließen, wie in dem folgenden weiter wird erläutert werden.

(Der gesellschaftliche Vertrag ... Ausg. s. B.; Buch II, 11. Kapitel; S. 276–321)

Gliederung: (a) Freiheit und Gleichheit sind die Grundlagen der Gesetzgebung. (b) Die Gleichheit. (c) Die Gleichheit ist stets von der Macht bedroht. (d) Anpassung der Gesetze an die speziellen Gegebenheiten des Landes. (e) Notwendigkeit, daß die Gesetze miteinander übereinstimmen.

(a) Wenn man wissen will, worin eigentlich das grösste Wohl bestehe, welches der Endzweck in allen Grundregeln der Gesetzgebung und deren Zusammenhange seyn soll: so wird man finden, daß es hierbey auf zwey Hauptstücke ankomme, nemlich auf die Freyheit, und auf die Gleichheit. Auf die Freyheit, weil alle besondere Einschränkung ein Abgang an der Macht des Staates ist; ohne Gleichheit aber keine Freyheit bestehen kann.

(b) Was die Freyheit sey, habe ich bereits schon gesaget; bey der Gleichheit aber muß man nicht verlangen, daß Macht und Reichthum ohne Unterschied gleich vertheilet werden soll; sondern nur darauf sehen, daß die Macht ohne alle Gewalt sey, und niemals anders als nach der Ordnung, und nach den Gesetzen ausgeübet werde; der Reichthum aber keinen Bürger in den Stand setzen könne, einen andren zu erkaufen; und daß niemand in die Nothwendigkeit sich zu verkaufen, gesetzet werden möge. Solchemnach wird von den Großen Mäßigung der Güter und des Ansehens, von den Geringern aber Mäßigung des Geizes und der Lüsternheit erfordert.

(c) Diese Gleichheit wird zwar für ein Hirngespinst gehalten, welches nur in der Einbildung besteht, und niemal zur Wirklichkeit gebracht werden kann. Wenn aber auch schon der Mißbrauch unvermeidlich ist: folget daraus, daß man ihn niemal einschränken müsse? Eben deswegen weil sich die Gewalt, die Gleichheit aufzuheben, immer vermehret, muß sich die Macht der Gesetze mehr bemühen, sie zu erhalten.

(d) Der allgemeine Gegenstand aber, womit sich eine jegliche gute Einrichtung beschäftiget, muß aus den Umständen eines jeden Landes genommen werden, die sich in der natürlichen Lage, und in der Beschaffenheit der Einwohner zeigen. Nach diesen Umständen soll eine jedwede Nation ihre eigene Verfassung und Gesetze haben, welche nicht so wohl an und vor sich selbst die besten sind, sich aber vor den Staat, der sie empfängt, am besten schicken. Wann zum Exempel der Boden schlecht und unfruchtbar, oder das Land für die Einwohner zu klein ist: so muß man sich durch Fleiß und Künste helfen, und, durch die verfertigten Dinge den Mangel ersetzen. Ist das Land platt und fruchtbar, die Anzahl der Einwohner aber gering: so ist die größte Vorsorge auf den Ackerbau, der die Vermehrung der Menschen befördert, und auf die Verbannung der Künste zu richten, welche das Land von seinen Einwohnern vollends entblößen, da sie die wenigen Menschen an einen Ort zusammen locken. Hat das Land lange und bequeme Ufer: so kann das Meer mit Schiffen bedecket, die Handlung und die Schiffahrt getrieben werden; man wird sich dadurch in einen glänzenden Zustand setzen, der von kurzer Dauer ist. Sind die Ufer mit steilen Felsen versehen, die man nicht ersteigen kann: so bleiben die Menschen wilde Fischfresser, und leben dabey ruhiger, vielleicht auch besser, und gewiß glückseliger. Mit einem Worte, ein jeglich Volk hat noch außer den allgemeinen Lebensregeln seine besondern Umstände und Gründe, wonach sich jene richten, und ein eigenes Gesetz erfodern, die ihm nur allein zukommen. So haben vor diesem die Hebräer, und in neuern Zeiten die Araber die Religion; die Athenienser die Wissenschaften; Tyrus und Carthago die Handlung, Rhodus die Schiffahrt, Rom die Tugenden zum Hauptgegenstande gehabt. Der Verfaßer des Werkes, *Esprit des loix* genannt, hat durch eine Menge der Exempel die Kunstgriffe gezeiget, deren sich ein Gesetzgeber bey seiner Einrichtung nach besondern Vorwürfen bedienet.

(e) Was aber die Verfaßung eines Staates recht veste und dauerhaft machet, besteht darin, daß in allen und jeden eine beständige Übereinstimmung beobachtet werde; daß die natürlichen Umstände und die Gesetze allezeit in den nehmlichen Puncten zusammen treffen, und daß diese jene nur sicher stellen, begleiten, und verbessern. Wann aber der Gesetzgeber nicht bey seinem Gegenstande bleibt, und andre Grundregeln annimmt, die der Natur der Sachen zuwider sind, so, daß ein Gesetz die Knechtschaft, das andre die Freyheit befördert; in dem einen der Reichthum, und in dem andren die Bevölkerung die Absicht ist; das eine auf die Erhaltung des Friedens, und das andre auf Eroberungen geht: so wird man sehen, daß die Gesetze nach und nach ihre Kraft verlieren; daß die Verfaßung sich ändert, und der Staat so lange erschüttert wird, bis er endlich eine neue Gestalt bekömmt, und die unüberwindliche Natur ihre Gewalt wiederum erlanget.

XI. DENIS DIDEROT (1713–1784)

GENIE

(Philosophische Schriften, übers. u. hrsg. v. TH. LÜCKE. 2 Bd., Aufbau-Verlag, Berlin 1961. Bd. I, S. 235–241; aus dem 7. Bd. der Encyclopédie, Paris 1757)

Gliederung: (a) Der gewöhnliche Mensch hat nur Empfindungen von den Gegenständen seines Bedürfnisses. (b) Das Genie empfängt von allen Gegenständen Empfindungen. (c) Die Einbildungskraft verstärkt die Erinnerung. (d) In der Erinnerung schaut das Genie und wird leidenschaftlich bewegt. (e) Das Genie interpretiert die Gegenstände, von denen es bewegt wird. (f) Es findet das treffende Wort, das kühne Bild. (g) Die Wirkung der Einbildungskraft. (h) Das Genie und das Anmutige. (i) Das Genie und das Lächerliche. (k) Das Geniale und Erhabene ist nicht das Geschmackvolle. (l) Das Genie verletzt die Regeln, um zu bewegen. (m) Das Genie kann sich dem systematischen Schritt der Philosophie nicht bequemen. (n) Das hingegebene Forschen des Genies. (o) Das Genie ist ergriffen und begeistert. (p) Wahr und unwahr sind keine Kriterien des Genies. (q) Der Nutzen für die Philosophie: Entdeckung des Prinzips, nicht Verfolgung seiner Konsequenzen. (r) Das Genie kann Staaten gründen oder stürzen, nicht aber regieren. (s) Die Gefahr der Einbildungskraft des Genies für die Politik. (t) Im Krieg und im Rat nützt das Genie durch die Erkenntnis des Augenblicks. (u) Das Genie verwandelt die Welt.

(a) Geistige Weite, Einbildungskraft und seelische Regsamkeit: all das zusammen bedeutet *Genie*. Von der Weise, wie man seine Ideen empfängt, hängt die Weise ab, wie man sie sich ins Gedächtnis zurückruft. Der in die Welt geworfene Mensch empfängt mit mehr oder weniger lebhaften Empfindungen Ideen von allen Dingen. Die meisten Menschen bekommen lebhafte Empfindungen nur durch den Eindruck von den Gegenständen, die eine unmittelbare Beziehung zu ihren Bedürfnissen, ihrer Neigung usw. haben. Alles, was ihren Leidenschaften fremd ist, und alles, was ihrer Daseinsweise nicht verwandt ist, wird von ihnen entweder gar nicht wahrgenommen oder nur einen Augenblick gesehen, aber nicht empfunden, und dann für immer vergessen.

(b) *Genial* ist der Mensch, dessen Seele die größte Weite hat, also von allen Dingen Empfindungen erfährt, Anteil an allem nimmt, was in der Natur existiert, und deshalb keine Idee empfängt, ohne daß in der Seele ein Gefühl geweckt wird. Alles belebt die Seele und bleibt darin bewahrt.

(c) Ist die Seele vom Gegenstand selbst affiziert worden, so wird sie auch durch die Erinnerung an ihn affiziert. Beim *genialen* Menschen aber geht die Einbildungskraft darüber hinaus: er erinnert sich der Ideen mit einem Gefühl, das lebhafter ist als dasjenige, das er beim Empfangen der Ideen hatte, weil sich mit diesen Ideen tausend andere verbinden, die noch geeigneter sind, das Gefühl hervorzurufen.

(d) Ist das *Genie* von Gegenständen umgeben, mit denen es sich beschäftigt, so erinnert es sich nicht, sondern schaut; doch beschränkt es sich nicht auf das Schauen, sondern wird dadurch bewegt. In der Stille und Dunkelheit des Arbeitszimmers genießt es den Anblick einer lachenden und fruchtbaren Landschaft, wird es eiskalt vom Heulen des Sturmes, wird es heiß unter der glühenden Sonne, erschrickt es vor dem Unwetter. Die Seele gefällt sich oft in solchen plötzlichen Affektionen; sie bereiten ihr ein Vergnügen, das ihr köstlich erscheint; sie gibt sich allem hin, was dieses Vergnügen steigern kann; sie möchte den Phantomen, die ihr Werk sind und die sie entzücken oder belustigen, Gestalt durch echte Farben und unauslöschliche Umrisse geben.

(e) Wenn sie einige dieser Gegenstände, die sie bewegen, malen will, so verlieren die Dinge manchmal ihre Mängel. In ihre Bilder geht nur das Erhabene und Erfreuliche ein. In diesem Fall malt das *Genie* nur das Schöne. Ein andermal sieht die Seele in tragischen Ereignissen nur die schrecklichsten Umstände, und in diesem Augenblick verteilt das *Genie* die düstersten Farben, die wirkungsvollsten Ausdrücke der Klage und des Schmerzes, beseelt dadurch den Gegenstand und färbt den Gedanken. In der glühenden Begeisterung beherrscht es nicht mehr die Natur und Folgerichtigkeit seiner Ideen; es wird in die Lage der Personen versetzt, die es handeln läßt, und nimmt dabei ihren Charakter an. Wenn es im höchsten Grade heroische Leidenschaften empfindet, so zum Beispiel die Zuversicht einer großen Seele, die das Gefühl ihrer eigenen Kräfte über jede Gefahr erhebt, oder die bis zur Selbstvergessenheit gesteigerte Vaterlandsliebe, dann bringt es das Erhabene hervor: den Ausruf der Medea: ‹Ich habe es getan›, den Ausspruch des greisen Horatius: ‹Er sterbe ...›, die Erklärung des Brutus: ‹Konsul bin *ich*!› Wird das *Genie* von anderen Leidenschaften hingerissen, so läßt es die Hermione fragen: ‹Wer hat dir das verraten?› oder den Orosman sagen: ‹Ich ward geliebt› oder den Thyestes ausrufen: ‹Ich erkenne meinen Bruder!›

(f) Diese Begeisterungsfähigkeit gibt das sachgemäße Wort ein, wenn es kraftvoll ist; oft opfert sie es auch kühnen Bildern; sie inspiriert zum täuschenden Wohlklang, zu Vergleichen aller Art, zu lebhaftesten Zeichen und zu täuschenden Lauten ebensooft wie zu charakteristischen Worten.

(g) Die Einbildungskraft nimmt verschiedene Formen an; sie verleiht diesen Formen verschiedene Eigenschaften, die den Charakter der Seele formen. Manche Leidenschaften, die Mannigfaltigkeit der Umstände, gewisse Eigenschaften des Geistes geben der Einbildungskraft eine besondere Richtung; die Seele erinnert sich aber nicht aller ihrer Ideen mit Gefühl, weil nicht immer Beziehungen zwischen ihr und den Dingen bestehen.

(h) Das *Genie* ist nicht immer *Genie*. Manchmal ist es eher liebenswürdig als erhaben; es empfindet dabei an den Gegenständen weniger das Schöne als das Anmutige und malt das Anmutige. Es empfindet weniger Entzückung als sanfte Rührung und läßt diese nachempfinden.

(i) Zuweilen ist im *genialen* Menschen die Einbildungskraft auf das Heitere eingestellt; dann beschäftigt sie sich mit kleinen menschlichen Schwächen, gewöhnlichen Fehlern und Torheiten. Das Gegenteil der Ordnung erscheint ihr nur lächerlich, aber auf so neue Weise, als ob der Blick des *Genies* das Lächerliche in den Gegenstand gebracht hätte, obgleich er es an diesem doch nur entdeckt. Die auf das Heitere eingestellte Einbildungskraft des *Genies* erweitert den Bereich des Lächerlichen, und während die Menge es in all dem erblickt und empfindet, was die bestehenden Bräuche verletzt, entdeckt und empfindet das *Genie* es in dem, was die Weltordnung verletzt.

(k) Der Geschmack ist oft getrennt vom *Genie*. Das *Genie* ist ein reines Geschenk der Natur. Was es hervorbringt, ist das Werk eines Augenblicks. Der Geschmack dagegen ist das Produkt des Studiums und der Zeit; er legt Wert auf die Kenntnis einer Menge von feststehenden oder vorausgesetzten Regeln; er bringt nur Schönes hervor, das herkömmlich ist. Soll eine Sache schön nach den Regeln des Geschmackes sein, so muß sie geschliffen, vollendet, ausgearbeitet sein, ohne so zu scheinen. Soll sie *genial* sein, so muß sie zuweilen nachlässig sein und unregelmäßig, zerklüftet, wild aussehen. Das Erhabene und das Geniale blitzen bei SHAKESPEARE wie in tiefer Nacht auf; doch RACINE ist immer schön, HOMER reich an *Genie* und VIRGIL reich an Anmut.

(l) Die Regeln und Gesetze des Geschmacks würden dem *Genie* Fesseln anlegen; es sprengt sie, um sich zum Erhabenen, zum Ergreifenden, zum Großartigen aufzuschwingen. Die Liebe zu diesem Ewigschönen, das so bezeichnend für die Natur ist, und das leidenschaftliche Verlangen, die eigenen Bilder irgendeinem Modell anzugleichen, das sich das *Genie* geschaffen hat und mit dem seine Ideen und Gefühle des Schönen in Einklang stehen, bilden den Geschmack des Mannes von *Genie*. Das Bedürfnis nach dem Ausdruck der Leidenschaften, die ihn bewegen, wird durch die Gesetze der Sprache und durch die Sitte fortwährend gehemmt. Oft sträubt sich die Sprache, in der er schreibt, gegen den Ausdruck eines Bildes, das in einer anderen Sprache erhaben wäre. HOMER konnte nicht in einer einzigen Mundart die notwendigen Ausdrücke für sein *Genie* finden; MILTON verletzt in jedem Augenblick die Regeln seiner Sprache und sucht nach wirkungsvollen Ausdrücken in drei oder vier anderen Sprachen. Kurz: Kraft und Fülle, irgend etwas Schroffes, das Unregelmäßige, das Erhabene, das Ergreifende, das alles ist in den Künsten charakteristisch für das *Genie*. Es rührt nicht oberflächlich, es gefällt nicht, ohne Erstaunen hervorzurufen, und erregt auch Erstaunen durch seine Fehler.

(m) In der Philosophie, in der man vielleicht immer strenge Aufmerksamkeit, Zurückhaltung und Überlegung üben muß – Dinge, die sich mit glühender Einbildungskraft kaum vereinbaren, geschweige denn mit der Zuversicht, die das *Genie* gibt –, ist der Weg des *Genies* ebenso eigenartig wie in den Künsten: es verbreitet in ihr häufig glänzende Irrtümer, erzielt zuweilen aber auch große Erfolge. In der Philosophie muß man das Wahre emsig suchen und es geduldig erwarten. Da braucht man Menschen, die Herr über die Ordnung und Aufeinanderfolge ihrer Ideen sind und ihre Kette verfolgen oder unterbrechen können, um zu folgern oder zu zweifeln; da bedarf es der Forschung, der Erörterung, der Bedächtigkeit, und solche Eigenschaften besitzt man weder im Aufruhr der Leidenschaften noch im Ungestüm der Einbildungskraft. Eigentümlich sind sie dem forschenden Geist, der sich beherrscht und keine Wahrnehmung empfängt, ohne sie mit einer anderen Wahrnehmung zu vergleichen; der das sucht, was verschiedene Gegenstände gemeinsam haben, und das, was sie voneinander unterscheidet; der Schritt für Schritt einen großen Zwischenraum durchmißt, um weit auseinanderliegende Ideen in Zusammenhang zu bringen; der einen besonderen Gegenstand aus der Menge der gleich- oder verschiedenartigen Gegenstände herauszugreifen versteht, um die besonderen, feinen, flüchtigen Verbindungen zwischen einigen verwandten Ideen oder deren Gegensatz und Kontrast zu erfassen; der gleichsam ein Mikroskop auf einen unsichtbaren Punkt einstellt und irgend etwas erst dann genau gesehen zu haben glaubt, wenn er es lange betrachtet hat. Solche Menschen gehen von Beobachtungen zu Beobachtungen über, kommen zu richtigen Folgerungen und finden nur natürliche Analogien. Die Wißbegierde ist ihr Antrieb, die

Wahrheitsliebe ihre Leidenschaft; der Wunsch nach der Entdeckung des Wahren ist bei ihnen ein beständiger Wille, der sie beseelt, ohne sie zu erhitzen, und ihren Gang lenkt, dessen Richtigkeit die Erfahrung bestätigen muß.

(n) Auf das *Genie* wirkt alles ein, und wenn es nicht sofort seinen Gedanken ganz hingegeben ist und von der Begeisterung überwältigt wird, forscht es sozusagen, ohne sich dessen bewußt zu sein. Durch die Eindrücke, die ihm die Gegenstände machen, wird es genötigt, sich unaufhörlich mit Kenntnissen zu bereichern, die es nichts gekostet haben. Es wirft allgemeine Blicke auf die Natur und dringt in ihre Abgründe ein. Es sammelt in seinem Schoß unsichtbare Keime, die unbemerkt in diesen eingehen und im Laufe der Zeit so überraschende Wirkungen hervorbringen, daß es selbst in die Versuchung kommt, sich für inspiriert zu halten; dennoch hat es Freude an Beobachtungen, beobachtet aber im Nu einen großen Raum und eine Vielzahl von Dingen.

(o) Die Bewegung, die sein natürlicher Zustand ist, ist zuweilen so sanft, daß es sie kaum bemerkt. Meistens ruft diese Bewegung jedoch Stürme hervor, und das *Genie* wird eher von einem reißenden Strom von Ideen ergriffen, als daß es freiwillig ruhigen Betrachtungen nachhängt. Bei dem Menschen, den die Einbildungskraft beherrscht, werden die Ideen durch die Umstände und durch das Gefühl verbunden: er sieht abstrakte Ideen oft nur in ihrer Beziehung zu sinnlichen Ideen. Er gibt den Abstraktionen ein eigenes Dasein, unabhängig von dem Geist, der sie gebildet hat; er verleiht seinen Phantomen Gestalt, seine Begeisterung wächst beim Anblick der eigenen Schöpfungen, das heißt seiner neuen Kombinationen, dieser einzigartigen Schöpfungen des Menschen. Da er vom Strom seiner Gedanken fortgerissen wird, ganz in der Möglichkeit aufgeht, sie zu verbinden, und zum Schaffen genötigt wird, findet er tausend blendende Beweise und kann sich doch von keinem überzeugen. Er errichtet kühne Gebäude, in denen die Vernunft gewiß nicht wohnen möchte und die ihm durch ihre riesigen Ausmaße, nicht aber durch Festigkeit gefallen. Er bewundert seine Systeme, wie er den Entwurf einer Dichtung bewundern würde; er nimmt sie als schöne Systeme an und bildet sich dabei ein, er liebe sie als wahre Systeme.

(p) Das Wahre oder das Unwahre in philosophischen Erzeugnissen ist kein Unterscheidungsmerkmal für das *Genie*.

Es gibt sehr wenig Irrtümer bei LOCKE und zu wenig Wahrheiten bei SHAFTESBURY: der erste ist allerdings, nur ein umfassender, durchdringender und richtig urteilender Geist, der zweite dagegen ein außergewöhnliches *Genie*. LOCKE hat beobachtet, SHAFTESBURY geschaffen, gebaut und erbaut. Wir verdanken LOCKE große, kühl erkannte, methodisch verfolgte, nüchtern verkündete Wahrheiten und SHAFTESBURY glänzende, oft kaum begründete, aber an erhabenen Wahrheiten reiche Systeme. Selbst in den Momenten seines Irrtums gefällt und bezwingt er noch durch den Zauber seiner Beredsamkeit.

(q) Das *Genie* beschleunigt indes die Fortschritte der Philosophie durch die glücklichsten und am wenigsten erwarteten Entdeckungen. Mit Adlerflug erhebt es sich zu einer leuchtenden Wahrheit, einer Quelle von tausend Wahrheiten, zu denen später die vorsichtige Menge der klugen Beobachter gewissermaßen auf allen vieren gelangt. Aber neben dieser leuchtenden Wahrheit errichtet das *Genie* die Gebäude seiner Einbildungskraft: es ist nicht fähig, den vorgeschriebenen Weg zu gehen und alle Etappen Schritt für Schritt zurückzulegen, sondern es geht von einem Punkt aus und stürmt auf das Ziel los; es entreißt der Finsternis ein fruchtbares Prinzip, verfolgt aber selten die Kette der Konsequenzen; es ist, um einen Ausdruck MONTAIGNES zu gebrauchen, ‹sprunghaft›. Es stellt sich mehr vor, als es gesehen hat, bringt mehr hervor, als es entdeckt, und reißt mehr mit, als es führt. *Genie* hat Menschen wie PLATON, DESCARTES, MALEBRANCHE, BACON, LEIBNIZ beseelt. Je nachdem bei diesen großen Männern die Einbildungskraft mehr oder weniger vorherrschte, brachte es glänzende Systeme hervor oder führte zur Entdeckung großer Wahrheiten.

(r) In der unermeßlichen, noch nicht ergründeten Wissenschaft von der Regierung sind der Charakter und die Wirkungen des *Genies* ebenso leicht zu erkennen wie in den Künsten und in der Philosophie. Doch ich bezweifle, ob das *Genie*, das so oft erfaßt hat, auf welche Weise die Menschen in gewissen Zeiten geführt werden müssen, selbst fähig ist, sie zu führen. Gewisse Eigenschaften des Geistes sowie gewisse Eigenschaften des Herzens hängen mit gewissen anderen zusammen und schließen fernere aus. Alles an den großen Männern zeigt auch Schwächen oder Grenzen an.

Ist die Kaltblütigkeit, diese Eigenschaft, die für die Regierenden so notwendig ist – und ohne die man nur selten die Mittel auf die Umstände richtig anwenden könnte, Inkonsequenzen unterworfen wäre und keine Geistesgegenwart hätte: ist die Kaltblütigkeit, die die Tätigkeit der Seele ja der Vernunft unterwirft und uns bei allen Ereignissen vor Furcht, Trunkenheit, Überstürzung bewahrt, nicht eine Eigenschaft, die in den von der Einbildungskraft beherrschten Menschen nicht bestehen kann? Widerspricht diese Eigenschaft nicht unbedingt dem *Genie*? Dieses hat seine Quelle in einer außerordentlichen Sensibilität, die es empfänglich für eine Menge neuer Eindrücke macht, durch die es von seiner Hauptabsicht abgelenkt und zwangsläufig so weit gebracht werden kann, daß es das Geheimnis verletzt, die Gesetze der Vernunft überschreitet und durch die Ungleichmäßigkeit seiner Haltung die Macht verspielt, die es durch überlegene Einsicht hätte gewinnen können. Die Männer von *Genie*, die nicht umhinkönnen, alles zu empfinden, die durch ihre Neigungen und Abneigungen bestimmt und durch tausend Gegenstände abgelenkt werden, die zu viel ahnen, aber zu wenig voraussehen, die ihre Wünsche und Hoffnungen maßlos übertreiben und unaufhörlich etwas zur Wirklichkeit der Dinge hinzufügen oder etwas von ihr wegnehmen, erscheinen mir eher dazu geschaffen, Staaten zu stürzen oder zu gründen, als sie zu erhalten, und auch mehr dazu, die Ordnung wiederherzustellen, als sie zu befolgen.

(s) Bei den Staatsgeschäften wird das *Genie* durch die Umstände, die Gesetze und die Sitten nicht mehr gefesselt als in den schönen Künsten durch die Regeln des Geschmacks und in der Philosophie durch die Methode. Es gibt Augenblicke, in denen das *Genie* sein Vaterland rettet, obgleich es, wenn es die Macht behielte, dieses später wieder zugrunde richten würde. In der Politik sind Systeme gefährlicher als in der Philosophie: die Einbildungskraft, die den Philosophen irreführt, verleitet ihn nur zu Irrtümern; aber die Einbildungskraft, die den Staatsmann irreführt, verleitet ihn dazu, schwere Fehler zu begehen und die Menschen unglücklich zu machen.

(t) Im Krieg und im Staatsrat möge das *Genie*, gleich der Gottheit, die Vielzahl der Möglichkeiten schnell überblicken, die beste erkennen und sie verwirklichen; doch soll es nicht lange die Staatsgeschäfte führen, bei denen Aufmerksamkeit, Findigkeit und Beharrlichkeit notwendig sind. Mögen ALEXANDER und CONDÉ am Tage der Schlacht die Lage meistern und inspiriert erscheinen in den Momenten, in denen die Zeit für die Überlegung fehlt und der erste Gedanke der beste sein muß. Mögen sie entscheiden in den Augenblicken, in denen es darauf ankommt, die Beziehungen zwischen einer Stellung und einer Bewegung der eigenen Streitkräfte, die Lage des Feindes und das Ziel, das man sich setzt, mit einem Blick zu erkennen. TURENNE und MARLBOROUGH sollen ihnen jedoch vorgezogen werden, wenn es gilt, die Operationen eines ganzen Feldzuges zu leiten.

(u) In den Künsten, den Wissenschaften und den Staatsgeschäften scheint das *Genie* die Natur der Dinge zu ändern; sein Charakter überträgt sich auf alles, was es anpackt, und seine weit über das Vergangene und das Gegenwärtige hinausgehende Einsicht erhellt die Zukunft; es eilt seinem Jahrhundert voraus, da es ihm nicht zu folgen vermag; es läßt den Geist hinter sich, der es mit Recht kritisiert, aber in seinem gleichmäßigen Gang nie aus der Einförmigkeit der Natur herauskommt. Das *Genie* wird von dem Menschen, der es definieren will, besser empfunden als erkannt. Es sollte selbst sprechen. Und dieser Artikel, den vielleicht nicht ich hätte schreiben sollen, müßte das Werk eines jener außergewöhnlichen Menschen sein, der unserem Jahrhundert Ehre macht und der, um das *Genie* zu erkennen, nur sich selbst zu betrachten braucht.

XII. GOTTHOLD EPHRAIM LESSING (1729–1781)

A. Das Christentum der Vernunft

(Lessings Philosophie, Denkmäler aus der Zeit des Kampfes zwischen Aufklärung und Humanität in der deutschen Geistesbildung, hrsg. v. P. Lorentz. Philos. Bibl. Bd. 119, Leipzig 1909, S. 34–37)

Gliederung: 1–4. Gott, der Vollkommene, denkt sich selbst als die Vollkommenheit. 5–8. Gott denkt sich in seiner Vollkommenheit: der Sohn Gottes. 9–12. Die Harmonie zwischen denkender Vollkommenheit und gedachter Vollkommenheit: der Geist Gottes. 13–15. Gott dachte seine Vollkommenheit zerteilt: die Welt. 16–17. Die Stufenordnung der Welt als Folge dieses Denkens. 18–20. Unendlichkeit, Einfachheit und Harmonie der Welt. 21–27. Das moralische Wesen in seiner Gottähnlichkeit.

§ 1.

Das einzige vollkommenste Wesen hat sich von Ewigkeit her mit nichts als mit der Betrachtung des Vollkommensten beschäftigen können.

§ 2.

Das Vollkommenste ist er selbst; und also hat Gott von Ewigkeit her nur sich selbst denken können.

§ 3.

Vorstellen, Wollen und Schaffen ist bei Gott eines. Man kann also sagen: Alles, was sich Gott vorstellet, alles das schafft er auch.

§ 4.

Gott kann sich nur auf zweierlei Art denken; entweder er denkt alle seine Vollkommenheiten auf einmal und sich als den Inbegriff derselben, oder er denkt seine Vollkommenheiten zerteilt, eine von der andern abgesondert und jede von sich selbst nach Graden abgeteilt.

§ 5.

Gott dachte sich von Ewigkeit her in aller seiner Vollkommenheit; das ist: Gott schuf sich von Ewigkeit her ein Wesen, welchem keine Vollkommenheit mangelte, die er selbst besaß.

§ 6.

Dieses Wesen nennt die Schrift den *Sohn Gottes* oder, welches noch besser sein würde, den *Sohn Gott*. Einen *Gott*, weil ihm keine von den Eigenschaften fehlt, die Gott zukommen. Einen *Sohn*, weil unserm Begriffe nach dasjenige, was sich etwas vorstellt, vor der Vorstellung eine gewisse Priorität zu haben scheint.

§ 7.

Dieses Wesen ist Gott selbst und von Gott nicht zu unterscheiden, weil man es denkt, sobald man Gott denkt, und es ohne Gott nicht denken kann; das ist, weil man Gott ohne Gott nicht denken kann, oder weil das kein Gott sein würde, dem man die Vorstellung seiner selbst nehmen wollte.

§ 8.

Man kann dieses Wesen ein Bild Gottes nennen, aber ein identisches Bild.

§ 9.

Je mehr zwei Dinge miteinander gemein haben, desto größer ist die Harmonie zwischen ihnen. Die größte Harmonie muß also zwischen zwei Dingen sein, welche alles miteinander gemein haben, das ist zwischen zwei Dingen, welche zusammen nur eines sind.

§ 10.

Zwei solche Dinge sind Gott und der Sohn Gott oder das identische Bild Gottes; und die Harmonie, welche zwischen ihnen ist, nennt die Schrift den *Geist, welcher vom Vater und Sohn ausgehet.*

§ 11.

In dieser Harmonie ist alles, was in dem Vater ist, und also auch alles, was in dem Sohne ist; diese Harmonie ist also Gott.

§ 12.

Diese Harmonie ist aber so Gott, daß sie nicht Gott sein würde, wenn der Vater nicht Gott und der Sohn nicht Gott wären, und daß beide nicht Gott sein könnten, wenn diese Harmonie nicht wäre, das ist: *alle drei sind eines.*

§ 13.

Gott dachte seine Vollkommenheiten zerteilt, das ist: er schaffte Wesen, wovon jedes etwas von seinen Vollkommenheiten hat; denn, um es nochmals zu wiederholen, jeder Gedanke ist bei Gott eine Schöpfung.

§ 14.

Alle diese Wesen zusammen heißen die Welt.

§ 15.

Gott könnte seine Vollkommenheiten auf unendliche Arten zerteilt denken; es könnten also unendlich viel Welten möglich sein, wenn Gott nicht allezeit das Vollkommenste dächte und also auch unter diesen Arten die vollkommenste Art gedacht und dadurch wirklich gemacht hätte.

§ 16.

Die vollkommenste Art, seine Vollkommenheiten zerteilt zu denken, ist diejenige, wenn man sie nach unendlichen Graden des Mehrern und Wenigern, welche so auf einander folgen, daß nirgends ein Sprung oder eine Lücke zwischen ihnen ist, zerteilt denkt.

§ 17.

Nach solchen Graden also müssen die Wesen in dieser Welt geordnet sein. Sie müssen eine Reihe ausmachen, in welcher jedes Glied alles dasjenige enthält, was die untern Glieder enthalten, und noch etwas mehr; welches etwas mehr aber nie die letzte Grenze erreicht.

§ 18.

Eine solche Reihe muß eine unendliche Reihe sein, und in diesem Verstande ist die Unendlichkeit der Welt unwidersprechlich.

§ 19.

Gott schafft nichts als einfache Wesen, und das Zusammengesetzte ist nichts als eine Folge seiner Schöpfung.

§ 20.

Da jedes von diesen einfachen Wesen etwas hat, welches die andern haben, und keines etwas haben kann, welches die andern nicht hätten, so muß unter diesen einfachen Wesen eine Harmonie sein, aus welcher Harmonie alles zu erklären ist, was unter ihnen überhaupt, das ist in der Welt, vorgehet.

§ 21.

Bis hierher wird einst ein glücklicher Christ das Gebiete der Naturlehre erstrecken, doch erst nach langen Jahrhunderten, wenn man alle Erscheinungen in der Natur wird ergründet haben, so daß nichts mehr übrig ist, als sie auf ihre wahre Quelle zurückzuführen.

§ 22.

Da diese einfache Wesen gleichsam eingeschränkte Götter sind, so müssen auch ihre Vollkommenheiten den Vollkommenheiten Gottes ähnlich sein, so wie Teile dem Ganzen.

§ 23.

Zu den Vollkommenheiten Gottes gehöret auch dieses, daß er sich seiner Vollkommenheit bewußt ist, und dieses, daß er seinen Vollkommenheiten gemäß handeln kann; beide sind gleichsam das Siegel seiner Vollkommenheiten.

§ 24.

Mit den verschiedenen Graden seiner Vollkommenheiten müssen also auch verschiedene Grade des Bewußtseins dieser Vollkommenheiten und der Vermögenheit, denselben gemäß zu handeln, verbunden sein.

§ 25.

Wesen, welche Vollkommenheiten haben, sich ihrer Vollkommenheiten bewußt sind und das Vermögen besitzen, ihnen gemäß zu handeln, heißen *moralische Wesen*, das ist solche, welche einem Gesetze folgen können.

§ 26.

Dieses Gesetz ist aus ihrer eigenen Natur genommen und kann kein anders sein, als: *Handle deinen individualischen Vollkommenheiten gemäß!*

§ 27.

Da in der Reihe der Wesen unmöglich ein Sprung stattfinden kann, so müssen auch solche Wesen existieren, welche sich ihrer Vollkommenheiten nicht deutlich genug bewußt sind, – – –

B. Über die Entstehung der geoffenbarten Religion

(Lessings Philosophie ... Ausg. s. A.; S. 38–39)

Gliederung: 1–3. Die natürliche Religion eines jeden Menschen. 4–6. Notwendigkeit einer positiven Religion der menschlichen Gemeinschaft. 7–10. Wahrheit und Falschheit jeder positiven Religion. 11. Die beste positive Religion.

§ 1.

Einen Gott erkennen, sich die würdigsten Begriffe von ihm zu machen suchen, auf diese würdigsten Begriffe bei allen unsern Handlungen und Gedanken Rücksicht nehmen, ist der vollständigste Inbegriff aller natürlichen Religion.

§ 2.

Zu dieser natürlichen Religion ist ein jeder Mensch, nach dem Maße seiner Kräfte, aufgelegt und verbunden.

§ 3.

Da aber dieses Maß bei jedem Menschen verschieden, und sonach auch eines jeden Menschen natürliche Religion verschieden sein würde, so hat man dem Nachteile, welchen diese Verschiedenheit, nicht in dem Stande der natürlichen Freiheit des Menschen, sondern in dem Stande seiner bürgerlichen Verbindung mit andern hervorbringen konnte, vorbauen zu müssen geglaubt.

§ 4.

Das ist: sobald man auch die Religion gemeinschaftlich zu machen für gut erkannte, mußte man sich über gewisse Dinge und Begriffe vereinigen und diesen konventionellen Dingen und Begriffen eben die Wichtigkeit und Notwendigkeit *beilegen*, welche die natürlich erkannten Religionswahrheiten *durch sich selber hatten.*

§ 5.

Das ist: man mußte aus der Religion der Natur, welche einer allgemeinen gleichartigen Ausübung unter Menschen nicht fähig war, eine positive Religion bauen, so wie man aus dem Rechte der Natur aus der nämlichen Ursache ein positives Recht gebauet hatte.

§ 6.

Diese positive Religion erhielt ihre Sanktion durch das Ansehen ihres Stifters, welcher vorgab, daß das Konventionelle derselben ebenso gewiß von Gott komme, nur mittelbar durch ihn, als das Wesentliche derselben unmittelbar durch eines jeden Vernunft.

§ 7.

Die Unentbehrlichkeit einer positiven Religion, vermöge welcher die natürliche Religion in jedem Staate nach dessen natürlicher und zufälliger Beschaffenheit modifiziert wird, nenne ich die innere Wahrheit derselben, und diese innere Wahrheit derselben ist bei einer so groß als bei der andern.

§ 8.

Alle positiven und geoffenbarten Religionen sind folglich gleich wahr und gleich falsch.

§ 9.

Gleich wahr, insofern es überall gleich notwendig gewesen ist, sich über verschiedene Dinge zu vergleichen, um Übereinstimmung und Einigkeit in der öffentlichen Religion hervorzubringen.

§ 10.

Gleich falsch, indem nicht sowohl das, worüber man sich verglichen, neben dem Wesentlichen besteht, sondern das Wesentliche schwächt und verdrängt.

§ 11.

Die beste geoffenbarte oder positive Religion ist die, welche die wenigsten konventionellen Zusätze zur natürlichen Religion enthält, die guten Wirkungen der natürlichen Religion am wenigsten einschränkt – – –

XIII. MOSES MENDELSSOHN (1729–1786)

A. Schönheit ist die deutliche Wahrnehmung aller Teile eines Ganzen

(Über die Empfindungen [In Briefen zwischen Palemon und Euphranor]. Gesammelte Schriften, Jubiläumsausgabe. Bd. I: Schriften zur Philosophie und Ästhetik I, bearb. v. F. Bamberger. Akademie Verlag, Berlin 1929. 3. Brief: Palemon an Euphranor, S. 50–53)

Gliederung: (Titel aus der Originalausgabe) (a) Warum sich weder völlig deutliche noch völlig dunkele Begriffe mit dem Gefühle der Schönheit vertragen. (b) Klarheit der Vorstellung befördert das Vergnügen. (c) Nützliche Vorbereitungen zu dem Genusse eines Vergnügens. (d) Erklärung einer Stelle in Aristoteles' Dichtkunst. (e) Betrachtung des Weltgebäudes aus zwey verschiedenen Gesichtspunkten.

(a) Die Warheit stehet fest, kein deutlicher auch kein völlig dunkler Begrif, verträgt sich mit dem Gefühle der Schönheit. Jener, weil unsere eingeschränkte Seele keine Mannigfaltigkeit auf einmal deutlich zu fassen, vermag. Sie muß nothwendig ihre Aufmerksamkeit von dem Gantzen gleichsam abziehen, und einen Theil des Gegenstandes nach dem andern überdenken. Dieser hingegen, weil die Mannigfaltigkeit des Gegenstandes in seine Dunkelheit gleichsam verhüllt, und unsrer Wahrnehmung entzogen wird.

(b) Zwischen den Grentzen der Klarheit müssen also alle Begriffe der Schönheit eingeschlossen seyn. Ja noch mehr; je klärer die Vorstellung des schönen Gegenstandes, desto lebhafter die Empfindung, desto feueriger das Vergnügen, das daraus entspringt. Eine klärere Vorstellung läßt uns eine grössere Mannigfaltigkeit, mehrere Verhältnisse des Mannigfaltigen gegen einander wahrnehmen. Lauter Quellen der Lust!

(c) Höre nun, edler Jüngling! wie ich mich zu dem Genusse eines Vergnügens vorbereite. Ich betrachte den Gegenstand des Vergnügens, ich überdenke alle seine Theile, und bestrebe mich sie deutlich zu fassen. Alsdenn richte ich meine Achtsamkeit auf ihre allgemeine Beziehung; ich schwinge mich von den Theilen zum Gantzen. Die besonderen deutlichen Begriffe weichen gleichsam in eine dunkele Ferne zurück. Sie wirken alle auf mich, aber sie wirken in einem solchen Ebenmasse und Verhältniß gegen einander, daß nur das Gantze aus ihnen gleichsam hervorstrahlt, und mein Überdenken hat mir die Mannigfaltigkeit nur faßlicher gemacht.

(d) Der weise Stagirit eignet einer jeden Schönheit bestimmte Grentzen der Grösse zu, und behauptet, daß sie diesen Namen nicht mehr verdienet, wenn sie die Grentzen entweder überschreitet, oder nicht erreicht. Seine Ausleger haben hierinn unsägliche Schwierigkeiten gefunden. Die gantze Welt, schlossen sie, muß nach diesem Grundsatze aufhören schön zu seyn; und wer will dieses behaupten?

Allein dieses unermeßliche All ist kein sichtbar schöner Gegenstand. Nichts verdienet diesen Namen, das nicht auf einmal klar in unsere Sinne fällt. Daher sagt man nur alsdenn, das Weltgebäude sey schön, wenn die Einbildungskraft seine Haupttheile, in eben dem vortreflichen Ebenmasse ordnet, wie Vernunft und Wahrnehmung lehren, daß sie ausser uns geordnet sind. Geschiehet dieses; so nimt man nur die allgemeinen Verhältnisse der Welttheile zum Gantzen wahr, und die Schönheit erlangt in der Einbildung die erforderliche Grösse, die ihr in der Natur fehlet.

Die Einbildungskraft kann eine jede Schönheit zwischen die gehörigen Grentzen gleichsam einschränken, indem sie die Theile des Gegenstandes so lange erweitert, oder zusammenziehet, bis wir die erforderliche Mannigfaltigkeit auf einmal fassen können. Ein Thier von einigen Stadien groß, eine Milbe, die dem scharfsichtigsten Auge unmerklich ist, können in der Einbildung zu schönen Gegenständen werden; und wie oft hat ihr organischer Bau den Naturliebenden ergötzt. Nur den Namen einer sichtbaren Schönheit, hat ihnen ARISTOTELES abgesprochen; weil unser kurzsichtiges Auge die mannigfaltigen Gliedmassen des ungeheuern Thiers nicht auf einmal, der allzukleinen Milbe aber gar nicht fassen kann. Für dramatische Dichter ist diese Warheit ungemein wichtig.

Dem Weltweisen hingegen ist die Betrachtung des Gantzen eine unversiegende Quelle des Vergnügens. Sie versüßt seine einsamen Stunden, sie erfüllt seine Seele mit den erhabensten Empfindungen, entziehet seine Gedanken dem Getümmel der Erde und nähert sie dem Throne der Gottheit. Erhebe dich, theurerer Jüngling! zu dieser würdigen Betrachtung. Mache die Anwendung meiner Lehre auf die Schönheit der allgemeinen Natur. Sie ist das würdigste Beyspiel, das meine Lehre befestiget. Lerne daraus, wie zuträglich es der Empfindung des Gantzen sey, wenn wir alle seine Theile vorher bis zur Deutlichkeit überdacht haben.

(e) Mache die Anwendung! sage ich. Wenn du von der wundervollen Einrichtung aller Weltkörper nichts wüßtest; wenn es dir unbekannt wäre, daß eine unermeßliche Kette von Wesen jeden Planeten bewohnt; unbekannt, daß sich aus der Mitte eines jeden Weltgebäudes ein milder Strohm von Licht und Leben nach allen Seiten ausbreitet, wenn du von allen diesen wichtigen Wahrheiten nichts wüßtest, sage ich, und du würdest ietzt nur die allgemeine Verbindung der Weltkörper, ihre Lagen, Grössen und Entfernungen, nur das Gerippe gleichsam des Copernikanischen Weltbaues gewahr; so würde dich diese Erkenntniß zwar vergnügen, aber nicht deine gantze Seele anfüllen. Die Armuth an Mannigfaltigkeit würde in dem Begriffe vom Gantzen, erstaunliche Lücken hinter sich lassen, und die Harmonie, die dich ergötzen soll, auf wenige Gesetze der Natur hinauslaufen, nach welchen die Weltkörper in ihren Kreisen herumgeführet werden. Nunmehr rufe alles, was dir von den eintzelnen Theilen der Welt bekannt ist, in dein Gedächtniß zurück. Betrachte den Wurm, dessen Welt ein eintziges Blat ist, und den Menschen, den die gantze Erde in allzu engen Räume einschließt; kurtz! überdencke alles, was die blossen Augen, die Ferngläser, Vernunft und Sinne von der Welt bekannt gemacht haben. Erwege die Gründe, dadurch die Muthmassung von der ähnlichen Beschaffenheit aller Weltkörper, mehr als wahrscheinlich wird; die uns veranlassen, unser Weltsystem, in Myriaden von Fixsternen, und unsere Wohnung hienieden, in unzählige Kugeln, die sich um jene in lichten Wirbeln drehen, vervielfältiget zu sehen; steige die Kette allgemach hinauf, die alle Wesen an den Thron der Gottheit befestigen; alsdenn schwinge dich mit kühnem Fluge bis auf das allgemeine Verhältnis aller dieser Theile, zu dem unermeßlichen Gantzen. Welche himmelische Wollust wird dich auf einmahl überraschen! Kaum wirst du dich in der betäubenden Entzückung fassen können. Woher dieser unendliche Unterscheid? Was hat dein Gefühl geadelt und deinen Vergnügen diesen überschwänglichen Zuwachs verliehen? Gestehe es! Ist es nicht die deutliche Wahrnehmung aller Theile, die in dem letztern Falle vor der Empfindung des Gantzen hergegangen ist? Hat das Ueberdenken der Theile die Lust gestöhrt, die aus der Wahrnehmung des Gantzen entspringt? O Nein! Es hat dich vielmehr dazu vorbereitet; du hast dem Vergnügen, das aus der Schönheit des Gantzen entspringt, die gehörige Fülle gegeben, indem du eine grössere Mannigfaltigkeit ans Licht gebracht, die einhellig an seiner Bestimmung Theil nimt.

B. Das Schöne ist das Gantze, Einheitliche, nicht das Mannigfaltige

(Über die Empfindungen … Ausg. s. A.; 4. Brief: Palemon an Euphranor; S. 54–57)

Gliederung: (Titel aus der Originalausgabe) (a) In dem Augenblicke des Genusses verdunkeln sich alle eintzelne Begriffe. (b) Anwendung auf den Dichter. (c) Auf die Tonkünstler. (d) Der Grund zum Vergnügen muß in der positiven Kraft unserer Seele gesucht werden. (e) Nicht aber in ihrer Einschränkung. (f) Eines Neuern Gedanken von der Entstehung des Vergnügens. (g) Einwurf dawider.

(a) Mein Wahlspruch ist: *wehle, empfinde, überdenke und geniesse.* Wehle: unter den Gegenständen, die dich umgeben, erlies dir solche, die deiner Wohlfahrt zuträglich sind. *Empfinde* sie: verschafe dir hinlängliche Begriffe, von ihrer Beschafenheit. *Ueberdenke:* stelle dir alle eintzelne Theile deutlich vor, und erwege ihre Verhältnisse und Beziehungen auf das Gantze. Alsdenn *geniesse:* richte deine Aufmerksamkeit auf den Gegenstand selbst. Hüte dich, in diesem Augenblicke an die Beschaffenheit eintzelner Theile zu gedenken. Laß die Fähigkeiten deiner Seele walten. Durch das Anschauen des Gantzen, werden die Theile ihre hellen Farben verlieren, sie werden aber Spuren hinter sich lassen, die den Begrif des Gantzen aufklähren, und dem Vergnügen, das daraus entstehet, eine grössere Lebhaftigkeit verschaffen.

(b) Aber deutlich müssen die besondern Begriffe in dem Augenblicke des Genusses nicht bleiben; so lange wir uns noch mit dem Irrdischen schleppen, so lange unsere Seele noch zu eingeschränckt ist, eine Mannigfaltigkeit auf einmal deutlich zu fassen. Hätten die Dichter dieses durchgehendes bedacht; so würden wir weniger Epopeen haben, die den strengesten Regeln Gnüge leisten, und dennoch den Zweck zu gefallen, so sehr verfehlen. Eine Bemerkung, dadurch viele das Ansehen der Regeln haben wanken machen wollen. Die Regeln sind Vorbereitungen, dadurch der Dichter sich und seinen zu bearbeitenden Gegenstand in die Verfassung setzen soll, die Schönheiten in ihrem mächtigsten Reitze zu zeigen. Bey der Ausarbeitung muß er sich hüten, sie allzudeutlich vor Augen zu haben. Er muß seine gantze Achtsamkeit nur mit der Schönheit des Vorwurfs beschäftigen. Die Regeln sollten nur gleichsam von Ferne auf seine Einbildungskraft wirken. Alsdenn können sie nicht selten den Mangel eines ausserordentlichen Genies ersetzen, und den Dichter das lehren, was sein Genie vielleicht zu klein war, zu erfinden.

(c) Auch die Tonkünstler könnten einer schimpflichen Erniederung überhoben seyn, wenn sie diese wichtige Anmerkung nie aus den Augen lassen wollten. Es ist bekannt, daß sie, was die Annehmlichkeit ihrer Melodien betrift, einen grössern Werth auf das Urtheil eines blos geübten Ohres, als auf das Urtheil eines Meisters in der Tonkunst, setzen. Die letztern wollen ihre Erfahrenheit in der Kunst niemals verleugnen. Sie merken auf nichts als auf die Regelmäßigkeit einer Melodie, sie lauren auf glückliche Verbindung zwischen den aller widersinnigsten Uebellauten, und die sanft rührende Schönheiten schleichen unbemerkt vor ihren Ohren vorüber.

(d) Kann aber aus diesem allen die Folgerung rechtmäßig gezogen werden, daß das Gefühl die Mutter aller fröhlichen Empfindungen sey? Nein! wäre dieses, so hätte die weise Vorsehung ihre seligen Güter allzu ungerecht ausgetheilt. Wesen von höherer Art, würde sie zu billigen Klagen veranlasset haben. ‹Du hast uns mit deinem Fluche beladen, indem du uns aufgeklärte Geister verliehen hast. Wir begreifen alles deutlicher als die Wesen, die unter uns sind; elendes Vorrecht, das uns die Wege zur Lust verschleußt! Es fehlet uns an dunkeln Empfindungen, damit die untern Wesen reichlich versehen sind.›

Oder wollen wir die Ordnung umstürtzen? Sollen die die obersten Stufen der Schöpfung besteigen, die am meisten an die Sinne kleben? Sollen Engel niedriger als Menschen, sollen Menschen niedriger als vernunftlose Thiere stehen? Soll sich die Leiter der Wesen mit den Kindern des Himmels anfangen und bis zum Wurme hinauf steigen? O Nein! nur unsre Blindheit macht die dunkle Empfindung zu einem nothwendigen Gefährten der Fröhlichkeit. In so weit es ein *dunkeles* Gefühl ist, führet es nichts annehmliches bey sich. Und Wesen, die eine grössere Mannigfaltigkeit deutlich fassen können, sind glücklicher, weil die Gegenstände mit mächtigerm Reitze auf sie würcken.

(e) Ich habe gesagt, man würde gegen die Vorsehung ungerecht seyn, wenn man den wesentlichen Grund eines Vergnügens in der dunkeln Empfindung suchen wollte, und ich hätte allgemeiner behaupten können; das gereinigte Vergnügen, wenn es von seiner fleischlichen Begleiterin, von der sinnlichen Wollust abgesondert wird, müßte in den positiven Kräften unsrer Seele, und nicht in einem Unvermögen, nicht in der Einschränkung dieser ursprünglichen Kräfte gegründet seyn.

(f) Die Neigung zur Vollkommenheit muß allen denkenden Wesen ursprünglich seyn, und Gott selbst in dem allerhöchsten Grade zukommen. Hierwider hat sich ein neuer Weltweise vergangen, dessen Gedanken unsre Aufmerksamkeit verdienen. Die Sache ist voller Schwierigkeit. Wir lernen aus der Erfahrung, daß die Seele die Vorstellung einer Vollkommenheit lieber haben als nicht haben, und die Vorstellung einer Unvollkommenheit lieber nicht haben als haben wolle. Woher dieses? In welcher wesentlichen Bestimmung unsrer Seele ist diese Eigenschaft gegründet? Diesen Knoten bemühet sich unser Schriftsteller folgendergestallt ohngefähr aufzulösen. ‹Da das Wesen unserer Seele›, sagt er, ‹in einer Kraft besteht, sich die Welt vorzustellen; so muß sie sich beständig bestreben, Gedanken hervorzubringen. Sie muß sich also nach Gegenständen sehnen, die ihr eine Menge von Begriffen darbieten, und daran muß sie Gefallen finden.

Diese Begriffe müssen ihr nicht allzu verwickelt scheinen, sonst verzweifelt sie an ihrer Geschicklichkeit sie jemals fassen zu können. Ein Gegenstand, der ihr also zu versprechen scheint, sie würde die Menge Vorstellungen, die sie in ihm antrift, mit geringer Mühe entwickelen können, muß sie ungemein an sich ziehen.

Dieses thut die Vollkommenheit. In ihr trift man eine Mannigfaltigkeit an, die übereinstimmend ist, die sich auf eine Einheit beziehet. Die Mannigfaltigkeit verspricht der Seele Beschäftigung. Sie findet eine Menge Vorstellungen, die das Bedürfniß ihrer ursprünglichen Kraft eine Zeitlang werden unterhalten können. Allein die Einheit im Mannigfaltigen verspricht ihr Leichtigkeit in der Beschäftigung. Sie wird alle mannigfaltige Begriffe gleichsam aus einem einzigen Gesichtspunkt übersehen können; es wird ihr keine sonderliche Mühe kosten, sie alle zu begreifen. Daher muß sich die Seele nach einem vollkommenen Gegenstand sehnen, und an seiner Vorstellung Gefallen finden.› So weit der Schriftsteller.

(g) Wenn diese Erklärungsart richtig wäre; so müßte es uns zur Schwachheit gereichen, daß wir die Einheit im Mannigfaltigen lieben. Denn wenn uns die blosse Mannigfaltigkeit nicht allzusehr ermüdete; wenn wir keiner Erleichterung in unsrer Beschäftigung bedürften; so würde uns das blos Mannigfaltige mehr Lust gewähren, als wenn es von der Einheit eingeschränket wird. Allein warum ziehet der weise Schöpfer, den der Gedanke aller möglichen Welten auf einmal nicht ermüden kann, das Vollkommene dem blos Mannigfaltigen vor?

C. Schönheit und Vollkommenheit

(Über die Empfindungen... Ausg. s. A.; 5. Brief: Palemon an Euphranor; S. 58–61)

Gliederung: (Titel aus der Originalausgabe) (a) Schönheit setzet Einheit im Mannigfaltigen voraus. (b) Das Vergnügen, das daraus entstehet, beruhet auf der Einschränkung unserer Seelenkräfte. (c) Findet bei Gott nicht statt. (d) Vollkommenheit fordert keine Einheit, sondern Übereinstimmung des Mannigfaltigen. (e) Das Vergnügen, das daraus entsteht, gründet sich auf die positive Kraft unserer Seele. (f) Kömmt Gott im höchsten Grade zu.

(a) Bisher haben wir alle Gegenstände des Vergnügens unter der Gestalt der Schönheit betrachtet. Die Jugend ist gewohnt alle ihre Lust der Schönheit zuzuschreiben. Nunmehr ist es Zeit die Grentzen der Vollkommenheit und der Schönheit zu trennen, und beide in ihrer wahren Gestalt zu zeigen. Dieses sind die Klippen, daran der Weltweise gescheitert, den ich in meinem vorigen Schreiben widerlegt habe. Er hat das auf die Vollkommenheit ziehen wollen, was nur von der Schönheit gilt.

Gönne mir Deine Aufmerksamkeit, Euphranor! Die Gleichheit, das Einerley im Mannigfaltigen ist ein Eigenthum der schönen Gegenstände. Sie müssen eine Ordnung oder sonst eine Vollkommenheit darbieten, die in die Sinne fällt, und zwar ohne Mühe in die Sinne fällt. Wenn wir eine Schönheit fühlen wollen, so wünscht unsere Seele gleichsam, sie mit Musse zu geniessen. Die Sinne sollen begeistert seyn, und von ihnen soll sich die Lust auf die Vernunft ausbreiten.

Der Entwurf eines Gebäudes ist schön, wenn das Ebenmaß in den Abtheilungen, und ihre Abwechslungen leicht zu fassen sind; und aus keiner andern Ursache ist der Gothische Geschmack verwerflich, als weil er die Mannigfaltigkeiten in einer allzuverwickelten Ordnung anbringt.

(b) Ein allzu sehr durch einander geschlungener Tantz mißfällt, weil wir die verschiedenen Züge und Linien, die auf den Boden gezeichnet werden, nicht ohne Mühe aus einander wickeln können. Auch die Töne sind nur alsdenn wohlklingend, wenn die Bebungen in der Luft ein leichtes Verhältnis mit einander haben.

Was folget hieraus? Daß das Gefühl der sinnlichen Schönheit, blos unserm Unvermögen zuzuschreiben sey. Wir ermüden, wenn unsre Sinne eine allzuverwickelte Ordnung aus einander setzen sollen.

(c) Wesen, die mit schärfern Sinnen begabt sind, müssen in unsern Schönheiten ein eckelhaftes Einerley finden, und was uns ermüdet, kann ihnen Lust gewähren. Er, der alles Mögliche mit einmal übersiehet, muß die Einheit im Mannigfaltigen durchaus verwerfen. – – – Verwerfen? Und so hat der Schöpfer kein Gefallen an dem Schönen? So zieht er es nicht einmal dem Häßlichen vor? Ich behaupte Nein, und die Natur, das Werk seiner Hände, soll mir Zeugnis davon geben. Nur die äußere Gestalten hat der weise Schöpfer mit sinnlicher Schönheit begabt. Diese sind bestimmt auf die Sinne anderer Geschöpfe reitzend zu wirken. Die Schönheit der menschlichen Bildung, die annehmlichen Farben, die gewundenen Züge, die in seinen Minen bezaubern, sind nur der äusseren Schale gleichsam eingeprägt. Sie gehen nur so weit als unsre Sinne reichen. Unter der Haut liegen gräßliche Gestalten verborgen. Alle Gefässe sind ohne scheinbare Ordnung in einander verschlungen; die Eingeweide halten einander das Gleichgewicht, aber kein Ebenmaß, keine sinnliche Verhältnisse; lauter Mannigfaltigkeit, nirgend Einheit; lauter Beschäftigung, nirgend Leichtigkeit in der Beschäftigung. Wie sehr würde der Schöpfer seinen Zweck verfehlt haben, wenn er nichts als Schönheit gewesen wäre!

(d) Ich wende mich zu dir, göttliche Vollkommenheit! Wahrer Endzweck der Schöpfung! Rathgeberin Gottes! Ich würde dein Heiligthum entweihen, wenn ich dir nur Vorzüge, für eingeschränkte Wesen, einräumen wollte. Nein! Auch dem Unendlichen gefallen deine Vortreflichkeiten. Du gewährest Mannigfaltigkeit, aber kein Einerley im Mannigfaltigen, keine Leichtigkeit in der Beschäftigung. Diese unwürdigern Vorzüge überläßt du der Schönheit. Allein du erforderst Uebereinstimmung, Einhelligkeit. Aus dem gemeinschaftlichen Endzwecke eines Wesens, soll sich begreifen lassen, warum das Mannigfaltige so und nicht anders neben einander ist. Du gewährst nicht nur Vorstellungen, sondern auch verknüpfte und in einander gegründete Vorstellungen. Nichts muß überflüssig, nichts mißhellig, nichts mangelhaft in deinen Mannigfaltigkeiten seyn. An diesen Merkmalen unterscheidest du dich von allen niedrigern Ergötzlichkeiten.

(e) Das Gefallen an der Uebereinstimmung des Mannigfaltigen, gründet sich auf eine positive Kraft unsrer Seele. Wenn es Wesen, die mit einer Vorstellungskraft begabt sind, natürlich ist, sich nach Vorstellungen zu sehnen; so ist es auch vernünftigen Wesen eigenthümlich, nach solchen Vorstellungen zu streben, die in einander gegründet sind. Zerrüttete Begriffe, Mißhelligkeiten, Widersprüche, streiten eben so wohl wider die Natur und das ursprüngliche Bedürfnis aller denkenden Wesen, als der völlige Tod aller Vorstellungen. Hierinn liegt der mächtige Reitz, mit welchem die Vollkommenheit alle Geister an sich ziehet; und so weit eine positive Kraft über ihre Einschränkung erhaben ist, so weit ist das Vergnügen der Vollkommenheit, über das Vergnügen der Schönheit hinweg.

Der Unterscheid ist handgreiflich. Wenn du die Zwergbäume in deinem Obstgarten beschauest; wenn du auf die Zweige, die sich in zirkelrunder Ordnung stufenweis erheben, und auf die Krone, die in der Mitte stolz hervor ragt, acht hast; so hast du die sinnliche Schönheit der Bäume völlig inne, ihr Anblick gefällt dir, und reitzt deine sinnlose Empfindung. Es ist wahr mit dieser Schönheit ist eine Art von Vollkommenheit verbunden; denn aus dem allgemeinen Plane der Schönheit, läßt sich Grund angeben, warum die Zweige eben also geordnet sind. Allein der allgemeine Zweck, ist die Sinne durch ein leichtes Verhältnis zu reitzen und die Vollkommenheit stützt sich auf Schönheit.

Nunmehr denke an die wahre Vollkommenheit der Bäume. Die Schönheit kann durch die Kunst in Bildern vortreflich nachgeahmet werden; aber die Vollkommenheit, wie klein und unvermögend ist hierinn die Kunst! Erwege diese Blätter, diese Zweige, diese Knospen hier, jene Blüthen dort, was für ein gemeinschaftlicher *Endzweck* verbindet sie? In welcher Verknüpfung stehen sie mit dem Baume, und durch ihn mit dem Gantzen? Hier wird deine Seele von Wollust trunken, hier erlangst du das anschauende Erkenntniß einer ächten Vollkommenheit; ein Vergnügen, das sich nicht auf deine Schwachheit, das sich auf das vernünftige Bestreben nach in einander gegründeten Vorstellungen stützt.

(f) Da nun gewiß ist, daß Gott nichts ohne zureichenden Grund verstatten kann; so hat auch Gott Gefallen an Vorstellungen, die in einander gegründet sind; so hat auch Gott Gefallen an der Vollkommenheit. Die Natur soll nicht aufhören mein Zeuge zu seyn. Die häßlichsten Gestalten, die die menschliche Haut bedeckt, die innersten, die kleinsten Theile der Schöpfung, dahin kein Auge dringt, hören nicht auf, vollkommen zu seyn; hören nicht auf, in gegenseitiger Uebereinstimmung, so viel zum allgemeinen Endzwecke beyzutragen, als sie vermögen; hören nicht auf, weder Ueberfluß noch Mangel zu dulden. Alles in der Natur zielet nach seinem Zwecke; alles ist in allem gegründet, alles ist vollkommen.

XIV. JOHANN GEORG HAMANN (1730–1788)

AESTHETICA IN NUCE

(Aesthetica in nuce, Eine Rhapsodie in Kabbalistischer Prose. Aus den Kreuzzügen des Philologen. Schriften und Briefe, hrsg. v. M. PETRI. Hannover 1872, Bd. 2. S. 119–120; 121–122; 129–133)

Gliederung: (a) Poesie ist die Muttersprache des menschlichen Geschlechts. (b) Menschliche Erkenntnis und Glückseligkeit besteht in Bildern. (c) Der Mensch als das Ebenbild Gottes. (d) Sprache als Offenbarung des Menschen (e) Reden ist Übersetzen (f) Wort und Tat. (g) Die Philosophie verstümmelt die Natur. (h) Ihr Mittel ist die Abstraktion. (i) Die eine Wahrheit ist der Tag, die Wahrheiten die Nacht. (k) Der Verlust dieser Wahrheit ist der Verlust der Natur. (l) Die wahre Stellung des Menschen zur Natur: ihr Mitschöpfer. (m) Der natürliche Gebrauch der Sinne offenbart die Natur, der unnatürliche der Abstraktion verstümmelt sie. (n) Die Leidenschaften allein geben der Sprache Leben und Geist. (o) Die Leidenschaften allein gebären Idee.

(a) Nicht Leyer! – noch Pinsel! – eine *Wurfschaufel* für meine Muse, die *Tenne* heiliger Literatur zu fegen! – – (Heil dem Erzengel über die *Reliquien* der *Sprache Kanaans*! – *auf schönen Eselinnen*[1] siegt er im *Wettlauf*; – aber der weise Idiot Griechenlands borgt *Eutyphrons*[2] stolze Hengste zum philologischen Wortwechsel.)

Poesie ist die *Muttersprache* des menschlichen Geschlechts; wie der *Gartenbau*, älter als der Acker: *Malerei*, – als Schrift: *Gesang*, – als Deklamation: *Gleichnisse*, – als Schlüsse: Tausch, – als Handel. Ein tieferer Schlaf war die Ruhe unserer Urahnen; und ihre Bewegung ein taumelnder Tanz. *Sieben Tage* im Stillschweigen des Nachsinns oder Erstaunens saßen sie; – – und *thaten* ihren Mund auf – zu *geflügelten* Sprachen.

(b) *Sinne* und *Leidenschaften* reden und verstehen nichts als *Bilder*. In *Bildern* besteht der ganze Schatz menschlicher *Erkenntniß* und *Glückseligkeit*. – Der erste *Ausbruch* der Schöpfung, und der erste *Eindruck* ihres Geschichtschreibers; – – die erste *Erscheinung* und der erste *Genuß* der Natur vereinigen sich in dem *Worte: Es werde Licht!* Hiermit fängt sich die Empfindung von der *Gegenwart* der Dinge an.

(c) Endlich krönte Gott' die sinnliche Offenbarung seiner Herrlichkeit durch das *Meisterstück* des Menschen. Er schuf den Menschen in *göttlicher Gestalt,* – – zum Bilde Gottes schuf Er ihn. Dieser Rathschluß des Urhebers löst die verwickeltsten Knoten der menschlichen Natur und ihrer Bestimmung auf. Blinde Heiden haben die *Unsichtbarkeit* erkannt, die der Mensch mit Gott gemein hat. Die *verhüllte* Figur des Leibes, das *Antlitz* des Hauptes, und das *Äußerste* der Arme sind das *sichtbare* Schema, in dem wir einher gehen; doch eigentlich nichts als ein *Zeigefinger des verborgenen Menschen* in uns;

Exemplumque DEI quisque est in imagine parva [3] ...

(d) *Rede, daß ich Dich sehe!* – – Dieser Wunsch wurde durch die Schöpfung erfüllt, die eine *Rede an die Kreatur* durch die *Kreatur* ist; denn ein *Tag* sagt's dem andern, und eine *Nacht* thut's kund der andern. Ihre *Losung* läuft über jedes Klima bis an der Welt Ende, und in jeder *Mundart* hört man ihre Stimme. – Die Schuld mag aber liegen, woran sie will *(außer oder in uns)*: wir haben an der Natur nichts als *Turbatverse* und *disiecta membra poëtae* zu unserm Gebrauch übrig. Diese zu sammeln ist des *Gelehrten*; sie auszulegen des *Philosophen*; sie nachzuahmen – oder noch kühner! – – sie in Geschick zu bringen des *Poeten* bescheiden Theil.

(e) Reden ist *übersetzen* – aus einer *Engelsprache* in eine *Menschensprache*, das heißt, *Gedanken in Worte*, – *Sachen in Namen*, – *Bilder in Zeichen*; die *poetisch* oder *kyriologisch*, – *historisch* oder *hieroglyphisch* – – und *philosophisch* oder *charakteristisch* sein können. Diese Art der Übersetzung (verstehe Reden) kommt mehr, als irgend eine andere, mit der verkehrten Seite von Tapeten überein:

And shews the stuff, *but not the* workman's *skill;*

oder mit einer *Sonnenfinsterniß*, die in einem Gefäße voll Wassers in Augenschein genommen wird.[4]

Mosis Fackel erleuchtet selbst die *intellectualische* Welt, die auch ihren *Himmel* und ihre *Erde* hat. Bacon vergleicht daher die Wissenschaften mit den Gewässern *über* und *unter* dem Gewölbe unserer Dunstkugel. Jene sind ein *gläsern Meer*, als *Krystall* mit *Feuer* gemengt; diese hingegen kleine *Wolken* aus dem *Meer* als eine *Manneshand.*

(f) Die Schöpfung des Schauplatzes verhält sich aber zur Schöpfung des Men-

---

1 Buch der Richt. V, 10
2 Siehe Platons Kratylus.
3 Manilius Astron. Lib IV.
4 Die eine Metapher ist aus des Grafen von Roscommon *Essay on translated verse;* die andere aus einer der vorzüglichsten Wochenblätter ‹The Adventurer› entlehnt.

schen, wie die *epische* zur *dramatischen* Dichtkunst. Jene geschah durchs *Wort*; die letzte durch *Handlung*. Herz! sei wie ein stilles *Meer*! — — Hör' den Rath: *Laßt uns Menschen machen, ein Bild, das uns gleich sei, die da herrschen!* — — Sieh die That: *Und Gott der Herr machte den Menschen* aus einem *Erdenkloß* — — Vergleich' Rath und That; bete den kräftigen *Sprecher5* mit dem Psalmisten; den *vermeinten Gärtner6* mit der Evangelistin der *Jünger*; und den freien *Töpfer7* mit dem Apostel *hellenistischer Weltweisen* und *talmudischer Schriftgelehrten* an! . . .

(g) Die Natur wirkt durch Sinne und Leidenschaften. Wer ihre Werkzeuge verstümmelt, wie mag der empfinden? Sind auch gelähmte *Sennadern* zur Bewegung aufgelegt? —

Eure *mordlügnerische* Philosophie hat die Natur aus dem Wege geräumt, und warum fordert ihr, daß wir selbige *nachahmen* sollen? — Damit ihr das Vergnügen erneuern könnt, an den *Schülern* der Natur auch Mörder zu werden. —

(h) Ja, ihr feinen Kunstrichter! fragt immer, was *Wahrheit* ist, und greift nach der Thür, weil ihr keine Antwort auf diese Frage abwarten könnt — Eure Hände sind immer *gewaschen*, es sei, daß ihr *Brod* essen wollt, oder auch, wenn ihr Bluturtheile gefällt habt — Fragt ihr nicht auch: *Wodurch* ihr die Natur aus dem Wege geräumt? — — — BACON beschuldigt euch, daß ihr sie durch eure *Abstraktionen* schindet. Zeugt BACON die Wahrheit; wohlan! so werft mit *Steinen* — und sprengt mit *Erdenklößen* oder *Schneeballen* nach seinem *Schatten.*

(i) Wenn eine *einzige* Wahrheit gleich der Sonne herrscht; das ist *Tag.* Seht ihr anstatt dieser einzigen so viele, als Sand am Ufer des Meeres; hiernächst ein *klein Licht*, das jenes ganze *Sonnenheer* am Glanz übertrifft; das ist eine *Nacht*, in die sich *Poeten* und *Diebe* verlieben. — — Der *Poet8* am Anfange der Tage ist *derselbe* mit dem *Dieb9* am Ende der Tage. — —

(k) Alle Farben der schönsten Welt verbleichen, sobald ihr jenes Licht, die *Erstgeburt* der Schöpfung, erstickt. Ist der *Bauch* euer Gott, so stehen selbst die Haare eures Hauptes unter seiner *Vormundschaft.* Jede Kreatur wird wechselsweise euer *Schlachtopfer* und euer *Götze.* — *Wider ihren Willen* — aber auf *Hoffnung* — unterworfen, *seufzet* sie *unter* dem *Dienst* oder *über* die Eitelkeit; sie thut ihr Bestes, eurer *Tyrannei* zu entwischen, und sehnt sich unter den brünstigsten Umarmungen nach derjenigen Freiheit, womit die Thiere Adam huldigten, da Gott sie zu dem Menschen brachte, daß er sähe, wie er sie nennte, denn wie der Mensch sie nennen würde, so sollten sie heißen.

(l) Diese *Analogie* des Menschen zum Schöpfer ertheilt allen Kreaturen ihr *Gehalt* und ihr *Gepräge*, von dem *Treue* und *Glauben* in der ganzen *Natur* abhängt. Je lebhafter diese Idee, *das Ebenbild des unsichtbaren Gottes10*, in unserem Gemüth ist; desto fähiger sind wir, Seine *Leutseligkeit* in den Geschöpfen zu *sehen* und zu *schmecken*, zu *beschauen* und mit *Händen zu greifen.* Jeder Endruck der Natur im Menschen ist nicht nur ein *Andenken*, sondern ein *Unterpfand* der Grundwahrheit: *Wer der Herr ist.* Jede Gegenwirkung des Menschen in die Kreatur ist *Brief* und *Siegel* von unserem Antheil an der *Göttlichen Natur11*, und daß wir *Seines Geschlechts12* sind.

---

5 Ps. XXXIII, 9.

6 Joh. XX, 15–17.

7 Röm. IX, 21.

8 2. Kor. IV, 6

9 Offenb. XVI, 15.

10 Koloss. I, 15.

11 — θείας κοινωνοὶ φύσεως. 2. Pet. I, 4.

12 Apostelgesch. XVII, 27.

(m) O eine Muse wie das Feuer eines Goldschmieds, und wie die Seife der Wäscher![13] – – Sie wird es wagen, den *natürlichen Gebrauch der Sinne* von dem *unnatürlichen Gebrauch der Abstraktionen* zu läutern, wodurch unsere *Begriffe* von den *Dingen* eben so sehr *verstümmelt* werden, als der *Name* des Schöpfers *unterdrückt* und *gelästert* wird. Ich rede mit euch, *Griechen!* weil ihr euch weiser dünkt, denn die *Kammerherrn* mit dem *gnostischen* Schlüssel; versucht es einmal, die *Iliade* zu lesen, wenn ihr vorher durch die *Abstraktion* die beiden Selbstlauter α und ω ausgesichtet habt, und sagt mir eure Meinung von dem *Verstande* und *Wohlklange* des Dichters!

Μῆνιν ειδε Θε πηληι δ'· χιλῆος [14]

Seht! die große und kleine *Masore* der Weltweisheit hat den Text der Natur, gleich einer *Sündfluth,* überschwemmt. Mußten nicht alle ihre *Schönheiten* und *Reichthümer* zu *Wasser* werden? – Doch ihr thut weit größere Wunderwerke, als die Götter sich jemals *belustiget* haben, durch *Eichen* und *Salzsäulen,* durch *petrificirte* und *alchymische* Verwandlungen und Fabeln, das menschliche Geschlecht zu überreden – Ihr macht die Natur blind, damit sie nämlich eure *Wegweiserin* sein soll! oder ihr habt euch selbst vielmehr durch den *Epikurismum* die Augen ausgestochen, damit man euch ja für *Propheten* halten möge, welche *Eingebung* und *Auslegung* aus ihren fünf Fingern saugen. – Ihr wollt *herrschen* über die Natur, und bindet euch selbst Hände und Füße durch den *Stoicismus,* um desto rührender über des *Schicksals diamantene Fesseln* in euren vermischten Gedichten *fistuliren* zu können.

(n) Wenn die Leidenschaften *Glieder der Unehre* sind, hören sie deswegen auf, *Waffen der Mannheit* zu sein? Versteht ihr den *Buchstaben der Vernunft* klüger, als jener allegorische Kämmerer der alexandrinischen Kirche den Buchstaben der Schrift, der sich selbst zum *Verschnittenen* machte, um des *Himmelreichs* willen? Die größten *Bösewichter* gegen sich selbst, macht der Fürst dieses Aeons zu seinen Lieblingen; – – seine Hofnarren sind die ärgsten Feinde der schönen Natur, die freilich *Korybanten* und *Gallier* zu Bauchpfaffen, aber *starke* Geister zu *wahren Anbetern* hat.

Ein Philosoph, wie *Saul*[15], stellt *Mönchen Gesetze* – – Leidenschaft allein giebt *Abstraktionen* sowohl als *Hypothesen* Hände, Füße, Flügel; – *Bildern* und *Zeichen* Geist, Leben und Zunge – – Wo sind schnellere *Schlüsse?* – Wo wird der *rollende Donner* der *Beredsamkeit* erzeugt, und sein Geselle – der *einsilbige Blitz?*

(o) Warum soll ich Ihnen, nach *Stand, Ehr* und *Würden* unwissende Leser! Ein Wort durch *unendliche* umschreiben, da Sie die Erscheinungen der *Leidenschaften* allenthalben in der menschlichen *Gesellschaft* selbst beobachten können; wie Alles, was noch so entfernt ist, ein Gemüth im Affect mit einer besonderen Richtung trifft; wie jede einzelne Empfindung sich über den Umkreis aller äußeren Gegenstände verbreitet; wie wir die *allgemeinsten* Fälle durch eine persönliche Anwendung uns zuzueignen wissen, und jeden einheimischen Umstand zum öffentlichen *Schauspiele* Himmels und der Erden ausbrüten. – Jede *individuelle* Wahrheit wächst zur *Grundfläche* eines Staats, wunderbarer als jene *Kuhhaut* zum Gebiet eines Staats; und ein *Plan,* geraumer als das *Hemisphär,* erhält die *Spitze* eines Sehpunkts. – – Kurz, die *Vollkommenheit* der Entwürfe, die Stärke ihrer Ausführung; – die *Empfängniß* und *Geburt* neuer Ideen und neuer Ausdrücke; – die *Arbeit* und *Ruhe* des Weisen, sein *Trost* und sein Ekel daran, liegen im fruchtbaren *Schooße* der Leidenschaften vor unseren *Sinnen* vergraben.

---

13 Maleachi III, 2.
14 Homer, Ilias A 1.
15 1. Sam. XIV, 24.

XV. JOHANN GOTTFRIED HERDER (1744–1803)

ÜBER DEN URSPRUNG DER SPRACHE

(Abhandlung über den Ursprung der Sprache. Herders Sprachphilosophie, hrsg.
v. E. HEINTEL, Philos. Bibl. Bd. 248; Meiner Verlag, Hamburg 1960. S. 3–6;
11–12; 19–21; 22–26)

Gliederung: 1. Die natürliche Sprache der Empfindung. (a) Schon als Tier hat
der Mensch Sprache. (b) Es ist die natürliche Sprache der Empfindungen. (c)
Diese Sprache ist den Gattungen eigen und noch immer im Menschen mächtig.
(d) Diese Sprache ist einfach, sie schildert nicht, sondern tönt. (e) Insofern
dieses Tönen der menschlichen Sprache zu Grunde liegt, ist sie natürlich. (f) Der
prinzipielle Unterschied dieser Sprache zur menschlichen.
2. Die Möglichkeit und Notwendigkeit einer menschlichen Sprache.
   (a) Methodische Überlegung: Auf Grund welcher Fähigkeit konnte der
Mensch Sprache entwickeln. (b) Die geringere natürliche Vollkommenheit gegenüber dem Tier gibt dem Menschen die Freiheit zu seinem Werk. (c) Freiheit
und Vernunft sind die konstituierenden Möglichkeiten des Menschen. (d) Diese
Vernunft wirkt als Besonnenheit von allem Anfang her im Menschen. (e) Die
Tätigkeit dieser Besonnenheit schafft durch die Reflexion die Sprache. (f) Reflexion ist das Festhalten einer bestimmten Empfindung. (g) Dies geschieht durch
ein Merkmal: das erste Wort. (h) Beispiel: menschliche Bezeichnung des Scha-
fes als das Blökende. (i) Auseinandersetzung mit anderen Theorien: die Notwendigkeit für den Menschen, *Sprache* zu erfinden.

1.

(a) *Schon als Tier hat der Mensch Sprache.* Alle heftigen, und die heftigsten
unter den heftigen, die schmerzhaften Empfindungen seines Körpers, alle starken Leidenschaften seiner Seele äußern sich unmittelbar in Geschrei, in Töne, in
wilde, unartikulierte Laute. Ein leidendes Tier sowohl als der Held Philoktet,
wenn es der Schmerz anfället, wird wimmern! wird ächzen! und wäre es gleich
verlassen, auf einer wüsten Insel, ohne Anblick, Spur und Hoffnung eines hülf-
reichen Nebengeschöpfes. Es ist, als ob's freier atmete, indem es dem brennen-
den, geängstigten Hauche Luft gibt; es ist, als ob's einen Teil seines Schmerzes
verseufzte und aus dem leeren Luftraum wenigstens neue Kräfte zum Ver-
schmerzen in sich zöge, indem es die tauben Winde mit Ächzen füllet. So
wenig hat uns die Natur als abgesonderte Steinfelsen, als egoistische Monaden
geschaffen! Selbst die feinsten Saiten des tierischen Gefühls (ich muß mich
dieses Gleichnisses bedienen, weil ich für die Mechanik fühlender Körper kein
besseres weiß!), selbst die Saiten, deren Klang und Anstrengung gar nicht von
Willkür und langsamen Bedacht herrührt, ja deren Natur noch von aller forschenden Vernunft nicht hat erforscht werden können, selbst die sind in ihrem
ganzen Spiele, auch ohne das Bewußtsein fremder Sympathie zu einer Äußerung auf andre Geschöpfe gerichtet. Die geschlagne Saite tut ihre Naturpflicht:
sie klingt! Sie ruft einer gleichfühlenden Echo, selbst wenn keine da ist, selbst
wenn sie nicht hoffet und wartet, daß ihr eine antworte.

(b) Sollte die Physiologie je so weit kommen, daß sie die Seelenlehre demon-
strierte, woran ich aber sehr zweifle, so würde sie dieser Erscheinung manchen
Lichtstrahl aus der Zergliederung des Nervenbaues zuführen; sie vielleicht
aber auch in einzelne, zu kleine und stumpfe Bande verteilen. Lasset sie uns
jetzt im ganzen, als ein helles Naturgesetz annehmen: *Hier ist ein empfindsames Wesen, das keine seiner lebhaften Empfindungen in sich einschließen
kann, das im ersten überraschenden Augenblick, selbst ohne Willkür und Ab-*

sicht jede laut äußern muß. Das war gleichsam der letzte, mütterliche Druck der bildenden Hand der Natur, daß sie allen das Gesetz auf die Welt mitgab: ‹empfinde nicht für dich allein, sondern dein Gefühl töne!› Und da dieser letzte schaffende Druck auf alle von einer Gattung einartig war, so wurde dies Gesetz Segen: ‹deine Empfindung töne deinem Geschlecht einartig, und werde also von allen, wie von einem, mitfühlend vernommen!› ... *Diese Seufzer, diese Töne sind Sprache: es gibt also eine Sprache der Empfindung, die unmittelbares Naturgesetz ist.*

(c) *Daß der Mensch sie ursprünglich mit den Tieren gemein habe,* bezeugen jetzt freilich mehr gewisse Reste als volle Ausbrüche; allein auch diese Reste sind unwidersprechlich. Unsre künstliche Sprache mag die Sprache der Natur so verdrängt, unsre bürgerliche Lebensart und gesellschaftliche Artigkeit mag die Flut und das Meer der Leidenschaften so gedämmet, ausgetrocknet und abgeleitet haben, als man will: der heftigste Augenblick der Empfindung, wo und wie selten er sich finde, nimmt noch immer sein Recht wieder und tönt in seiner mütterlichen Sprache unmittelbar durch Akzente. Der auffahrende Sturm einer Leidenschaft, der plötzliche Überfall von Freude oder Froheit, Schmerz und Jammer, wenn sie tiefe Furchen in die Seele graben, ein übermannendes Gefühl von Rache, Verzweiflung, Wut, Schrecken, Grausen usw.: alle kündigen sich an, und jede nach ihrer Art verschieden an. So viel Gattungen von Fühlbarkeit in unsrer Natur schlummern, so viel auch Tonarten — — Ich merke also an, daß je weniger die menschliche Natur mit einer Tierart verwandt, je ungleichartiger sie mit ihr am Nervenbaue ist, desto weniger ist ihre Natursprache uns verständlich. Wir verstehen als Erdentiere das Erdentier besser als das Wassergeschöpf, und auf der Erde das Herdetier besser als das Waldgeschöpf, und unter den Herdetieren die am meisten, die uns am nächsten kommen ... Eigentlich ist diese Sprache der Natur eine Völkersprache für jede Gattung unter sich, und so hat auch der Mensch die seinige.

(d) *Nun sind freilich diese Töne sehr einfach;* und wenn sie artikuliert und als Interjektionen aufs Papier hinbuchstabiert werden, so haben die entgegengesetztesten Empfindungen fast einen Ausdruck. Das matte Ach! ist sowohl Laut der zerschmelzenden Liebe als der sinkenden Verzweiflung; das feurige O! sowohl Ausbruch der plötzlichen Freude als der auffahrenden Wut, der steigenden Bewunderung als des zuwallenden Bejammerns; allein sind denn diese Laute da, um als Interjektionen aufs Papier gemalt zu werden? Die Träne, die in dieses trüben, erloschnen, nach Trost schmachtenden Auge schwimmt – wie rührend ist sie im ganzen Gemälde des Antlitzes der Wehmut; nehmet sie allein und sie ist ein kalter Wassertropfe! bringet sie unters Mikroskop und – ich will nicht wissen, was sie da sein mag! ... – – *Wenig sind dieser Sprachtöne freilich;* allein die empfindsame Natur, sofern sie bloß mechanisch leidet, hat auch wenig Hauptarten der Empfindung, als unsre Psychologen der Seele als Leidenschaften anzählen oder andichten. Nur jedes Gefühl ist in solchem Zustande, je weniger in Fäden zerteilt, ein um so mächtiger anziehendes Band: die Töne reden nicht viel, aber stark. Ob der Klageton über Wunden der Seele oder des Körpers wimmere; ob dieses Geschrei von Furcht oder Schmerz ausgepreßt werde; ob dies weiche Ach sich mit einem Kuß oder einer Träne an den Busen der Geliebten drücke – alle solche Unterschiede zu bestimmen, war diese Sprache nicht da. Sie sollte zum Gemälde hinrufen; dies Gemälde wird schon vor sich selbst reden! sie sollte tönen, nicht aber schildern! ...

(e) *In allen Sprachen des Ursprungs tönen noch Reste dieser Naturtöne;* nur freilich sind sie nicht die Hauptfäden der menschlichen Sprache. Sie sind nicht die eigentlichen Wurzeln, aber die Säfte, die die Wurzeln der Sprache beleben ...

Wollen wir also diese unmittelbaren Laute der Empfindung Sprache nennen, so finde *ich ihren Ursprung allerdings sehr natürlich. Er ist nicht bloß nicht übermenschlich, sondern offenbar tierisch: das Naturgesetz einer empfindsamen Maschine.*

(f) Aber ich kann nicht meine Verwunderung bergen, daß Philosophen, das ist Leute, die deutliche Begriffe suchen, je haben auf den Gedanken kommen können, *aus diesem Geschrei der Empfindungen den Ursprung menschlicher Sprache zu erklären:* denn ist diese nicht offenbar ganz etwas anders? Alle Tiere bis auf den stummen Fisch tönen ihre Empfindung; deswegen aber hat doch kein Tier, selbst nicht das vollkommenste, den geringsten, eigentlichen Anfang zu einer menschlichen Sprache. Man bilde und verfeinere und organisiere dies Geschrei, wie man wolle; wenn kein Verstand dazu kommt, diesen Ton mit Absicht zu brauchen, so sehe ich nicht, wie nach dem vorigen Naturgesetze je menschliche, willkürliche Sprache werde. Kinder sprechen Schälle der Empfindung, wie die Tiere; ist aber die Sprache, die sie von Menschen lernen, nicht ganz eine andre Sprache? . . .

2.

(a) Doch ich tue keinen Sprung. Ich gebe dem Menschen nicht gleich plötzlich neue Kräfte, keine sprachschaffende Fähigkeit wie eine willkürliche *qualitas occulta.* Ich suche nur in den vorher bemerkten Lücken und Mängeln weiter.

Lücken und Mängel können doch nicht der Charakter seiner Gattung sein, oder die Natur war gegen ihn die härteste Stiefmutter, da sie gegen jedes Insekt die liebreichste Mutter war. Jedem Insekt gab sie, was und wieviel es brauchte: Sinne zu Vorstellungen und Vorstellungen in Triebe gediegen; Organe zur Sprache, so viel es bedorfte, und Organe, diese Sprache zu verstehen. Bei dem Menschen ist alles in dem größten Mißverhältnis – Sinne und Bedürfnisse, Kräfte und Kreis der Würksamkeit, der auf ihn wartet, seine Organe und seine Sprache. – Es muß uns also *ein gewisses Mittelglied fehlen, die so abstehende Glieder der Verhältnis zu berechnen.*

Fänden wir's, so wäre nach aller Analogie der Natur diese Schadloshaltung *seine Eigenheit, der Charakter seines Geschlechts,* und alle Vernunft und Billigkeit foderte, diesen Fund für das gelten zu lassen, was er ist, für Naturgabe, ihm so wesentlich als den Tieren der Instinkt.

Ja fänden wir eben in diesem Charakter die Ursache jener Mängel und eben in der Mitte dieser Mängel, in der Höhle jener großen Entbehrung von Kunsttrieben den Keim zum Ersatze, so wäre diese Einstimmung ein genetischer Beweis, daß hier die wahre Richtung der Menschheit liege, und daß *die Menschengattung über den Tieren nicht an Stufen des Mehr oder Weniger stehe, sondern an Art.*

Und fänden wir in diesem neugefundnen Charakter der Menschheit sogar den notwendigen genetischen Grund zu Entstehung einer Sprache für diese neue Art Geschöpfe, wie wir in den Instinkten der Tiere den unmittelbaren Grund zur Sprache für jede Gattung fanden, so sind wir ganz am Ziele. In dem Falle würde die Sprache dem Menschen so wesentlich, als – er ein Mensch ist. Man siehet, ich entwickle aus keinen willkürlichen oder gesellschaftlichen Kräften, sondern aus der allgemeinen tierischen Ökonomie.

(b) Und nun folgt, daß, wenn der Mensch *Sinne* hat, die für einen kleinen Fleck der Erde, für die Arbeit und den Genuß einer Weltspanne den Sinnen des Tiers, das in dieser Spanne lebet, *nachstehen an Schärfe,* so bekommen sie eben dadurch *Vorzug der Freiheit;* eben weil sie nicht für einen Punkt sind, so sind sie allgemeinere Sinne der Welt.

Wenn der Mensch Vorstellungskräfte hat, die nicht auf den Bau einer Honigzelle und eines Spinngewebes bezirkt sind und also auch den Kunstfähigkeiten der Tiere *in diesem Kreise nachstehen,* so bekommen sie eben damit weitere Aussicht. Er hat kein einziges Werk, bei dem er also auch unverbesserlich handle; aber er hat freien Raum, sich an vielem zu üben, mithin sich immer zu verbessern. Jeder Gedanke ist nicht ein unmittelbares Werk der Natur, aber eben damit kann's sein eigen Werk werden.

(c) Wenn also hiermit der Instinkt wegfallen muß, der bloß aus der Organisation der Sinne und dem Bezirk der Vorstellungen folgte und keine blinde Determination war, so bekommt eben hiermit der Mensch *mehrere Helle*. Da er auf keinen Punkt blind fällt und blind liegen bleibt, so wird er freistehend, kann sich eine Sphäre der Bespiegelung suchen, kann sich in sich bespiegeln. Nicht mehr eine unfehlbare Maschine in den Händen der Natur, wird er sich selbst Zweck und Ziel der Bearbeitung.

Man nenne diese ganze Disposition seiner Kräfte, wie man wolle, *Verstand, Vernunft, Besinnung* usw. Wenn man diese Namen nicht für abgesonderte Kräfte, oder für bloße Stufenerhöhungen der Tierkräfte annimmt, so gilt's mir gleich. Es ist die *ganze Einrichtung aller menschlichen Kräfte, die ganze Haushaltung seiner sinnlichen und erkennenden, seiner erkennenden und wollenden Natur;* oder vielmehr – *es ist die einzige positive Kraft des Denkens, die mit einer gewissen Organisation des Körpers verbunden bei den Menschen so Vernunft heißt, wie sie bei den Tieren Kunstfähigkeit wird, die bei ihm Freiheit heißt, und bei den Tieren Instinkt wird. Der Unterschied ist nicht in Stufen oder Zugabe von Kräften, sondern in einer ganz verschiedenartigen Richtung und Auswickelung aller Kräfte.*

(d) Ist nämlich die Vernunft keine abgeteilte, einzelnwürkende Kraft, sondern eine seiner Gattung eigne Richtung aller Kräfte, *so muß der Mensch sie im ersten Zustande haben, da er Mensch ist.* Im ersten Gedanken des Kindes muß sich diese Besonnenheit zeigen, wie bei dem Insekt, daß es Insekt war. – – Das hat nun mehr als ein Schriftsteller begreifen können, und daher ist die Materie, über die ich schreibe, mit den rohesten, ekelhaftesten Einwürfen angefüllet – aber sie konnten es nicht begreifen, weil sie es mißverstanden. Heißt denn vernünftig denken mit ausgebildeter Vernunft denken? heißt's, der Säugling denke mit Besonnenheit, er räsoniere wie ein Sophist auf seinem Katheder oder der Staatsmann in seinem Kabinett? Glücklich und dreimal glücklich, daß er von diesem ermattenden Wust von Vernünfteleien noch nichts wußte! Aber siehet man denn nicht, daß dieser Einwurf bloß einen so und nicht anders, einen mehr oder minder gebildeten Gebrauch der Seelenkräfte, und durchaus kein Positives einer Seelenkraft selbst leugne? und welcher Tor wird da behaupten, daß der Mensch im ersten Augenblick des Lebens so denke, wie nach einer vieljährigen Übung – es sei denn, daß man zugleich das Wachstum aller Seelenkräfte leugne und sich eben damit selbst für einen Unmündigen bekenne. – So wie doch aber dies Wachstum in der Welt nichts bedeuten kann, als einen leichtern, stärkern, vielfachern Gebrauch; muß denn das nicht schon da sein, was gebraucht werden? muß es nicht schon Keim sein, was da wachsen soll? und ist also nicht im Keime der ganze Baum enthalten? – So wenig das Kind Klauen wie ein Greif und eine Löwenmähne hat, so wenig kann es wie Greif und Löwe denken; denkt es aber menschlich, so ist *Besonnenheit*, das ist die Mäßigung aller seiner Kräfte auf diese Hauptrichtung schon so im ersten Augenblicke sein Los, wie sie es im letzten sein wird. Die Vernunft äußert sich unter seiner Sinnlichkeit schon so würklich, daß der Allwissende, der diese Seele schuf, in ihrem ersten Zustande schon das ganze Gewebe von Handlungen des Lebens sahe, wie etwa der Meßkünstler nach gegebner Klasse aus einem Gliede der Progression das ganze Verhältnis derselben findet . . .

(e) *Der Mensch in den Zustand von Besonnenheit gesetzt, der ihm eigen ist, und diese Besonnenheit (Reflexion) zum erstenmal frei würkend, hat Sprache erfunden.* Denn was ist Reflexion? was ist Sprache?

Diese Besonnenheit ist ihm charakteristisch eigen und seiner Gattung wesentlich: so auch Sprache und eigne Erfindung der Sprache.

Erfindung der Sprache ist ihm also so natürlich, als er ein Mensch ist! Lasset uns nur beide Begriffe entwickeln: Reflexion und Sprache.

(f) Der Mensch beweiset Reflexion, wenn die Kraft seiner Seele so frei würket, daß sie in dem ganzen Ozean von Empfindungen, der sie durch alle Sinnen durchrauschet, eine Welle, wenn ich so sagen darf, absondern, sie anhalten, die Aufmerksamkeit auf sie richten, und sich bewußt sein kann, daß sie aufmerke. Er beweiset Reflexion, wenn er aus dem ganzen schwebenden Traum der Bilder, die seine Sinne vorbeistreichen, sich in ein Moment des Wachens sammlen, auf einem Bilde freiwillig verweilen, es in helle, ruhigere Obacht nehmen, und sich Merkmale absondern kann, daß dies der Gegenstand und kein andrer sei. Er beweiset also Reflexion, wenn er nicht bloß alle Eigenschaften lebhaft oder klar erkennen, sondern eine oder mehrere als unterscheidende Eigenschaften bei sich *anerkennen* kann: der erste Aktus dieser Anerkenntnis gibt deutlichen Begriff; es ist das erste Urteil der Seele – und –

(g) wodurch geschahe die Anerkennung? Durch ein Merkmal, was er absondern mußte, und was als Merkmal der Besinnung deutlich in ihn fiel. Wohlan! lasset uns ihm das εὕρηκα zurufen! *Dies erste Merkmal der Besinnung war Wort der Seele! Mit ihm ist die menschliche Sprache erfunden!*

(h) Lasset jenes Lamm, als Bild, sein Auge vorbeigehn: ihm wie keinem andern Tiere. Nicht wie dem hungrigen, witternden Wolfe! nicht wie dem blutleckenden Löwen: die wittern und schmecken schon im Geiste! die Sinnlichkeit hat sie überwältigt! der Instinkt wirft sie darüber her! – Nicht wie dem brünstigen Schafmanne, der es nur als den Gegenstand seines Genusses fühlt, den also wieder die Sinnlichkeit überwältigt, und der Instinkt darüber herwirft! – Nicht wie jedem andern Tier, dem das Schaf gleichgültig ist, das es also klar-dunkel vorbeistreichen läßt, weil ihm sein Instinkt auf etwas anders wendet! – Nicht so dem Menschen! Sobald er in die Bedürfnis kommt, das Schaf kennen zu lernen, so störet ihn kein Instinkt, so reißt ihn kein Sinn auf dasselbe zu nahe hin oder davon ab, es steht da, ganz wie es sich seinen Sinnen äußert. Weiß, sanft, wollicht – seine besonnen sich übende Seele sucht ein Merkmal, – das Schaf *blöket*! sie hat Merkmal gefunden. Der innere Sinn würkt. Dies Blöken, das ihr am stärksten Eindruck macht, das sich von allen andern Eigenschaften des Beschauens und Betastens losriß, hervorsprang, am tiefsten eindrang, bleibt ihr. Das Schaf kommt wieder. Weiß, sanft, wollicht – sie sieht, tastet, besinnet sich, sucht Merkmal – es blökt, und nun erkennet sie's wieder! ‹Ha! du bist das Blökende!› fühlt sie innerlich, sie hat es *menschlich* erkannt, da sie's deutlich, das ist mit einem Merkmal erkennet und nennet. Dunkler? so wäre es ihr gar nicht wahrgenommen, weil keine Sinnlichkeit, kein Instinkt zum Schafe ihr den Mangel des Deutlichen durch ein lebhafteres Klare ersetzte. Deutlich unmittelbar, ohne Merkmal? so kann kein sinnliches Geschöpf außer sich empfinden, da es immer andre Gefühle unterdrücken, gleichsam vernichten, und immer den Unterschied von zween durch ein drittes erkennen muß. Mit einem Merkmal also? und was war das anders, als ein innerliches *Merkwort*? Der *Schall* des Blökens von einer menschlichen Seele als Kennzeichen des Schafs wahrgenommen, ward kraft dieser Besinnung *Name* des Schafs, und wenn ihn nie seine Zunge zu stammeln versucht hätte. Er erkannte das Schaf am Blöken, es war gefaßtes Zeichen, bei welchem sich die Seele an eine Idee deutlich besann – was ist das anders als Wort? und was ist die ganze menschliche Sprache, als eine Sammlung solcher Worte? Käme er also auch nie in den Fall, einem andern Geschöpf diese Idee zu geben und also dies Merkmal der Besinnung ihm mit den Lippen vorblöken zu wollen oder zu können; seine Seele hat gleichsam in ihrem Inwendigen geblökt, da sie diesen Schall zum Erinnerungszeichen wählte, und wiedergeblökt, da sie ihn daran erkannte – *die Sprache ist erfunden!* ebenso natürlich und dem Menschen notwendig erfunden, als der Mensch ein Mensch war.

(i) Die meisten, die über den Ursprung der Sprache geschrieben, haben ihn nicht da, auf dem einzigen Punkt gesucht, wo er gefunden werden konnte; und vielen haben also so viel dunkle Zweifel vorgeschwebt, ob er irgendwo in der menschlichen Seele zu finden sei. Man hat ihn in der bessern Artikulation der Sprachwerkzeuge gesucht; als ob je ein Orang-Utan mit eben den Werkzeugen eine Sprache erfunden hätte? Man hat ihn in den Schällen der Leidenschaft gesucht; als ob nicht alle Tiere diese Schälle besäßen, und irgendein Tier aus ihnen Sprache erfunden hätte? Man hat ein Prinzipium angenommen, die Natur und also auch ihre Schälle nachzuahmen; als wenn sich bei einer solchen blinden Neigung was gedenken ließe, und als wenn der Affe mit eben dieser Neigung, die Amsel, die die Schälle so gut nachäffen kann, eine Sprache erfunden hätten. Die meisten endlich haben eine bloße Konvention, einen Einvertrag angenommen, und dagegen hat ROUSSEAU am stärksten geredet; denn was ist's auch für ein dunkles, verwickeltes Wort ein natürlicher Einvertrag der Sprache? Diese so vielfache, unerträgliche Falschheiten, die über den menschlichen Ursprung der Sprache gesagt worden, haben endlich die gegenseitige Meinung beinahe allgemein gemacht – ich hoffe nicht, daß sie es bleiben werde. Hier ist es keine Organisation des Mundes, die die Sprache machet: denn auch der zeitlebens Stumme war er Mensch, besann er sich: so lag Sprache in seiner Seele! Hier ist's kein Geschrei der Empfindung: denn nicht eine atmende Maschine, sondern ein besinnendes Geschöpf erfand Sprache! Kein Prinzipium der Nachahmung in der Seele; die etwanige Nachahmung der Natur ist bloß ein Mittel zu einem und dem einzigen Zweck, der hier erklärt werden soll. Am wenigsten ist's Einverständnis, willkürliche Konvention der Gesellschaft; der Wilde, der Einsame im Walde hätte Sprache für sich selbst erfinden müssen, hätte er sie auch nie geredet. Sie war Einverständnis seiner Seele mit sich, und ein so notwendiges Einverständnis, als der Mensch Mensch war. Wenn's andern unbegreiflich war, wie eine menschliche Seele hat Sprache erfinden können, so ist's mir unbegreiflich, wie eine menschliche Seele, was sie ist, sein konnte, ohne eben dadurch, schon ohne Mund und Gesellschaft, sich Sprache erfinden zu *müssen* . . .

‹BEANTWORTUNG DER FRAGE: WAS IST AUFKLÄRUNG?›

Aufklärung ist der Ausgang des Menschen aus seiner selbst verschuldeten Unmündigkeit. Unmündigkeit ist das Unvermögen, sich seines Verstandes ohne Leitung eines anderen zu bedienen. *Selbstverschuldet* ist diese Unmündigkeit, wenn die Ursache derselben nicht am Mangel des Verstandes, sondern der Entschließung und des Muthes liegt, sich seiner ohne Leitung eines andern zu bedienen. *Sapere aude!* Habe Muth dich deines *eigenen* Verstandes zu bedienen! ist also der Wahlspruch der Aufklärung.

Faulheit und Feigheit sind die Ursachen, warum ein so großer Theil der Menschen, nachdem sie die Natur längst von fremder Leitung frei gesprochen (*naturaliter maiorennes*), dennoch gerne zeitlebens unmündig bleiben; und warum es Anderen so leicht wird, sich zu deren Vormündern aufzuwerfen. Es ist so bequem, unmündig zu sein. Habe ich ein Buch, das für mich Verstand hat, einen Seelsorger, der für mich Gewissen hat, einen Arzt, der für mich die Diät beurtheilt, u. s. w., so brauche ich mich ja nicht selbst zu bemühen. Ich habe nicht nöthig zu denken, wenn ich nur bezahlen kann; andere werden das verdrießliche Geschäft schon für mich übernehmen. Daß der bei weitem größte Theil der Menschen (darunter das ganze schöne Geschlecht) den Schritt zur Mündigkeit, außer dem daß er beschwerlich ist, auch für sehr gefährlich halte: dafür sorgen schon jene Vormünder, die die Oberaufsicht über sie gütigst auf sich genommen haben. Nachdem sie ihr Hausvieh zuerst dumm gemacht haben und sorgfältig verhüteten, daß diese ruhigen Geschöpfe ja keinen Schritt außer dem Gängelwagen, darin sie sie einsperrten, wagen durften, so zeigen sie ihnen nachher die Gefahr, die ihnen droht, wenn sie es versuchen allein zu gehen. Nun ist diese Gefahr zwar eben so groß nicht, denn sie würden durch einigemal Fallen wohl endlich gehen lernen; allein ein Beispiel von der Art macht doch schüchtern und schreckt gemeiniglich von allen ferneren Versuchen ab.

Es ist also für jeden einzelnen Menschen schwer, sich aus der ihm beinahe zur Natur gewordenen Unmündigkeit herauszuarbeiten. Er hat sie sogar lieb gewonnen und ist vor der Hand wirklich unfähig, sich seines eigenen Verstandes zu bedienen, weil man ihn niemals den Versuch davon machen ließ. Satzungen und Formeln, diese mechanischen Werkzeuge eines vernünftigen Gebrauchs oder vielmehr Mißbrauchs seiner

Naturgaben, sind die Fußschellen einer immerwährenden Unmündigkeit. Wer sie auch abwürfe, würde dennoch auch über den schmalsten Graben einen nur unsicheren Sprung thun, weil er zu dergleichen freier Bewegung nicht gewöhnt ist. Daher giebt es nur Wenige, denen es gelungen ist, durch eigene Bearbeitung ihres Geistes sich aus der Unmündigkeit heraus zu wickeln und dennoch einen sicheren Gang zu thun.

Daß aber ein Publicum sich selbst aufkläre, ist eher möglich; ja es ist, wenn man ihm nur Freiheit läßt, beinahe unausbleiblich. Denn da werden sich immer einige Selbstdenkende sogar unter den eingesetzten Vormündern des großen Haufens finden, welche, nachdem sie das Joch der Unmündigkeit selbst abgeworfen haben, den Geist einer vernünftigen Schätzung des eigenen Werths und des Berufs jedes Menschen selbst zu denken um sich verbreiten werden. Besonders ist hierbei: daß das Publicum, welches zuvor von ihnen unter dieses Joch gebracht worden, sie hernach selbst zwingt darunter zu bleiben, wenn es von einigen seiner Vormünder, die selbst aller Aufklärung unfähig sind, dazu aufgewiegelt worden; so schädlich ist es Vorurtheile zu pflanzen, weil sie sich zuletzt an denen selbst rächen, die oder deren Vorgänger ihre Urheber gewesen sind. Daher kann ein Publicum nur langsam zur Aufklärung gelangen. Durch eine Revolution wird vielleicht wohl ein Abfall von persönlichem Despotism und gewinnsüchtiger oder herrschsüchtiger Bedrückung, aber niemals wahre Reform der Denkungsart zu Stande kommen; sondern neue Vorurtheile werden eben sowohl als die alten zum Leitbande des gedankenlosen großen Haufens dienen.

Zu dieser Aufklärung aber wird nichts erfordert als *Freiheit*; und zwar die unschädlichste unter allem, was nur Freiheit heißen mag, nämlich die: von seiner Vernunft in allen Stücken *öffentlichen Gebrauch* zu machen. Nun höre ich aber von allen Seiten rufen: *räsonnirt nicht*! Der Offizier sagt: räsonnirt nicht, sondern exercirt! Der Finanzrath: räsonnirt nicht, sondern bezahlt! Der Geistliche: räsonnirt nicht, sondern glaubt! (Nur ein einziger Herr in der Welt sagt: *räsonnirt, so viel ihr wollt, und worüber ihr wollt; aber gehorcht!*) Hier ist überall Einschränkung der Freiheit. Welche Einschränkung aber ist der Aufklärung hinderlich? welche nicht, sondern ihr wohl gar beförderlich? – Ich antworte: der öffentliche Gebrauch seiner Vernunft muß jederzeit frei sein, und der allein kann Aufklärung unter Menschen zu Stande bringen; der *Privatgebrauch* derselben aber darf öfters sehr enge eingeschränkt sein, ohne doch darum den Fortschritt der Aufklärung sonderlich zu hindern. Ich verstehe aber unter dem öffentlichen Gebrauche seiner eigenen Vernunft denjenigen, den jemand *als Gelehrter* von ihr vor dem ganzen Publicum der *Leserwelt* macht. Den Privatgebrauch nenne ich denjenigen, den er in einem gewissen ihm anvertrauten *bürgerlichen* Posten oder Amte von seiner Vernunft machen darf. Nun ist zu manchen Geschäften, die in das Interesse des gemeinen Wesens laufen, ein gewisser

Mechanism nothwendig, vermittelst dessen einige Glieder des gemeinen Wesens sich bloß passiv verhalten müssen, um durch eine künstliche Einhelligkeit von der Regierung zu öffentlichen Zwecken gerichtet, oder wenigstens von der Zerstörung dieser Zwecke abgehalten zu werden. Hier ist es nun freilich nicht erlaubt, zu räsonniren; sondern man muß gehorchen. So fern sich aber dieser Theil der Maschine zugleich als Glied eines ganzen gemeinen Wesens, ja sogar der Weltbürgergesellschaft ansieht, mithin in der Qualität eines Gelehrten, der sich an ein Publicum im eigentlichen Verstande durch Schriften wendet: kann er allerdings räsonniren, ohne daß dadurch die Geschäfte leiden, zu denen er zum Theile als passives Glied angesetzt ist. So würde es sehr verderblich sein, wenn ein Offizier, dem von seinen Oberen etwas anbefohlen wird, im Dienste über die Zweckmäßigkeit oder Nützlichkeit dieses Befehls laut vernünfteln wollte; er muß gehorchen. Es kann ihm aber billigermaßen nicht verwehrt werden, als Gelehrter über die Fehler im Kriegesdienste Anmerkungen zu machen und diese seinem Publicum zur Beurtheilung vorzulegen. Der Bürger kann sich nicht weigern, die ihm auferlegten Abgaben zu leisten; sogar kann ein vorwitziger Tadel solcher Auflagen, wenn sie von ihm geleistet werden sollen, als ein Skandal (das allgemeine Widersetzlichkeiten veranlassen könnte) bestraft werden. Eben derselbe handelt demungeachtet der Pflicht eines Bürgers nicht entgegen, wenn er als Gelehrter wider die Unschicklichkeit oder auch Ungerechtigkeit solcher Ausschreibungen öffentlich seine Gedanken äußert. Eben so ist ein Geistlicher verbunden, seinen Katechismusschülern und seiner Gemeine nach dem Symbol der Kirche, der er dient, seinen Vortrag zu thun; denn er ist auf diese Bedingung angenommen worden. Aber als Gelehrter hat er volle Freiheit, ja sogar den Beruf dazu, alle seine sorgfältig geprüften und wohlmeinenden Gedanken über das Fehlerhafte in jenem Symbol und Vorschläge wegen besserer Einrichtung des Religions- und Kirchenwesens dem Publicum mitzutheilen. Es ist hiebei auch nichts, was dem Gewissen zur Last gelegt werden könnte. Denn was er zu Folge seines Amts als Geschäftsträger der Kirche lehrt, das stellt er als etwas vor, in Ansehung dessen er nicht freie Gewalt hat nach eigenem Gutdünken zu lehren, sondern das er nach Vorschrift und im Namen eines andern vorzutragen angestellt ist. Er wird sagen: unsere Kirche lehrt dieses oder jenes; das sind die Beweisgründe, deren sie sich bedient. Er zieht alsdann allen praktischen Nutzen für seine Gemeine aus Satzungen, die er selbst nicht mit voller Überzeugung unterschreiben würde, zu deren Vortrag er sich gleichwohl anheischig machen kann, weil es doch nicht ganz unmöglich ist, daß darin Wahrheit verborgen läge, auf alle Fälle aber wenigstens doch nichts der innern Religion Widersprechendes darin angetroffen wird. Denn glaubte er das letztere darin zu finden, so würde er sein Amt mit Gewissen nicht verwalten können; er müßte es niederlegen. Der Gebrauch also, den ein angestellter Lehrer von seiner Vernunft vor seiner Gemeinde macht, ist bloß ein *Privatgebrauch:* weil diese immer nur eine häusliche, obzwar noch so große Versammlung ist; und in Ansehung dessen ist er als Priester nicht frei und darf es auch nicht sein, weil er einen fremden Auftrag ausrichtet. Dagegen als Gelehrter, der durch Schriften zum eigentlichen Publicum, nämlich der Welt, spricht, mithin der Geistliche im *öffentlichen Gebrauche* seiner Vernunft genießt einer uneingeschränkten Freiheit, sich seiner eigenen Vernunft zu bedienen und in seiner eigenen Person zu sprechen. Denn daß die Vormünder des Volks (in geistlichen Dingen) selbst wieder unmündig sein sollen, ist eine Ungereimtheit, die auf Verewigung der Ungereimtheiten hinausläuft.

Aber sollte nicht eine Gesellschaft von Geistlichen, etwa eine Kirchenversammlung, oder eine ehrwürdige Classis (wie sie sich unter den Holländern selbst nennt), berechtigt sein, sich eidlich unter einander auf ein gewisses unveränderliches Symbol zu verpflichten, um so eine unaufhörliche Obervormundschaft über jedes ihrer Glieder und vermittelst ihrer über das Volk zu führen und diese sogar zu verewigen? Ich sage: das ist ganz unmöglich. Ein solcher Contract, der auf immer alle weitere Aufklärung vom Menschengeschlechte abzuhalten geschlossen würde, ist schlechterdings null und nichtig; und sollte er auch durch die oberste Gewalt, durch Reichstage und die feierlichsten Friedensschlüsse bestätigt sein. Ein Zeitalter kann sich nicht verbünden und darauf verschwören, das folgende in einen Zustand zu setzen, darin es ihm unmöglich werden muß, seine (vornehmlich so sehr angelegentliche) Erkenntnisse zu erweitern, von Irrthümern zu reinigen und überhaupt in der Aufklärung weiter zu schreiten. Das wäre ein Verbrechen wider die menschliche Natur, deren ursprüngliche Bestimmung gerade in diesem Fortschreiten besteht; und die Nachkommen sind also vollkommen dazu berechtigt, jene Beschlüsse als unbefugter und frevelhafter Weise genommen, zu verwerfen. Der Probirstein alles dessen, was über ein Volk als Gesetz beschlossen werden kann, liegt in der Frage: ob ein Volk sich selbst wohl ein solches Gesetz auferlegen könnte. Nun wäre dieses wohl gleichsam in der Erwartung eines bessern auf eine bestimmte kurze Zeit möglich, um eine gewisse Ordnung einzuführen: indem man es zugleich jedem der Bürger, vornehmlich dem Geistlichen frei ließe, in der Qualität eines Gelehrten öffentlich, d. i. durch Schriften, über das Fehlerhafte der dermaligen Einrichtung seine Anmerkungen zu machen, indessen die eingeführte Ordnung noch immer fortdauerte, bis die Einsicht in die Beschaffenheit dieser Sachen öffentlich so weit gekommen und bewährt worden, daß sie durch Vereinigung ihrer Stimmen (wenn gleich nicht aller) einen Vorschlag vor den Thron bringen könnte, um diejenigen Gemeinden in Schutz zu nehmen, die sich etwa nach ihren Begriffen der besseren Einsicht zu einer veränderten Religionseinrichtung geeinigt hätten, ohne doch diejenigen zu hindern, die es beim Alten wollten bewenden lassen. Aber auf eine beharrliche, von Niemanden öffentlich zu bezweifelnde Religionsverfassung auch nur binnen der Lebensdauer eines Menschen sich zu einigen und dadurch einen Zeitraum in dem Fortgange der Menschheit zur Verbesserung gleichsam zu vernichten und fruchtlos, dadurch aber wohl gar der Nachkommenschaft nachtheilig zu machen, ist schlechterdings unerlaubt. Ein Mensch kann zwar für seine Person und auch alsdann nur auf einige Zeit in dem, was ihm zu wissen obliegt, die Aufklärung aufschieben; aber auf sie Verzicht zu thun, es sei für seine Person, mehr aber noch für die Nachkommenschaft, heißt die heiligen Rechte der Menschheit verletzen und mit Füßen treten. Was aber nicht einmal ein Volk über sich selbst beschließen darf, das darf noch weniger ein Monarch über das Volk beschließen; denn sein gesetzgebendes Ansehen beruht eben darauf, daß er den gesammten Volkswillen in dem seinigen vereinigt. Wenn er nur darauf sieht, daß alle wahre oder vermeinte Verbesserung mit der bürgerlichen Ordnung zusammen bestehe: so kann er seine Unterthanen übrigens nur selbst machen lassen, was sie um ihres Seelenheils willen zu thun nöthig finden; das geht ihn nichts an, wohl aber zu verhüten, daß nicht einer den andern gewaltthätig hindere, an der Bestimmung und Beförderung desselben nach allem seinem Vermögen zu arbeiten. Es thut selbst seiner Majestät Abbruch, wenn er sich hierin mischt, indem er die Schriften, wodurch seine Unterthanen ihre Einsichten ins Reine zu bringen suchen, seiner Regierungsaufsicht würdigt, sowohl wenn er dieses aus eigener höchsten Einsicht thut, wo er sich dem Vorwurfe aussetzt: *Caesar non est supra Grammaticos*, als auch und noch weit mehr, wenn er seine oberste Gewalt so weit erniedrigt, den geistlichen Despotism einiger Tyrannen in seinem Staate gegen seine übrigen Unterthanen zu unterstützen.

Wenn denn nun gefragt wird: Leben wir jetzt in einem *aufgeklärten* Zeitalter? so ist die Antwort: Nein, aber wohl in einem Zeitalter der *Aufklärung.* Daß die Menschen, wie die Sachen jetzt stehen, im Ganzen genommen, schon im Stande wären, oder darin auch nur gesetzt werden könnten, in Religionsdingen sich ihres eigenen Verstandes ohne Leitung eines Andern sicher und gut zu bedienen, daran fehlt noch sehr viel. Allein daß jetzt ihnen doch das Feld geöffnet wird, sich dahin frei zu bearbeiten, und die Hindernisse der allgemeinen Aufklärung, oder des Ausganges aus ihrer selbst verschuldeten Unmündigkeit allmählig weniger werden, davon haben wir doch deutliche Anzeigen. In diesem Betracht ist dieses Zeitalter das Zeitalter der Aufklärung, oder das Jahrhundert FRIEDERICHS.

Ein Fürst, der es seiner nicht unwürdig findet, zu sagen: daß er es für *Pflicht* halte, in Religionsdingen den Menschen nichts vorzuschreiben, sondern ihnen darin volle Freiheit zu lassen, der also selbst den hochmüthigen Namen der *Toleranz* von sich ablehnt, ist selbst aufgeklärt und verdient von der dankbaren Welt und Nachwelt als derjenige gepriesen zu werden, der zuerst das menschliche Geschlecht der Unmündigkeit wenigstens von Seiten der Regierung entschlug und Jedem frei ließ, sich in allem, was Gewissensangelegenheit ist, seiner eigenen Vernunft zu bedienen. Unter ihm dürfen verehrungswürdige Geistliche unbeschadet ihrer Amtspflicht ihre vom angenommenen Symbol hier oder da abweichenden Urtheile und Einsichten in der Qualität der Gelehrten frei und öffentlich der Welt zur Prüfung darlegen; noch mehr aber jeder andere, der durch keine Amtspflicht eingeschränkt ist. Dieser Geist der Freiheit breitet sich auch außerhalb aus, selbst da, wo er mit äußeren Hindernissen einer sich selbst mißverstehenden Regierung zu ringen hat. Denn es leuchtet dieser doch ein Beispiel vor, daß bei Freiheit für die öffentliche Ruhe und Einigkeit des gemeinen Wesens nicht das Mindeste zu besorgen sei. Die Menschen arbeiten sich von selbst nach und nach aus der Rohigkeit heraus, wenn man nur nicht absichtlich künstelt, um sie darin zu erhalten.

Ich habe den Hauptpunkt der Aufklärung, die des Ausganges der Menschen aus ihrer selbst verschuldeten Unmündigkeit, vorzüglich in *Religionssachen* gesetzt: weil in Ansehung der Künste und Wissenschaften unsere Beherrscher kein Interesse haben, den Vormund über ihre Unterthanen zu spielen; überdem auch jene Unmündigkeit, so wie die schädlichste, also auch die entehrendste unter allen ist. Aber die Denkungsart eines Staatsoberhaupts, der die erstere begünstigt, geht noch weiter und sieht ein: daß selbst in Ansehung seiner *Gesetzgebung* es ohne Gefahr sei, seinen Unterthanen zu erlauben, von ihrer eigenen Vernunft *öffentlichen* Gebrauch zu machen und ihre Gedanken über eine bessere Abfassung derselben sogar mit einer freimüthigen Kritik der schon gegebenen der Welt öffentlich vorzulegen; davon wir ein glänzendes Beispiel haben, wodurch noch kein Monarch demjenigen vorging, welchen wir verehren.

Aber auch nur derjenige, der, selbst aufgeklärt, sich nicht vor Schatten fürchtet, zugleich aber ein wohldisciplinirtes zahlreiches Heer zum Bürgen der öffentlichen Ruhe zur Hand hat, kann das sagen, was ein Freistaat nicht wagen darf: *räsonnirt, so viel ihr wollt, und worüber ihr wollt; nur gehorcht!* So zeigt sich hier ein befremdlicher, nicht erwarteter Gang menschlicher Dinge; so wie auch sonst, wenn man ihn im Großen betrachtet, darin fast alles paradox ist. Ein größerer Grad bürgerlicher Freiheit scheint der Freiheit des *Geistes* des Volks vortheilhaft und setzt ihr doch unübersteigliche Schranken; ein Grad weniger von jener verschafft hingegen diesem Raum, sich nach allem seinem Vermögen auszubreiten. Wenn denn die Natur unter dieser harten Hülle den Keim, für den sie am zärtlichsten sorgt, nämlich den Hang und Beruf zum freien *Denken,* ausgewickelt hat: so wirkt dieser allmählig zurück auf die Sinnesart des Volks (wodurch dieses der *Freiheit zu handeln* nach und

KARL VORLÄNDER (1860–1928), nach längerem Schuldienst 1919 als Ober-
schulrat und Professor an der dortigen Universität nach Münster berufen, stand als Neukantianer der ‹Marburger Schule› nahe, mit deren Be-
gründern COHEN und NATORP er freundschaftlich verbunden war. Lehrend
und schreibend setzte er sich für die Verbreitung und Vertiefung des
Verständnisses der KANTschen Philosophie ein, mit der er sich bereits in
seiner Dissertation (Marburg 1893) befaßt hatte. Neben dem Problem
des Formalismus in KANTS Ethik interessierte ihn in KANTS Philosophie,
in der er die geeignete Grundlage für einen Sozialismus marxistischer
Prägung erblickte, vor allem das soziale Element.

Wichtigste Veröffentlichungen:
Der Formalismus der Kantischen Ethik in seiner Notwendigkeit und
Fruchtbarkeit. Diss. Marburg 1893 / Kant und der Sozialismus. 1900 /
Die neukantische Bewegung im Sozialismus. 1902 / Geschichte der Philo-
sophie. 1. Aufl. 1903 / Kant, Schiller, Goethe. 1907, 2. Aufl. 1923 / Kant
und Marx. Ein Beitrag zur Philosophie des Sozialismus. 1911, 2. Aufl.
1926 / Kants Leben. 1911, 2. Aufl. 1921 / Marx, Engels und Lassalle als
Philosophen. 1920, 3. Aufl. 1926 / Kant, Fichte, Hegel und der Sozialismus. 1920 / Immanuel Kant, der Mann und das Werk. 2 Bde. 1924 / Von
Machiavelli bis Lenin. Neuzeitliche Staats- und Gesellschaftstheorien.
Leipzig 1926 / Kants Stellung zur Französischen Revolution. In ‹Philosophische Abhandlungen zu H. Cohens 70. Geburtstag›. 1912, S. 247–
269 / Kant und der Gedanke des Völkerbundes. Leipzig 1919
Außerdem Herausgeber von KANTS Werken in der Philosophischen Bibliothek, Felix Meiner Verlag, Leipzig/Hamburg.

HINRICH KNITTERMEYER, geboren 1891 in Hamburg, studierte ab 1909 in
Jena, Heidelberg und Marburg Philosophie, Germanistik, Geschichte,
Theologie und Mathematik und promovierte 1914. Er nahm am Ersten
Weltkrieg teil und wurde 1918 kriegsbeschädigt entlassen. Nach dem
Staatsexamen (1919) hielt KNITTERMEYER philosophische Vorlesungen in
Bremen und Bremerhaven, ging 1922 als Schriftleiter der Zeitschrift
‹Christliche Welt› nach Marburg und beendete dort auch seine Habili-
tationsschrift, wurde aber schon im selben Jahr als Direktor an die Bremer Staatsbibliothek berufen, wo er bis 1945 blieb. 1924 gründete er
die ‹Bremer Wissenschaftliche Gesellschaft›, die er mit Geschick dem Zu-
griff der NSDAP zu entziehen wußte und der er trotz verschiedener an
ihn ergehender Berufungen auf Universitätslehrstühle treu blieb. Nach
1945 zog sich KNITTERMEYER aufs Land zurück, hielt aber noch philosophische Vorlesungen, so u. a. an den Evangelischen Akademien Hofgeis-

mar und Loccum. 1958 starb er in Bremen. – KNITTERMEYERS besonderes Interesse galt einer ‹Kritischen Transzendentalphilosophie›. – Die Arbeiten am III. Band des VORLÄNDER und die Neubearbeitung von ÜBERWEG, Philosophie des 19. Jahrh., sowie eine systematische Arbeit zur Anthropologie und eine neue Arbeit über KANT blieben unvollendet.

Philosophische Buchveröffentlichungen:
Der Terminus transzendental in seiner historischen Entwicklung bis zu Kant (Diss.). Marburg 1920 / Die Philosophie und das Christentum. Jena 1927 / Schelling und die Romantische Schule. München 1929 / Immanuel Kant. Bremen 1939 / Jacob Burckhardt. Stuttgart 1949 / Die Philosophie der Existenz. Wien–Stuttgart 1952 / Vorländer: Geschichte der Philosophie (Neubearb.). Hamburg 1955 / Das Problem des Mythos. Wilhelmshaven 1955 / Posthum: Der Mensch der Erkenntnis. Hamburg 1962 / Grundgegebenheiten des menschlichen Daseins. München–Basel 1963.

Außerdem ist KNITTERMEYER Verfasser einer Fülle vielbeachteter, in führenden philosophischen Zeitschriften veröffentlichter Aufsätze und Abhandlungen.

Personenregister

265

PHILOSOPHISCHE BIBLIOTHEK

rowohlts deutsche enzyklopädie
Philosophie

Dies ist nur eine Auswahl. Ein vollständiges Verzeichnis aller lieferbaren Bände erhalten Sie direkt vom Rowohlt Taschenbuch Verlag, 2057 Reinbek bei Hamburg

rowohlts deutsche enzyklopädie
Naturwissenschaften

Werner Heisenberg

Das Naturbild der heutigen Physik [8]

Wie die Technik unser aller Lebensweise verändert hat, so haben die
«Offenbarungen» der großen Physiker unserer Zeit zu einem völlig
neuen Begriff wissenschaftlicher Wahrheit geführt.

Mortimer Taube

Der Mythos der Denkmaschine / Kritische Betrachtungen zur Kybernetik [245]

In einer von wissenschaftlichem Verantwortungsgefühl getragenen
Analyse macht hier ein Experte, Professor an der Columbia University,
New York, die Leistungsgrenzen des Computers, der «Denkmaschine», deutlich. Seine scharfsinnige Beweisführung in einer auch dem
aufgeschlossenen Laien verständlichen Sprache richtet sich vor allem
gegen die pseudowissenschaftlichen Schlußfolgerungen und Verallgemeinerungen aus der kybernetischen These einer weitgehenden
Analogie der Arbeitsabläufe im menschlichen Gehirn und beim Com-
puter.

Norbert Wiener

Kybernetik / Regelung und Nachrichtenübertragung in
Lebewesen und Maschine. Mit 11 Abbildungen [294]

Norbert Wieners berühmtes Werk ist nicht nur wichtig für Leser, die
sich beruflich mit Fragen der Regelungstechnik, der Nachrichtenüber-
mittlung, des Informationswesens usw. auseinandersetzen, sondern
auch für den interessierten Laien zum Verständnis einer Wissenschaft,
deren Erkenntnisse und Errungenschaften für eine ständig wachsende
Zahl anderer Disziplinen immer unentbehrlicher werden. Der Ausgabe
liegt die vom Verfasser selbst noch revidierte und durch Zufügung
zweier Kapitel auf den neuesten Stand der Forschung gebrachte Neu-
auflage von 1961 zugrunde.

JEAN-PAUL SARTRE
Philosophische Werke

Kritik der dialektischen Vernunft Band I
Theorie der gesellschaftlichen Praxis
880 Seiten · Geb.

Das Sein und das Nichts
Versuch einer phänomenologischen Ontologie
Erste vollständige deutsche Ausgabe · 788 Seiten. Geb.

Das Imaginäre
Phänomenologische Psychologie der Einbildungskraft. Mit einem Beitrag
«Sartre über Sartre» · ca. 320 S. · Geb.

Die Transzendenz des Ego
Die Transzendenz des Ego / Über die Einbildungskraft / Entwurf einer
Theorie der Emotionen. Drei Essays · Rowohlt Paperback Band 40 ·*
204 Seiten

Situationen
Essays · Erweiterte Neuausgabe · Rowohlt Paperback Band 46 *
300 Seiten

Kolonialismus und Neokolonialismus
Sieben Essays · Rowohlt Paperback Band 68 · 128 Seiten*

Als rororo Taschenbuch-Ausgaben erschienen:

Porträts und Perspektiven
Essays · rororo Band 1443

Was ist Literatur?
Essays · rowohlts deutsche enzyklopädie Band 65

Marxismus und Existentialismus
Versuch einer Methodik
rowohlts deutsche enzyklopädie Band 196
* Eine Veröffentlichung des Rowohlt Taschenbuch Verlages

ROWOHLT

273/8